Haiyang Kongjian Naoxing Tuoye Xitong
Donglixue Texing Yanjiu

海洋空间挠性拖曳系统动力学特性研究

张大朋　严　谨　朱克强　白　勇　赵博文　著

厦门大学出版社　国家一级出版社
XIAMEN UNIVERSITY PRESS　全国百佳图书出版单位

图书在版编目(CIP)数据

海洋空间挠性拖曳系统动力学特性研究/张大朋等著.—厦门:厦门大学出版社,
2022.1
ISBN 978-7-5615-8470-5

Ⅰ.①海…　Ⅱ.①张…　Ⅲ.①海船—甲板机械—系统动态学 ②海船—甲板机械—系统设计　Ⅳ.①U674②U664.4

中国版本图书馆 CIP 数据核字(2021)第 276140 号

出 版 人	郑文礼
责任编辑	李峰伟
封面设计	李嘉彬
技术编辑	许克华

出版发行	厦门大学出版社
社　　址	厦门市软件园二期望海路 39 号
邮政编码	361008
总　　机	0592-2181111　0592-2181406(传真)
营销中心	0592-2184458　0592-2181365
网　　址	http://www.xmupress.com
邮　　箱	xmup@xmupress.com
印　　刷	厦门市金凯龙印刷有限公司

开本	787 mm×1 092 mm　1/16
印张	19
字数	475 千字
版次	2022 年 1 月第 1 版
印次	2022 年 1 月第 1 次印刷
定价	88.00 元

本书如有印装质量问题请直接寄承印厂调换

厦门大学出版社
微信二维码

厦门大学出版社
微博二维码

致　谢

　　本书系统地介绍了各种海洋拖曳系统的结构与功能,并结合实际工程对各种海洋拖曳系统进行了动力学分析。这里要感谢师弟赵博文对绪论中一些图片的处理和文字的理顺;感谢师弟毛垚飞在水鸟的水动力特性对多分支拖曳线列阵阵型影响和相对速度法两个章节所做的工作和提出的合理建议;感谢师弟单海峰对水下潜标布放过程中的数据处理。

　　作为一个刚刚入职的新人,对工作中遇到的问题没有充分的准备,处理一些问题的经验和方法也有所欠缺。总而言之,我还有很多不足,在这种情况下,能有这点成果离不开各位前辈的提携与指导。欲知上山路,须问过来人! 是前辈们告诉了我该如何协调学习、工作和生活。因此,我要感谢严谨院长、邓伟书记在学习工作中对我的鼓励与支持;感谢袁剑平和陈志明两位主任的帮助;还想对广东海洋大学海洋工程学院船舶与海洋工程系所有老师说一声谢谢。我知道我有很多的缺点,因此要谢谢你们的宽容,谢谢你们的理解,谢谢你们有意与无意间做的一切。真的非常荣幸能加入这个温暖的大家庭,往后的日子里还请你们多多关照。愿我们大家能一起加油去追寻广海大更好的未来和明天!

　　湛江是个很宜居的地方,也是第一批改革开放的城市,我对这个城市的明天和未来有信心,更对广海大有信心。都说一方水土养一方人,我这个北方人愿意扎根在湛江这座城市,服务这座城市,并试着逐渐去融入这座城市,更愿意为广东海洋大学海洋工程学院贡献一份我的微薄力量。

碧海旭日,辉映南疆;

海大精神,育我成长;

悠悠岁月,使命不忘;

蔚蓝舞台,圆我梦想;

广学明德立海志;

海纳厚为谱宏章;

孜孜以求真善美;

学海探骊闯五洋;

风正帆悬涛声起,

乘风破浪向前方;

先例既开,来日方长!

感谢广东海洋大学科研启动项目(060302072101)、湛江市海洋青年人才创新项目海底管线平管起吊的对比研究与优化(2021E05011)和 201705253 海洋渔业设施装备研究中心(Q17093)的资助！

张大朋

2021 年 5 月 10 日于广东海洋大学海滨校区海洋工程学院

前　言 Preface

　　纵观人类社会的进化历程可以发现,生存与发展是始终紧密联系的,这也是人类社会的两大永恒主题。从茹毛饮血、刀耕火种到近现代的科学技术的飞速发展给人们生活方式和生活习惯带来的深刻变化,几千年的历史告诉我们,人类社会每一次生产力和生产关系的提高都离不开人类对化石能源开采和利用能力的提高。因此,人类的生存和发展离不开化石能源。从 20 世纪下半叶到现在是一个积极开发海洋资源的黄金时代,为了获取海洋中的各种工业原料和丰富的深海鱼类资源,在近海和深海领域的海上施工作业过程中,各种拖曳系统得到了广泛的应用。多种多样的海洋拖曳系统极大地延伸和拓展了人类对海洋的认知。这其中,用于探测海洋矿产资源的自动拖曳仪器、用于搜索和探测近海海底的拖曳声呐、用于捕获深海鱼类资源的拖网系统、用于观察海洋洋流变化情况的各种拖曳观察仪器以及用于铺设水下电缆设备的许多拖曳系统的应用都能极大地提高生产率和工作效率。

　　空间拖曳系统的结构是由拖缆相连的一组拖曳设备组成的。当科学考察船在航行状态时,拖曳仪器沿着船的航迹对一些海洋环境参数进行测量,测量仪器包括温度梯度仪、分布式温度传感器等,所有传感器与声呐连接在拖缆上或是镶嵌在拖缆内部。

　　而为寻找海底所蕴藏的石油和天然气,对近海大陆架的研究规模逐步扩大,这促使基于水下拖曳线列阵系统的水声定位方法的飞速发展,这种方法可用来进行水下地形测量以及地球内部的地震勘探。除此之外,水下拖曳线列阵在军事侦察领域也有着广泛的应用。

　　类似的系统可提高研究大气层和海洋相互作用的有效性,有效地进行引力和磁力测量,有效地测绘水下地貌,如海洋气象浮标可有效地研究海流和波浪、研究海洋的电场和化学组成成分,以及有效地研究声学、无线电物理学和生物学。而将大型的海上浮标运输至目标海域的过程也是一个典型的拖曳过程。

　　在以上这些结构中,拖船轨迹的改变、回转半径的改变、舰船的加速减速机动情况和各向速度及加速度的参数变化都会对拖缆的空间形态和力学特性产生重要的影响,因为大多数情况下拖索上载荷的动力学分量会增大。拖曳系统中拖缆的振动会导致其中各个元件的高频振动,破坏连接元件的功能,从而引起拖曳系统的疲劳损坏并加大拖缆及安装在其上设备的磨损;且拖曳系统中传感器的振动会提高噪声干扰量,进而导致记录信息的失真。

　　获取深海鱼类资源方法的改变同样与拖曳技术的飞速发展密切相关。现代拖曳渔网结构复杂,拖曳系统中的拖缆与网箱系统中存在的大量网衣的挠性带来的强非线性造成了计算和设计的困难;且拖曳渔网系统的挠性随着不同因素的作用在不同的实际工程中会呈现不同的空间变化特性与力学特性,这也同样造成了计算和设计的困难。同时,现阶段的拖网控制问题已经不仅仅局限在水平面上,而是转换到了三维空间中。为了满足实际工程的安全需要,不仅需要知道拖缆的张紧-松弛情况和松弛的部分长度以及拖船的船速,而且要发现这个松弛过程具体出现的时刻和阶段,以及对拖船的行驶路径进行合理规划。这些对于在指定位置拦截住鱼群有着很重要的意义。

在转向深海拖网捕鱼的过程中,拖网受到的外界载荷作用逐渐增大,外界载荷变化急剧猛烈,拖缆的张弛情况会变得很复杂,在这一过程中会出现强非线性。此时在拖曳载荷作用下张力会极大地增加,拖缆有出现弛垂的可能性,这时拖缆上弹将出现限制渔网坠落的突提现象,从而导致破网,鱼类有可能挣脱逃走。因此,为了捕捉到这一过程中拖曳渔网系统的力学特性,需要大力改善动力学计算方法。

深海拖网捕鱼及导航定位测鱼群都要求提高拖曳的深度和速度,增大拖网的尺寸。而拖曳系统的发展对于拖网系统的理论设计、提高渔网的力学性能、渔网结构的调整、捕鱼方式的改变都有着深刻的影响,因此在分析研究拖网稳态和暂态动力学过程基础上进行设计,可以在缩短周期、降低成本情况下提高设计质量。

综上所述,形形色色的拖曳系统在海洋科学考察、海洋资源勘探、国土安全和深海渔业资源捕捞的过程中起着不可替代的作用,因此对拖曳系统的研究就显得尤为重要。本书初步探究了相对速度法在拖曳线列阵系统中应用的可能性及适用性,并通过对典型的深海单分支、多分支拖曳线列阵系统,水鸟对多分支拖曳线列阵阵型的影响,有缆水下航行器(remote operated vehicles,ROV)系统中拖缆对航行器驱动力的影响,海洋浮标拖曳及潜标水下拖曳布放,大型海洋牧场网箱群海上拖曳和深海拖网捕鱼系统在各种复杂情况下的动力学响应的研究试图得出一些有价值的结论,以期对实际深海资源的探测与开发能起到一定的工程指导作用。当然,由于个人实际水平所限,难免会存在不足之处,在后续的研究工作中笔者会继续深入研究,以便查缺补漏。

当然,如果业内同行在参阅本书后能稍有启发与所得,那出版这本书的初衷也就达到了。作为一本涉海专业的图书,本书适合船舶与海洋工程专业的大中专院校的教师、在校生阅读以及在教学过程中酌情使用,可开拓船海专业大专生与本科生的视野,也可为高校的教师及相关科研院所的研究人员提供一定的科研参考价值。如能起到抛砖引玉的效果,笔者将不胜欣喜!

张大明

2021 年 3 月

目 录 Contents

第一章 绪 论

本章导读

要研究海洋拖曳系统的动力学特性,首先需要对各种海洋拖曳系统的组成和结构有一个较清楚的认识。本章对各种海洋拖曳系统的组成与功能进行了简要概述,并对目前海洋拖曳系统国内外的研究进展进行了整理与归纳,目的是使读者在了解各种海洋拖曳系统的同时,对其功能与特性也能有一个更深刻的认识,为后续的分析奠定基础。

1.1 海洋拖缆系统

纵观人类的发展史可以发现,人类的生存与发展是始终紧密联系的。而生存和发展,离不开化石能源。自 20 世纪下半叶以来,人类社会的发展进程进入海洋资源开发的黄金时代。为不断获取工业原料和丰富的深海鱼类资源,作为其技术基础的各种水下拖缆与拖网系统发挥着极为重要的作用。近海和深海领域的自动拖曳仪器、搜索近海海底的拖曳声呐、自动拖网系统、拖曳观察仪器、铺设水下电缆的设备和许多拖曳系统的应用都极大地提高了对各类海洋资源勘探的生产率和工作效率。

1.1.1 海洋拖缆系统的国内外研究现状

空间拖曳系统的结构由与拖缆相连的一组拖曳设备组成。拖曳线列阵系统对于研究大气层和海洋相互作用的有效性,有效地进行引力和磁力测量,有效地测绘水下地貌,有效地研究海流和波浪、研究海洋的电场和化学组成成分,以及有效地研究声学、无线电物理学和生物学的相关海洋数据的收集都起着非常重要的作用。为保证拖曳系统的安全性、可靠性以及稳定性,研究水下缆索的力学特性至关重要。由于水下缆索的运动方程是一组强非线性偏微分方程,求解难度较大,研究者一般通过建立拖曳系统的动力学模型,形成缆索动力学方程组,并离散计算拖曳系统的动力特性,如此可以预报拖船在拖曳运动中的主要运动特性参数。从 20 世纪 70 年代起,拖缆系统的水动力学模型逐步充实起来。求解缆索动力学方程组的方法一般可以分为四种,分别是直接积分法、有限差分法、凝集参数法和有限元法。

1.1.1.1 直接积分法

直接积分法一般从缆元受力分析出发。De Zoysa 较早使用直接积分法来求解静态缆索的动力学方程组,并编写了一套分析海底柔性缆索数值解的计算程序[1]。虽然针对的是拖航和锚泊问题,然而该分析程序同样适用于大多数稳态拖缆问题。在 De Zoysa 建立的控制方程基础上,连琏针对水下拖缆系统中的缆索纠缠问题,在三维空间中对水下缆索进行研究,并利用四阶龙格-库塔法求解静力平衡方程,从而求得缆索张力、性状参数。这也是一种直接积分法。她求解的只是初值问题,即已知水下缆索的初始条件,这种方法并不适用于初始条件未知的边值问题[2]。

在 1995 年之前,大部分研究工作均全面考察了各种准静态和稳态条件下的拖缆行为,但没有充分解决理论上的预测验证问题,拖缆的瞬态问题及其对拖船速度变化的响应也没有得到应有的重视。针对这种情况,Patel 结合 Hopland 的相关工作(他研究了船速突然改变时的拖缆几何形状[3])于 1995 年提出了一种在二维平面内求解拖船变速时拖曳缆索瞬态运动的数值模型。该求解方法将缆索分成 n 个单元,每个单元满足平衡关系和几何协调方程,然后用四阶和五阶龙格-库塔公式求解 n 个非线性常微分方程组[4]。Patel 紧接着提出了一种求解海洋缆索铺设过程中瞬态行为的数值模型[5]。Vaz 等人使用直接积分法,针对拖船在改变航速和方向的情况下的海洋缆索铺设过程,给出了缆索的三维瞬态运动的数值解[6]。缆索的瞬态行为由一组非线性偏微分方程的数值解控制,求解方法是分别在空间和时间上积分。空间积分将缆索划分为 n 个单元,每个单元满足平衡关系和几何协调方程;时间积分则使用高阶龙格-库塔公式求解。Sun 和 Leonard 根据弹性体的经典 Euler-Kirchhoff 理论,得出了一组包括了弯曲、扭转和惯性效应的缆索三维动态方程组。该模型能消除缆索张力消失时的潜在奇异性,并且可以简化为完全柔性缆索的方程[7]。

直接积分法能够解决一些较为简单的缆索三维动态运动问题,但对于复杂的拖船运动、拖缆与拖体耦合运动以及在多分支拖曳系统中的响应特性研究,直接积分法仍有待完善。

1.1.1.2 有限差分法

有限差分法是一种求解偏微分(或常微分)方程和方程组定解问题的数值解的方法。它是从微元的角度求解在时间和空间上离散后的缆索非线性动态偏微分方程。Ablow 和 Schechter 在 1983 年率先给出了一套考虑惯性力缆形的三维算法,并在时空上有限差分离散了该方程组[8]。虽然他们采用的隐式二阶精度 BOX 格式的求解效率十分低下,但仍有很多人沿用并改进这种模型。Srivastava 在 Ablow 的基础上,对拖缆阵列系统的回转操纵过程进行了理论分析。由于拖缆阵列系统的环路操纵问题本质上是一个三维动力学问题,因此在 Srivastava 的仿真研究中,缆索被视为在拖船、重力、水动力载荷和惯性力的影响下运动的细长柔性圆柱体[9]。紧接着,基于先前的理论分析,Srivastava 用实验的方法记录了拖曳系统中线列阵的构型,并测量了拖船在不同半径和速度下 360° 回转过程中的航迹、侧移、阵列深度和缆索两点张力,与计算数据对比,吻合较好[10]。邓德衡用有限差分法模拟了拖曳线列阵的直线定常运动、回转运动及升沉等各种运动[11]。

在拖船回转运动中,如果拖曳系统拖点的边界条件采用给定的运动速度,并不能满足实际运动状况,也就无法准确预报拖曳声呐阵位。由此刘军等人将拖船操舵回转中的拖点速度作为拖体运动预报的拖点边界条件[12]。朱军等人采用 Ablow 的数学模型,仿真计算了拖缆系统在直线定常运动下的阵型,同时也讨论了拖缆的材料刚度、水中速度、拖点速度等主要参数对拖缆阵型的影响[13]。该仿真计算为下一步拖缆系统非定常运动仿真计算奠定了基础。虽然描述拖曳系统控制的数值模型的工作很多,但它们往往忽略了拖体与拖缆之间的动力学关系。李英辉等人将水下拖曳系统分为拖缆和拖体两个部分,拖缆部分的数学模型同样采用 Ablow 的有限差分法进行求解,而拖体部分的模型则采用类似潜水器的水下六自由度运动方程求解。为解决拖缆与拖体之间的耦合问题并获取两者之间相互影响下的运动状态,李英辉将两部分方程联立统一求解,成功获得了水下拖曳系统运动时拖缆的形状和拖体的运动参数[14]。罗薇的工作与李英辉相似,同样分别建立拖缆和拖体两个部分的运动方程。除此之外,罗薇指出缓冲缆能有效降低水面拖船振荡对拖体的影响[15]。Feng 在 Milinazzo 的研究基础上[16],提出了一种处理非定长缆索对水下潜器影响问题的数值方案,该方案同样适用于预测脐带式 ROV 在部署过程中的水动力影响[17]。

从缆索力学角度和用途来看,牵引缆索又可以分为张拉缆索和低压缆索两大类。在低压缆索的动力学特性研究过程中,H. I. Park 等人在 2004 年开发了一种用于拖曳低压缆索分析的数值求解程序,模拟了拖曳式低张力缆绳的三维动态特性,并采用有限差分法求解三维拖缆方程[18]。Gobat 基于经典的有限差分法,开发出一种用于分析缆索结构非线性动力学的计算程序,该程序能够给出精确、稳定、鲁棒性优良的动态问题解,同时也可以用来解决单点系泊问题、多分支线阵列系统以及牵引和漂移问题[19]。Grosenbaugh 沿用了 Gobat 的计算程序中的控制方程,但将拖曳系统从二维直拖平面扩展到三维稳态的转向空间,并分析了拖船从直航平衡状态到平稳转弯状态时整个拖曳系统的瞬态行为变化[20]。Yuan 提出了一种在拖船回转过程中保持拖缆-拖体系统水深的动力学模型,并利用有限差分法对缆索进行建模和分析。该模型通过展开和收回拖缆来维持拖曳系统的深度,在保持拖曳系统水深方面有了明显的改进[21]。张大朋采用有限差分法求解在时间和空间上离散后的缆索动态偏微分方程,来预测拖缆与拖体耦合作用下拖体运动状态[22]。Choo 和 Casarella[23],Chapman[24]曾先后对拖船做回转机动的水下拖曳系统进行了稳态分析,这三个人的研究成果对回转拖曳中拖缆构形的后续研究起到了举足轻重的作用,其中 Chapman 在拖速一定的情况下还给出了临界半径的概念。Kishore 和 Ganapathy[25]对拖缆定常回转的研究较为全面并最终得到回转半径、缆长、拖曳速度三者的函数关系。

虽然有限差分法计算量小,对于大时间尺度的运动模拟效果较好,但不得不指出的是,该方法通过对时间和空间离散得到的非线性动态方程组十分复杂,拖缆出现零张力时会导致计算失稳。除此之外,用该方法求解运动方程时有着一定的局限性,方程中沿缆长方向上的导数要求拖缆的物理量应该均匀一致,这不利于非均匀拖缆的计算。实际上,有限差分法只能在确定每个缆索单元的长度后才能进行求解。

1.1.1.3 凝集参数法

凝集参数法与有限差分法的思想不同,它直接从牛顿第二定律出发,将整个水下缆索近似为一系列节点,节点与节点之间由无质量的线弹性单元连接,并将连续缆索受到的分布力视为作用在缆的分布节点上。这种简化的好处是能较容易地处理分段连接的缆。

1960 年,Walton 和 Polachek 首次采用凝集参数法研究锚链的二维运动响应并给出求解公式和算法。该方法随后被广泛应用于水下拖曳系统、系泊系统以及其他水下拖缆问题[26]。由于几何约束的增加,该方程组变得更加复杂,形成了齐次非线性方程组。该模型一直在改进,通过利用有限差分来近似所有的时间差,并以节点位置和片段张力的形式建立了齐次方程组,然后可以使用 Newton-Rapson 迭代法来求解这个方程。由于外力和质量都是凝集在节点上的,因此这种类型的模型被称为凝集参数或凝集质量模型(图1.1)。自从 Walton 和 Polachek 提出这种概念以来,关于系泊线及拖缆系统的动态分析,这种方法仍然非常受欢迎。迄今为止,凝集参数和有限元法在拖缆和系泊索中的分析是使用最普遍的分析方法。李宾等人将大垂度柔索简化为多刚体-球铰模型,用若干个通过球铰连接起来的刚性小段代替柔索,并对简化后的模型进行离散化建模[27]。这种方法既可以反映柔索的真实受力和变形情况,又能解决大变形问题。为确保水下拖曳系统具有大范围运动和稳定姿态的能力,吴家鸣改变了传统的单缆拖曳和被动拖曳的方式,在 Ranmuthugala 和 Gottschalk 的研究基础上提出一种相对简单的两段式水下操纵拖曳系统模型,该模型可以在水平和竖直两个平面上操作拖体。模型中水下航行器的水动力特性由类似潜艇仿真的六自由度运动方程描述[28]。朱克强改变了传统的准静态附加缆力计算方法,在考虑潜水器的空间运动姿态对缆力的耦合影响下,对非均匀串接缆体系统建立空间非线性数学模型,并对该系统的空间耦合运动进行了数值模拟。这种数学模型能反映潜水器和缆索的耦合运动,从而更加接近实际[29]。

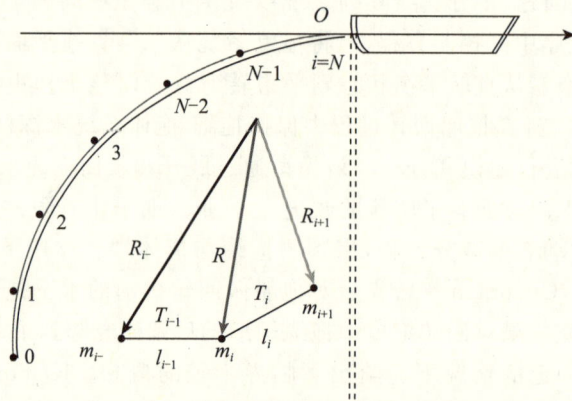

图 1.1　拖缆的凝集质量法示意

截至 2003 年,国内对水下拖曳系统的缆索的运动计算已经进入了三维动态状态。然而,此时绝大多数的计算仅针对固定长度的缆索,对于非定长缆索的研究十分罕见。国外虽有相关变长度缆索的计算,却也仅停留于二维。陆肇康与朱克强两人采用凝集参数模型针对三维非定长的缆索进行了动态分析,着重解决三维缆索的投放与回收问题[30]。虽然受限于当时资料的匮乏,其动态仿真结果缺少试验值的对比,但这种方法仍对后续研究水下缆索系统起到了启迪作用。李晓平等人通过在缆段之间引入弹簧和阻尼,将一系列缆段组成多体系统,并将缆索离散为一系列铰接的刚性缆段,构建了缆索多体动力学三维有限段模型,而后应用 Huston 多体动力学理论求解该模型。随后,李晓平等人利用该模型对 Huston 的小尺度缆水池的实验结果进行了仿真比较,其计算结果与实验数据基本吻合[31]。冯甦同样采用凝集参数法构建水下拖曳系统的数学模型,研究了拖船回转操作中拖缆构型、拖体阵位变化以及拖体上方的拖缆张力,并给出了计算缆-体系统运动响应的通用程序[32]。

　　拖缆在工作时,靠近末端的部分有时会并贴着海床滑行,在拖船低速状态下,拖缆还有可能触及海底。针对这种状态下的水下拖曳系统,王飞等人把重点放在了拖缆与海底的相互作用上,直接将海底视作连续的刚性底面,采用凝集参数法,构建三维非均匀拖缆运动的数学模型,并采用四阶龙格-库塔法进行数值求解[33]。朱克强等人对海洋缆索系统的三维动力特性进行了时域分析,并构建了计算缆索动态张力和构形的模型[34]。杜晓旭等人为计算拖缆在水中的姿态以及拖缆对自主水下航行器(autonomous underwater vehicle,AUV)的作用力,利用达朗伯原理建立拖缆的三维运动数学模型,在确定了边界条件的基础上,对 AUV 拖曳 GPS 浮标系统的运动进行仿真,成功求解出拖缆在水下的姿态以及拖缆上的张力分布和变化[35]。马利斌针对拖曳系统中由母船的运动沿拖缆传递的情况建立了数学模型,并将运动传递分解为横向和轴向两个方向上的分运动,获得了运动传递与衰减的一般规律,发现拖缆沿轴向运动的传递比沿横向更难衰减[36]。

　　在实际工程中,将拖缆从船上下放至执行任务所需的工作深度,或从水中取回,是一项较困难的工作。王飞等人针对拖缆下放和收回的过程,采用凝集质量参数法描述了拖缆的运动,并给出了相应的边界条件。考虑到拖缆在下放和收回期间长度上会有一定的变化,王飞等人在方程中引入了两个辅助参数来描述其连续变化的长度和离散的节点数[37]。

　　2016 年,张大朋先是采用凝集质量法研究了不同 Munk 矩作用下海洋拖缆系统的水动力性能,应用 OrcaFlex 软件建立了拖船匀速回转过程中拖曳系统的动态模拟,着重分析了不同 Munk 矩作用下拖缆张力和拖体水下形态的实时响应。随后,他针对拖曳过程中的振动对整个拖曳系统造成的损伤问题,采用二体拖曳法计算拖曳管道在拖曳过程中的振动和水动力响应[38-39]。紧接着,张大朋研究了不同拖缆参数如直径、阻力系数、附加质量系数等对拖缆系统稳态运动的影响,发现拖缆直径对拖缆系统的性能影响较明显。除此之外,他还利用 OcraFlex 软件计算出潜艇在水下 360°回转过程中拖缆系统的运动姿态与运动响应。最后,他分别采用直接积分法和凝集质量法对比计算了能表征拖体和缆索特性的张力函数曲线,并且通过算例证实了 OrcaFlex 软件能应用于实际工程中的缆索设计与分析[40-42]。

　　目前,人们对水下拖曳系统的研究已基本涵盖了单分支拖缆系统,对于多分支水下拖曳系统的研究十分罕见。此外,相对速度法与绝对速度法的应用也比较少见。多分支水下拖曳系统的运动响应比单分支更为繁杂,而且不同拖缆之间容易纠缠在一起。为了实现多分支拖曳线列阵在回转过程中的动力学分析,张大朋在考虑波和流对拖曳系统的影响下,用 OrcaFlex 建立了多分支拖曳线列阵回转过程中的简化模型[43]。

　　综上所述,凝集质量参数法结构简单、易于工程实现,在求解缆索动力学方程的过程中应用比较广泛。其不足之处是不能很好地处理拖缆的非弹性问题,且计算机性能对数值解法的稳定性有很大影响,原因在于数值解法的稳定性受到时间步长的限制。近些年来,虽然计算机性能在不断提高,越来越多的学者采用凝集质量参数法研究水下拖曳系统、锚链等复杂水下细长挠性构件的水动力性能,但是要实现对柔性体动态行为的实时仿真,仍需进一步改进模型的数值解法。

1.1.1.4 有限元法

有限元法基于 Hamilton 虚功原理,将缆索看成是互相连接的一系列有限段的组合,缆索受到的所有力和质量都作用在每一段上,它的基本出发点类似于凝集质量参数法,将拖缆空间离散为一系列直线微元进行受力分析。

1982 年,Garrett 在经典细长杆理论的基础上提出了一种等刚度三维弹性杆有限元模型,该模型允许大变形和有限的旋转,并考虑了张力沿其长度的变化[44]。此后,该模型被广泛应用于海洋工程领域中细长杆静动力分析和计算中。汪鸿振为求解拖缆的稳态平衡位形,在忽略拖缆弯曲刚度的基础上,建立了水下拖缆稳态平衡方程并用有限元法求解[45],他的研究为水下拖缆的平衡计算提供了一种新的方法。Dombrowski 针对多体系统仿真中的大型柔性体变形问题,提出了一种使用绝对节点坐标公式的有限元方法[46]。此方法特别适用于多体动力学中对梁、拖缆和壳体的建模问题。Preston 在 2009 年用有限元法描述了如何在快速环境评估方法中收集、处理和分析拖曳线列阵上的远距离混响数据[47]。

2010 年,Sun 等人在拖缆-拖体系统的非线性动力学分析中,开发出一种基于节点位置的有限元方法并对缆索进行了建模[48]。这种方法能够直接计算缆索的位置。在此之前,传统非线性有限元方法计算的是缆索的节点位置,并且在求解拖缆-拖体系统的耦合运动过程中存在一定的数值误差。Ramani 着重分析了二次阻尼 Mathieu 方程的分岔问题,并将其应用到拖曳线列阵的起重装置中[49]。

有限元法没有将拖缆微元的质量集中于离散的节点上,克服了凝集参数法的不足,实现了拖缆微元在整个拖缆上的积分计算。然而,该方法难以求解强非线性的动力方程组,不能很好地处理大偏移、大运动加速度等问题。因此,有限元法大多应用于静态或准静态问题,不适合分析非定常状态下的拖缆水动力性能。

1.1.2 海洋拖缆系统目前存在的问题

综合近几十年水下拖曳系统的研究历史可以发现,缆索动力学问题本质上属于两点边值问题,所求解的缆端与缆元边界条件可扩展到波浪、海流、拖缆触底、拖船运动(回转、升沉)、耦合拖体运动等。

在以上这些结构中,拖船轨迹的改变、回转半径的增大、舰船的加速减速机动情况和各向速度及加速度的参数变化都会对拖缆的空间形态和力学特性产生重要的影响,因为大多数情况下拖缆上载荷的动力学分量会增大。

1.2 海洋拖网系统

1.2.1 海洋拖网系统的功能与种类

获取深海鱼类资源方法的改变同样与拖曳技术的飞速发展密切相关。现代拖曳渔网结构复杂,由于拖缆与网箱系统中的网衣存在挠性,其带来的大量强非线性因素造成了计算和设计的困难。除此之外,网衣的挠性随着不同因素的作用在不同的实际工程中会呈现不同的空间变化特性与力学特性,这进一步加大了计算和设计的难度。为了满足实际工程的安全需要,不仅需要知道拖缆的张紧-松弛情况和松弛的部分长度以及拖船的船速,而且要寻求这个松弛过程具体出现的时刻和阶段,以及结合鱼群的存在海域对拖船的行驶路径进行合理规划。这些对于在指定位置拦截住鱼群有着重要的意义。

　　图1.2和图1.3所示为常见的集中拖网系统。它的种类是非常多的,其中最常见的为底拖网。底层渔网在海底被拖曳,拖适用于海底地势较为平坦、鱼群较为密集的海域。这种拖网方式最大的缺点在于拖曳过程中可能会对底层生态造成影响。除此之外,还有中层拖网,它是指在拖曳渔船的作用下拖网曳行时,网具不是在海底而处于海水中层。

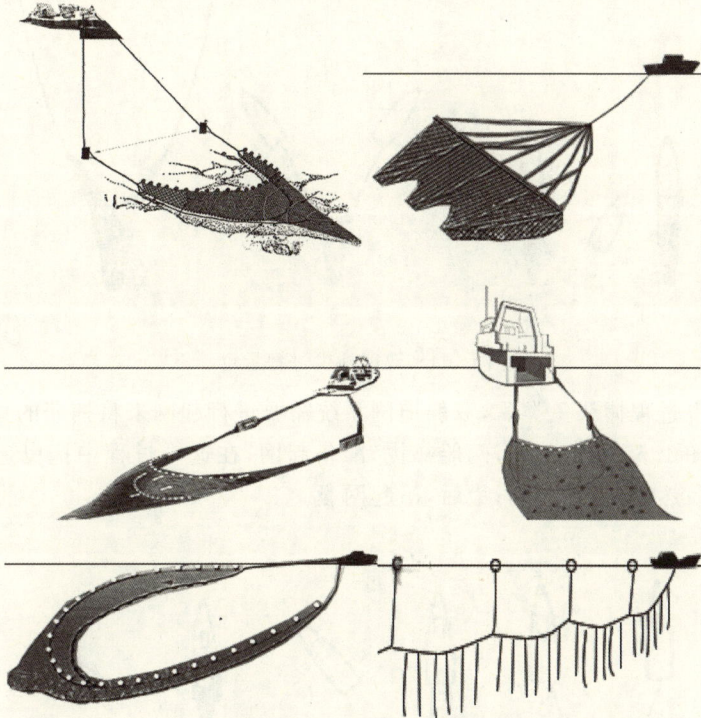

图1.2　各种单船柔性拖网和拖曳网具系统

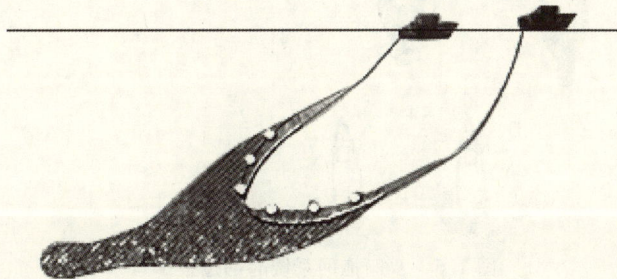

图1.3　双船拖网系统

　　拖网捕鱼是一种效果比较好、适用范围非常广的捕鱼方法。拖网捕鱼离不开拖网渔船。一船单独拖网的捕鱼过程被称为"单拖作业"。单拖作业又可分为在舷侧操作的舷侧拖网和在船尾操作的船尾尾拖网两种形式。舷侧拖网由于起网作业不太安全,目前已经较少使用。

除此之外,还有一种双船对拖作业的双船拖网系统。两船同时拖一个渔网的捕鱼过程被称为"双船对拖作业"。该过程分为 4 步(图 1.4):首先,两船旁靠;接着,将带网船的一根曳纲引至放网渔船;然后,两船各自向外行驶并继续松放曳纲;最后,当曳纲松放完毕后,开始双船拖曳,在接下来的过程中两船保持平行拖曳,两船的间距保持 400~600 m。

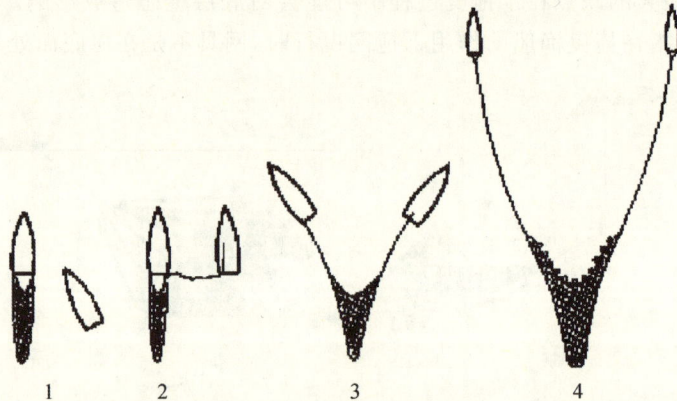

图 1.4　双船拖曳过程示意

在经过拖曳过程捕获鱼类后,双船拖网系统需要进行起网来将捕获的鱼类储藏起来。起网的过程如图 1.5 所示:首先,两船靠拢,准备起网,在这一过程中拖曳速度不断降低;接着,绞收曳纲;然后,开始收网;最后,吊起网囊。

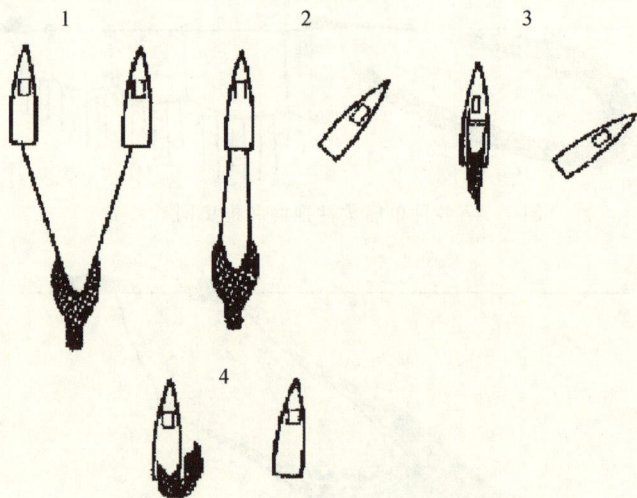

图 1.5　双船拖网系统起网过程示意

除此之外,还有"流网作业"方式,运用这种方式捕鱼时需要将网垂直展开立于水中,长度很长,一般在 1 海里以上到几海里,在这一过程中渔船和渔网一起随风流漂移。具体如图 1.6 所示。

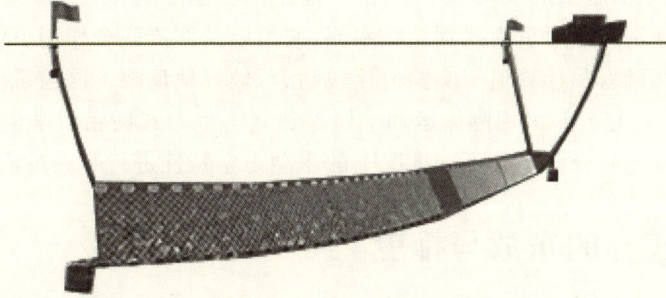

图 1.6 流网作业

而对于深水拖网拖曳过程来说,拖网不可避免地要与海床发生接触,在松软的泥底渔场拖曳时,拖船的拖速应该尽可能地快一些,否则拖网容易"吃泥";而在坚硬底质的渔场拖曳时,拖船的拖速应放慢一些,以避免拖网被过度摩擦或是被撕裂。

1.2.2 海洋拖网系统的国内外研究现状

在拖网渔船的作业仿真中,国内外学者主要针对曳纲和网具的物理建模展开研究。1998 年,Bessonneau 和 Marichal 为了研究拖网在水流中的形变和受力情况,将网衣假定为刚性杆进行受力分析,并根据牛顿第二定律建立网衣的数学模型进行求解[50]。Priour 采用有限元法基于表面三角单元进行了网片、绳索的力学特性仿真计算[51]。Lee 针对单船中层拖网垂直运动的研究,将单船拖网系统近似为拖网渔船、网板和渔网三个质量点,三者之间通过非弹性的曳纲和手纲相连,在忽略收放曳纲对网板运动的影响的同时假定拖网渔船对网具系统的拖力随拖速线性变化,然后利用拉格朗日方程建立了拖网系统的数学模型[52]。在此之后,Lee 采用凝集参数法开发了对拖网和围网均适用的渔网自动设计建模软件,同时研究了在波流联合作用下网箱的动态仿真,通过水池试验验证了模型的合理性[53-54]。Tsukrov 等采用等效网单元模型对网衣系统进行了等效合并[55]。Prat 在 2008 年建立了底拖网网具系统的简化数学模型,同时对曳纲张力等相关参数进行了仿真分析[56]。与此同时,Dymarski 和 Nakielski 采用简化方法建立了拖网垂直面内的数学模型,并针对网口高度的动态特性进行了分析[57]。井上悟等人采用悬线法建立拖网曳纲的简化模型,并用水槽实验进行了验证分析[58]。

国内对水下柔性网的模拟和网具系统的建模发展也比较迅速。万荣教授使用有限元方法研究了网衣在水流作用下的变形和张力分布,并提出了拖网曳纲形状与张力的理论计算方法,这一计算方法为双船中层拖网曳纲设计和网位调整提供了理论依据[59-62]。李玉成在 2005 年同样研究了网箱在水流作用下网衣的变形和应力分布情况[63],与万荣不同的是,他采用的计算方法为凝集质量参数法。黄小华研究了网衣的动态变形情况、网衣受力平衡后的空间分布情况以及网衣在不同配重和流速下的受力和变形[64]。陈英龙在考虑拖网网板及升力帆布水动力作用的前提下,建立了整个网具系统的仿真模型,并以"开富号"渔船为研究对象,通过海上试验验证了模型的准确性[65]。高帅等人建立了渔网网衣的运动数学模型,并采用精细积分的方法对数学模型进行求解,通过和水槽试验数据的对比证明了该数值解法的准确性[66]。崔勇提出一种基于有限元原理的养殖网箱系统动力分析方法,分别对圆形重力式网箱在水流、波浪以及波流联合作用下的网衣变形与锚绳受力进行了数值模拟,计算值与实验值比较吻合,较好地反映了网箱系统在波流场中的动力响应特性[67]。赵云鹏采用刚体运动学原理建立了重力式网箱数学模型,并对网箱在波浪、水流以及波流联合作用等不同情况下的水动力学特性进行了系统研究[68-69]。

1.3　海洋潜标的布放与拖曳

1.3.1　海洋潜标系统的功能简介

作为一种典型的海洋刚柔组合性多体系统,在众多监测系统中,潜标监测系统是存在时间最长且性能各方面均能满足要求的典型代表,这其中水下潜标作为海洋要素调查的重要科技装备,可在多样且严峻的海洋环境条件下正常运行,拥有自动自主的同步、自动、长期、连续地对海洋生态、水文等诸多资料进行全面实时勘测的特点[70],是海洋近岸观测站、调查飞机、浮标和勘测船在时间上和空间上的延伸和扩展,是远岸监测勘探的重要手段。原理是将潜标系统锚定于海床上具体设定位置,并可在必要时通过释放装置进行回收。潜标系统具有获取剖面海洋水下环境资料的能力,并兼有隐蔽性好、稳定性强等优点。由于它具有其他勘探监测方法无法代替的优势,潜标系统在深海监探的天然优势也越来越受到世界各个海洋国家的关注并且相关技术在过去一段时间得到了持续的发展与应用[71]。一个简单的潜标系统包含有拖曳系统、重力抓力锚、锚链系统、主浮体、温盐深测量仪(conductivity-temperature-depth system,CTD)、一些湍流观测仪系统及声学释放器等各种组件,如图1.7所示。

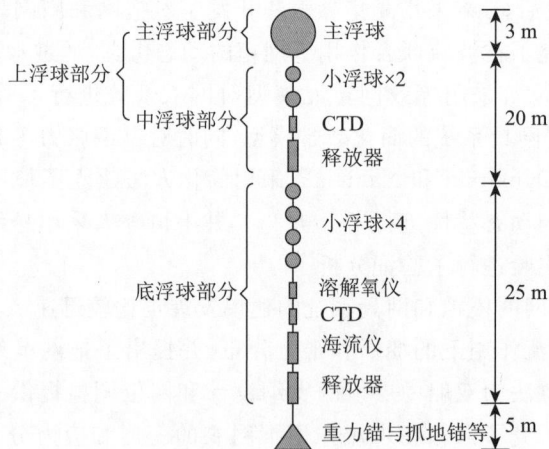

图 1.7　经典锚系潜标系统

1.3.2　海洋潜标系统的布放

海洋潜标系统需稳定布放到相关海域才能持续性地开展相关监测及测量工作。具体到潜标系统的布放方法来说,根据用途和要求的不同,基本上可以分为两种:其一是先布放主浮体,之后布放重力锚;其二是先布放重力锚,之后布放主浮体。前者俗称"标锚法",后者则俗称"锚标法"[72-73]。海洋潜标的布放过程具有耗时较久、下沉距离较长、锚地定位精确度较高、对系统稳定性要求较高等特征。而布放的实际海洋环境复杂多变,若采用长距离海面布放,不管是先标后锚法还是先锚后标法,系统锚端下沉,主标体经悬列线缆受拉悬于半空,在锚、标体之间就产生长距离的悬列段,长距离的悬列段势必会受到重力、近锚端张力、波浪力、海流载荷等的复合作用,从而产生自我弯曲应力载荷等;而这种效应又会对锚体、标体产生复杂的影响,从而对锚地定位的准确度和标体及其负载仪器的稳定性造成影响,且悬列线距离越长,环境激励载荷累加越明显,传递激励作用愈明显[74],缆体两端受到的环境载荷亦会对其余系统组件产生影响。因此,选择性地缩短布放悬列线缆的长度,可适度进一步减小环境载荷影响和增强布放效果。通过对拖船牵引潜标阶段和潜标系统下放阶段进行相应的水动力学响应分析,可较为准确地得出环境载荷变化、系统参数变化对潜标布放过程的作用效果[75-76],从而在此基础上做技术上的改善。因此,需要确定锚定件被释放后相对于船舶位置的最终位置,同时需要确定挠性组件中的张力,以及搭载精密仪器的稳定状态。注意,当锚撞到海床时,锚泊线可能松弛,整个系统瞬间载荷可能会达到瞬间最值。另外,如果在实际布放工程中,受制于布放环境和工况控制要求,系统线路达不到完美的扭矩平衡,则可能在线路中形成扭结。这可能导致系统中挠性缆体布放形态变化发生缺陷或是出现局部变形过大,从而影响其布放效果,甚至直接对后期数据监测和传输等工作产生较大影响。

1.3.3 海洋潜标系统布放过程中存在的问题

在水下潜标系统布放的整个过程中,由于锚泊缆及锚标组件组成的刚柔多体系统发生的变形属于动边界条件下的几何非线性挠度变形,这必然导致组件布放的水动力学分析相当的多变复杂,且在线缆扭矩最难控制、组件受力变形最大、主标体最不稳定的阶段,如何做到将锚泊缆的弯曲变形、张力最值控制在潜标系统所能承受的范围内,从而避免稳定破坏的发生,是一个非常重要的问题。这需要对潜标布放系统这样一个综合的过程进行整体上的数值模拟和稳态分析,依据模拟的分析结果来确定缆线的强度大小、形变程度和扭矩程度以及主浮体的稳态等相关力学特性能否满足实际规范要求,从而为潜标布放的实际工程项目提供数据分析和技术指导。而在实际工程中,为了减小工程风险和成本,亦可以通过结合布放的不同工况方式及对组件进行微调来保证系统的强度和稳定安全性。

1.4 本章小结

综上所述,形形色色的拖曳系统在海洋资源勘探、国土安全和深海渔业资源捕捞的过程中起着不可替代的作用,因此对拖曳系统的研究就显得尤为重要。而随着作业水域面积的日益增加以及作业海况的日益复杂,拖曳系统需要面临的工程难题也日益复杂,以往的研究中取得的一些成果对于工程实践中出现的新问题、新需求难以给出满意的答复和技术解决方案。因此,有必要对以往针对这些问题没有研究到的领域进行更深入一步的探究，以便更好地理论指导实践。目前，对于阻尼的改变在拖曳系统中所产生的影响、不同海底地形时海床（倾斜型海床、阶梯分布型海床以及不规则的 3D 型海床）与拖缆相互接触过程中的影响以及多分支拖曳线列阵阵型变化的特性研究尚属于空白，且对于相对速度法在拖曳线列阵系统直航状态下的应用还没有明确的讨论。另外，在转向深海拖网捕鱼的过程中，拖网受到的外界载荷作用逐渐增大，外界载荷变化急剧猛烈，此时拖曳载荷的作用会极大地增加拖缆弛垂的可能性，这时拖缆上将出现限制渔网坠落的突提现象，从而导致破网，鱼类挣脱逃走。为了捕捉这一过程中拖曳渔网系统的力学特性，需要大力改善动力学计算方法。深海拖网捕鱼及导航定位鱼群都要求提高拖曳的深度和速度，增大拖网的尺寸。而拖曳系统的发展对于拖网系统的理论设计、提高渔网的力学性能、渔网结构的调整、捕鱼方式的改变都有着深刻的影响，因此在分析研究拖网稳态和瞬态动力学过程基础上进行设计，可以在缩短周期、降低成本情况下提高设计质量。

本书对相对速度法在多分支拖曳线列阵系统中应用的可能性及适用范围进行了有益的思考与探索，并通过对典型的深海单分支、多分支拖曳线列阵系统，海洋浮标拖曳及潜标水下拖曳布放，大型海洋牧场网箱群海上拖曳和深海拖网捕鱼系统的研究得出一些有价值的结论，以期对实际深海资源的探测与开发能起到一定的工程指导作用。

第二章 海洋拖曳系统的计算理论

本章导读

常见的海洋拖曳系统的计算方法有很多,但最常用的还是表达简便、物理含义较为明确的凝集质量参数法。本章将结合三种常见的拖曳系统(即拖缆系统、水下拖体系统以及拖网系统)来给出各个拖曳系统基于凝集质量参数法的计算理论,目的是使读者在了解凝集质量参数法的同时,为后续的实际算例分析奠定一定的理论基础。

2.1 拖缆运动数学模型的建立

水下拖缆根据其自身结构所承受张力的大小可分为高应力拖缆和低应力拖缆。高应力拖缆是指拖缆的张力远远大于因弯曲、扭转引起的拉伸力的缆,它忽略弯曲、扭转因素的影响;低应力拖缆是指拖缆的张力与因弯曲引起的拉伸力相比具有相同数量级的缆,它不可忽略弯曲、扭转等因素影响。本书拖曳系统所使用的缆为低应力拖缆,即研究分析中考虑了弯曲与扭转因素的影响。

由于实际工程应用中拖缆结构非常复杂,其中包括表面保护层的护套、承受拉力的铠装钢丝、输送液压或化学药剂的软管和拖缆剩余空间的填充物,若对拖缆各个部件进行分析将花费大量精力,且得到的结果可能发散。由于拖缆的实际工作深度为 3000～6000 m,拖缆张力没有超过其弹性范围,变形量较小,故研究人员一般对拖缆整体进行分析。一般情况下,对研究的拖缆进行如下假定:

(1)拖船质量与拖缆质量相比非常大,忽略拖缆对其的影响。

(2)拖缆为弹性缆且材料均匀各向同性。

(3)作用于拖缆上的流体力满足 Morison 公式。

(4)计算中考虑拖缆的弯曲刚度和扭转刚度。

在存在水下拖体的情况下,研究拖缆在水中运动的平衡问题时,需建立拖缆与流体之间产生的水动力及各外力和拖缆相对于运动方向的位置等正确概念,故首先要建立合适的力学坐标系来定义拖曳系统各物理量的表达式。

2.1.1 坐标系建立及转换

通过三个直角坐标系来建立拖曳系统的运动数学模型,这三个坐标系分别为惯性坐标系($O\text{-}xyz$),拖缆的局部正交坐标系(t,n,b)和拖船/拖体运动坐标系(ξ,η,ζ)。

惯性坐标系($O\text{-}xyz$)为空间笛卡尔坐标系,坐标原点 O 取在水面上($z=0$),x 正方向为拖船前进方向,z 轴方向垂直水面向下,y 轴方向可由右手定则推出,利用(i,j,k)表示惯性坐标系三个方向的单位矢量。拖缆的局部正交坐标系(t,n,b)固定在拖缆上,用(t,n,b)表示该局部正交坐标系的单位矢量,其中 t 矢量指向拖缆的切向,n 矢量指向拖缆的法向,b 矢量可通过右手法则加以确定。水下拖体运动坐标系(ξ,η,ζ)原点一般设在拖体中心,纵轴 ξ 平行于拖曳体的横摇轴且指向拖曳体体首,横轴 η 平行于纵摇轴且指向拖体右舷,垂直轴 ζ 按照右手定则指向拖曳体下方。根据潜艇操作性运动定义,拖体的三个姿态角分别为横摇角 φ,纵摇角 ϑ 和艏向角 Ψ。它们定义如下:

(1)艏向角 Ψ 是纵轴 ξ 在水平面 xOy 上的投影与 Oz 轴之间的夹角。

(2)纵摇角 ϑ 是纵轴 ξ 与水平面 xOy 之间的夹角。

(3)横摇角 φ 是 $\xi\zeta$ 平面与通过 ξ 轴的垂直平面 ξz 之间的夹角。

拖体运动坐标系(ξ,η,ζ)可通过三次旋转与惯性坐标系重合,它们之间转换关系写成矩阵型式为

$$\begin{bmatrix} x \\ y \\ z \end{bmatrix} = A \begin{bmatrix} \xi \\ \eta \\ \zeta \end{bmatrix} \tag{2-1}$$

$$A = \begin{bmatrix} \cos\varphi\cos\vartheta & \cos\Psi\sin\vartheta\cos\varphi-\sin\Psi\cos\varphi & \cos\Psi\sin\vartheta\cos\varphi+\sin\Psi\sin\varphi \\ \sin\Psi\cos\vartheta & \sin\Psi\sin\vartheta\sin\varphi+\cos\Psi\cos\varphi & \sin\Psi\sin\vartheta\cos\varphi-\sin\varphi\cos\Psi \\ -\sin\vartheta & \sin\varphi\cos\vartheta & \cos\vartheta\cos\varphi \end{bmatrix}$$

其反变换为

$$\begin{bmatrix} \xi \\ \eta \\ \zeta \end{bmatrix} = A^{-1} \begin{bmatrix} x \\ y \\ z \end{bmatrix} \tag{2-2}$$

$$A^{-1} = \begin{bmatrix} \cos\varphi\cos\vartheta & \sin\Psi\cos\vartheta & -\sin\vartheta \\ \cos\Psi\sin\vartheta\cos\varphi-\sin\Psi\cos\varphi & \sin\Psi\sin\vartheta\sin\varphi+\cos\Psi\cos\varphi & \sin\varphi\cos\vartheta \\ \cos\Psi\sin\vartheta\cos\varphi+\sin\Psi\sin\varphi & \sin\Psi\sin\vartheta\cos\varphi-\sin\varphi\cos\Psi & \cos\vartheta\cos\varphi \end{bmatrix}$$

欧拉角 θ、ϕ 表示拖缆在惯性坐标系下的姿态角,定义如图 2.1 所示。θ 为拖缆切向偏离 y 轴的角度,ϕ 为拖缆切向与 xOy 面的夹角,即抬升角。

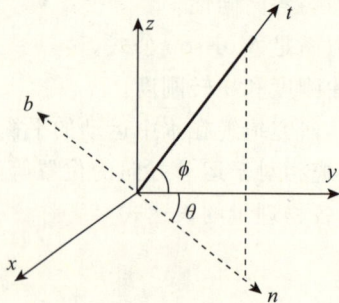

图 2.1　拖缆姿态角

同理，拖缆的局部正交坐标系与笛卡尔坐标系的相互变换关系表示为

$$[x \quad y \quad z] = \boldsymbol{B} [b \quad n \quad t]^{\mathrm{T}} \tag{2-3}$$

$$[B] = \begin{bmatrix} \cos\theta & \sin\theta & 0 \\ -\sin\theta & \cos\theta & 0 \\ 0 & 0 & 1 \end{bmatrix} \cdot \begin{bmatrix} 1 & 0 & 0 \\ 0 & \cos\phi & \sin\phi \\ 0 & -\sin\phi & \cos\phi \end{bmatrix} = \begin{bmatrix} \cos\theta & \sin\theta\cos\phi & -\sin\theta\sin\phi \\ -\sin\theta & \cos\theta\cos\phi & -\cos\theta\sin\phi \\ 0 & \sin\phi & \cos\phi \end{bmatrix}$$

以上三个坐标系可通过欧拉角来相互关联，其转换关系写成统一向量形式为

$$\begin{bmatrix} x \\ y \\ z \end{bmatrix} = \boldsymbol{A} \begin{bmatrix} \xi \\ \eta \\ \zeta \end{bmatrix} = \boldsymbol{B} \begin{bmatrix} b \\ t \\ n \end{bmatrix} \tag{2-4}$$

2.1.2 海流运动数学模型

自然界海流异常复杂且它们的运动形式受到诸多因素的干扰。海洋水流的运动方向和速度的大小随地理位置和时间的变化而变化，即使保持地理位置和测试时间不变，海流速度也与测试点至水深的高度有关。通常来讲，随着水深的增加，海流速度会减小，海洋表面的水流速最大，故可知海流是时间与空间的函数，具有很大的随机性。

$$\boldsymbol{u}_w = u_{wx}\boldsymbol{i} + u_{wy}\boldsymbol{j} + u_{wz}\boldsymbol{k} \tag{2-5}$$

式中，$\boldsymbol{u}_w$ 为海流在惯性坐标系中的速度；u_{wx}、u_{wy}、u_{wz} 为海流速度在惯性坐标系中的三个分量。式(2-5)表示一个定常均匀流场，当拖缆或水下拖体在海流中运动时，其在惯性坐标系下的速度表达式为

$$\boldsymbol{v}_w = \boldsymbol{u}_w + \boldsymbol{u}_r \tag{2-6}$$

式中，$\boldsymbol{v}_w$ 为拖缆或拖体的绝对运动速度；$\boldsymbol{u}_r$ 是相对速度。

在拖曳系统运动中作用在拖缆或拖体上的流体水动力，如阻力、升力与力矩等都与水中物体相对于流体的速度、攻角等有关。因此，在拖曳系统动力学模型中各运动参数均是相对于流体的，即

$$\begin{bmatrix} u_{rx} \\ u_{ry} \\ u_{rz} \end{bmatrix} = \begin{bmatrix} v_{ux} - u_{wx} \\ v_{wy} - u_{wy} \\ v_{uz} - u_{wz} \end{bmatrix} \tag{2-7}$$

2.1.3 拖缆凝集质量模型

不同的拖曳任务和形式使得拖曳系统结构也是各不相同的。一般来讲，拖曳系统由一根或者多根性质不同的缆绳及缆绳上附件设备或缆端拖体组合而成，系统中的缆绳通常与拖船上的安装平台或者固定绞车连接。对于单根拖缆来说，其可以划分为若干分段，计算时采用凝集质量法把拖缆离散为质量-弹簧模型。

凝集质量法的基本思路就是把拖缆从尾端至首端离散为 N 段微元 $\mathrm{d}s$，每段微元的质量凝集在一个节点上，则可得到 $N+1$ 个节点。每个微元所受到的张力、弯矩及水动力载荷等均视为凝集作用在一个节点上。节点编号自下而上，末端 $s=0$ 为第 $i=0$ 节点，上端点节点编号则是 $i=N$ 节点。任意 i 分段指节点 i 与节点 $i-1$ 之间的直线弹性单元，每个分段内张力大小不变，方向为分段的切向方向。凝集质量模型如图 2.2 所示。

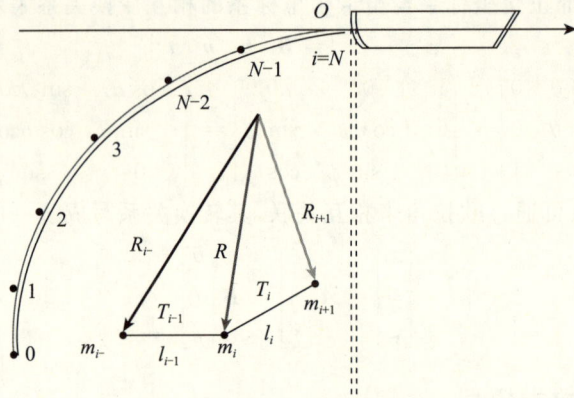

图 2.2　拖缆凝集质量离散模型

2.1.3.1　拖缆静平衡关系

在海流中运动的拖缆其运动特性和受力遵守牛顿第二定律,故对于任意离散的拖缆微元段 $\mathrm{d}s$,它的动力静平衡关系为

$$m\frac{\partial^2 \boldsymbol{R}}{\partial t^2} = \frac{\partial \boldsymbol{T}}{\partial s_\varepsilon} + \frac{\partial \boldsymbol{N}}{\partial s_\varepsilon} + \sum \boldsymbol{F} \tag{2-8}$$

$$\frac{\partial \boldsymbol{M} + \partial \boldsymbol{H}}{\partial s_\varepsilon} + \frac{\partial \boldsymbol{R}}{\partial s_\varepsilon} \times \boldsymbol{N} = -\boldsymbol{q} \tag{2-9}$$

式中,m 为拖缆的质量矩阵;$\boldsymbol{R}$ 为拖缆微元段位置向量;$\boldsymbol{T}$ 为拖缆微元有效张力;$\boldsymbol{N}$ 为拖缆内部剪力;$\boldsymbol{F}$ 表示作用于拖缆上的各种外力,包括重力、浮力及流体阻力等;$\boldsymbol{M}$、$\boldsymbol{H}$ 为弯矩与扭矩;$\boldsymbol{q}$ 为拖缆微段上的弯矩诱导分布载荷,我们一般忽略该项,将其设置为 0。

2.1.3.2　本构关系

拖缆微元受到弯矩 $\boldsymbol{M}$、扭矩 $\boldsymbol{H}$ 及有效张力 $\boldsymbol{T}_e$ 分别与其弯曲刚度 EI 和扭转刚度 GI_p 及轴向刚度 EA 有关,它们的表达式为

$$T_e = \mathrm{EA}\varepsilon \tag{2-10}$$

$$\boldsymbol{M} = \mathrm{EI}\frac{\partial \boldsymbol{R}}{\partial s_\varepsilon} \times \frac{\partial^2 \boldsymbol{R}}{\partial s_\varepsilon^2} \tag{2-11}$$

$$\boldsymbol{H} = H\frac{\partial \boldsymbol{R}}{\partial s_\varepsilon} = \mathrm{GI}_p \theta' \frac{\partial \boldsymbol{R}}{\partial s_\varepsilon} \tag{2-12}$$

扭矩 H 与分布载荷 $\boldsymbol{q}$ 的关系表示如下:

$$\frac{\partial H}{\partial R} + \boldsymbol{q} \cdot \frac{\partial \boldsymbol{R}}{\partial s_\varepsilon} = 0 \tag{2-13}$$

运动方程连续性条件:

$$T = f(\varepsilon) \tag{2-14}$$

拖缆拉伸前后的直径和长度具有如下关系:

$$\begin{cases} \left|\dfrac{\partial \boldsymbol{R}}{\partial s_\varepsilon}\right| = \left|\dfrac{1}{1+\varepsilon}\dfrac{\partial \boldsymbol{R}}{\partial s}\right| = 1 \\ \left|\dfrac{\partial d_\varepsilon}{\partial d}\right| = 1 - \upsilon\,\varepsilon \end{cases} \tag{2-15}$$

式中，υ 为拖缆材料的泊松比，一般取 0.5。若 $\upsilon=0.5$，则拖缆拉伸后的单位体积为

$$\frac{\pi}{4}d_\varepsilon^2 s_\varepsilon = \frac{\pi}{4}(1-0.5\varepsilon^2)(1+\varepsilon)d^2 s \approx \frac{\pi}{4}d^2 s$$

从以上可以看出，拖缆拉伸前后体积保持不变，则(2-15)可以写为

$$\begin{cases} \left|\dfrac{\partial \boldsymbol{R}}{\partial s_\varepsilon}\right| = \left|\dfrac{1}{1+\varepsilon}\dfrac{\partial \boldsymbol{R}}{\partial s}\right| = 1 \\ \left|\dfrac{\partial d_\varepsilon}{\partial d}\right| = \sqrt{1+\varepsilon} \end{cases} \tag{2-16}$$

2.1.3.3　拖缆凝集节点水动力计算

将拖缆离散的分段视为细长杆，每个分段的质量集中在一个节点上，通过分析每个分段的受力分配，得到节点处的受力。基于牛顿第二定律，将第 i 节点的运动控制方程写为

$$m_i\ddot{\boldsymbol{R}} = \boldsymbol{F}_i \tag{2-17}$$

式中，m_i 为单个节点质量矩阵($i=0,1,2,\cdots,N-1$)，由节点的惯性质量和水中运动引起的附加质量 m_{ai} 组成；$\ddot{\boldsymbol{R}}$ 为节点加速度。它们的表达式为

$$m_i = \frac{1}{2}(\mu_i\Delta l_i + \mu_{i+1}\Delta l_{i+1})$$

$$m_{ai} = \frac{1}{2}(m_{ai} + m_{ai+1})$$

节点附加质量表达式为

$$m_{ai} = \rho\, C_a \Delta l_i A_i \begin{bmatrix} 1-\sin^2\theta\cos^2\phi & -\cos\theta\sin\theta\cos^2\phi & -\sin\theta\cos\phi\sin\phi \\ -\cos\theta\sin\theta\cos^2\phi & 1-\cos^2\theta\cos^2\phi & -\cos\theta\cos\phi\sin\phi \\ -\sin\theta\cos\phi\sin\phi & -\cos\theta\cos\phi\sin\phi & \cos^2\phi \end{bmatrix}$$

式中，ρ 为流体密度；C_a 为附加质量系数；Δl_i 为节点间长度；A_i 为横截面积。μ 表示拖缆单位长度质量。

作用于节点 i 上的外力用 $\boldsymbol{F}_i$ 表示，表达式为

$$\boldsymbol{F}_i = \Delta\boldsymbol{T}_i + \boldsymbol{F}_{di} + \boldsymbol{G}_i + \boldsymbol{B}_i + \Delta\boldsymbol{N}_i \tag{2-18}$$

式中，$\Delta\boldsymbol{T}_i$、$\boldsymbol{F}_{di}$、$\boldsymbol{G}_i$、$\boldsymbol{B}_i$、$\Delta\boldsymbol{N}_i$ 为节点处张力、流体力、重力、浮力、剪力。

2.1.3.4　节点重力 $\boldsymbol{G}_i$ 和浮力 $\boldsymbol{B}_i$

集中节点的重力和浮力表示为

$$\boldsymbol{G}_i + \boldsymbol{B}_i = m_i\boldsymbol{g} - \frac{1}{2}\rho(\Delta l_i A_i + \Delta l_{i+1}A_{i+1})\boldsymbol{g} \tag{2-19}$$

式中，$\boldsymbol{g}$ 为重力加速度矢量，$\boldsymbol{g}=(0,0,-9.8)$。

2.1.3.5　节点张力 $\Delta\boldsymbol{T}_i$

拖缆节点处有效张力表达式为

$$\Delta\boldsymbol{T}_i = \boldsymbol{T}_i - \boldsymbol{T}_{i-1} \tag{2-20}$$

节点 i 所受到张力方向与该点单位切向量方向一致：

$$\boldsymbol{\tau}_i = \frac{\boldsymbol{R}_{i+1} - \boldsymbol{R}_i}{|\Delta l_i|} \tag{2-21}$$

式中，Δl_i 为两节点间长度，大小为 $\Delta l_i = |R_{i+1} - R_i|$。拖缆微元初始长度为 $\Delta l_{0i} = \dfrac{L_0}{N}$。

根据胡克定律，可得：

$$T_i = EA_i \varepsilon_i \cdot \boldsymbol{\tau}_i = EA_i \frac{\Delta l_i}{\Delta l_{0i}} \cdot \boldsymbol{\tau}_i \tag{2-22}$$

同样可以得出 T_{i-1} 的表达式：

$$T_{i-1} = EA_{i-1} \varepsilon_{i-1} \cdot \boldsymbol{\tau}_{i-1} = EA_{i-1} \frac{\Delta l_{i-1}}{\Delta l_{0i}} \cdot \boldsymbol{\tau}_{i-1} \tag{2-23}$$

2.1.3.6　节点流体力 $\boldsymbol{F}_{di}$

拖缆在海流中所受到的水阻力主要与缆-流相对速度 u_r 相关。如果拖缆直径和波长的比率 (D/L) 小于 0.2，则可采用莫里森(Morison)方程计算这些水阻力。应用莫里森方程可得出第 i 节点受到流体载荷为

$$\boldsymbol{F}_{di} = \frac{1}{2}\rho_w D_i \sqrt{1+\varepsilon_i}\, \Delta \bar{l}_i (C_{ni}|\boldsymbol{u}_{ni}|\boldsymbol{u}_{ni} + \pi C_{ti}|\boldsymbol{u}_{rti}|\boldsymbol{u}_{rti})$$

$$\qquad + \frac{\pi}{4}D_i^2 \rho_w C_{mi} \Delta \bar{l}_i \cdot [\boldsymbol{a}_{ui} - (\boldsymbol{a}_{ui} \cdot \boldsymbol{\tau}_i) \cdot \boldsymbol{\tau}_i] \tag{2-24}$$

拖缆与水流的相对速度：

$$\boldsymbol{u}_r = \boldsymbol{v}_w - \boldsymbol{u}_w \tag{2-25}$$

它的相对切向、法向速度：

$$\begin{cases} \boldsymbol{u}_{rt} = (\boldsymbol{u}_r \times \boldsymbol{\tau})\boldsymbol{\tau} \\ \boldsymbol{u}_{rn} = \boldsymbol{u}_r - \boldsymbol{u}_n \end{cases} \tag{2-26}$$

式中，ρ_w 为海水密度；D_i 为拖缆的外径；C_{ti} 与 C_{ni} 分别为拖缆的切向阻力系数和法向阻力系数；C_{mi} 为节点的惯性力系数；$\Delta \bar{l}_i = \dfrac{(\Delta l_{i-1} + \Delta l_i)}{2}$；$\boldsymbol{v}_w$、$\boldsymbol{u}_w$ 为拖缆节点绝对速度、海流速度；$\boldsymbol{a}_w$ 为海流加速度。这里拖缆的切向和法向阻力系数可用以下分段函数计算：

$$C_t = \begin{cases} 0 & (\mathrm{Re}_t \leqslant 0.1) \\[2mm] \dfrac{1.88}{(\mathrm{Re}_t)^{0.74}} & (0.1 < \mathrm{Re}_t \leqslant 100.55) \\[2mm] 0.062 & (\mathrm{Re}_t > 100.55) \end{cases}$$

$$C_n = \begin{cases} 0 & (0 < \mathrm{Re}_n \leqslant 0.1) \\[2mm] \dfrac{0.45 + 5.93}{(\mathrm{Re}_n)^{0.33}} & (0.1 < \mathrm{Re}_n \leqslant 400) \\[2mm] 1.27 & (400 < \mathrm{Re}_n \leqslant 10^5) \\[2mm] 0.3 & (\mathrm{Re}_n > 10^5) \end{cases}$$

2.1.3.7　节点剪力 $\Delta \boldsymbol{N}_i$

拖缆任意节点 i 处的剪力计算表达式为

$$\Delta \boldsymbol{N}_i = \boldsymbol{N}_i - \boldsymbol{N}_{i-1} \tag{2-27}$$

其中：

$$\boldsymbol{N}_i = \frac{EI_{i+1}\boldsymbol{\tau}_i \times (\boldsymbol{\tau}_i \times \boldsymbol{\tau}_{i+1})}{\Delta l_i \Delta l_{i+1}} - \frac{EI_i \boldsymbol{\tau}_i \times (\boldsymbol{\tau}_{i-1} \times \boldsymbol{\tau}_i)}{\Delta l_i^2} + \frac{H_{i+1}\boldsymbol{\tau}_i \times \boldsymbol{\tau}_{i+1}}{\Delta l_i} \tag{2-28}$$

式中,N 为节点剪力,H 为扭矩。由式(2-28)可知,剪力 N 由节点弯矩和扭矩组合产生。

2.1.3.8　水动力系数的确定

对处于海流中拖缆的受力一般可用莫里森经验公式或其修正形式得到。如果海流在做定常运动,即海流速度保持不变,则可知水流没有加速度产生,故莫里森公式里惯性项不存在,拖缆的惯性力为零。而在实际应用中,拖缆阻力系数 C_d 和惯性力系数 C_m 的选取对计算结果有较大影响。

阻力系数 C_d(主要指法向阻力系数)不仅随雷诺数 Re 的变化而变化,且与拖缆截面形状及表面粗糙度等因素有关。圆柱形物体的雷诺数可表示为

$$Re = \frac{UD}{\upsilon} \tag{2-29}$$

式中,U 为垂直于圆柱构件的来流速度;υ 为流体的运动黏性系数。对于我们常用的拖缆来说,不同的截面形状其阻力系数也不同。在 $Re < 2 \times 10^5$ 时,阻力系数 C_d 大约为 1.2,且稳定不变。

Choo 和 Casarella[77] 提出圆柱构件阻力系数的一个经验公式:

$$C_d = 1.1 + 4Re^{-\frac{1}{2}} \tag{2-30}$$

该表达式可用于估算 $30 \leqslant Re \leqslant 10^5$ 范围内的圆柱构件阻力系数。切向阻力系数与法向阻力系数之间关系为 $C_t = \gamma C_d$,γ 的范围为 $0.01 \sim 0.03$。表 2.1 给出了不同拖缆截面形状对应的阻力系数。

表 2.1　不同截面形状拖缆阻力系数

截面形状	阻力系数
裸缆(股绞)	1.20
随边减阻型	0.30
断面减阻型	0.20
包覆减阻型	0.12

研究人员指出,C_d 与 C_m 不仅与雷诺数 Re 及表面粗糙度 κ 相关,而且还是邱卡数 K(Keulegan-Carpenter)的函数,$K = \frac{U_m T}{D}$,U_m 表示波峰处水流质点的速度,T 是波浪周期。一般来说,当直径和波长比 $\frac{D}{L} < 0.2$ 时,我们采用莫里森方程计算拖缆的流体力;若 $\frac{D}{L} > 0.2$,使用绕射理论计算流体力。表 2.2 给出了计算拖缆水动力所使用的方法。

表 2.2　拖缆水动力计算方法

K	$\frac{D}{L} < 0.2$	$\frac{D}{L} > 0.2$
$K > 25$	以阻力为主,采用莫里森方程计算; $Re > 1.5 \times 10^6$,$C_m = 1.8$,$C_d = 0.62$; $10^5 < Re < 1.5 \times 10^6$,$C_m = 1.8$,$C_d = 1.00 \sim 0.62$	莫里森方程不适用, 采用绕射理论
$5 < K < 25$	以阻力、惯性力为主,采用莫里森方程计算; $Re > 1.5 \times 10^6$,$C_m = 1.8$,$C_d = 0.62$	
$K < 25$	以惯性力为主,采用莫里森方程或绕射理论计算,不计阻力影响; $C_m = 2.0$	

图 2.3 和图 2.4 给出了不同邱卡数 K 和雷诺数 Re 下阻力系数 C_d 与惯性力系数 C_m 的值。由图可以看出,简谐振流中拖缆阻力系数并不总是大于定常流中的阻力系数,而惯性力系数则小于定常流中的理想值 2.0。

常用于海洋工程领域的某些规范也给出了阻力系数和惯性力系数的范围和要求。如 DNV 规定在应用 Stokes 五阶波时,C_d 取值范围为 0.5~1.2,C_m 为 2.0;API 规定在 Stokes 五阶波时,C_d 取值范围为 0.6~1.0,C_m 为 1.5~2.0。

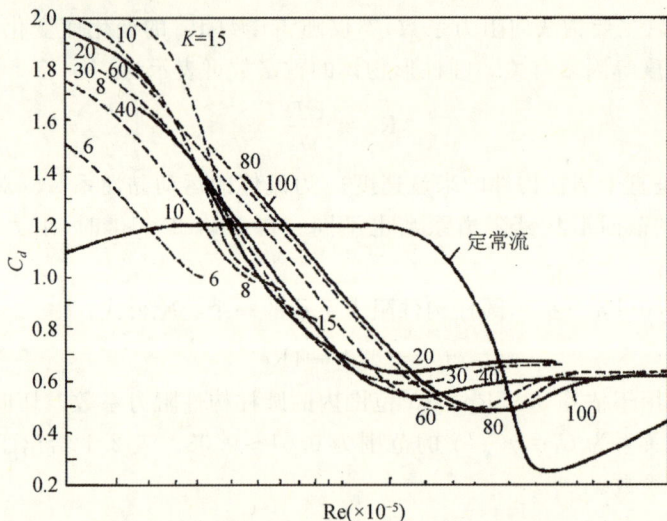

图 2.3　拖缆阻力系数随 K 和 Re 的变化曲线

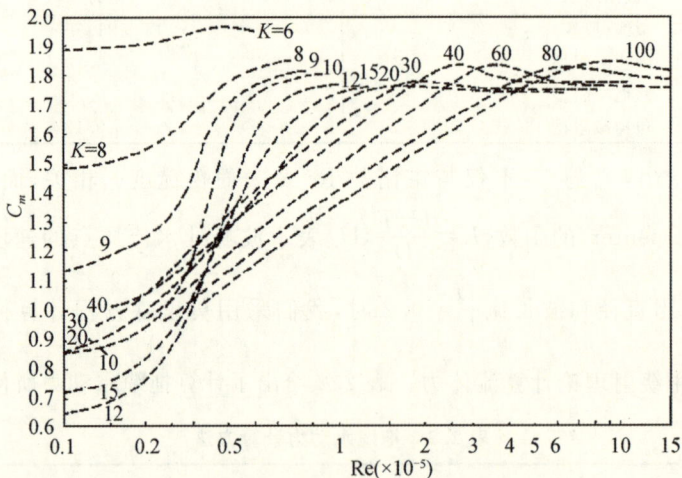

图 2.4　惯性力系数随 K 和 Re 的变化曲线

2.1.3.9　边界条件

若要完成拖缆整体动态分析,必须要建立拖缆首尾端适当的边界条件。拖缆边界条件可分为动力边界条件和运动边界条件。动力边界条件是指边界上的力是给定或部分给定的,而运动边界条件是指边界处的位移或运动是给定的。对于水下拖缆来说,它的两个边界条件为：

1. 拖缆上端边界条件

拖缆上端的拖点位置、速度与拖船保持一致，即：

$$\begin{cases} \boldsymbol{R}_N = \boldsymbol{x}_s(t) \\ \dot{\boldsymbol{R}}_N = \boldsymbol{v}_s(t) \end{cases} \tag{2-31}$$

这里 $\boldsymbol{x}_s$ 与 $\boldsymbol{v}_s$ 表示拖缆与拖船连接点的位移和速度，它们的值是已知的，且随拖船运动变化而变化。

2. 拖缆下端边界条件

若拖缆下端为自由端，则可将下端视为一个节点，应用式（2-17）即可求解。

$$m_0 \ddot{R} = \boldsymbol{F}_0 \tag{2-32}$$

其中，

$$m_0 = \frac{1}{2}(\mu_1 l_1 + m_{a1})$$

$$F_0 = T_0 + F_{d0} + m_0 g - \frac{1}{2} l_1 A_1 g$$

若拖缆下端与拖体连接，则可建立两者的耦合边界条件，文中第三章将详细介绍。

2.1.4　运动控制方程建立及求解

通过建立拖缆运动控制方程（2-17）和相应的边界条件，我们可以将其写成一个微分方程组，共有 $6N$ 个方程：

$$\begin{cases} \dfrac{\mathrm{d}\dot{\boldsymbol{R}}_i}{\mathrm{d}t} = \boldsymbol{m}_i^{-1} \boldsymbol{F}_i \\ \dfrac{\mathrm{d}\boldsymbol{R}_i}{\mathrm{d}t} = \dot{\boldsymbol{R}}_i \end{cases} (i = 0,1,2,\cdots,N-1) \tag{2-33}$$

在控制方程中，凝集质量模型可以用有限差分格式替代空间导数项从而完成数值计算。对以上凝集质量模型的表达式定义如下：

$$\frac{\partial \boldsymbol{T}}{\partial s_{ei}} = \frac{(\boldsymbol{T}_i - \boldsymbol{T}_{i-1})}{\Delta \bar{l}_i} \tag{2-34}$$

$$\frac{\partial \boldsymbol{M}}{\partial s_{ei}} = \frac{(\boldsymbol{M}_i - \boldsymbol{M}_{i-1})}{\Delta l_i} \tag{2-35}$$

$$\frac{\partial \boldsymbol{N}}{\partial s_{ei}} = \frac{(\boldsymbol{N}_i - \boldsymbol{N}_{i-1})}{\Delta \bar{l}_i} \tag{2-36}$$

$$\frac{\partial \boldsymbol{H}}{\partial s_{ei}} = \frac{\boldsymbol{H}_i - \boldsymbol{H}_{i-1}}{\Delta l_i} \tag{2-37}$$

$$\frac{\partial \boldsymbol{R}}{\partial s_{ei}} = \boldsymbol{\tau}_i = \frac{\boldsymbol{R}_i - \boldsymbol{R}_{i-1}}{\Delta l_i} \tag{2-38}$$

$$\frac{\partial^2 \boldsymbol{R}}{\partial s_{ei}^2} = \frac{\boldsymbol{\tau}_i - \boldsymbol{\tau}_{i-1}}{\Delta \bar{l}_i} \tag{2-39}$$

这里 $\Delta \bar{l}_i = \dfrac{(\Delta l_{i-1} + \Delta l_i)}{2}$，$\Delta l_i = |R_{i+1} - R_i|$，$i = 0,1,2,\cdots,N$，表示拖缆节点数，$i = 0$ 表示拖缆末端点。

根据式(2-38)及式(2-39)，可以将式(2-11)及式(2-12)写为

$$M = EI\left(\frac{\partial \boldsymbol{R}}{\partial s_{ei}}\right) \times \left(\frac{\partial^2 R}{\partial s_{ei}^2}\right) = EI\boldsymbol{\tau}_i \times \frac{\boldsymbol{\tau}_i - \boldsymbol{\tau}_{i-1}}{\Delta l_i} \tag{2-40}$$

$$H = H\left(\frac{\partial \boldsymbol{R}}{\partial s_{ei}}\right) = H\boldsymbol{\tau}_i \tag{2-41}$$

通过式(2-35)与式(2-37)，可将式(2-9)变换为

$$\frac{(M_{i+1} - M_i)}{\Delta l_i} + \frac{(H_{i+1} - H_i)}{\Delta l_i} + \boldsymbol{\tau}_i \times N_i = -q_i \tag{2-42}$$

将式(2-40)和式(2-41)代入(2-42)可得：

$$\frac{EI\boldsymbol{\tau}_{i+1} \times (\boldsymbol{\tau}_{i+1} - \boldsymbol{\tau}_i)}{\Delta l_{i+1}\Delta l_i} - \frac{EI\boldsymbol{\tau}_i \times (\boldsymbol{\tau}_i - \boldsymbol{\tau}_{i-1})}{\Delta l_i^2} + \frac{H_{i+1} \cdot \boldsymbol{\tau}_{i+1} - H_i \cdot \boldsymbol{\tau}_i}{\Delta l_i} + \boldsymbol{\tau}_i \times N_i = -q_i$$
$$\tag{2-43}$$

对式(2-43)进行简化可得：

$$-\frac{EI\boldsymbol{\tau}_{i+1} \times \boldsymbol{\tau}_i}{\Delta l_{i+1}\Delta l_i} + \frac{EI\boldsymbol{\tau}_i \times \boldsymbol{\tau}_{i-1}}{\Delta l_i^2} + \frac{H_{i+1} \cdot \boldsymbol{\tau}_{i+1} - H_i \cdot \boldsymbol{\tau}_i}{\Delta l_i} + \boldsymbol{\tau}_i \times N_i = -q_i \tag{2-44}$$

将式(2-44)左右两端均乘 $\boldsymbol{\tau}_i$，即得：

$$\frac{EI\boldsymbol{\tau}_i \times (\boldsymbol{\tau}_i \times \boldsymbol{\tau}_{i+1})}{\Delta l_{i+1}\Delta l_i} - \frac{EI\boldsymbol{\tau}_i \times (\boldsymbol{\tau}_{i-1} \times \boldsymbol{\tau}_i)}{\Delta l_i^2} + \frac{H_{i+1}\boldsymbol{\tau}_i \times \boldsymbol{\tau}_{i+1}}{\Delta l_i} + \boldsymbol{\tau}_i \times (\boldsymbol{\tau}_i \times N_i) = -\boldsymbol{\tau}_i \times q_i$$
$$\tag{2-45}$$

因为 $\boldsymbol{\tau}_i \times (\boldsymbol{\tau}_i \times N_i) = -N_i$，所以可知

$$N_i = \frac{EI_{i+1}\boldsymbol{\tau}_i \times (\boldsymbol{\tau}_i \times \boldsymbol{\tau}_{i+1})}{\Delta l_i \Delta l_{i+1}} - \frac{EI_i\boldsymbol{\tau}_i \times (\boldsymbol{\tau}_{i-1} \times \boldsymbol{\tau}_i)}{\Delta l_i^2} + \frac{H_{i+1}\boldsymbol{\tau}_i \times \boldsymbol{\tau}_{i+1}}{\Delta l_i} + \boldsymbol{\tau}_i \times q_i$$

得到拖缆节点剪力表达式与式(2-28)一致，这里 q 值通常忽略设为 0。

由式(2-17)及以上推导表达式，可知第 i 个凝集质量节点的运动离散方程为

$$m_i\ddot{R}_i = T_i - T_{i-1} + F_{di} + N_i - N_{i-1} + m_i g - \frac{1}{2}\rho(\Delta l_i A_i + \Delta l_{i+1} A_{i+1})g \tag{2-46}$$

上式中的各个外力表达式均在前面的内容中已经给出详细表达，这里不再列出。

由数学关系我们可以得到：

$$\begin{aligned} &\boldsymbol{\tau}_i \times (\boldsymbol{\tau}_i \times \boldsymbol{\tau}_{i+1}) \\ &= -(\boldsymbol{\tau}_i \times \boldsymbol{\tau}_{i+1}) \times \boldsymbol{\tau}_i \\ &= -\boldsymbol{\tau}_{i+1} \cdot (\boldsymbol{\tau}_i \cdot \boldsymbol{\tau}_i) + \boldsymbol{\tau}_i \cdot (\boldsymbol{\tau}_{i+1} \cdot \boldsymbol{\tau}_i) \end{aligned} \tag{2-47}$$

令 $\boldsymbol{\tau}_i = (\tau_{x_i}, \tau_{y_i}, \tau_{z_i})$，式(2-47)可以化简为：

$\boldsymbol{\tau}_i \times (\boldsymbol{\tau}_i \times \boldsymbol{\tau}_{i+1})$
$= -\boldsymbol{\tau}_{i+1} \cdot (\boldsymbol{\tau}_i \cdot \boldsymbol{\tau}_i) + \boldsymbol{\tau}_i \cdot (\boldsymbol{\tau}_{i+1} \cdot \boldsymbol{\tau}_i)$
$= -(\tau_{x_{i+1}}, \tau_{y_{i+1}}, \tau_{z_{i+1}}) \cdot (\tau_{x_i}^2 + \tau_{y_i}^2 + \tau_{z_i}^2) + (\tau_{x_i}, \tau_{y_i}, \tau_{z_i}) \cdot (\tau_{x_{i+1}} \cdot \tau_{x_i} + \tau_{y_{i+1}} \cdot \tau_{y_i} + \tau_{z_{i+1}} \cdot \tau_{z_i})$
$= [-\tau_{x_{i+1}}(\tau_{y_i}^2 + \tau_{z_i}^2) - \tau_{y_{i+1}}(\tau_{x_i}^2 + \tau_{z_i}^2) - \tau_{z_{i+1}}(\tau_{x_i}^2 + \tau_{y_i}^2)] + \tau_{x_i}(\tau_{y_{i+1}}\tau_{y_i} + \tau_{z_{i+1}}\tau_{z_i}) + \tau_{y_i}(\tau_{x_{i+1}}\tau_{x_i} + \tau_{z_{i+1}}\tau_{z_i}) + \tau_{z_i}(\tau_{x_{i+1}}\tau_{x_i} + \tau_{y_{i+1}}\tau_{y_i})$
$$\tag{2-48}$$

$$\boldsymbol{\tau}_i \times (\boldsymbol{\tau}_{i-1} \times \boldsymbol{\tau}_i)$$

$$= -\boldsymbol{\tau}_i \cdot (\boldsymbol{\tau}_{i-1} \cdot \boldsymbol{\tau}_i) + \boldsymbol{\tau}_{i-1} \cdot (\boldsymbol{\tau}_i \cdot \boldsymbol{\tau}_i)$$

$$= -(\tau_{x_i}, \tau_{y_i}, \tau_{z_i}) \cdot (\tau_{x_{i-1}} \cdot \tau_{x_i} + \tau_{y_{i-1}} \cdot \tau_{y_i} + \tau_{z_{i-1}} \cdot \tau_{z_i}) + (\tau_{x_{i-1}}, \tau_{y_{i-1}}, \tau_{z_{i-1}}) \cdot (\tau_{x_i}^2 + \tau_{y_i}^2 + \tau_{z_i}^2)$$

$$= [\tau_{x_{i-1}}(\tau_{y_i}^2 + \tau_{z_i}^2) + \tau_{y_{i-1}}(\tau_{x_i}^2 + \tau_{z_i}^2) + \tau_{z_{i-1}}(\tau_{x_i}^2 + \tau_{y_i}^2)] - \tau_{x_i}(\tau_{y_{i-1}}\tau_{y_i} + \tau_{z_{i-1}}\tau_{z_i}) -$$

$$\tau_{y_i}(\tau_{x_{i-1}}\tau_{x_i} + \tau_{z_{i-1}}\tau_{z_i}) - \tau_{z_i}(\tau_{x_{i-1}}\tau_{x_i} + \tau_{y_{i-1}}\tau_{y_i}) \tag{2-49}$$

定义：$\boldsymbol{Q}_i = \begin{bmatrix} 0 & -\tau_{z_i} & \tau_{y_i} \\ \tau_{z_i} & 0 & -\tau_{x_i} \\ -\tau_{y_i} & \tau_{x_i} & 0 \end{bmatrix}, \boldsymbol{Q}_i^2 = \begin{bmatrix} -\tau_{y_i}^2 - \tau_{z_i}^2 & \tau_{x_i}\tau_{y_i} & \tau_{x_i}\tau_{z_i} \\ \tau_{x_i}\tau_{y_i} & -\tau_{x_i}^2 - \tau_{z_i}^2 & \tau_{y_i}\tau_{z_i} \\ \tau_{x_i}\tau_{z_i} & \tau_{y_i}\tau_{z_i} & -\tau_{x_i}^2 - \tau_{y_i}^2 \end{bmatrix}$。

则由以上推导的表达式，可将式（2-28）和式（2-46）中各外力表示为

$$\frac{EI_{i+1}\boldsymbol{\tau}_i \times (\boldsymbol{\tau}_i \times \boldsymbol{\tau}_{i+1})}{\Delta l_i \Delta l_{i+1}} = \frac{EI_{i+1}}{\Delta l_i \Delta l_{i+1}^2} \boldsymbol{Q}_i^2 (\boldsymbol{R}_{i+2} - \boldsymbol{R}_{i+1}) \tag{2-50}$$

$$\frac{EI_i \boldsymbol{\tau}_i \times (\boldsymbol{\tau}_{i-1} \times \boldsymbol{\tau}_i)}{\Delta l_i^2} = -\frac{EI_i}{\Delta l_{i-1} \Delta l_i^2} \boldsymbol{Q}_i^2 (\boldsymbol{R}_i - \boldsymbol{R}_{i-1}) \tag{2-51}$$

$$\frac{H_{i+1}\boldsymbol{\tau}_i \times \boldsymbol{\tau}_{i+1}}{\Delta l_i} = \frac{H_{i+1}}{\Delta l_i \Delta l_{i+1}} \boldsymbol{Q}_i (\boldsymbol{R}_{i+2} - \boldsymbol{R}_{i+1}) \tag{2-52}$$

$$\boldsymbol{N}_i - \boldsymbol{N}_{i-1}$$

$$= \left[\frac{EI_{i+1}\boldsymbol{\tau}_i \times (\boldsymbol{\tau}_i \times \boldsymbol{\tau}_{i+1})}{\Delta l_i \Delta l_{i+1}} - \frac{EI_i \boldsymbol{\tau}_i \times (\boldsymbol{\tau}_{i-1} \times \boldsymbol{\tau}_i)}{\Delta l_i^2} + \frac{H_{i+1}\boldsymbol{\tau}_i \times \boldsymbol{\tau}_{i+1}}{\Delta l_i} \right] -$$

$$\left[\frac{EI_i \boldsymbol{\tau}_{i-1} \times (\boldsymbol{\tau}_{i-1} \times \boldsymbol{\tau}_i)}{\Delta l_{i-1} \Delta l_i} - \frac{EI_{i-1}\boldsymbol{\tau}_{i-1} \times (\boldsymbol{\tau}_{i-2} \times \boldsymbol{\tau}_{i-1})}{\Delta l_{i-1}^2} + \frac{H_i \boldsymbol{\tau}_{i-1} \times \boldsymbol{\tau}_i}{\Delta l_{i-1}} \right)$$

$$= \left[\frac{EI_{i+1}}{\Delta l_i \Delta l_{i+1}^2} \boldsymbol{Q}_i^2 (\boldsymbol{R}_{i+2} - \boldsymbol{R}_{i+1}) + \frac{EI_i}{\Delta l_{i-1} \Delta l_i^2} \boldsymbol{Q}_i^2 (\boldsymbol{R}_i - \boldsymbol{R}_{i-1}) + \frac{H_{i+1}}{\Delta l_i \Delta l_{i+1}} \boldsymbol{Q}_i (\boldsymbol{R}_{i+2} - \boldsymbol{R}_{i+1}) \right] -$$

$$\left[\frac{EI_i}{\Delta l_{i-1} \Delta l_i^2} \boldsymbol{Q}_{i-1}^2 (\boldsymbol{R}_{i+1} - \boldsymbol{R}_i) + \frac{EI_{i-1}}{\Delta l_{i-2} \Delta l_{i-1}^2} \boldsymbol{Q}_{i-1}^2 (\boldsymbol{R}_{i-1} - \boldsymbol{R}_{i-2}) + \frac{H_i}{\Delta l_{i-1} \Delta l_i} \boldsymbol{Q}_{i-1} (\boldsymbol{R}_{i+1} - \boldsymbol{R}_i) \right]$$

$$= \left(\frac{EI_{i-1}}{\Delta l_{i-2} \Delta l_{i-1}^2} \boldsymbol{Q}_{i-1}^2 \right) \boldsymbol{R}_{i-2} + \left(-\frac{EI_i}{\Delta l_{i-1} \Delta l_i^2} \boldsymbol{Q}_i^2 - \frac{EI_{i-1}}{\Delta l_{i-2} \Delta l_{i-1}^2} \boldsymbol{Q}_{i-1}^2 \right) \boldsymbol{R}_{i-1} + \left[\frac{EI_i(\boldsymbol{Q}_i^2 + \boldsymbol{Q}_{i-1}^2)}{\Delta l_{i-1} \Delta l_i^2} \right.$$

$$\left. + \frac{H_i}{\Delta l_{i-1} \Delta l_i} \boldsymbol{Q}_{i-1} \right] \boldsymbol{R}_i + \left(-\frac{EI_{i+1}}{\Delta l_i \Delta l_{i+1}^2} \boldsymbol{Q}_i^2 - \frac{EI_i}{\Delta l_{i-1} \Delta l_i^2} \boldsymbol{Q}_{i-1}^2 - \frac{H_i}{\Delta l_{i-1} \Delta l_i} \boldsymbol{Q}_{i-1} - \frac{H_{i+1}}{\Delta l_i \Delta l_{i+1}} \boldsymbol{Q}_i \right) \boldsymbol{R}_{i+1}$$

$$+ \left(\frac{EI_{i+1}}{\Delta l_i \Delta l_{i+1}^2} \boldsymbol{Q}_i^2 + \frac{H_{i+1}}{\Delta l_i \Delta l_{i+1}} \boldsymbol{Q}_i \right) \boldsymbol{R}_{i+2} \tag{2-53}$$

$$\boldsymbol{T}_i - \boldsymbol{T}_{i-1} = T_i \boldsymbol{\tau}_i - T_{i-1} \boldsymbol{\tau}_{i-1}$$

$$= T_i \frac{\boldsymbol{R}_{i+1} - \boldsymbol{R}_i}{\Delta l_i} - T_{i-1} \frac{\boldsymbol{R}_i - \boldsymbol{R}_{i-1}}{\Delta l_{i-1}}$$

$$= \left(\frac{T_{i-1}}{\Delta l_{i-1}}, -\frac{T_{i-1}}{\Delta l_{i-1}} - \frac{T_i}{\Delta l_i}, \frac{T_i}{\Delta l_i} \right) \cdot (\boldsymbol{R}_{i-1}, \boldsymbol{R}_i, \boldsymbol{R}_{i+1})$$

$$= \left(\frac{EA_{i-1}\varepsilon_{i-1}}{\Delta l_{i-1}}, -\frac{EA_{i-1}\varepsilon_{i-1}}{\Delta l_{i-1}} - \frac{EA_i\varepsilon_i}{\Delta l_i}, \frac{EA_i\varepsilon_i}{\Delta l_i} \right) \cdot (\boldsymbol{R}_{i-1}, \boldsymbol{R}_i, \boldsymbol{R}_{i+1})$$

$$\tag{2-54}$$

通过将式(2-46)变换,用矩阵型式将其表示为

$$K_i \left[R_{i-2}, R_{i-1}, R_i, R_{i+1}, R_{i+2} \right]^{\mathrm{T}} = F_{ei} \tag{2-55}$$

K_i 表示第 i 分段刚度矩阵,它由以下五个子矩阵组成:

$$K_i = \left[A_i, B_i, C_i, D_i, E_i \right] \tag{2-56}$$

其中:

$$A_i = \frac{EI_{i-1}}{\Delta l_{i-2} \Delta l_{i-1}^2} Q_{i-1}^2$$

$$B_i = -\frac{EI_i}{\Delta l_{i-1} \Delta l_i^2} Q_i^2 - \frac{EI_{i-1}}{\Delta l_{i-2} \Delta l_{i-1}^2} Q_{i-1}^2 + \frac{EA_{i-1} \varepsilon_{i-1}}{\Delta l_{i-1}} I$$

$$C_i = -\frac{EI_i (Q_i^2 + Q_{i-1}^2)}{\Delta l_{i-1} \Delta l_i^2} + \frac{H_i}{\Delta l_{i-1} \Delta l_i} Q_{i-1} - \left(\frac{EA_i \varepsilon_i}{\Delta l_i} + \frac{EA_{i-1} \varepsilon_{i-1}}{\Delta l_{i-1}} \right) I$$

$$D_i = -\frac{EI_{i+1}}{\Delta l_i \Delta l_{i+1}^2} Q_i^2 - \frac{EI_i}{\Delta l_{i-1} \Delta l_i^2} Q_{i-1}^2 - \frac{H_i}{\Delta l_{i-1} \Delta l_i} Q_{i-1} - \frac{H_{i+1}}{\Delta l_i \Delta l_{i+1}} Q_i + \frac{EA_i \varepsilon_i}{\Delta l_i} I$$

$$E_i = \frac{EI_{i+1}}{\Delta l_i \Delta l_{i+1}^2} Q_i^2 + \frac{H_{i+1}}{\Delta l_i \Delta l_{i+1}} Q_i$$

这里 I 为 3×3 单位矩阵, $I = \begin{bmatrix} 1 & 0 & 0 \\ 0 & 1 & 0 \\ 0 & 0 & 1 \end{bmatrix}$。

由式(2-55)可以将第 i 节点处的等效外力写为

$$F_{ei} = -F_{di} - \left[m_i g - \frac{1}{2} \rho (\Delta l_i A_i + \Delta l_{i+1} A_{i+1}) g \right] + m_i \ddot{R}_i \tag{2-57}$$

式(2-57)中节点的速度与加速度可由隐式 Newmark-β 公式得出:

$$R_i^{(n)} = R_i^{(n-1)} + \dot{R}_i^{(n-1)} \Delta t + \left[\left(\frac{1}{2} - \beta \right) \ddot{R}_i^{(n-1)} + \beta \ddot{R}_i^{(n)} \right] \Delta t^2 \tag{2-58}$$

$$\dot{R}_i^{(n)} = \dot{R}_i^{(n-1)} + \frac{1}{2} \left[\ddot{R}_i^{(n-1)} + \ddot{R}_i^{(n)} \right] \Delta t \tag{2-59}$$

对于任一时间步长 n,拖缆整体运动控制方程在惯性系下可写为

$$\left[K \right]^{(n)} \{ R \}^{(n)} = \{ F_e \}^{(n)} \tag{2-60}$$

式中,$[K]$ 为 $3N \times 3N$ 整体刚度矩阵;$\{R\}$ 和 $\{F_e\}$ 分别为节点位置矢量和外载荷矢量。

对拖缆的运动控制非线性方程,我们可以采用 Newton-Raphson 迭代法在时间域内进行数值求解。假定任意第 i 步的值 x^i 已知,则计算第 $i+1$ 步的值 x^{i+1} 步骤如下:

$$x^{i+1} = x^i - \Delta x^i \tag{2-61}$$

其中,增量 Δx^i 的求解过程方法如下:

$$J(x^{i+1})_{x^{i+1} = x^i} \cdot \Delta x^i = f(x^{i+1})_{x^{i+1} = x^i} - g(x^i) \tag{2-62}$$

这里 $J(x^{i+1})$ 为方程 $f(x^{i+1}) = g(x^i)$ 的雅克比矩阵,可以根据以下计算表达式得到:

$$J(x^{i+1}) = \frac{\partial f(x^{i+1})}{\partial x^{i+1}} \tag{2-63}$$

$J(x^{i+1})$ 结构如图 2.5 所示。

$$
\mathbf{J} = \begin{bmatrix}
[3\times6]\} & BCs.\,at\,upper\,end & & & & \\
& [6\times6] & [6\times6] & & & \\
& [6\times6] & & & & \\
& & \cdots & & [6\times6] & \\
& & & [6\times6] & [6\times6] & \\
& & & & BCs.\,at\,free\,end\{[3\times6]\}
\end{bmatrix}
\left.\begin{matrix}
Cable\\ motion\\ eqs
\end{matrix}\right.
$$

图 2.5　自由拖缆的雅克比矩阵

2.2　水下拖体运动数学模型的建立

水下拖体在海浪及自身的各种推动与控制力作用下会产生复杂的运动。拖体复杂的外形也导致自身与流体之间的作用也是很复杂的。为了研究水下拖体的运动，必须要建立其运动方程。

本小结以牛顿动力学定律为基础，将拖体视为没有动力的小型潜器，参考潜艇运动模型，建立水下拖体六自由度运动方程，讨论拖缆与拖体之间的运动学与动力学耦合边界条件，分析拖体在坐标系中的运动和动力学特性及作用于拖体的各种外力与力矩。

2.2.1　拖体坐标系的变换

根据文中 2.1.1 小节坐标系的定义，可知水下拖体坐标系 (ξ,η,ζ) 原点一般设在拖体中心。拖体的三个姿态角分别为横摇角 φ、纵摇角 ϑ 和艏向角 Ψ。在拖体运动坐标系下，拖体沿三个坐标轴 ξ、η、ζ 的平动速度分别为纵向速度 u、横向速度 v 及垂向速度 w，三个角速度分别为横摇角速度 p、纵摇角速度 q 及艏向角速度 r。拖体运动坐标系与惯性坐标系之间转换关系已由式(2-1)与式(2-2)表示，而两个坐标系中的转动角速度的关系可用下式表示：

$$
\begin{bmatrix} \dot{\varphi} \\ \dot{\vartheta} \\ \dot{\Psi} \end{bmatrix} = \begin{bmatrix} 1 & \sin\varphi\tan\vartheta & \cos\varphi\tan\vartheta \\ 0 & \cos\varphi & -\sin\varphi \\ 0 & \dfrac{\sin\varphi}{\cos\vartheta} & \dfrac{\cos\varphi}{\cos\vartheta} \end{bmatrix} \begin{bmatrix} p \\ q \\ r \end{bmatrix} \tag{2-64}
$$

它的反变换为

$$
\begin{bmatrix} p \\ q \\ r \end{bmatrix} = \begin{bmatrix} 1 & 0 & -\sin\vartheta \\ 0 & \cos\varphi & \cos\vartheta\sin\varphi \\ 0 & -\sin\varphi & \cos\vartheta\cos\varphi \end{bmatrix} \begin{bmatrix} \dot{\varphi} \\ \dot{\vartheta} \\ \dot{\psi} \end{bmatrix} \tag{2-65}
$$

水下拖体在惯性坐标系下的速度可由式(2-2)求导得到，即

$$
\begin{bmatrix} \dot{\xi} \\ \dot{\eta} \\ \dot{\zeta} \end{bmatrix} = \mathbf{A}^{-1} \begin{bmatrix} u \\ v \\ w \end{bmatrix} \tag{2-66}
$$

2.2.2　拖体运动控制方程

将水下拖体视为无动力的六自由度刚体,基于势流理论和牛顿运动学理论,拖体空间运动方程类似于潜艇空间六自由度运动方程,可表示为

$$m[\dot{u}-vr+wq-\xi_G(q^2+r^2)+\eta_G(pq-\dot{r})+\zeta_G(pr+\dot{q})]=X \tag{2-67}$$

$$m[\dot{v}-wq+ur-\eta_G(q^2+r^2)+\zeta_G(qr-\dot{p})+\xi_G(pq+\dot{r})]=Y \tag{2-68}$$

$$m[\dot{w}-uq+vp-\zeta_G(q^2+p^2)+\xi_G(rp-\dot{q})+\eta_G(rp+\dot{p})]=Z \tag{2-69}$$

$$I_x\dot{p}+(I_z-I_y)qr-I_{xz}(\dot{r}+pq)+I_{yz}(r^2-q^2)+I_{xy}(pr-\dot{q})+$$
$$m[\eta_G(\dot{w}-uq+vp)-\zeta_G(\dot{v}-wp+ur)]=K \tag{2-70}$$

$$I_y\dot{q}+(I_x-I_z)rp-I_{xy}(\dot{p}+qr)+I_{xz}(p^2-r^2)+I_{yz}(pq-\dot{r})+$$
$$m[\zeta_G(\dot{u}-rv+qw)-\xi_G(\dot{w}-qu+vp)]=M \tag{2-71}$$

$$I_z\dot{r}+(I_y-I_x)pq-I_{yz}(\dot{q}+rp)+I_{xy}(q^2-p^2)+I_{xz}(rq-\dot{p})+$$
$$m[\xi_G(\dot{v}-pw+ru)-\eta_G(\dot{u}-rv+qw)]=N \tag{2-72}$$

上述方程中,m 为拖体质量;左端项为拖体的惯性力和惯性力矩;$[u,v,w]^{\mathrm{T}}$ 和 $[p,q,r]^{\mathrm{T}}$ 分别为拖体运动的线速度和角速度;$[\dot{u},\dot{v},\dot{w}]^{\mathrm{T}}$ 和 $[\dot{p},\dot{q},\dot{r}]^{\mathrm{T}}$ 分别为拖体的线加速度和角加速度;I_x、I_y、I_z 为拖体质量对 $O\xi$、$O\eta$、$O\zeta$ 轴的惯性矩;I_{xy}、I_{xz}、I_{yz} 为拖体质量对 $\xi O\eta$、$\xi O\zeta$、$\eta O\zeta$ 平面的惯性积;右端项 $[X,Y,Z,K,M,N]^{\mathrm{T}}$ 为作用于拖体上的各种外力和外力矩,其中包括拖体自身重力、浮力、流体动力以及拖缆对拖体的张力等。

书中假设拖体的形状左右对称,则 η_G、I_{xy}、I_{yz} 均为 0,可知拖体的重心和浮心坐标可表示为:$\boldsymbol{R}_G=(\xi_G,0,\zeta_G)$,$\boldsymbol{R}_B=(\xi_B,0,\zeta_B)$。这里定义拖缆与拖体连接点的坐标为 R_{tp},$\boldsymbol{R}_{tp}=(\xi_{tp},\eta_{tp},\zeta_{tp})$。需要注意的是,重心、浮心以及拖点的位置均是相对于拖体的运动坐标系。

作用于拖体的外力与外力矩由多种因素决定,一般将这些力和力矩表示为

$$\boldsymbol{F}=\boldsymbol{F}_S+\boldsymbol{F}_H+\boldsymbol{F}_T+\boldsymbol{F}_D+\boldsymbol{F}_C \tag{2-73}$$

$$\boldsymbol{G}=\boldsymbol{G}_S+\boldsymbol{G}_H+\boldsymbol{G}_T+\boldsymbol{G}_D+\boldsymbol{G}_C \tag{2-74}$$

式中,$\boldsymbol{F}=[X,Y,Z]^{\mathrm{T}}$ 和 $\boldsymbol{G}=[K,M,N]^{\mathrm{T}}$ 为外力和外力矩;$\boldsymbol{F}_S$ 和 $\boldsymbol{G}_S$ 分别为拖体受到的恢复力和恢复力矩(包括重力与浮力的合力);$\boldsymbol{F}_H$ 和 $\boldsymbol{G}_H$ 分别为拖体受到的水动力和水动力矩;$\boldsymbol{F}_T$ 和 $\boldsymbol{G}_T$ 分别为拖缆的牵引力和牵引力矩;$\boldsymbol{F}_D$ 和 $\boldsymbol{G}_D$ 分别为由于海洋环境扰动产生的力和力矩;$\boldsymbol{F}_C$ 和 $\boldsymbol{G}_C$ 分别为控制机构对拖体的作用力和力矩。

2.2.3　作用于拖体上的外力及外力矩

水下拖体的运动表现出不规则性,要掌握其运动轨迹及运动规律,需确定拖体所受到的各种外力和外力矩,分析它在每个时刻的运动情况,其对水下拖曳系统的研究具有重要作用。

2.2.3.1　回复力和回复力矩

作用于拖体上的回复力和回复力矩主要由其自身重力和浮力组成。在运动坐标系

下,拖体的重力和浮力可以表示为

$$\boldsymbol{F}_W = \boldsymbol{A}^{-1}\begin{bmatrix}0 & 0 & W\end{bmatrix}^{\mathrm{T}} \tag{2-75}$$

$$\boldsymbol{F}_B = -\boldsymbol{A}^{-1}\begin{bmatrix}0 & 0 & B\end{bmatrix}^{\mathrm{T}} \tag{2-76}$$

重力矩与浮力矩表达式为

$$\boldsymbol{G}_W = \boldsymbol{R}_G \times \boldsymbol{F}_W \tag{2-77}$$

$$\boldsymbol{G}_B = \boldsymbol{R}_B \times \boldsymbol{F}_B \tag{2-78}$$

故回复力与回复力矩在拖体运动坐标系下的表达式为

$$\boldsymbol{F}_S = \boldsymbol{F}_W + \boldsymbol{F}_B = \begin{bmatrix} X_S \\ Y_S \\ Z_S \end{bmatrix} = \begin{bmatrix} -(W-B)\sin\vartheta \\ (W-B)\cos\vartheta\sin\varphi \\ (W-B)\cos\vartheta\cos\varphi \end{bmatrix} \tag{2-79}$$

$$\boldsymbol{G}_S = \boldsymbol{G}_W + \boldsymbol{G}_B = \begin{bmatrix} K_S \\ M_S \\ N_S \end{bmatrix} = \begin{bmatrix} (\eta_G W - \eta_B B)\cos\vartheta\cos\varphi - (\zeta_G W - \zeta_B B)\cos\vartheta\sin\varphi \\ -(\xi_G W - \xi_B B)\cos\vartheta\cos\varphi - (\zeta_G W - \zeta_B B)\sin\vartheta \\ (\xi_G W - \xi_B B)\cos\vartheta\sin\varphi + (\eta_G W - \zeta_B B)\sin\vartheta \end{bmatrix} \tag{2-80}$$

2.2.3.2 水动力及水动力矩

作用于拖体上的水动力与水动力矩是十分复杂的,它们受到很多因素的影响。例如,拖体运动的性质,包括拖体的质量、转动惯量以及重浮心位置等,海流的性质和特征均对拖体水动力和水动力矩产生影响。

为了使分析得以简化,本书假设拖体在运动过程中,海水不可压缩,忽略其表面张力;拖体的航速为常数,且控制机翼表面不会产生空泡现象。拖体受到的水动力和水动力矩用以下函数表示:

$$\left.\begin{matrix}\boldsymbol{F}_H \\ \boldsymbol{G}_H\end{matrix}\right\} = f(u,v,w,p,q,r,\dot{u},\dot{v},\dot{w},\dot{p},\dot{q},\dot{r},\cdots) \tag{2-81}$$

1. 拖体的流体惯性力

流体惯性力和惯性力矩与加速度 $\dot{u}$、$\dot{v}$、$\dot{w}$、$\dot{p}$、$\dot{q}$、$\dot{r}$ 有关。将流体惯性力视为加速度的线性组合,流体惯性力矩是角加速度的线性组合。由于拖体形状左右对称,即关于 $\xi\zeta$ 面对称,故拖体的流体惯性力和惯性力矩表示为

$$\begin{bmatrix} X_{H1} \\ Y_{H1} \\ Z_{H1} \\ K_{H1} \\ M_{H1} \\ N_{H1} \end{bmatrix} = \begin{bmatrix} X_{\dot{u}}\dot{u} + X_{\dot{w}}\dot{w} + X_{\dot{q}}\dot{q} \\ Y_{\dot{v}}\dot{v} + Y_{\dot{p}}\dot{p} + Y_{\dot{r}}\dot{r} \\ Z_{\dot{u}}\dot{u} + Z_{\dot{w}}\dot{w} + Z_{\dot{q}}\dot{q} \\ K_{\dot{v}}\dot{v} + K_{\dot{p}}\dot{p} + K_{\dot{r}}\dot{r} \\ M_{\dot{u}}\dot{u} + M_{\dot{w}}\dot{w} + M_{\dot{q}}\dot{q} \\ N_{\dot{v}}\dot{v} + N_{\dot{p}}\dot{p} + N_{\dot{r}}\dot{r} \end{bmatrix} \tag{2-82}$$

式中,X_{H1},Y_{H1},$\cdots$,N_{H1} 分别表示流体惯性力与力矩;$X_{\dot{u}} = \dfrac{\mathrm{d}X}{\mathrm{d}\dot{u}}$,$X_{\dot{v}} = \dfrac{\mathrm{d}X}{\mathrm{d}\dot{v}}$,$\cdots$,$N_{\dot{r}} = \dfrac{\mathrm{d}N}{\mathrm{d}\dot{r}}$ 为水动力导数,它们通常由理论计算和实验得到。实验与拖体水池测试得到的水动

力导数较理论计算精确,但所需成本很高,研究人员一般通过线性回归方法统计得到这些系数值。因为拖体形状关于 $\xi\zeta$ 面对称,所以加速运动 $\dot{u}$、$\dot{w}$ 和 $\dot{q}$ 不会产生 Y、N 和 K,故 $Y_{\dot{u}}$、$K_{\dot{u}}$、$N_{\dot{u}}$、$Y_{\dot{w}}$、$K_{\dot{w}}$、$N_{\dot{w}}$、$Y_{\dot{q}}$、$K_{\dot{q}}$、$N_{\dot{q}}$ 均为零。根据流体力学的势流理论,可知水动力导数矩阵是一个对称矩阵,故 $X_{\dot{v}}$、$X_{\dot{p}}$、$X_{\dot{r}}$、$Z_{\dot{v}}$、$Z_{\dot{p}}$、$Z_{\dot{r}}$、$M_{\dot{v}}$、$M_{\dot{p}}$、$M_{\dot{r}}$ 也都等于零,所以拖体的流体惯性力和惯性力矩可由式(2-82)表示。

2. 拖体的阻尼力和阻尼力矩

海流中的拖体做摇荡运动时,会受到与 u、v、w、p、q 及 r 成比例的阻尼力和力矩。它们的表达式为

$$
\begin{bmatrix} X_{H2} \\ Y_{H2} \\ Z_{H2} \\ K_{H2} \\ M_{H2} \\ N_{H2} \end{bmatrix} = \begin{bmatrix} X_u u + X_w w + X_q q \\ Y_v v + Y_p p + Y_r r \\ Z_u u + Z_w w + Z_q q \\ K_v v + K_p p + K_r r \\ M_u u + M_w w + M_q q \\ N_v v + N_p p + N_r r \end{bmatrix}
\tag{2-83}
$$

式中,各元素也为水动力系数,它们的定义与惯性力及惯性力矩的定义一致,即 $X_u = \dfrac{\mathrm{d}X}{\mathrm{d}u}$。这些水动力导数也可通过拖体水池实测或海航航行试验得到。

3. 拖体的其他水动力及水动力矩

由于拖体既可以做直线航行运动也可以做回转运动,故两者运动之间的耦合效应也会引起一些水动力和水动力矩。这些水动力和水动力矩与前面表达的方式一样,只是有些水动力系数和其他系数值相比非常小,可以忽略不计,具体可以参考《潜艇操纵性》文中的表述。拖体运动的线速度与角速度的二次项 u^2、v^2、p^2、w^2、q^2、r^2 也可引起拖体的水动力和水动力矩,这些力和力矩主要是惯性力和惯性力矩。忽略一些影响很小的水动力系数,它们的表达式可表示为

$$
\begin{bmatrix} X_{H3} \\ Y_{H3} \\ Z_{H3} \\ K_{H3} \\ M_{H3} \\ N_{H3} \end{bmatrix} = \begin{bmatrix} Z_{\dot{q}} u^2 - Y_{\dot{r}} r^2 \\ -Z_{\dot{q}} + X_{\dot{r}} \\ Y_{\dot{p}} p^2 - X_{\dot{q}} q^2 \\ Y_{\dot{v}} v^2 + Y_{\dot{w}} w^2 + M_{\dot{r}} q^2 - M_{\dot{r}} r^2 \\ -X_{\dot{u}} u^2 + X_{\dot{w}} w^2 - K_{\dot{r}} q^2 + K_{\dot{r}} r^2 \\ X_{\dot{v}} u^2 - X_{\dot{v}} v^2 + K_{\dot{q}} p^2 - K_{\dot{q}} q^2 \end{bmatrix}
\tag{2-84}
$$

综合式(2-82)、式(2-83)及式(2-84),可知作用于拖体的水动力和水动力矩为

$$
\begin{pmatrix} \boldsymbol{F}_H \\ \boldsymbol{G}_H \end{pmatrix} = \begin{bmatrix} X_H \\ Y_H \\ Z_H \\ K_H \\ M_H \\ N_H \end{bmatrix} = \begin{bmatrix} X_{H1} + X_{H2} + X_{H3} \\ Y_{H1} + Y_{H2} + Y_{H3} \\ Z_{H1} + Z_{H2} + Z_{H3} \\ K_{H1} + K_{H2} + K_{H3} \\ M_{H1} + M_{H2} + M_{H3} \\ N_{H1} + N_{H2} + N_{H3} \end{bmatrix}
\tag{2-85}
$$

2.2.3.3　牵引力和牵引力矩

水下拖体受到的张力主要由拖缆提供，拖缆的末端节点与拖体连接，拖缆提供的外力和力矩对拖体的运动有着较大影响，既可以改变拖体运动的深度，也可以改变拖体的运动方向。作用在拖体上的牵引力与拖缆末端的张力大小相等，方向与该张力方向相反。在拖体运动坐标系下，牵引力与牵引力矩表示为

$$\boldsymbol{F}_T = \begin{bmatrix} X_T \\ Y_T \\ Z_T \end{bmatrix} = \boldsymbol{A}^{-1}\left(\boldsymbol{T}_0 + \boldsymbol{F}_{d0} + m_0\boldsymbol{g} - \frac{1}{2}l_1 A_1 \boldsymbol{g}\right) \tag{2-86}$$

$$\boldsymbol{G}_T = \begin{bmatrix} K_T \\ M_T \\ N_T \end{bmatrix} = \boldsymbol{R}_{tp} \times \boldsymbol{F}_T \tag{2-87}$$

2.2.3.4　海洋环境扰动力和扰动力矩

海洋中的波浪是引起水下拖体产生摇荡运动的主要原因。海浪的运动是一个极不规则且随机的过程，则因海浪扰动产生的扰动力和扰动力矩也是非常复杂的。通常将水下拖体扰动力和扰动力矩的计算做一定假设和简化。本小节分别介绍海浪和海流引起的力和力矩。

1. 海浪作用于拖体的扰动力和扰动力矩

将海浪对拖体产生的扰动力和扰动力矩简化，书中引用 Froude-Krylov 假定，其内容主要为：

(1)拖体上的干扰力和力矩仅由流体的压力引起。

(2)拖体在流体中产生的压力场不影响海浪的波场分布。

(3)拖体受到的干扰力和力矩主要由水面下海流流体的压力场波动引起。

根据以上假设，海浪作用于拖体的干扰力和干扰力矩写为[78]

$$\begin{cases} X_{WD} = -\rho g \mathrm{e}^{-kT(x)/2} k_1 \zeta_a \int_L A(x)\cos(k_1 x - \omega_e t)\mathrm{d}x \\[2mm] Y_{WD} = 2\rho g \zeta_a \int_L T(x)\mathrm{e}^{-kT(x)/2}\sin\left[\dfrac{k_2 B(x)}{2}\right]\cos(k_1 x - \omega_e t)\mathrm{d}x \\[2mm] Z_{WD} = 2\rho g \int_L \zeta_a y_w(x)\cos(k_1 x - \omega_e t)\mathrm{d}x \\[2mm] K_{WD} = -2\rho g \zeta_a \int_L \left[\mathrm{e}^{-kT(x)/2}\left\{T(x)z_0\sin\left[k_2\dfrac{B(x)}{2}\right] + \dfrac{T^2(x)}{2}\sin\left[k_2\dfrac{B(x)}{2}\right]\right\} + \right. \\[2mm] \qquad \left. \dfrac{1}{k_2}\mathrm{e}^{-kT(x)}\left\{\dfrac{B(x)}{2}\cos\left[k_2\dfrac{B(x)}{2}\right] - \dfrac{1}{k_2}\sin\left[k_2\dfrac{B(x)}{2}\right]\right\}\right]\cos(k_1 x - \omega_e t)\mathrm{d}x \\[2mm] M_{WD} = 2\rho g \zeta_a \int_L xy_w(x)\cos(k_1 x - \omega_e t)\mathrm{d}x \\[2mm] N_{WD} = 2\rho g \zeta_a \int_L \mathrm{e}^{-\frac{kT(x)}{2}}T(x)x\sin\left[k_2\dfrac{B(x)}{2}\right]\cos(k_1 x - \omega_e t)\mathrm{d}x \end{cases} \tag{2-88}$$

式中，ζ_a 为波高幅值；$k_1 = k\cos\mu$，k 为波数，μ 为波浪传播方向与拖体运动方向之间的夹角；ω_e 为波浪遭遇角频率；$T(x)$ 为拖体横剖面吃水；$B(x)$ 为沿 x 轴拖体的水线宽度。

2. 海流对拖体的扰动力和扰动力矩

海洋中水流对拖体的扰动主要在 Oxy 面内,故我们只分析海流对拖体产生的纵荡力、横荡力及艏摇力矩。由于海流的速度和运动方向非常缓慢,故在实际分析中,将海流的扰动视为一种定常扰动。海流对拖体的扰动力和扰动力矩主要由两部分组成。

(1)拖体与流体之间的摩擦阻力和压差阻力所引起的黏滞阻力,对于体艏较肥大的拖体,摩擦阻力较小,只考虑压差阻力的影响。

(2)拖体周围流体和自由液面所产生的惯性阻力,一般惯性阻力与黏滞阻力相比很小。

因此,由海流作用到拖体上的扰动力和扰动力矩为

$$\begin{cases} X_{CD} = \dfrac{1}{2}\rho V_{CD}^2 C_{XC}(\mu_{CD})A_{TC} \\ Y_{CD} = \dfrac{1}{2}\rho V_{CD}^2 C_{YC}(\mu_{CD})A_{LC} \\ N_{CD} = \dfrac{1}{2}\rho V_{CD}^2 C_{NC}(\mu_{CD})A_{LS} \cdot L \end{cases} \tag{2-89}$$

式中,X_{CD}、Y_{CD}、N_{CD} 分别表示海流对拖体的纵荡力、横荡力、艏摇力矩;V_{CD} 和 u_{CD} 表示海流相对于拖体的速度和遭遇角;A_{TC} 与 A_{LS} 为水下拖体的横截面与纵截面;A_{LC} 为横荡方向上的迎流面;L 为拖体长度;C_{XC}、C_{YC}、C_{NC} 为纵荡系数、横荡系数、艏摇系数,它们的值与拖体和海流之间的遭遇夹角有关,一般应通过拖体的拖曳水池试验测出。

2.2.3.5 拖体的水动力系数

由于作用于拖体上的水动力及力矩是复杂的,形状不同也会导致拖体受力发生变化,故准确计算拖体的水动力对拖曳系统的运动非常重要。为了得到作用于拖体上的水动力,首先需确定它们的各种水动力系数。目前,拖体水动力系数的研究方法主要有两种,一种是实验分析方法,另一种是理论计算方法。虽然人们在理论流体力学研究领域取得了非常辉煌的成就,但对流体动力系数的研究成果很少,确定拖体水动力系数在相关物理学方面仍具有很大挑战,因此研究人员一般采用实验方法求得这些水动力系数。我们通常在空气动力风洞内或拖曳水池进行实验分析,采用相似性准则建立等效物理模型,即应用物理模型法来推导拖体的水动力系数。

为了得到更加精确的水动力系数,在实验过程中,需建立尺寸较小且外形与真实拖体相似的物理模型,而且在试验过程中需保持与实际拖曳条件相符的试验条件,这个条件就是我们通常所讲的相似性准则,包括几何相似、运动相似和动力相似。由于在实际模型试验中这几个相似条件无法同时满足,故计算真实拖体时可采用部分条件相似的模型试验来得到水动力系数。拖体在一定深度的水中拖曳时,其表面一般没有波浪的产生,空泡现象的发生概率也极小,此时认为拖体是在不可压缩的水中运动,作用于拖体和其他水下拖曳设备上的水动力和水动力矩主要由黏滞力引起,所以在计算拖体水动力系数时,需要保证物理模型和真实拖体的黏滞力和惯性力相似,即物理模型和真实拖体的雷诺数是相等的。如果拖体沿着流体的表面运动,则黏滞力并不是流体动力影响的主要因素,拖体自身重力和流体压力占主导作用,需满足它们的相似性,即真实拖体和物理模型的弗劳德数要

相等,模型试验得到的水动力系数可在计算拖体水动力时所采用。

Hoerner[79]指出,拖体的阻力系数、升力系数和外力矩系数与拖体的长细比有关。Jagadeesh 和 Murali[80]在拖曳水池内改变纵摇角或拖体攻角,分析了拖体轴向力、法向力、阻力、升力及纵摇力矩各系数等随雷诺数的变化。拖体水动力系数表达式为

$$C_A = \frac{F_A}{(0.5\rho U^2 \, \nabla^{2/3})} \tag{2-90}$$

$$C_N = \frac{F_N}{(0.5\rho U^2 \, \nabla^{2/3})} \tag{2-91}$$

$$C_D = \frac{F_D}{(0.5\rho U^2 \, \nabla^{2/3})} \tag{2-92}$$

$$C_L = \frac{F_L}{(0.5\rho U^2 \, \nabla^{2/3})} \tag{2-93}$$

$$C_M = \frac{M_z}{(0.5\rho U^2 \, \nabla^{2/3} L)} \tag{2-94}$$

上述式中,左端项分别表示拖体的轴向力系数、法向力系数、阻力系数、升力系数和纵摇力矩系数;右端项分子各项表示对应的外力和力矩,ρ、U、∇为水密度、拖曳速度和拖体体积。

2.2.4　拖体-拖缆的边界条件

在拖曳系统中,拖体与拖缆均相互影响二者的行为特性,建立它们的边界条件对解决拖曳系统动力问题尤为重要。整个系统有运动边界条件和动力边界条件两种。运动边界条件指拖缆下端与拖体连接处位置及速度相同;动力边界条件是将拖缆下端节点的附加质量变换为拖体的惯性类水动力系数纳入拖体运动方程。

2.2.4.1　运动边界条件

拖缆下端与拖体连接处,需保证它们的空间位置及运动速度一致:

$$\boldsymbol{R}_0 = \begin{bmatrix} \xi_0 \\ \eta_0 \\ \zeta_0 \end{bmatrix} + [\boldsymbol{A}]\boldsymbol{R}_{tp} \tag{2-95}$$

$$\dot{\boldsymbol{R}}_0 = [\boldsymbol{A}]\begin{bmatrix} u \\ v \\ w \end{bmatrix} + \begin{bmatrix} p \\ q \\ r \end{bmatrix} \times \boldsymbol{R}_{tp} \tag{2-96}$$

2.2.4.2　动力边界条件

将拖缆下端节点的附加质量看成拖体受到的惯性力,则在拖体的运动方程中,质量项包含了连接点处拖缆的附加质量,简化形式可写为

$$(m + m_{a0})\left(\frac{\mathrm{d}\boldsymbol{V}}{\mathrm{d}t}\right) = \boldsymbol{F}_e \tag{2-97}$$

式中,m_{a0}表示拖缆下端点附加质量;$\boldsymbol{V}$为拖体运动物理矢量,包括平动及转动 6 个物理量;$\boldsymbol{F}_e$为作用拖体的外力。

2.2.5　拖体运动模型数值求解

结合拖缆的运动方程和拖体的六自由度运动方程,且考虑两者的耦合边界条件,可以将整个拖曳系统的运动方程用牛顿第二定律表示:

$$\begin{cases} \dfrac{\mathrm{d}\dot{\boldsymbol{x}}_i}{\mathrm{d}t} = \boldsymbol{M}_i^{-1}\boldsymbol{F}_i \\ \dfrac{\mathrm{d}\boldsymbol{x}_i}{\mathrm{d}t} = \dot{\boldsymbol{x}}_i \end{cases} \tag{2-98}$$

式中,M_i包括拖体质量及拖缆与拖体连接处节点产生的附加质量。式(2-98)共有$6(N+1)$个方程,即有$6(N+1)$个运动参数变量,分别是拖缆节点的位置和速度,拖体在局部坐标系下的角速度和速度,惯性系下的运动位置和姿态角。通过龙格-库塔法可以求解该微分方程,从而得到拖体的运动姿态、空间位移等运动特性。

2.3　海洋拖网系统运动数学模型的建立

拖网系统中也包括拖缆,但在拖网系统中拖缆被称为曳纲,曳纲再与水下的拖网相连。因此,本章2.1节中关于拖缆的计算理论也适用于拖网系统中的曳纲和组成拖网网衣的细绳。对于拖网系统中的一些轻质小浮球以及拖板都可以等效处理为一个质量较小的凝集质量点或是小型水下拖体,这样2.1节和2.2节中的相关理论均可以应用到拖网系统中。与前两种拖曳系统有所不同的是,拖网系统中的水下拖网由于具有成千上万的网孔,如果使用直接模拟法,现有的计算机几乎无法计算出结果,因此必须对网衣进行等效处理以减小计算量。

2.3.1　拖网网衣的等效处理

在对拖网网衣的建模过程中,最大的困难是对网衣的等效处理。因为网目的数量众多,上面包含的节点可以看作无限多,网衣节点数量的激增导致模型在计算时无法收敛,所以在构建网衣的数值模型时,不可能对实际网格数进行建模。因此,对于拖网这种由多根细绳组成的柔性系统来说,除了对组成网衣的细绳要采用前面提出的凝集质量弹簧模型,还需要对网衣进行等效简化处理,形成简化后的等效模型。等效原则如下:

(1)合并后网衣的有效面积需要与合并前的有效面积相等。

(2)合并后组成网衣的细绳直径要能够保证与合并前网衣受到的水动力相等。

(3)合并后网衣的质量与合并前网衣的质量要相等。

图2.5中所示的虚线框中的一块网格相当于具有类似流体动力学特性的绳索line(k)。网衣结构就可以看作被许许多多的桁架单元(b)所构成,N1~N4为四个桁架的节点,整张网衣就等效成一个个连接起来的桁架。

假设真实的网线直径为d_0,水动力系数为C_d,将n根相邻的网线拧成一根新的网线后,新的网线直径为D,水动力系数为C_D,网线前后体积保持不变,于是有

$$n \cdot \frac{\pi}{4}d_0^2 = \frac{\pi}{4}D^2 \tag{2-99}$$

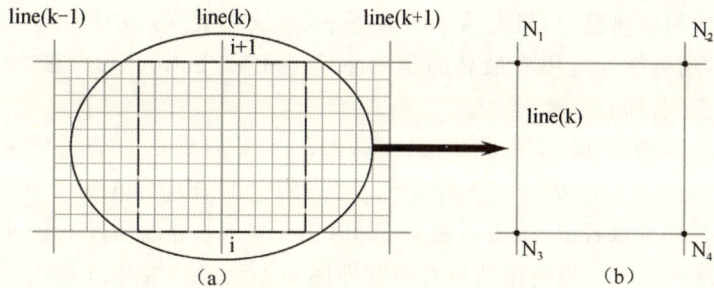

图 2.5 网衣等效示意

化简得

$$D = d_0 \sqrt{n} \tag{2-100}$$

假设前后水动力系数相等,则有

$$C_D = C_d \sqrt{n} \tag{2-101}$$

另外一种基于大量实验基础进行统计分析,将真实网格接收的载荷与半经验公式相结合,相当于网格的切向力和法向力,通过该方法获得的 C_L(升力系数)和 C_D(阻力系数)通常是偶然的,与实验的完成质量(来流方向的控制、网目密度的选取)息息相关。

2.3.2 网衣等效模型计算理论

在水流作用下,等效网衣模型将承受阻力载荷和升力载荷,如图 2.6 所示。

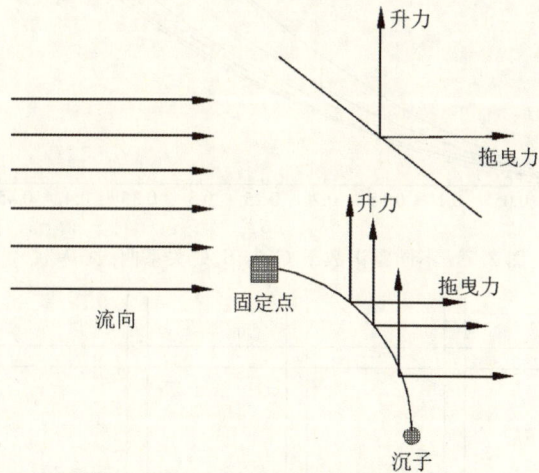

图 2.6 网衣承受载荷示意

水平方向的阻力以及竖直方向的升力的表达式为

$$F_D = C_D \cdot \frac{1}{2} \rho A U^2 \tag{2-102}$$

$$F_L = C_L \cdot \frac{1}{2} \rho A U^2 \tag{2-103}$$

在以上表达式中,A 为网衣面积;ρ 为水密度(一般取 1025 kg/m³);U 为海水迎流相对流速;C_D 和 C_L 分别为阻力系数和升力系数。

在网衣等效问题研究中,阻力系数的取值一直是被广泛关注的问题,一般都是采用经验公式的方法,精确度和应用率最高的是 Kristiansen 和 Faltinsen[81] 在 20 世纪 90 年代总结推算出的公式,即

$$C_D(S_n, \theta) = 0.04 + (-0.04 + 0.33S_n + 6.54S_n^2 - 4.88S_n^3)\cos\theta \qquad (2\text{-}104)$$

$$C_L(S_n, \theta) = (-0.05S_n + 2.3S_n^2 - 1.76S_n^3)\sin 2\theta \qquad (2\text{-}105)$$

通过以上公式可以看出,阻力系数 C_D 和升力系数 C_L 可以用网衣密实度 S_n 和流向攻角 θ 的乘积形式表示。当迎流攻角 $\theta = 0$(即网面⊥流向)时,升力为 0。当雷诺数取值不同时,阻力系数与网衣密实度有如下关系:

$$S_n = 2\frac{d_\omega}{l_\omega} - \left(\frac{d_\omega}{l_\omega}\right)^2 \qquad (2\text{-}106)$$

其关系曲线如图 2.7 所示。

如图 2.8 所示,d_ω 表示网线外径网格,l_ω 表示网衣中两节点之间的网线长度。S_n 表示网衣密实度(网衣有效面积/水平投影面积),计算方法如式(2-106)所示。

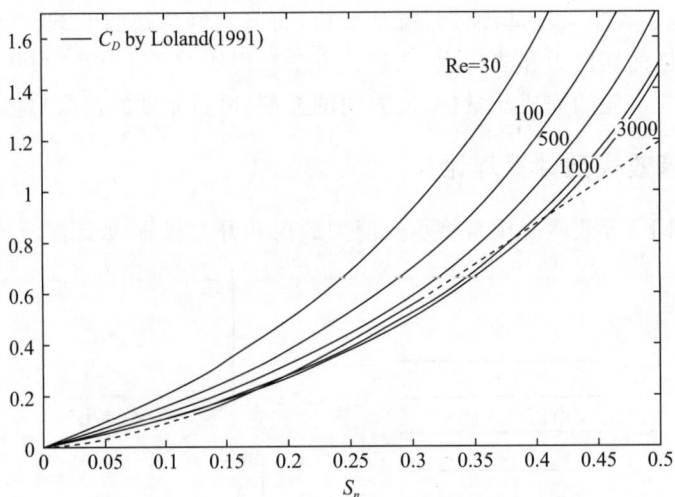

图 2.7 不同雷诺数下 C_D 与 S_n 的关系曲线($\theta = 0°$)

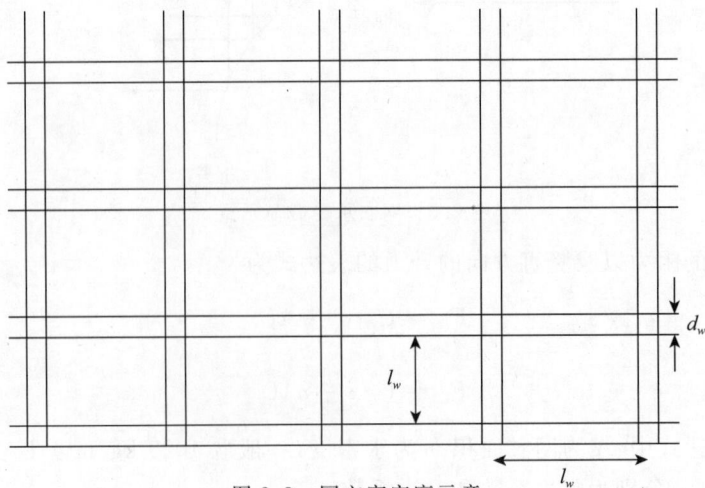

图 2.8 网衣密实度示意

在将拖板或是一些轻质浮力球考虑成等效凝集质量点后,再拖缆与拖网相连后就组成了拖网系统,进而就可利用本章中三个小结所提供的理论对海洋拖网系统进行动力学分析。

2.4 本章小结

首先,本章建立了拖缆系统的惯性坐标系和局部坐标系,并且给出了两个坐标系之间的转换关系;基于凝集质量法将拖缆运动模型离散化,推导了作用于拖缆节点的各个外力,列出了拖缆运动的数学方程,同时讨论了拖缆水动力系数的应用条件和拖缆运动边界条件并列出了拖缆的控制方程以及求解方法。其次,本章基于潜艇运动方程理论,建立了拖体六自由度数学运动方程,且给出了惯性系和局部坐标系下拖体运动欧拉角和角速度之间的变换关系;详细介绍了作用于拖体上的各种外力和力矩,包括恢复力、水动力、拖缆产生的牵引力和海洋环境的扰动力及力矩等,对它们的表达式和应用条件也进行了详细阐述;建立拖体和拖缆的耦合边界条件,讨论了影响拖体水动力系数的一些因素,如雷诺数、拖曳速度等;结合拖缆运动方程,建立了整个拖体拖曳系统的力学方程,并对方程的求解进行了介绍。最后,本章给出了拖网系统中的网衣等效处理方法,结合本章前两个小结的理论,就可对拖网系统进行动力学分析。

第三章 拖曳系统中瑞利阻尼系数在回转过程中对拖缆动力学振动响应的影响

本章导读

海洋拖曳系统是典型的刚柔多体系统,需要指出的是,到目前为止,绝大多数的关于海洋拖曳缆体系统的动力学问题研究都没有非常充分地考虑到阻尼的作用。但在海洋拖曳系统的结构动力学分析中,特别是在拖缆回转过程的动态响应分析中,阻尼的作用是不可忽略的,且由于阻尼的存在,拖缆的模态特性也会呈现出高度的复杂性。为探究瑞利阻尼在拖缆回转过程中的影响,笔者对瑞利阻尼的表达形式进行了进一步的整理与分解,并对各个阻尼分量的影响进行了归纳总结,提出了一些较为通用性的结论。

3.1 阻尼的分类与拖缆系统中的瑞利阻尼

3.1.1 阻尼的种类和形式

在海洋拖缆振动的过程中,导致阻尼产生的原因有很多(与拖缆本身的材质和海水的黏性都有关),阻尼对拖缆系统的动力学特性有着非常复杂的影响。阻尼按种类分,可以分为介质阻尼、材料阻尼、摩擦阻尼和结构阻尼等。不同类型的阻尼产生的机理不同,因此很难用一个统一的规律对其作用进行描述,且它们的阻尼机理也比较复杂,不同类型的阻尼有着不同的定量规律。这样来看,阻尼分析不可能像传统的刚度和惯性分析那样可以建立它的特性矩阵来解决。阻尼的具体变化规律受到多种因素的影响,工程实践中目前对阻尼的处理方式是对具体的结构系统做试验测试,通过对试验数据的处理与分析给出它对系统的具体影响。

从阻尼产生的效果看,阻尼对系统的运动起到阻碍作用,阻尼力的作用方向总是与系统的相对运动的方向相反。而从能量传递和转化的角度看,阻尼的存在会消耗系统中的能量,因此其量值可以通过系统在一个振动周期内阻尼所能耗散的能量来等效表示。

综上所述,由于阻尼机理及其作用的复杂性,目前对其的认识还缺乏统一的规律性,因此在工程上只能用一些比较简单的等价模型或是用能量等价的方法做简化处理。

在结构动力学分析中,经常采用的阻尼类型为黏性阻尼类型,而黏性阻尼又可分为比例黏性阻尼和一般黏性阻尼。比例黏性阻尼又叫瑞利阻尼,瑞利阻尼具有简单而又明确的物理含义,因此在实际中有着非常广泛的应用,故本章将瑞利阻尼引入拖曳系统,并将结合瑞利阻尼的表达形式以及拖缆的挠性特性对阻尼对拖曳系统的影响进行研究,进而寄希望能得出一些对实际工程实践有一定应用价值的结论。

3.1.2 瑞利阻尼在拖缆系统中的表达形式

瑞利阻尼矩阵可表示为如下形式:

$$[C] = \alpha[M] + \lambda[K] \tag{3-1}$$

式中,C 为阻尼矩阵;M 为多体系统的质量矩阵;K 为刚度矩阵;α 为质量比例系数;λ 为刚度比例系数。

很明显,这两种阻尼系数都要和拖曳系统的刚度矩阵相乘,而拖曳系统的刚度矩阵在非线性分析中其实也是在不断发生着变化的。

在无外部激励作用时,设某一时刻多体系统的位移矩阵为$\{x\}$,则考虑阻尼作用下的多体结构的自由振动控制方程为

$$[M]\{\ddot{x}\} + [C]\{\dot{x}\} + [K]\{x\} = 0 \tag{3-2}$$

将瑞利阻尼的表达形式代入上式可得

$$[M]\{\ddot{x}\} + (\alpha[M] + \lambda[K])\{\dot{x}\} + [K]\{x\} = 0 \tag{3-3}$$

如果考虑外部载荷激励 n 维列向量$[P(t)]$,则上式可进一步表示为

$$[M]\{\ddot{x}\} + (\alpha[M] + \lambda[K])\{\dot{x}\} + [K]\{x\} = [P(t)] \tag{3-4}$$

上式就是考虑外界载荷激励时用瑞利阻尼表示的系统动力学方程。

但对于拖缆来说,拖缆的刚度包括轴向结构刚度、弯曲结构刚度和扭转结构刚度三部分,则阻尼矩阵 C 可进一步表示为

$$[C] = \alpha[M] + \lambda_a[K_a] + \lambda_b[K_b] + \lambda_t[K_t] \tag{3-5}$$

式中,K_a 为轴向刚度矩阵,λ_a 为轴向结构刚度比例系数;K_b 为弯曲刚度矩阵,λ_b 为弯曲结构刚度比例系数;K_t 为扭转刚度矩阵,λ_t 为扭转结构刚度比例系数。

则刚度矩阵

$$[K] = [K_a] + [K_b] + [K_t]$$

将其代入考虑外部激励载荷的动力学方程可得

$$[M]\{\ddot{x}\} + (\alpha[M] + \lambda_a[K_a] + \lambda_b[K_b] + \lambda_t[K_t])\{\dot{x}\}$$
$$+ ([K_a] + [K_b] + [K_t])\{x\} = [P(t)] \tag{3-6}$$

上式就是考虑外界载荷激励时用瑞利阻尼表示的拖缆系统的动力学方程。

由式(3-6)可看出,瑞利阻尼系数的变化对拖缆系统的动力学响应有着很明显的影响,阻尼系数要和刚度矩阵相乘,而刚度矩阵在非线性分析中是不断变化的,由此所引起的阻尼变化在达到某一临界状态有时会和物理结构的实际变化相反。而本章意在通过对不同瑞利阻尼系数作用下的回转状态的拖缆系统进行仿真(图 3.1),试图发现这种临界。

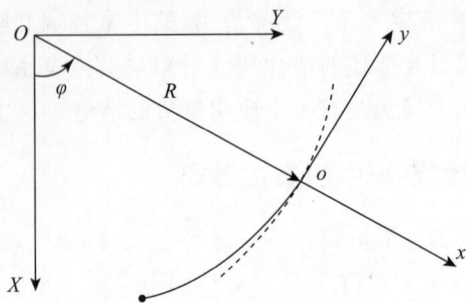

图 3.1 拖船的回转轨迹二维示意

3.2 仿真算例

由于本章探究的主要是瑞利阻尼系数的变化对单分支拖曳系统回转过程的影响,因此在下面的仿真过程中保持拖船的回转半径不变(1000 m),回转速度为 10.288 m/s,通过控制变量法对组成瑞利阻尼的各个系数进行控制,从而得到不同瑞利阻尼系数作用下拖缆的动态响应。

水深 5000 m,拖曳系统在静水中回转,海水密度 1025 kg/m³,拖缆长度 4000 m,外径 0.05 m,内径 0 m,拖缆线密度 0.0059 t/m,弯曲刚度 0.02 kN·m²,轴向刚度 5000 kN,扭转刚度 0.005 kN·m²,泊松比 0.5,模型建成后如图 3.2 所示。

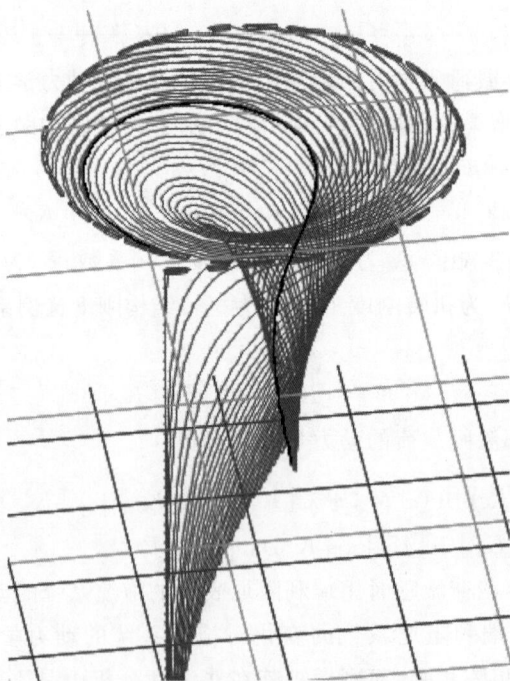

图 3.2 单分支回转仿真模型示意

3.2.1 仅考虑质量比例系数时的动态响应

为便于对计算结果进行分析,将拖缆底端的速度分解为垂直方向的速度和某一时刻绕某一回转半径的回转速度。随着质量比例系数的增加,拖缆顶端的最大张力增大,拖缆底端的最大速度减小(图 3.3 和图 3.4)。分析产生这种现象的原因:随着质量比例系数的增大,在最初阶段使拖缆运动起来将变得更加困难,可以说质量比例系数的改变导致了拖船运动传递到整个拖缆的形式发生了明显改变;在拖船拖速不变的前提下,在拖船牵引拖缆回转的最初阶段,随着质量比例系数的增大,顶端拖船的拖速沿拖缆方向的传递会被迟滞,且质量比例系数越大,运动传递的迟滞效应越明显,而且这种迟滞作用在最初阶段最明显;而迟滞效应越明显,在最初阶段拖缆底端的回转半径会随之减小,而随着回转半径的减小,拖缆底端的速度也会随之减小;而拖缆底端回转速度在拖缆总速度中占据主导,故拖缆底端回转速度的减小自然会造成拖缆总速度的减小。也由于顶端运动传递的迟滞性导致在最初回转阶段拖缆顶端承受的拉伸骤增,质量比例系数越大,拉伸骤增程度越大;当回转达到稳定后,由于最初运动传递迟滞导致的相位差并不会消失,且随着系统的稳定,这种差别在达到一定程度后也会保持稳定地存在着。

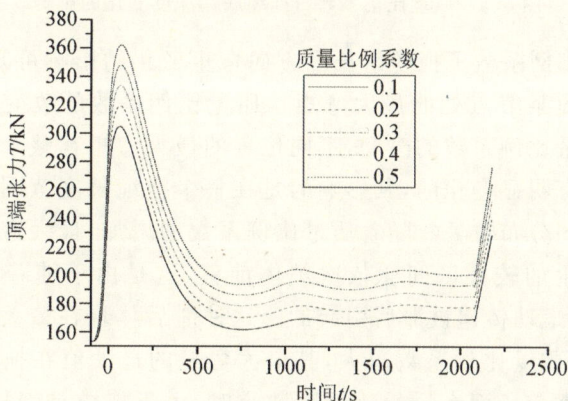

图 3.3 质量比例系数对拖缆顶端张力变化的影响

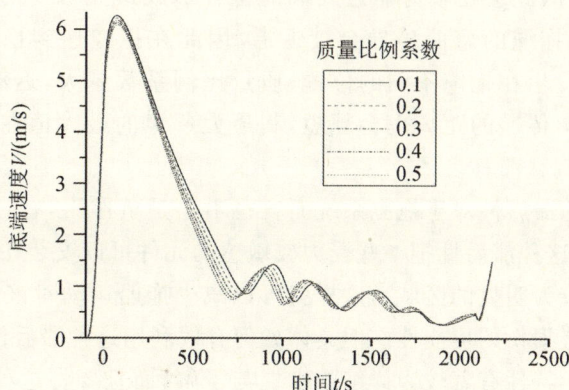

图 3.4 质量比例系数对拖缆底端速度变化的影响

观察拖缆底端在水深方向的时域变化图像(图3.5)结合下文的研究结果可知,不同质量比例系数下拖缆底端在水深刚性的时域变化曲线基本重合,而对该图像相对于时间求导就可以得到拖缆底端在垂直方向的速度变化情况。这说明不同质量比例系数拖缆底端的垂向位移和垂向速度变化高度相同,也就是质量比例系数对拖缆在垂向方向的运动情况没有明显的影响。

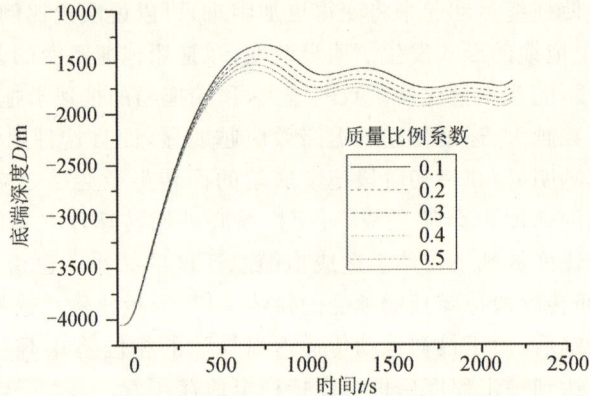

图3.5　质量比例系数对拖缆底端深度变化的影响

观察不同质量比例系数下拖缆沿长度方向弯矩变化的影响可知(图3.6中的弯矩均为整个时域上拖缆某节点处的最大弯矩),质量比例系数的改变对最大弯矩的影响主要体现在随着质量比例系数的改变,不同位置的最大弯矩在整个拖缆长度范围内的最大值的大小是没有明显变化的,其影响的是在整个拖缆长度范围内最大弯矩的最大值在拖缆长度方向的分布位置。随着质量比例系数的增加,最大弯矩的最大值在拖缆整体长度范围内发生的较大区间会依次整体前移,这是由于随着质量比例系数的增加,拖缆发生弯曲的运动传递被滞后引起的。这种滞后体现在最大弯矩沿长度分布图上的具体体现就是,质量比例系数越大,其最大弯矩的最大值在拖缆整体长度范围内发生的较大区间越靠前。而在质量比例系数小时,由于拖缆是细长强挠性构件,拖船运动导致的拖缆弯曲会以鞭击传导的形式瞬间传递到拖缆尾端,并在尾端以摆动的形式将这种能量释放,因此会在较为靠近底端的位置形成最大弯矩的最大值。而随着质量比例系数的增加,拖缆的弯曲传导会被迟滞,因此在拖缆达到稳定时拖缆弯曲导致的最大幅值也就会发生在拖缆不同的位置;质量比例系数越大,迟滞效应越明显,弯曲运动在拖缆长度方向传递的距离也会越短,其最大弯矩的最大值在拖缆整体长度范围内发生的较大区间就越前移。

这种运动传递的滞后性对于拖曳系统而言也不全是负作用,有时也有着一定的积极作用,比如通过利用这种滞后性把一些受力较敏感的元件可以安装在拖缆的后半段(运动或是弯曲传递衰减较为明显的区域),这样就可以减少拖船运动对该元件的干扰与影响,降低该元件发生疲劳损伤的可能性。但具体如何有效利用这种滞后性需要对拖曳系统的质量比例系数和力学特性有着较为详细的掌握与了解,而且要将这种滞后性控制在一定的范围内,过大的滞后性将给拖曳系统带来不利的影响。质量比例系数的存在给我们对这种在拖曳系统中存在的运动传递的滞后性进行定性与定量分析提供了一种相对有效的手段。

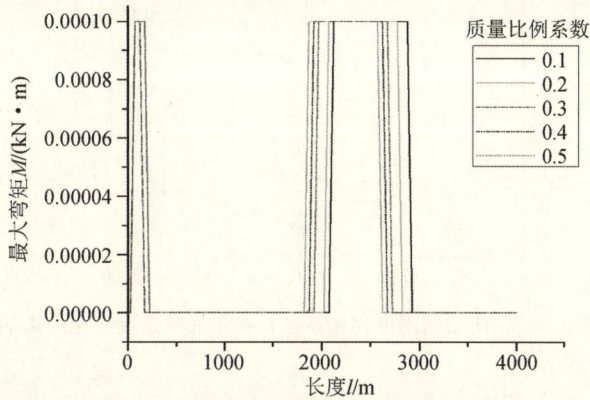

图 3.6　质量比例系数沿长度方向对拖缆弯矩变化的影响

3.2.2　仅考虑轴向结构刚度比例系数时的动态响应

观察张力随着轴向结构刚度比例系数的变化图像(图 3.7)可以发现,随着轴向结构刚度比例系数的增加,不同轴向结构刚度比例系数作用下的拖缆顶端张力时域图像基本重合,这说明轴向结构刚度比例系数的改变并未导致拖缆顶端张力发生明显的改变。而拖缆底端速度及深度变化的图像(图 3.8 和图 3.9)显示,轴向结构刚度比例系数的改变并未影响拖缆的运动状态以及运动在拖缆长度方向的传递情况。在拖缆张力和拖缆运动可以沿着拖缆长度自上而下无差别传递的情况下,可以想象不同轴向结构刚度比例系数作用下的拖缆弯矩在拖缆长度方向的分布情况不会有明显的不同。而不同轴向结构刚度比例系数沿长度方向对拖缆弯矩变化的分布曲线(图 3.10)正好说明了这一点。

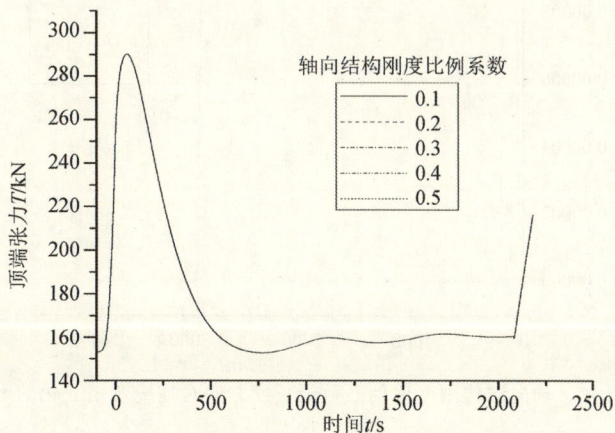

图 3.7　轴向结构刚度比例系数对拖缆顶端张力的影响

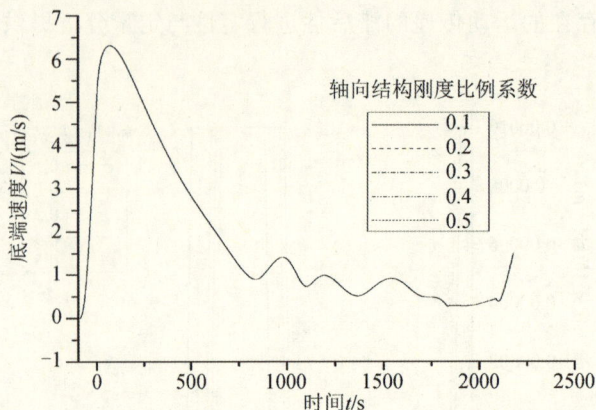

图 3.8 轴向结构刚度比例系数对拖缆底端速度变化的影响

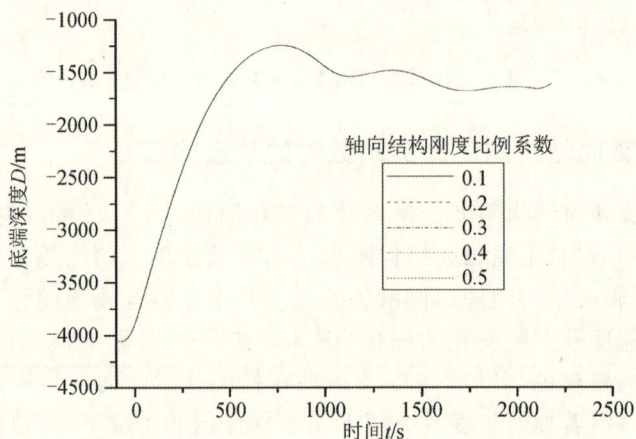

图 3.9 轴向结构刚度比例系数对拖缆底端深度变化的影响

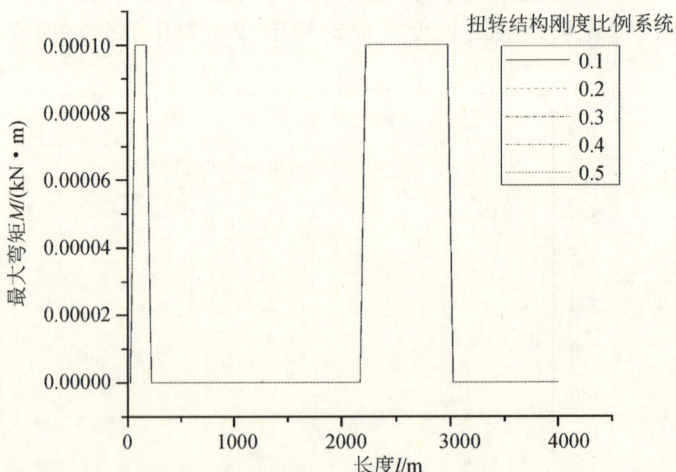

图 3.10 轴向结构刚度比例系数沿长度方向对拖缆弯矩变化的影响

3.2.3 仅考虑弯曲结构刚度比例系数时的动态响应

弯曲结构刚度比例系数的变化对拖缆顶端的张力变化(图 3.11)、运动传递(图 3.12 和

图 3.13)以及弯矩变化(图 3.14)稍有影响(这种影响要强于轴向结构刚度系数的变动对拖缆顶端张力变化的影响),但其影响相对于质量比例系数改变造成的影响也还是比较微弱的。进一步与下文仅考虑扭转结构刚度比例系数时的计算结果对比后可以发现,在三种结构刚度比例系数中,弯曲刚度结构比例系数的变化对拖缆的动力学响应特性的影响是最大的。

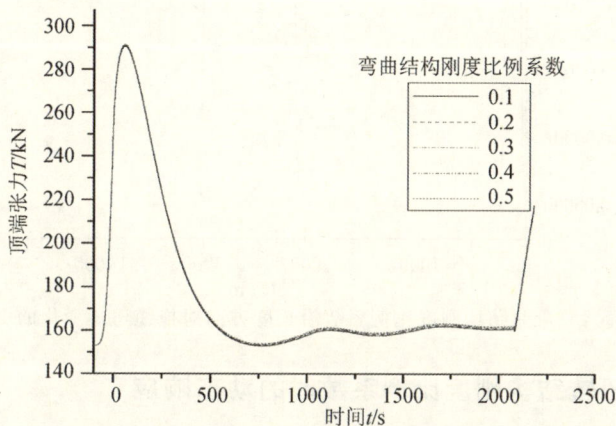

图 3.11　弯曲结构刚度比例系数对拖缆顶端张力的影响

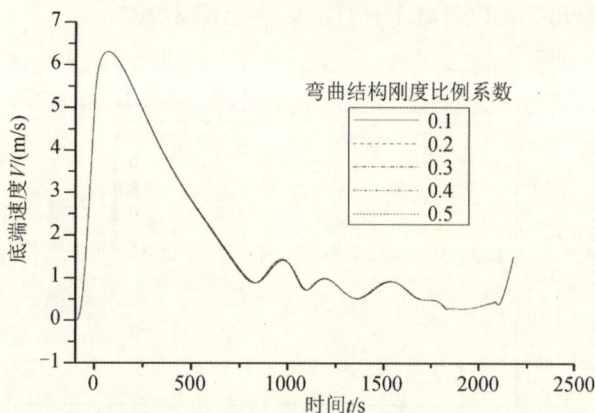

图 3.12　弯曲结构刚度比例系数对拖缆底端速度变化的影响

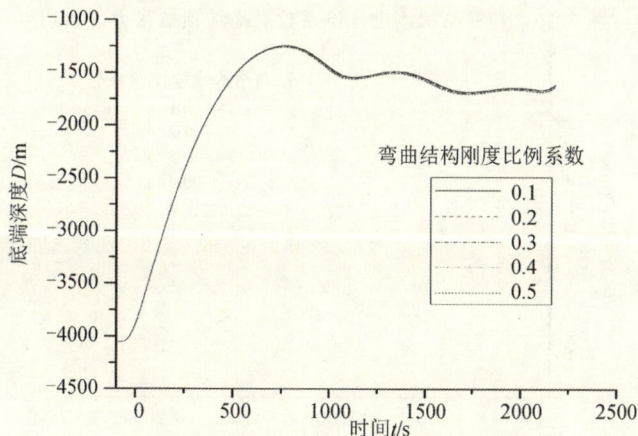

图 3.13　弯曲结构刚度比例系数对拖缆底端深度变化的影响

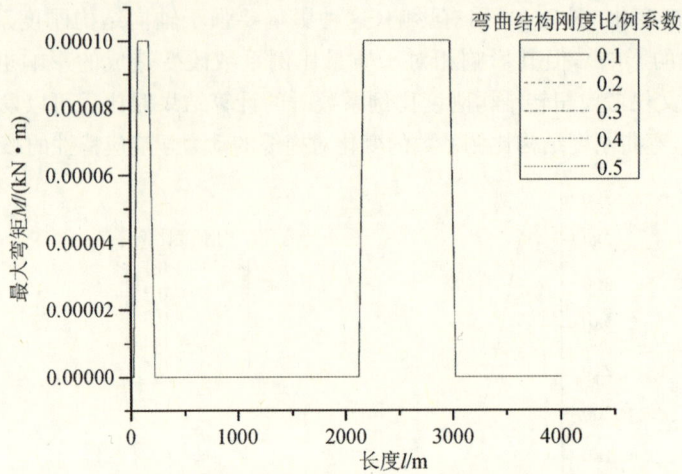

图 3.14　弯曲结构刚度比例系数沿长度方向对拖缆弯矩变化的影响

3.2.4　仅考虑扭转结构刚度比例系数时的动态响应

　　观察扭转结构刚度变化时的计算结果可以发现,扭转结构刚度变化时对拖缆各个力学及运动参数的影响几乎可以忽略不计(图 3.15 至图 3.18)。

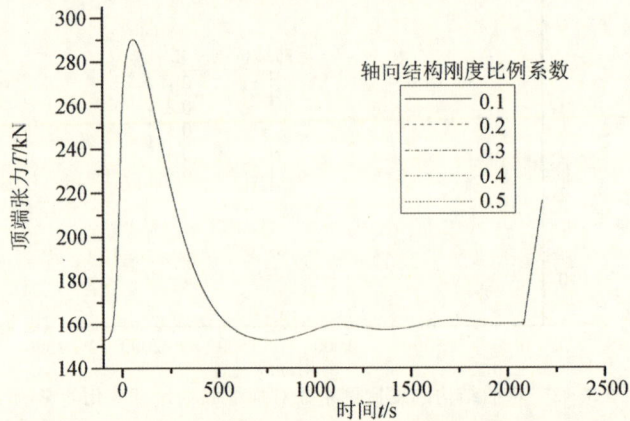

图 3.15　扭转结构刚度比例系数对拖缆顶端张力的影响

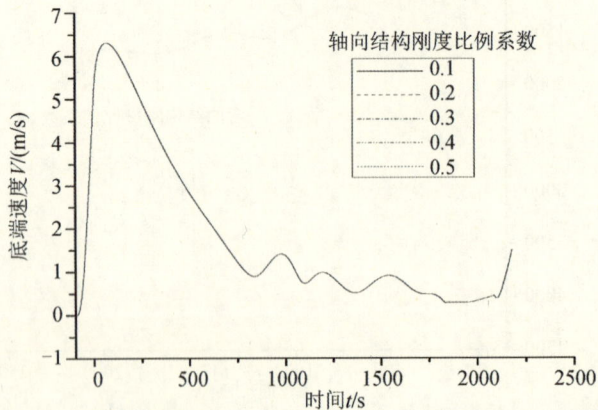

图 3.16　扭转结构刚度比例系数对拖缆底端速度变化的影响

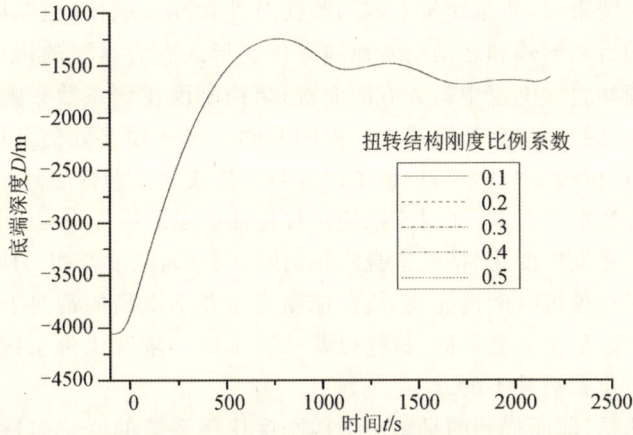

图 3.17　扭转结构刚度比例系数对拖缆底端深度变化的影响

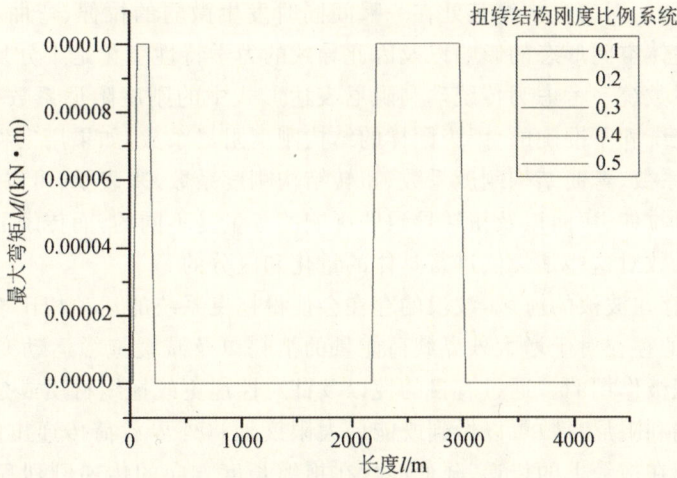

图 3.18　扭转结构刚度比例系数沿长度方向对拖缆弯矩变化的影响

3.3　本章小结

　　经过对比观察可发现,在瑞利阻尼的各个系数中,质量比例系数的变化对计算结果的影响是最大的,且这种影响对于拖曳系统来说是全方位的,也是相对比较显著的,既对拖缆顶端张力的变化有影响,也对拖缆上弯矩的变化以及拖缆底端速度的变化有着影响;而轴向结构刚度比例系数、弯曲结构刚度比例系数以及扭转结构刚度比例系数对拖缆系统的影响相对而言是比较微弱的(但弯曲结构刚度比例系数的影响在这三种结构刚度比例系数中影响最大)。这种现象是由于拖缆结构的特殊力学特性导致的,拖缆本身就是弯曲和扭转刚度极小的挠性较强的构件,对于此类构件来说,瑞利阻尼中的结构刚度比例系数中的各个分量系数在拖船速度不是太高的时候(以本算例为例,不应小于 10.288 m/s)对瑞利阻尼的总体贡献并不大。而在瑞利阻尼系统中,结构刚度比例系数反映的是材料对动力学特性的阻滞效应,质量比例系数反映的是环境对动力学特性中能量传递与耗散的影响。对于拖缆系统来说,质量比例系数的改变对外在环境载荷(拖船以一定速度回转)导致的拖缆顶端的运动形式和运动沿着拖缆的传递形式有着显著的影响,从而也就全方位直接影响了拖缆动力学响应中的方方面面;而结构刚度比例系数影响的是在拖缆顶端承受的能量和运动已经传递到拖缆某处节点的基础上对拖缆该处节点可能产生的响应,如轴向运动、弯曲和扭转进行影响,也就是说这与能量或是运动传递到该节点时该节点在一瞬间可能发生的变形率有关,而对于拖缆这种挠性极强的构件来说,运动传递到某一节点时基本上随之迅速发生变化(拖缆本身的轴向刚度、弯曲刚度及扭转刚度决定该瞬时的变形),且由于变形在极短时间内完成,故在拖船拖速并不太高的情况下不同刚度比例系数下变形的差别应该是十分微弱的,最终也就导致了单一刚度比例系数大小的变化对拖缆动力学响应的变化影响并不大。

但需要指出的是,前面提到的是单一结构刚度比例系数的变化对拖缆动力学响应的影响,而对于三种结构刚度比例系数联合作用下拖缆的动力学响应特性,以上结论是否适用有待商榷和探究,因为当拖缆某处在一瞬间同时发生微弱的拉伸、弯曲和扭转时,这三种变化对拖缆整体空间形态的影响以及因此导致的力学特性变化是十分复杂的。如果将三种结构刚度系数统一考虑为传统瑞利阻尼表达形式中的刚度阻尼系数,对于拖缆系统来说这是十分笼统和不准确的,因为同样的结构刚度阻尼系数,如果用三种结构刚度系数(拉伸结构刚度系数、弯曲结构刚度系数、扭转结构刚度系数)来表示,可以有很多种组合,但不同的组合对拉伸、弯曲以及扭转导致的影响的考量是不同的,而传统的瑞利阻尼中的结构刚度阻尼系数对这些是无法进行具体的量化和区分的。

事实上,在存在波浪的海域,波浪的存在会使得拖曳系统的运动相比于静水条件下更加剧烈,而阻尼的存在对于增大外界载荷能量的消耗以及减缓拖缆运动变化的剧烈程度是有着一定的积极作用的。通过有目的性以及针对性地更改拖缆材质或是增加填充物进而选择适当的瑞利阻尼系数可以做到既能最大限度地将外界载荷传递出的能量耗散,又能迟滞剧烈运动在拖缆上的传递、降低能量在拖缆长度方向的传递剧烈程度进而达到保护拖缆的目的。因此,在一些风大浪急的海域进行拖曳时,可以适当采用质量比例系数较大的拖缆来增强拖曳系统整体的抗风浪能力。

当然,依据本章节提出的计算原理,可以针对不同材料属性和力学特性的拖缆,通过试验得其三种刚度比例系数,然后针对不同种类的拖缆进行不同质量比例系数、轴向结构刚度比例系数、弯曲结构刚度比例系数和扭转结构刚度比例系数组合下的动态仿真,从而得到不同组合的阻尼系数对拖缆响应与形态的影响,也可以得到风浪流不同外界载荷组合形式下的动态响应。限于篇幅所限,本书不再针对这种组合做专门的仿真与分析。

第四章　不同 Munk 矩系数作用下拖船-拖缆-拖体多体拖曳系统的水动力响应分析

本章导读

本章对拖船-拖缆-拖体多体拖曳系统进行了建模,通过时域耦合动力分析方法计算其运动,并研究了在不同 Munk 矩系数作用下海洋拖曳系统的水动力响应。为了最大限度地确保模拟的真实性,模拟的时间步长必须小于最短自然节点的周期,不应超过模型最短自然周期的 1/10。最后结合系统的水动力性能计算结果给出了一些指导性建议。

4.1　考虑拖体上 Munk 矩作用时的计算原理

4.1.1　关于 Munk 矩在拖曳系统中的研究现状

海洋拖曳系统由拖体、拖缆、专用绞车等设备组成。海洋拖曳系统作为一种高效的海洋探测平台,随着海洋开发的日益深入,在海洋监测、军事探测等诸多领域发挥着越来越重要的作用。如果在水下拖曳系统开发初期对其水动力进行较好的预测和模拟,将节省大量的时间和金钱,并可缩短研发周期。

纵观国内外研究概况,对 Munk 矩作用下海洋拖曳系统水动力性能产生影响的研究极少,因此对于 Munk 矩作用下海洋拖曳系统水动力响应进行研究显得极为必要。本章参考某海域下的环境参数,建立了拖船 360°回转过程中拖船-拖缆-拖体拖曳系统的动态模拟,通过改变不同的 Munk 矩系数,实现了不同 Munk 矩作用下对拖缆张力和拖体水下形态的实时响应;得到了不同 Munk 矩系数对拖缆张力和弯曲变化的影响,计算结果为拖曳系统中缆的选择提供了依据。

4.1.2　拖缆运动的数学模型

本书视拖缆模型为细长、柔软的圆柱形缆索,采用离散的凝集质量模型求解非线性边界值问题。该模型的基本思路是把拖缆分割成 N 段微元,并且每段微元的质量集中在一个节点上，这样就可以有 $N+1$ 个节点，作用在每微段末端的张力 T 和剪力 V 就可以看作集中作用在某一个节点上，任一的外部水动力载荷都视为集中作用在一个节点上。第 $i(i=0,1,\cdots,N)$ 节点的运动方程为

$$\boldsymbol{M}_{A_i}\ddot{\boldsymbol{R}}_i = \boldsymbol{T}_{e_i} - \boldsymbol{T}_{e_{i-1}} + \boldsymbol{F}_{dI_i} + \boldsymbol{V}_i - \boldsymbol{V}_{i-1} + w_i\Delta\bar{s}_i \tag{4-1}$$

其中，R 表示缆索的节点位置。

$$\boldsymbol{M}_{Ai} = \Delta\bar{s}_i\left[m_i + \frac{\pi}{4}D_i^{\,2}(C_{an}-1)\right]\boldsymbol{I} - \Delta\bar{s}_i\frac{\pi}{4}D_i^2(C_{an}-1)(\boldsymbol{\tau}_i\otimes\boldsymbol{\tau}_{i-1})，表示节点的质量$$

矩阵，$\boldsymbol{I}$ 是 3×3 的单位矩阵。

$T_{ei} = \mathrm{EA}\varepsilon_i = \mathrm{EA}\dfrac{\Delta s_{0i}}{\Delta s_{ei}}$，表示节点处的有效张力，$\Delta s_{0i} = \dfrac{L_0}{(N-1)}$ 为每段拖缆的原始长度，$\Delta s_{ei} = |R_{i+1} - R_i|$ 为每段拖缆伸长后长度，EA 为拖缆的轴向刚度。

$\boldsymbol{F}_{dI_i}$ 表示每个节点受到的外部水动力，根据莫里森公式计算：

$$\boldsymbol{F}_{dI_i} = \frac{1}{2}\rho_{sw}D_i\sqrt{1+\varepsilon_i}\Delta\bar{s}_i(C_{dni}|\boldsymbol{v}_{ni}|\boldsymbol{v}_{ni} + \pi C_{dti}|\boldsymbol{v}_{ti}|\boldsymbol{v}_{ti})$$

$$+ \frac{\pi}{4}D_i^2\rho_{sw}C_{ani}\Delta\bar{s}_i[\boldsymbol{a}_{wi} - (\boldsymbol{a}_{wi}\cdot\boldsymbol{\tau}_i)]\boldsymbol{\tau}_i \tag{4-2}$$

式中，ρ_{sw} 为海水的密度；D_i 为每段拖缆的直径；C_{dni} 为法向阻力系数；C_{dti} 为切向阻力系数，C_{ani} 为法向惯性力系数。

$$\boldsymbol{V}_i = \frac{\mathrm{EI}_{i+1}\boldsymbol{\tau}_i\times(\boldsymbol{\tau}_i\times\boldsymbol{\tau}_{i+1})}{\Delta s_{ei}\Delta s_{ei+1}} - \frac{\mathrm{EI}_i\boldsymbol{\tau}_i\times(\boldsymbol{\tau}_{i-1}\times\boldsymbol{\tau}_i)}{\Delta s_{ei}^{\,2}} | \frac{H_{i+1}\boldsymbol{\tau}_i\times\boldsymbol{\tau}_{i+1}}{\Delta s_{ei}}$$

式中，V 表示节点处剪力；H 为扭矩。

4.1.3 拖船-拖缆-拖体多体拖曳系统中拖体 Munk 矩的施加原理

细长体在近乎轴向流的作用下会受到一个不稳定的力矩，这个力矩叫做 Munk 矩。关于在拖缆-拖体系统中 Munk 矩的定义及推导可参见笔者已经发表过的文献[38]。为与文献[38]在理论上保持一致，在本章中拖体上承受的 Munk 矩是通过改变不同的 Munk 矩系数实现的：

$$M_M = C_{mm}\cdot M\cdot\frac{1}{2}\cdot\sin(2\alpha)\cdot V^2 \tag{4-3}$$

式中，M_M 为 Munk 矩；C_{mm} 为 Munk 矩系数；M 为拖体排开周围水的体积；α 为流速相对于拖体中轴的夹角；V 为相对拖体的流速。

4.2 不同 Munk 矩系数下拖船-拖缆-拖体系统的回转案例分析

4.2.1 拖曳系统的建立

在本模型中，该回转问题的边界如下：水深 1500 m，拖船回转速度 3 m/s，回转角速度

0.45°/s,缆长 1000 m,模拟时间 1600 s,无风无浪无流。为简化计算模型,缩短计算时间,拖体运用 6D 浮标进行模拟,拖体直径为 0.5 m,长度为 3.9 m,质量为 1.5 t,拖缆拉伸刚度EA 为 6000 kN,弯曲刚度为 0,线密度为 0.0011 t/m,拖缆直径为 0.25 m,拖缆每个分段长度都划分为 1 m。拖缆动态模拟时,为保证系统的稳定性,将先让拖船牵引拖缆直航 450 s,从而使拖体拖缆系统达到其回转前位置与速度的初值平衡状态。建成后的模型如图 4.1 所示。

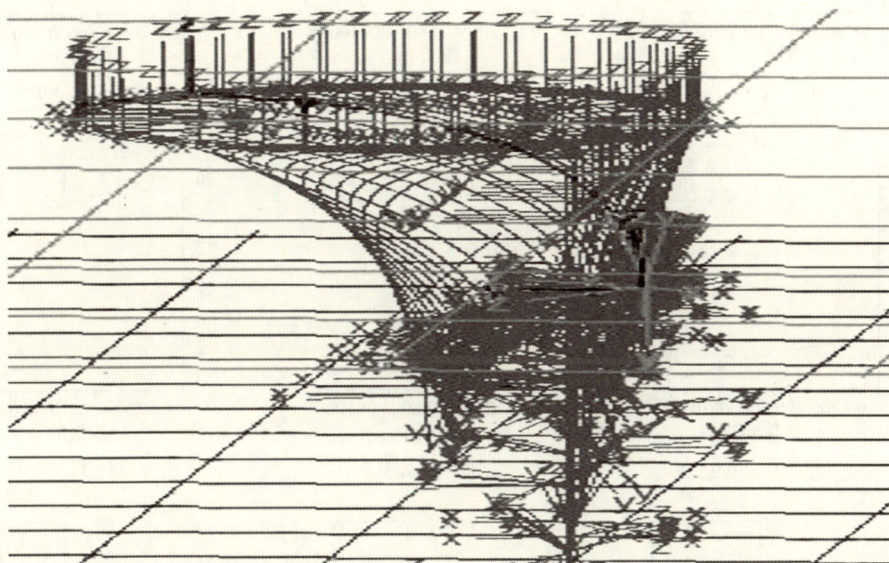

图 4.1 回转模型示意

4.2.2 计算结果

4.2.2.1 不同 Munk 矩系数下沿缆长方向张力的分布情况

不同 Munk 矩系数下沿缆长方向张力的分布情况如图 4.2 所示。

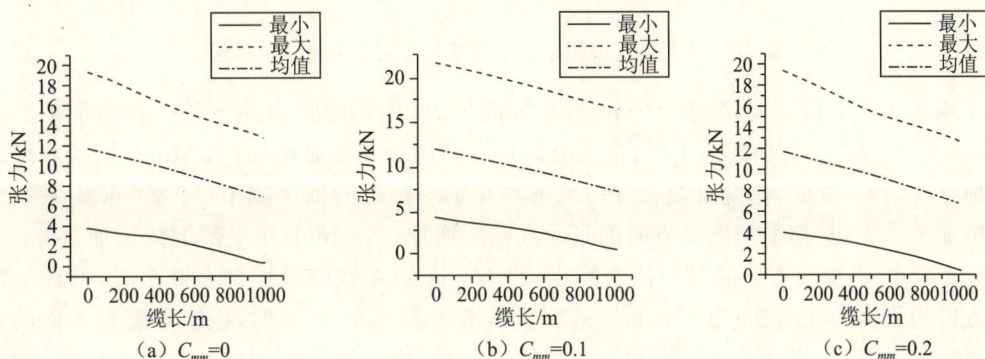

（a）$C_{mm}=0$ 　　　　（b）$C_{mm}=0.1$ 　　　　（c）$C_{mm}=0.2$

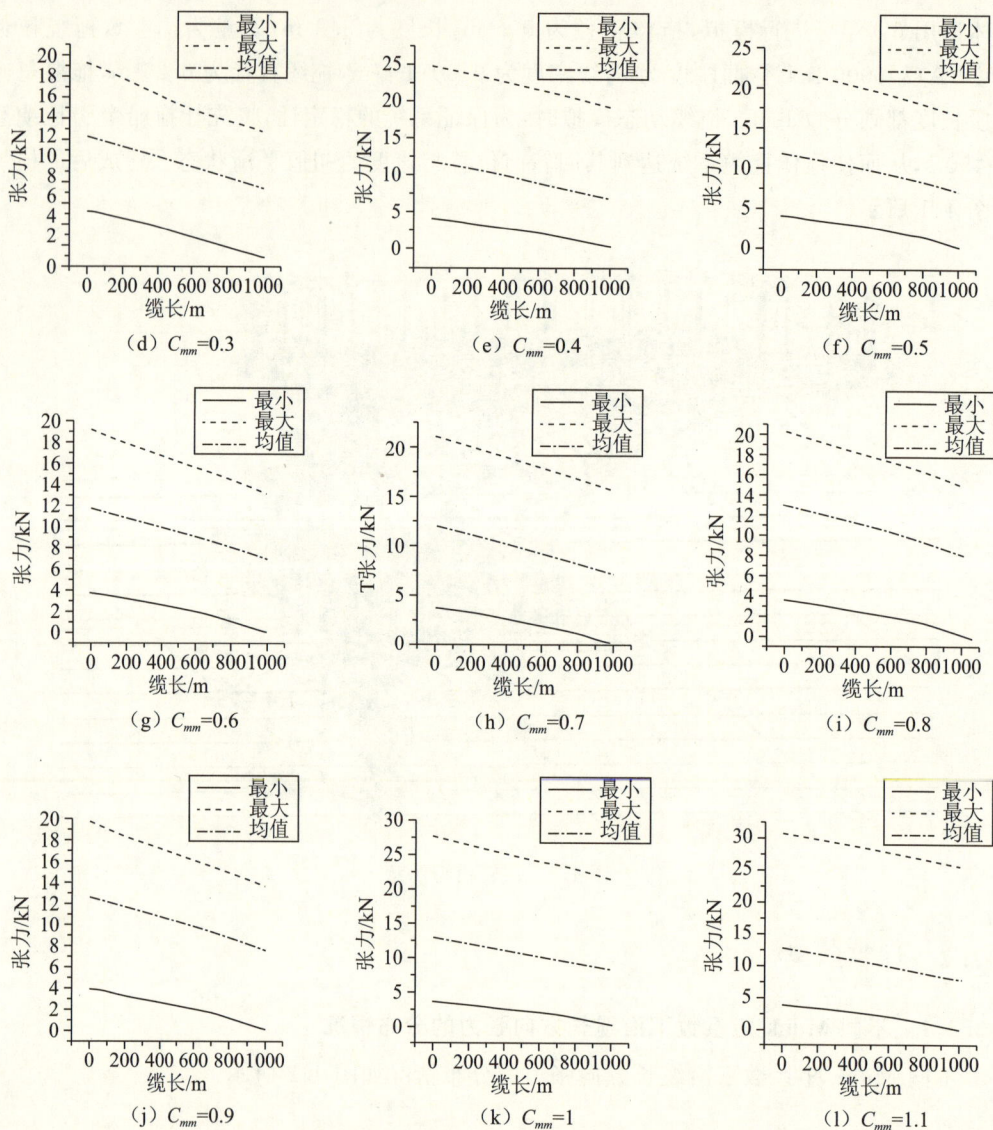

（d）C_{mm}=0.3   （e）C_{mm}=0.4   （f）C_{mm}=0.5

（g）C_{mm}=0.6   （h）C_{mm}=0.7   （i）C_{mm}=0.8

（j）C_{mm}=0.9   （k）C_{mm}=1   （l）C_{mm}=1.1

图 4.2 不同 Munk 矩系数下沿缆长方向张力的分布示意

观察图 4.2 可发现，随着 Munk 矩系数的增大，拖缆的张力并不是一直增加的。当 Munk 矩系数从 0 增加到 0.1 时，拖缆沿缆长方向的张力明显增加；当 Munk 矩系数继续增加至 0.2～0.3 时，拖缆沿缆长方向的张力开始小幅度的依次减小；当 Munk 矩系数继续增加至 0.4 时，拖缆沿缆长方向的张力大幅度增加；当 Munk 矩系数继续增加至 0.5～0.6 时，拖缆沿缆长方向的张力依次减小；当 Munk 矩系数继续增加至 0.7 时，拖缆沿缆长方向的张力再次增加；当 Munk 矩系数继续增加至 0.8～0.9 时，拖缆沿缆长方向的张力再次依次减小；当 Munk 矩系数继续增加至 1 时，拖缆沿缆长方向的张力大幅度增加；当 Munk 矩系数继续增加至 1.1～1.2 时，拖缆沿缆长方向的张力不再减小，而是继续依次递增。也就是说,Munk 矩系数较小时,随着 Munk 矩系数的增加,拖缆沿缆长方向的张力都是先增加,随着 Munk 矩系数的继续增加开始减小,拖缆张力分布随着 Munk 矩系数增大呈循环性变化。当 Munk 矩系数继续增大时,拖缆沿缆长方向的张力分布不再减小,而是持续增大,最后稳定在一定值。分析产生此种现象的原因为,当 Munk 矩系数较小时,拖体受到的 Munk 矩使得水下拖体发生转动,迎流面面积不断发生变化,时而大,时而小,大时水流作用在拖体上的拖曳力及阻尼力较大,使得拖缆的张力也会较大。当 Munk 矩系数继续增大时,此时拖体在受到的 Munk 矩及其他力矩的作用下,拖体转动到一定状态后不再发生转动,迎流面面积不再发生变化,从而使得此时水流的拖曳力及阻尼力不再变化,进而使得在此种状态下拖缆沿缆长方向的张力分布在增大到一定程度后不再变化。

4.2.2.2 不同 Munk 矩系数下沿缆长方向曲率的分布情况

不同 Munk 矩系数下沿缆长方向曲率的分布情况如图 4.3 所示。

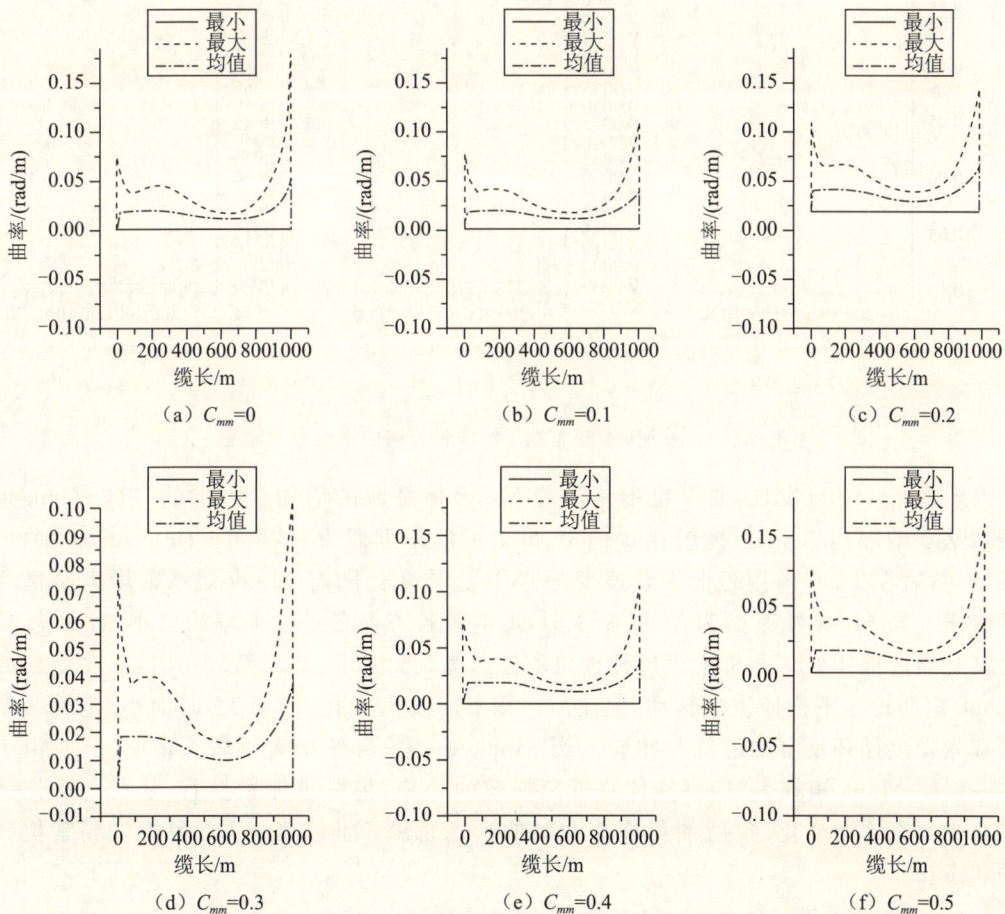

（a）C_{mm}=0　　（b）C_{mm}=0.1　　（c）C_{mm}=0.2

（d）C_{mm}=0.3　　（e）C_{mm}=0.4　　（f）C_{mm}=0.5

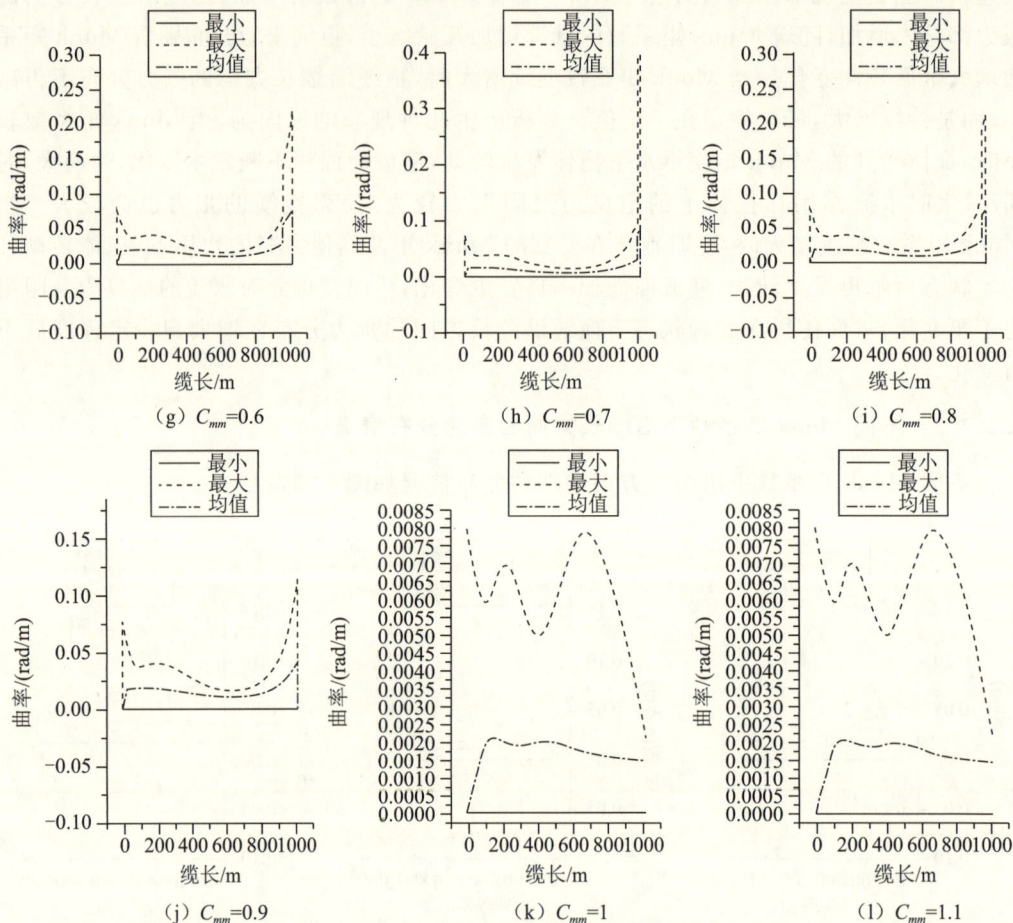

图 4.3 不同 Munk 矩系数下沿缆长方向曲率的分布示意

观察图 4.3 可发现，曲率也不是随着 Munk 矩系数的增加而增加的。当 Munk 矩系数从 0 增加到 0.9 时，拖缆在 0～800 m 处的曲率近似为 0，800～1000 m 处的曲率骤增，然后在 1000 m 附近曲率急速变为 0，且这种变化随着 Munk 矩系数增大呈循环性变化。当 Munk 矩系数为 1.0～1.1 时，此时缆长方向各处的曲率均极小，近似为 0，尤其是靠近拖体处。分析产生这种现象的原因为，当 Munk 矩系数较小时，拖体受到的 Munk 矩使得水下拖体发生转动，迎流面面积不断发生变化，时而大，时而小，也就会使得缆索发生循环反复的缠绕与扭转。当 Munk 矩系数继续增大到较大值时，此时由于在一瞬间 Munk 矩较大，使得拖体有远离拖缆的趋势，拖缆被绷紧拉直，从此之后拖体在水中形态不再变化，也就使得拖缆此时的形态也就不再变化，一直保持被绷紧拉直的状态。

4.2.2.3 不同 Munk 矩系数下拖体深度、仰角及拖缆拖曳端张力随时间的变化情况

不同 Munk 矩系数下拖体深度、仰角及拖缆拖曳端张力随时间的变化情况如图 4.4 所示。由图 4.4 可知，Munk 矩系数的变化对拖体深度在达到稳定值时的大小影响较微

弱。而观察拖缆拖曳端张力的变化情况,恰好在 Munk 矩系数在 0.6～1.1 范围内张力极值比其他 Munk 矩系数的极值更大,这从某种程度上验证了 4.2.2.1 节中的结论。而仰角历时曲线则说明在 1600 s 时间内,系统已经达到稳定状态。

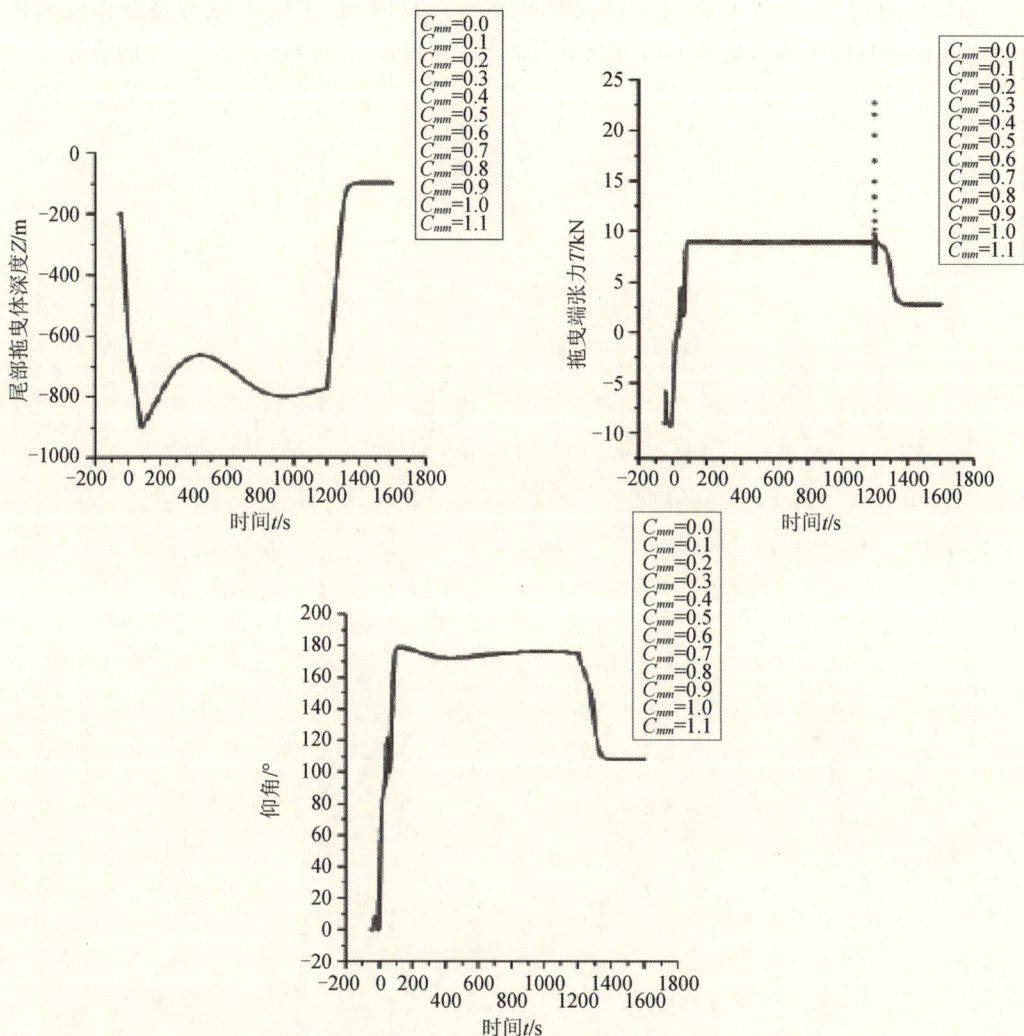

图 4.4　不同 Munk 矩系数下拖体深度、仰角及拖缆拖曳端张力的变化情况

4.3　本章小结

(1)当 Munk 矩系数小时,随着 Munk 矩系数的增加,拖缆的张力沿缆长方向先增大,随着 Munk 矩系数不断增加,沿缆长方向的张力开始减少;随着 Munk 矩系数的增大,拖缆张力分布呈现出周期性变化。当 Munk 矩系数足够大时,如果继续增大,沿缆长方向的拉力分布将不再减少,在增加到某一数值后,保持在该定值。

(2)当 Munk 矩系数小时,沿缆长方向的曲率随时间的变化而变化。当 Munk 矩系数大时,沿缆长方向的曲率半径是最小的,约为0,尤其是在拖体附近;此时拖体有远离拖缆的趋势,拖缆被绷紧拉直,从此之后拖体在水中形态不再变化,也就使得拖缆此时的形态也就不再变化,一直保持被绷紧拉直的状态。

需要注意的是,本章为简化计算模型和缩短计算时间,主要考虑的是拖体受到的Munk 矩而对拖缆并未考虑 Munk 矩的作用。感兴趣的读者可对此做进一步的研究。

第五章 海洋缆索对水下航行器运动姿态的动态响应

本章导读

除了水上拖船拖曳，还存在一种水下拖曳。完全的水下拖曳与水上拖曳不同的是，完全的水下拖曳不存在由于航行器的行驶而导致的船行兴波，而水下拖曳就不可避免地要用到各种水下航行器。本章将对水下拖曳有缆 ROV 系统的水下拖曳过程进行仿真，通过仿真得到有缆 ROV 系统中拖缆对 ROV 水下六自由度运动的影响，得到的结论对分析该系统的特性有着一定的指导意义。

5.1 水下航行器的分类与有缆 ROV 系统

5.1.1 水下航行器的种类

水下航行器可分为有缆航行器与无缆航行器，虽然它们都有各自的独特之处，但在海况较为恶劣的海域，无缆航行器容易丢失。相对于无缆航行器，虽然受限于缆索的长度而导致作业的范围有限，但在足够的拖缆长度下，有缆 ROV 可以更安全有效地到达海洋深水区域进行作业且不易丢失，可随时进行回收，有较好的经济适用性；从技术层面来说，其控制和驱动系统也相对简单，是开展深海勘探的重要工具。有缆的水下航行器也是深海拖曳系统的重要组成部分。水上拖曳系统拖缆的运动与形态变化来自水上拖船的运动与轨迹变化以及海浪起伏造成的周期性振动，而与水上拖曳系统有所不同的是，有缆 ROV 系统中拖缆的运动与形态的变化主要来自水下 ROV 的运动与轨迹变化，尤其是在深海海域时，随着水深的递增，波浪载荷的影响将依次减弱，在这种情况下水下 ROV 的运动情况决定了拖缆整体的形态变化。本章结合笔者多年来在拖曳缆索动态研究方面已经发表的成果，对有缆 ROV 系统中的缆索三维几何形态模型进行了研究。所用缆索三维动态偏微分方程模型为 Albow 模型，通过对有缆 ROV 系统中的缆索动态偏微分方程进行适当处理，将在有缆 ROV 航行过程中无法确定缆索长度的问题转化为缆索单元可确定的问题，并采用有限差分法进行了求解，从而得到航行器直航状态下以及回转状态下缆索的几何形态结果。将计算得到的结果与实验值对比后发现，该方法虽然存在一定误差，但误差在允许范围内。虽然分析的过程存在一定的假设与简化，但这种方法还是能客观上解决和说明一些问题的。

5.1.2 缆索的三维模型

5.1.2.1 三维模型坐标系建立

如图5.1所示,为便于后续对缆索三维模型的描述,需要建立三套坐标系,分别为地面整体坐标系(i,j,k)、缆索局部坐标系(τ,n,b),以及固定于航行器上的航行器运动坐标系(i_v,j_v,k_v)。

水下航行器的运动坐标系与地面整体坐标系之间的关系可通过如下表达式进行转换:

$$\begin{bmatrix} i_v & j_v & k_v \end{bmatrix} = \begin{bmatrix} i & j & k \end{bmatrix} \boldsymbol{R}(\phi,\theta,\Psi) \tag{5-1}$$

$$\boldsymbol{R}(\phi,\theta,\Psi) = \begin{bmatrix} c\theta c\Psi & -c\phi s\Psi + s\phi s\theta c\Psi & s\phi s\Psi + c\phi s\theta c\Psi \\ c\theta s\Psi & c\phi c\Psi + s\phi s\theta s\Psi & -s\phi c\Psi + c\phi s\theta s\Psi \\ -s\theta & s\phi c\theta & c\phi c\theta \end{bmatrix}$$

缆索的局部坐标系与地面整体坐标系之间的转换关系可以用下式表示:

$$\begin{bmatrix} \tau & n & b \end{bmatrix} = \begin{bmatrix} i & j & k \end{bmatrix} \boldsymbol{W}(\alpha,\beta) \tag{5-2}$$

$$\boldsymbol{W}(\alpha,\beta) = \begin{bmatrix} c\alpha c\beta & -c\alpha s\beta & s\alpha \\ -s\alpha c\beta & s\alpha s\beta & c\alpha \\ -s\beta & -c\beta & 0 \end{bmatrix}$$

缆索局部坐标系与航行器运动坐标系之间的转换关系为:

$$\begin{bmatrix} \tau & n & b \end{bmatrix} = \begin{bmatrix} i_v & j_v & k_v \end{bmatrix} \boldsymbol{R}^{\mathrm{T}}(\phi,\theta,\Psi) \boldsymbol{W}(\alpha,\beta) \tag{5-3}$$

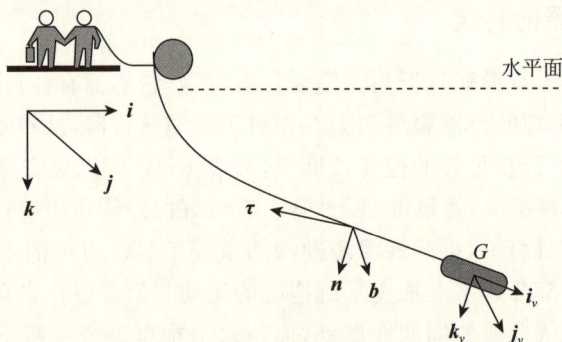

图5.1 三维模型坐标示意

5.1.2.2 缆索三维模型动力方程

$$\boldsymbol{y}(s,t) = \begin{bmatrix} T & V_\tau & V_n & V_b & \alpha & \beta \end{bmatrix}^{\mathrm{T}} \tag{5-4}$$

方程(5-4)描述了缆索的几何形态变化与张力。其中,t表示水下航行器运动的时间;s表示缆索长度方向;T表示缆索内部的张力;$\boldsymbol{V}_c = \begin{bmatrix} V_\tau & V_n & V_b \end{bmatrix}^{\mathrm{T}}$,表示缆索某一位置的速度向量。因此,缆索的动态方程可进一步用以下偏微分方程来表示:

$$\boldsymbol{M} \frac{\partial \boldsymbol{y}}{\partial s} = \boldsymbol{N} \frac{\partial \boldsymbol{y}}{\partial t} + \boldsymbol{q} \tag{5-5}$$

$$M = \begin{bmatrix} 1 & 0 & 0 & 0 & & 0 \\ 0 & 1 & 0 & 0 & V_b \cos\beta & -V_n \\ 0 & 0 & 1 & 0 & -V_b \sin\beta & V_\tau \\ 0 & 0 & 0 & 1 & V_n \sin\beta - V_\tau \cos\beta & 0 \\ 0 & 0 & 0 & 0 & -T\cos\beta & 0 \\ 0 & 0 & 0 & 0 & 0 & T \end{bmatrix}$$

$$N = \begin{bmatrix} -me\dfrac{V_t}{1+eT} & m & 0 & 0 & (m_1 V_b - \rho A J_b) & -(m_1 V_n - \rho A J_n) \\ e & 0 & 0 & 0 & 0 & 0 \\ 0 & 0 & 0 & 0 & 0 & 1+eT \\ 0 & 0 & 0 & 0 & -(1+eT)\cos\beta & 0 \\ -e\dfrac{(m_1 V_b - \rho A J_b)}{(1+eT)} & 0 & 0 & m_1 & (m_1 V_n - \rho A J_n)\sin\beta - mV_t\cos\beta & 0 \\ -e\dfrac{(m_1 V_n - \rho A J_n)}{(1+eT)} & 0 & m_1 & 0 & -(m_1 V_b - \rho A J_b)\sin\beta & mV_t \end{bmatrix}$$

$$q = \begin{bmatrix} w_c \sin\beta + \dfrac{1}{2}\rho d \sqrt{1+eT}\,\pi C_t U_t \mid U_t \mid \\ 0 \\ 0 \\ 0 \\ \dfrac{1}{2}\rho d \sqrt{1+eT}\,C_n U_b \sqrt{U_n^2 + U_b^2} - \rho A \dot{j}_b \\ w_c \sin\beta + \dfrac{1}{2}\rho d \sqrt{1+eT}\,C_n U_n \sqrt{U_n^2 + U_b^2} - \rho A \dot{j}_n \end{bmatrix}$$

5.1.3　边界条件

航行器下潜过程中影响缆索的形态与运动主要是通过它与缆索的连接点来实现的。缆索与水下航行器连接点的三个边界条件为

$$V_c(0,t) = W^{\mathrm{T}}(\alpha,\beta)R(\phi \quad \theta \quad \Psi)(V + \Omega \times r_c) \tag{5-6}$$

由于岸上卷筒对缆索的作用力主要是切向力,因此卷筒与缆索连接端运动速度的法线方向和副法线方向的速度分量均为零,由此可得到第四及第五个边界条件:

$$V_n(S_t,t) = 0 \qquad V_b(S_t,t) = 0 \tag{5-7}$$

卷筒与缆索连接端的第六个边界条件表示为

$$I_d V_t(S_t,t) + T(S_t,t)R_d^2 = \Gamma_f R_d \tag{5-8}$$

5.1.4　缆索对航行器的作用力

初始时刻,拖点处航行器所受缆索的作用力及力矩为 $T(0,t), M_c(0,t)$。航行器所受到的缆索作用力在航行器运动坐标系中可以如下表示:

$$\boldsymbol{F}_c(t) = \begin{bmatrix} F_{cX} \\ F_{cY} \\ F_{cZ} \end{bmatrix}$$

$$= R^{\mathrm{T}}(\phi,\theta,\Psi)\boldsymbol{W}[\alpha(0,t),\beta(0,t)]\begin{bmatrix} T(0,t) \\ 0 \\ 0 \end{bmatrix} \tag{5-9}$$

拖点处航行器受缆索的作用力矩,在航行器动态坐标系中,缆索拖点处由缆索引起水下航行器承受的力矩可以表示为

$$\boldsymbol{M}_c(t) = \begin{bmatrix} M_{cX} \\ M_{cY} \\ M_{cZ} \end{bmatrix} = \boldsymbol{r}_c \times \boldsymbol{F}_c(t) = \begin{bmatrix} y_c F_{cZ} - z_c F_{cY} \\ z_c F_{cX} - x_c F_{cZ} \\ x_c F_{cY} - y_c F_{cX} \end{bmatrix} \tag{5-10}$$

5.1.5　缆索三维模型求解过程

求解缆索的动态偏微分方程的数值方法有很多,由于本系统中缆索长度并非定值,而是受到滚筒和航行器的控制,随着航行器的移动与下潜深度的增加,缆索的浸水长度会不断变大,因此常规数值方法并不通用。经过比较与分析后,选择采用有限差分法进行求解,最后通过将计算结果与实验结果及其他算法结果进行对比,说明有限差分法对求解变长度缆索动态偏微分方程的优势。

首先假设缆索的初始浸水长度为 0,S_τ 表示经过一段时间后 τ 时刻缆索的瞬时长度,故缆索的浸水总长的求解方程可以表示如下:

$$S_t = -\int_0^t V_t(S_\tau,\tau)\mathrm{d}\tau \tag{5-11}$$

$t = k+1$ 时刻,为即将入水的缆索单元的近似动态偏微分方程。下面对缆索偏微分方程进行有限差分求解。

边界条件:

$$\boldsymbol{V}_c(S_0,t_{k+1}) = \boldsymbol{W}^{\mathrm{T}}[\alpha(S_0,t_{k+1}),\beta(S_0,t_{k+1})]R(\phi,\theta,\Psi)(\boldsymbol{V} + \boldsymbol{\Omega} \times \boldsymbol{r}_c) \tag{5-12}$$

$$V_n(S_{k+1},t_{k+1}) = 0 \tag{5-13}$$

$$V_b(S_{k+1},t_{k+1}) = 0 \tag{5-14}$$

$$I_d \frac{V_t(S_{k+1},t_{k+1}) - V_t(S_k,t_k)}{\Delta t} + T(S_{k+1},t_{k+1})R_d^2 = \Gamma_f R_d \tag{5-15}$$

5.2　缆索三维模型案例分析

5.2.1　直航案例

本案例采用的缆索为轻质等浮力缆索,首端连接在航行器的尾部(作为拖点),拖点在航行器运动坐标系中表示为 $r_c = (-0.5,0,0)$;尾端与卷筒相连(作为放缆端),卷筒直径约为 $0.2\,\mathrm{m}$,并假设卷筒放缆端保持松弛状态,即此处缆索张力为零,那么在放缆处,卷筒

与缆索因滑动摩擦力产生的力矩为 $\Gamma_f=0$。缆索的相关材质参数与水动力参数及流体的相关参数见表 5.1。

表 5.1　直航案例中缆索与流体参数

流体密度/(kg/m)	浸水缆索单元质量/(kg/m)	直径/m	缆索单元的净质量/(kg/m)	C_t 流体切向拖曳系数	C_n 流体法向拖曳系数	缆索直径/m
1000	0.0049	0.04	0.0098	0.015	1.0	0.0025

假设航行器前进过程中不考虑加速阶段,直航运动速度定常,且不会发生转动运动,即

$$u=1, v=w=0, p=q=r=0 \text{ 及 } \theta=\phi=\Psi=0 \tag{5-16}$$

拖点处缆索张力的大小随 s_t 变化而变化,根据 s_t 的表达式将航行器的速度代入,进而可以得到浸水缆索总长的关系式 $S_t=t$。因此,拖点处缆索张力求解方程可以近似表示为

$$T(0,t)=\frac{1}{2}\rho d\pi C_t t = 0.0393t(\text{N}) \tag{5-17}$$

由图 5.2(a)可知,在初始时刻,航行器拖点处的缆索张力为 0,且张力大小随着航行器运动时间的推移呈线性增长趋势。据此可推断,为了保证航行器可以不断匀速行驶,航行器的驱动力在直航过程中,需要不断增大,否则随着拖缆长度的增加,航行器将做变减速运动。从张力的增长方式上看,直航情况下,拖点处缆索的张力随时间的推移线性增长。这说明在航行器匀速行驶时,拖缆张力的变化是时间 t 的一次线性函数。也就是说,可以据此来求得一段时间内缆索内部的最大张力,从而为拖曳过程中航行器的直航时间、距离及升沉限制提供依据。同时,在设计有缆 ROV 系统时,应充分考虑缆索对航行器的动态影响,并根据直航过程中缆索的几何形态来预测航行器的运动状态,从而指导航行器控制作业。一个简单的应用是,在航行器匀速运动时,只要在航行器驱动力的分量中增加一个线性增长的单方向与拖缆张力方向相反的分量即可。

观察图 5.2(b)的图像可知,直航情况下,缆索的几何形态 $y(S_{k+1},t_k)$ 在 X-Y-Z 地面坐标系中近乎呈一条直线。这说明,在航行器以某一确定速度直航而不发生转动运动时,可保证缆索水下构型不发生弯扭及缠绕,而呈现近乎直线的状态。

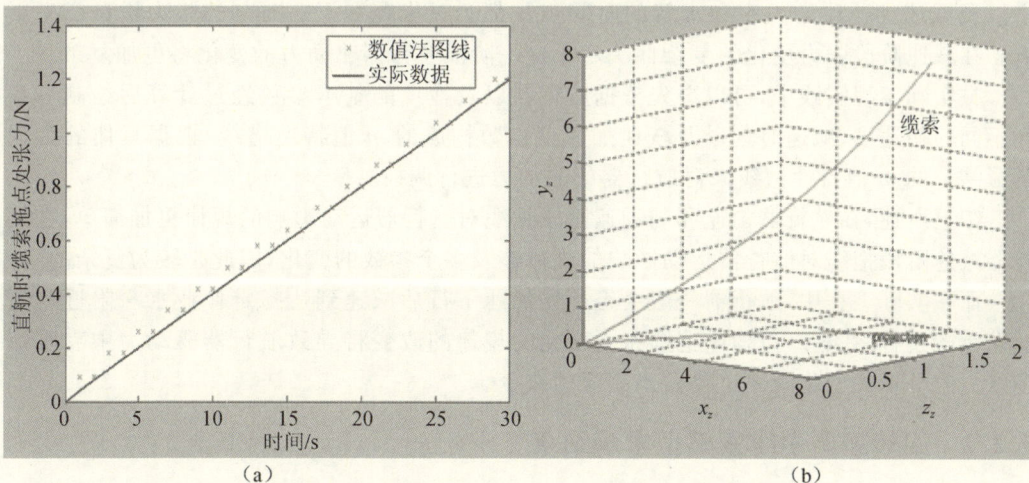

图 5.2　直航情况下缆索内部张力变化(a)及直航情况下缆索几何形态(b)

当然,本处的假设是航行器匀速行驶。事实上航行器的速度是会发生变化的,可以是加速,也可以是减速;加速与减速的顺序也是可以调整的,可以先加速后减速,也可以先减速后加速。不管航行器如何行驶,在直航状态下影响拖缆张力发生变化的都是航行器前进导致的拖缆浸水长度的改变。因此,只要得到不同阶段拖缆长度的变化规律,也就可以得到拖缆张力的变化规律。

如果航行器从初始状态一直加速行驶,可以大致上推断出拖缆的张力变化与时间 t^2 成正比,因此在这种情况下,航行器的驱动力变化的增长方式将更加复杂。因为在这种情况下航行器所受到的驱动力除要克服自身的惯性以及受到的海水阻力外,其需要克服的分量中又多了一个与时间相关的二阶张力分量,且随着时间的递增每隔一个时间增量步(假设前一个时刻经过的时间为 t,到下一个时刻时的时间为 $t+\Delta t$),拖缆长度的增加带来的二阶张力分量的增量为前一刻张力的 n 倍。设加速阶段的加速度为 a_0,则 n 可表示为

$$n = \frac{(2t+\Delta t)\Delta t}{t^2} = \frac{2\Delta t}{t} + \frac{\Delta t^2}{t^2} \tag{5-18}$$

由 n 的表达式可知,在航行器加速阶段,拖缆二阶张力分量的增量与已经加速的时刻和求解的时间步长有关,在时间步长 Δt 确定的情况下,加速阶段拖缆二阶张力分量的增量仅取决于航行器的加速时间 t。拖缆张力增量的这种增长方式对加速阶段对航行器的驱动力变化的调节与控制提供了便利。

如果航行器减速行驶,这一过程相对而言比较复杂,拖缆张力的表达式中既有时间 t 的一次性表达项,又有 t^2 的表达项,也就是说在这一阶段拖缆张力的增量既有关于时间 t 的一阶分量,又有关于时间 t 的二阶分量。为了对这一阶段进行分析,假设航行器减速时的速度为 v_0,减速加速度为 a,航行器达到速度 v_0 时的时间为 t,到下一个时刻时的时间为 $t+\Delta t$,此时拖缆长度的增加带来的张力分量的增量为前一刻张力的 m 倍。

$$m = 1 + \frac{v_0\Delta t - at\Delta t - \frac{1}{2}a\Delta t^2}{v_0 t - \frac{1}{2}at^2} \tag{5-19}$$

由 m 的表达式可见,当航行器减速时,航行器开始减速的时间、开始减速时速度的大小以及减速加速度的大小和求解的时间步长都会对拖缆在下一时刻的张力增量产生影响。在减速阶段张力变化的复杂性决定了这一阶段航行器驱动力的变化将更加复杂。

在实际工程实践中,可以事先依据航行器以及拖缆的基本参数经过计算后绘制一系列不同的初速度、减速时刻以及减速加速度参数构成的 m 值特性谱线,根据具体的工程情形结合的 m 值特性谱线来对航行器的驱动力进行调控。

综上所述,在航行器匀速和匀加速阶段拖缆对航行器运动影响的规律更加简单,在航行器减速阶段拖缆对航行器运动影响的规律涉及多个参数的变化,因此是较为复杂的。

而在实际工程中,航行器一般会经历先加速下行后减速到达指定作业水深附近时匀速航行的过程,在这一过程中拖缆张力变化的规律的改变将导致航行器驱动力中克服拖缆张力的分量的变化规律也要做出相应的改变。

5.2.2　回转案例中缆索模型求解结果

为了求得航行器回转运动时缆索的几何形态,对航行器在以 640 m 回转半径做回转

运动的过程进行仿真。其中,缆索的具体参数、计算时所用时间步长及基本假设与直航情况均相同。航行器回转运动时的运动参数见表 5.2。

表 5.2　回转运动参数

航行器运动速度	回转运动半径	回转运动时间	圆周切线直线运动时间
18.5 kn/s	640 m	440 s	300 s

回转是在三维空间内进行的,图 5.3 展示的是在二维平面内缆索形态的变化情况。在三维空间中垂直方向的变化主要观察拖点处沉深的变化情况,从而知道航行器沉深的变化情况,其大小具体见表 5.3。

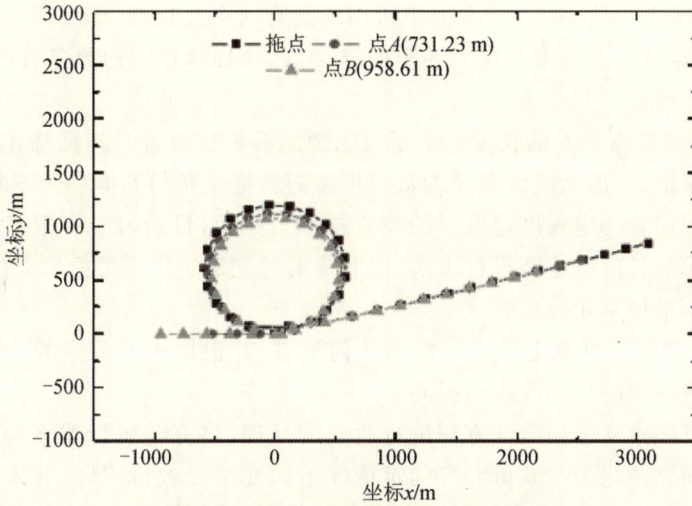

图 5.3　回转运动缆索形态(俯视图)

表 5.3　回转运动实验值与模拟值对比

数据来源	回转运动开始沉深/m	回转运动终点沉深/m	绝对差值/m	最低沉深/m
实验值	10.05	10.13	7.45	2.49
有限差分模型	11.97	11.14	8.23	3.21

从表 5.3 中实验值与模拟值的数据对比情况可以看出,运用有限差分模型得到的开始沉深、终点沉深及最低沉深与实验值虽然存在一定的误差,但误差均在有效范围之内。由此可见,依据本章节提出的方法建立缆索回转运动模型来预测航行器的运动,对于等浮力缆索来说,是有着一定的可行性的,这种方法从某种程度上来说也避免了实时监测过程中对横摇及垂荡速度监测的盲区。

5.3　本章小结

总结以上求解过程可知,运用有限差分法求解水下有缆 ROV 中的动态响应的步骤可总结如下:

(1) 根据实际需要设定合理的计算步长及计算总时间。通过对航行器匀速、减速和加速阶段拖缆张力变化的分析可知,计算步长对航行器在减速阶段和加速阶段驱动力抵消拖缆张力的分量的变化还是有很大影响的。计算步长过小会造成计算量过大,占用大量的计算时间与资源;计算步长过大则会带来张力变化在时域上的不连续,从而导致航行器驱动力分量的不连续,这种不连续会对航行器的推进系统带来较大的负担与损害。因此,合理选取计算步长是十分重要的。

(2) 设定计算的运动边界初始值,在最初的初始时刻,浸水缆索的长度为0。此时,由于卷筒出缆端还未出缆,因此初始时刻卷筒出缆端与航行器连接端一致。由此,将其代入缆索的初始形态中即可开始求解。

(3) 设定运动边界条件,由于本书中所用缆索有两个连接点,即缆索与水下航行器尾端的连接处(拖点),以及缆索与岸上卷筒的连接点。因此,在求边界条件时,两个连接端的边界条件都要考虑。

(4) 确定每段缆索单元的长度。由于浸水缆索的长度随着时间推移在水下拖体的运动牵引下会不断增长,那么缆索单元的数目也将随着拖曳时间的推移会不断增多,因此无法单纯地将缆索切分为定长度定数目的缆索单元。然而,目前由于有限差分法只能在确定每个缆索单元的长度后才能进行求解,因此需要首先确定每个缆索单元的长度,然后在求解过程中不断增加单元数目。

(5) 根据计算结果可确定浸水缆索的几何形态,并根据水下缆索的几何形态对实际工程操作进行进一步的技术改进与提高。

本章通过对缆索动态偏微分方程进行适当的处理,将有缆航行器下潜过程中无法确定缆索长度的问题转化为缆索单元可确定情况下的变单元数目问题,并采用有限差分法进行了求解,得到了航行器直航状态下缆索的几何形态图和回转状态时缆索的几何形态图。同时结合运动学背景对航行器直航时匀速、加速、减速状态下的拖缆张力变化可能导致的航行器驱动力的变化情况进行了简要分析。通过将航行器回转时的仿真计算结果与实验值进行对比分析,发现在误差允许范围内。这种计算模型不但可以避免声呐监测横摇速度及纵荡速度的盲区问题,而且可以较为精确地预测航行器的运动,因此依据本章中的动态模型对航行器运动状态进行预测是可行的。本章提出的方法对于研究拖缆与拖体之间的耦合响应也有一定的借鉴与指导意义。

当然,不足也是非常明显的,这种方法没有考虑拖缆材质的弯曲和扭转刚度,假设拖缆为等浮力缆;如果考虑拖缆的弯曲和扭转并考虑拖缆自重的影响,航行器驱动力的变化将更加复杂。

第六章 不同海底地形时拖曳系统的动力学响应

本章导读

在深水海域甚至超深水海域,海洋拖曳缆索一般长度能达到几千米。而在一些深水及超深水海域的海底地形是十分复杂的。复杂的地形与海底火山爆发冷却后的火山积岩的存在导致海床起伏不定,当拖缆长度过长或拖船航速过低时,拖缆水下的相当一部分将与海床发生接触,并在海床上发生滑动。如是突然凸起的海床,在拖缆高速运动的情况下,拖缆末端会与海床发生瞬间的高速碰撞,碰撞产生的冲击载荷对拖缆的响应会产生不可预测的影响,同时也会损害拖曳缆索中的探测设备。因此,有必要对海床地形变化时的拖缆系统的动力学响应进行研究。本章通过对深海不同海床地形条件下的长拖缆拖曳系统进行研究,得到了不同的海床地形对拖缆张力及空间形态变化的影响,从而为不同海床地形下的拖曳勘探提供一定的工程指导与技术借鉴。

6.1 常见的海床类型

常见的海床有倾斜型海床(即海床与水平面呈一定角度)、阶梯分布型海床(海床的深度沿着某一方向阶梯分布)以及不规则的 3D 型海床(即在海底任何一个水平坐标点的海床高度都各不相同),故本章将对拖缆与这三种类型的海床发生接触时的动态响应进行仿真,以期得到一些有价值的结论。此外,本章也将结合不同类型的海床提出一些合力的推论,并对提高拖曳系统的安全性提出一些可行性的建议以供参考。

在仿真过程中,由于我们考虑的是拖缆与海床的瞬间碰撞和摩擦后拖缆的动力学特性变化,因此没必要太多地去考虑海床碰撞后的力学特性变化,可以假设海床力学模型全为弹性模型。在这类海床力学模型中,在其法向和切向的海床刚度可以分别设定,且法向刚度既可以设为线性又可以设为非线性,切向刚度设为线性。同时,如果遇到海底火山或较为坚硬的海底岩石时,可以将海床的法向刚度依据实际的情况设置的大一些;而法向海床刚度在拖缆与海床的接触过程中主要起到摩擦阻力的作用。

6.2 不同海床时的仿真算例分析

拖缆的尾端有一个配重漂浮气枪（gun float）；拖缆的拖曳主体缆为实心缆，外径为 0.05 m，线密度为 0.0059 t/m，忽略拖缆的扭转刚度，拖缆的轴向刚度为 5000 kN，弯曲刚度为 0.02 kN·m²；配重漂浮气枪的质量为 0.1176 t，体积为 0.075 m³，自身高度为 1 m，附加质量系数为 2；海床的法向刚度为 1000 kN/m/m²，海床的垂向刚度为 1000 kN/m/m²。

在下文拖船处于直航状态时出现的所有的仿真图像中，白色的节点表示拖缆与海床发生相互接触的部位。

倾斜型海床和阶梯分布型海床对拖船直航下拖缆的动态响应有着显著影响，而 3D 型海床影响最明显的还是拖船回转状态下拖缆的动态响应。因此，在倾斜型海床和阶梯分布型海床模型中，拖船直航行驶，拖缆的总长度为 4000 m。在拖船直航算例中，拖船的拖速均为 2 m/s（在这种情况下如果拖船拖速过高，很难保证拖缆触地部分能与海床有较好的接触，这种情况下对拖缆形态变化的捕捉也不利）。

6.2.1 倾斜型海床

在倾斜型海床中，假设海床是一个平面，海床平面绕一个水平轴旋转不同的度数，与水平面形成一定的夹角从而达到海床倾斜的目的。当海床倾斜角度过大时，由于当前的仿真技术所限，虽然海床此时已经倾斜，但海底的海流还是会保持水平方向，此时的情形将变得与真实情形相差过大，因此最大倾斜角度不能超过 45°。

6.2.1.1 海床倾角为 15°时拖缆空间形态的变化

海床倾角为 15°时拖缆空间形态的变化情况如图 6.1 所示。

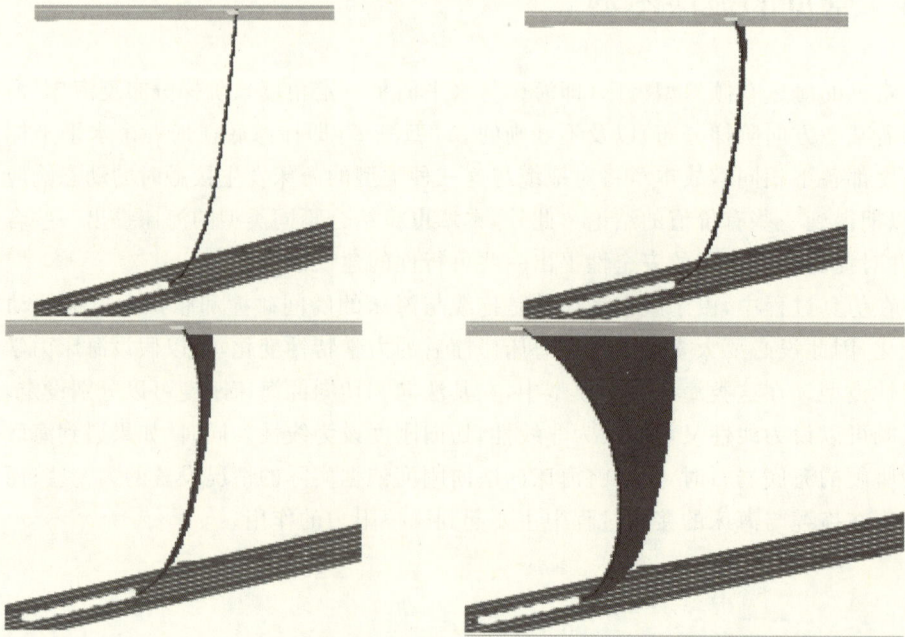

图 6.1　海床倾角为 15°时拖缆空间形态的变化情况

6.2.1.2　海床倾角为 30°时拖缆空间形态的变化

海床倾角为 30°时拖缆空间形态的变化情况如图 6.2 所示。

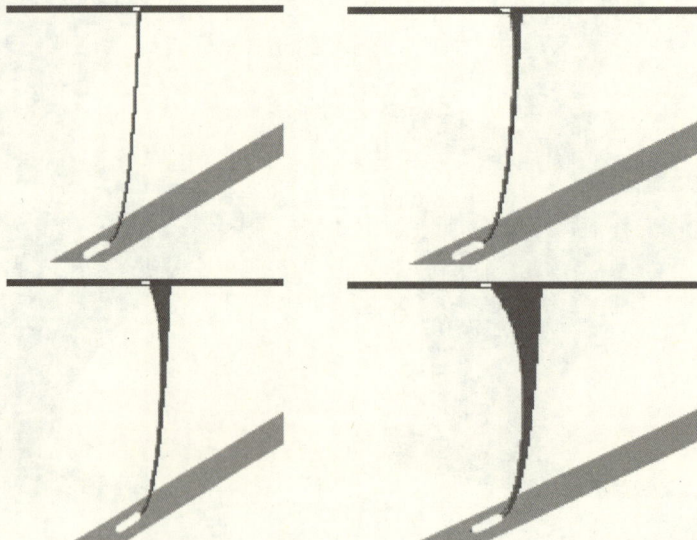

图 6.2　海床倾角为 30°时拖缆空间形态的变化情况

6.2.1.3　海床倾角为 45°时拖缆空间形态的变化

海床倾角为 45°时拖缆空间形态的变化情况如图 6.3 所示。

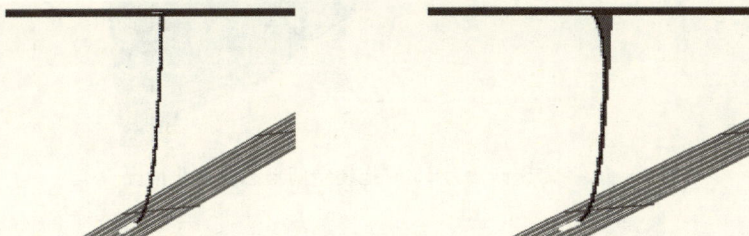

图 6.3 海床倾角为 45°时拖缆空间形态的变化情况

对于在深海区域的倾斜型海床来说,由于水深很深,因此海床的倾斜与否其实与拖曳系统的动态响应关系不大,此时拖缆根本不会与海床接触。故而对于倾斜型海床来说,其对拖曳系统的动态响应产生影响主要集中在拖曳系统由浅海到深海的这样一个阶段性过程中产生。在浅海时,由于水深较浅,当拖缆较长时,拖缆很难避免与海床的接触,在这一阶段,不同的海床倾角与拖缆的接触形式和拖缆与海床完全脱离的时刻是会有所不同的。仿真过程中发现,不同的海床倾斜角度下,拖缆最初达到静平衡时的触地段长度是不同的;但当最终拖缆完全脱离海床达到稳定时,不同海床倾角下得到的拖缆形态完全一致,这说明海床倾角的不同影响的是拖缆的最初形态,但由于拖缆是强挠性构件,因此对其最终的形态并无影响。海床倾斜角度越大,拖缆最初达到静平衡时的触地段长度越短,且不同海床倾角下拖船牵引拖缆自浅海驶向深海时,拖缆存在一个反向弯曲的过程。进一步观察不同海床倾角下的仿真结果发现,在拖缆长度不变的前提下,海床倾角越大,拖缆完全脱离海床所需的时间越短。虽然在现有拖速下拖缆尾端并未发生鞭击效应,但可以推测的是,当拖船速度较快时,拖缆与倾斜型海床完全脱离接触的瞬间其尾端出现鞭击效应的可能性会大幅增加。

6.2.1.4　不同海床倾角下拖缆张力和弯曲的变化情况

观察不同海床倾角时拖缆顶端的张力时域图像(图 6.4)可以发现,海床倾角越大,在最初静平衡阶段拖缆顶端的张力越大;在海床倾角为 15°时,拖缆顶端的张力变化是在一段时间内先保持不变随后逐渐降低直到稳定;而在海床倾角为 30°和 45°时,拖缆顶端的张力是先减小后稳定,也就是说相对于 15°倾角时的张力变化不存在最初阶段的张力稳定;但当最终拖缆完全脱离海床并达到稳定形态时不同海床倾角时拖缆顶端的张力相同。

将拖缆的弯矩提取出发现,拖缆承受的弯矩普遍较小,因此通过观察弯矩的大小来判断拖缆的弯曲情况并不能客观反映拖缆的弯曲变形,故而,提取不同海床倾角下拖缆曲率的最大值进行分析比较。

观察不同海床倾角时沿拖缆长度方向最大曲率的分布情况(图 6.5)可以发现,随着海床倾角的增加,在拖缆整体长度方向拖缆发生最大弯曲的部位并未发生变化,但发生最大弯曲部位的弯曲程度依次减小;在 0～2250 m 的长度范围内,不同海床倾角时拖缆最大曲率沿长度方向的曲线高度重合,且在这一长度范围内拖缆发生的弯曲变形极小。在海床倾角为 15°时,拖缆弯曲变形在 2250 m 以后开始急剧增长;在海床倾角为 30°时,拖缆弯曲变形在 3000 m 以后开始急剧增长;在海床倾角为 45°时,拖缆弯曲变形在 3300 m 以后开始急剧增长,这说明海床的倾斜程度对拖缆弯曲变形急剧增长的区间以及发生最大弯曲变形的弯曲程度有着重要影响。

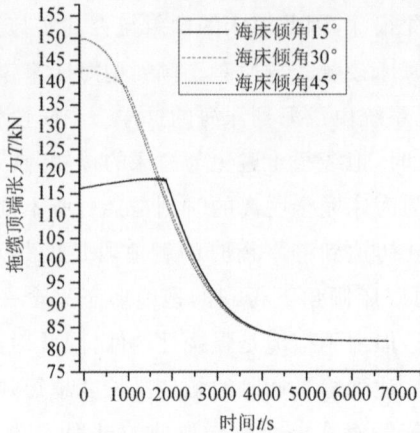

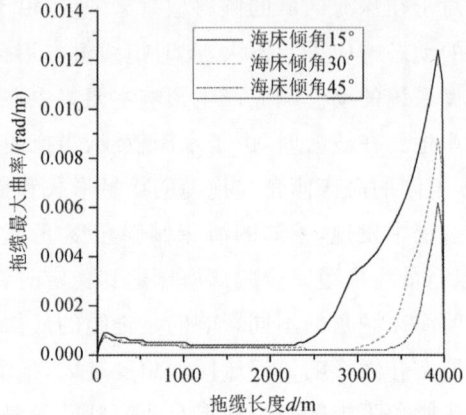

图 6.4 拖缆张力的时域变化   图 6.5 拖缆的弯曲分布情况

6.2.2 阶梯分布型海床

除了倾斜型海床,还存在一种二维形态的阶梯分布型海床。在阶梯分布型海床中,海床的形态按照由整体坐标系中的原点开始沿着 X 方向向远处延伸,假设海床沿 X 方向 N 级阶梯分布,海床在 N 个 X 坐标轴点上有 N 个水深,那么海床的阶梯分布形态就有 N 个。在这 N 个海床水深值之间需要设置差值方式对海床由第 i 个水深到 i 个海床水深之间的海床形态进行过渡连接,这就需要对插值方式进行选择。常见的插值方式有线性插值、三次样条插值和三次贝塞尔插值。在插值方法的选取过程中,需要注意一定不要让插值产生的海床产生尖点,因此应尽量避免线性插值法;且当插值方法选择线性插值法时,不仅仅是容易出现尖点,还容易导致静态平衡阶段难以达到收敛或是使模拟难以达到平衡。因此,尽量选择三次样条插值法或三次贝塞尔插值法,三次贝塞尔插值法在海底地形转折处的过渡应该更加平滑。在下面的仿真中运用的是三次贝塞尔插值法,感兴趣的读者可将其与三次样条插值法得到的结果相比较,理论上来说虽然这两种方法得到的阶梯分布型海床在地形转折处有所区别,但差别并不大。

阶梯分布型海床沿 X 方向 Z 值的分布情况如图 6.6 所示。依据图 6.6 中的数据建立的阶梯分布型海床模型如图 6.7 所示。

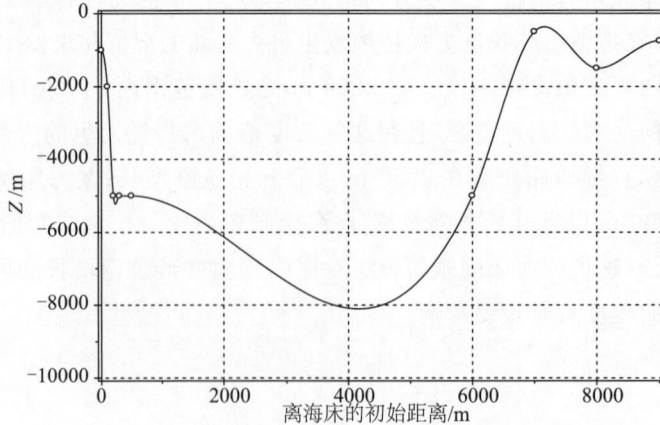

图 6.6 阶梯分布型海床沿 X 方向 Z 值的分布情况

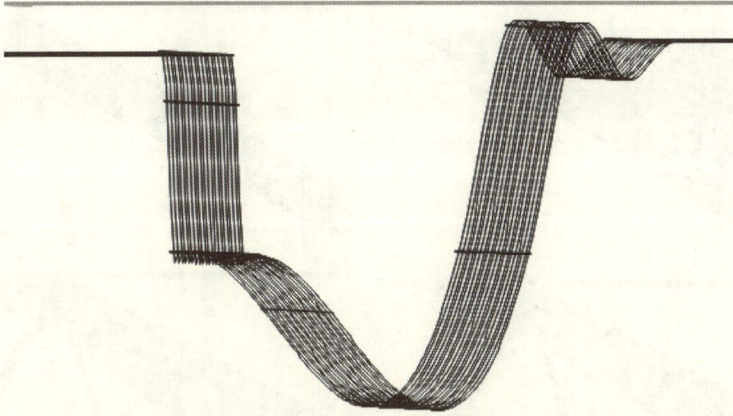

图 6.7 依据图 6.6 中的数据建立的阶梯分布型海床模型

6.2.2.1 阶梯分布型海床时拖缆空间形态的变化

拖缆与阶梯分布型海床相互接触碰撞的情况如图 6.8 所示。

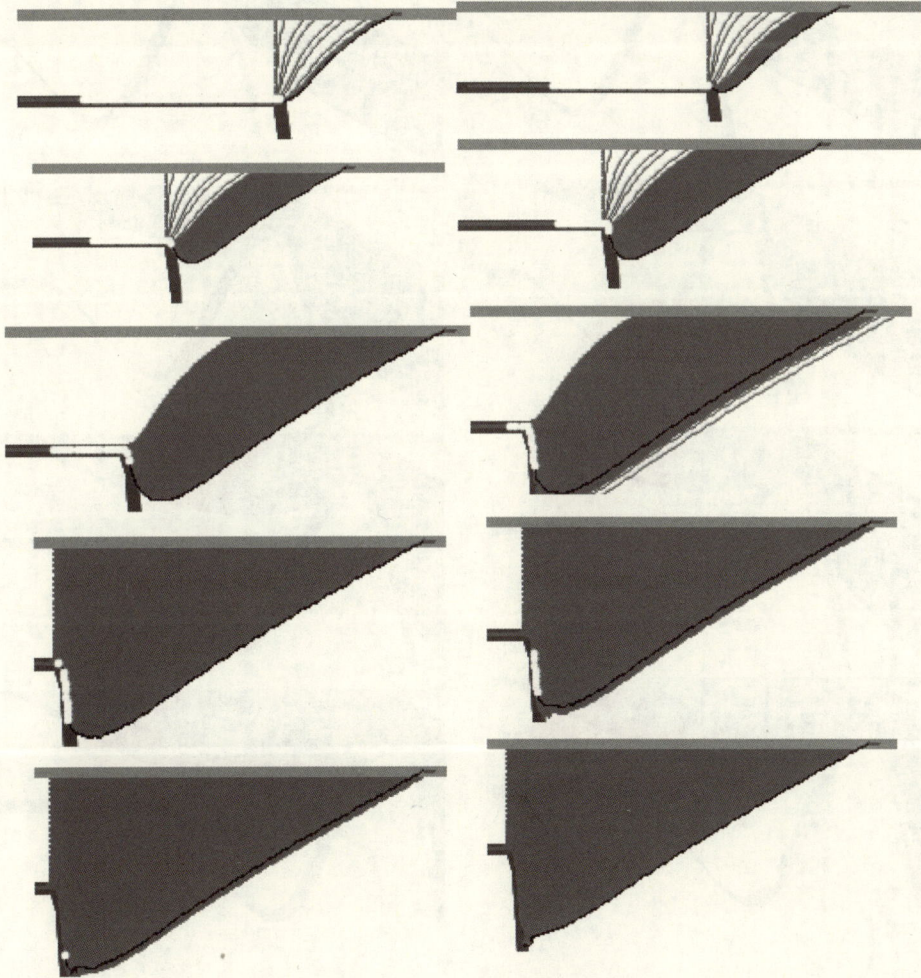

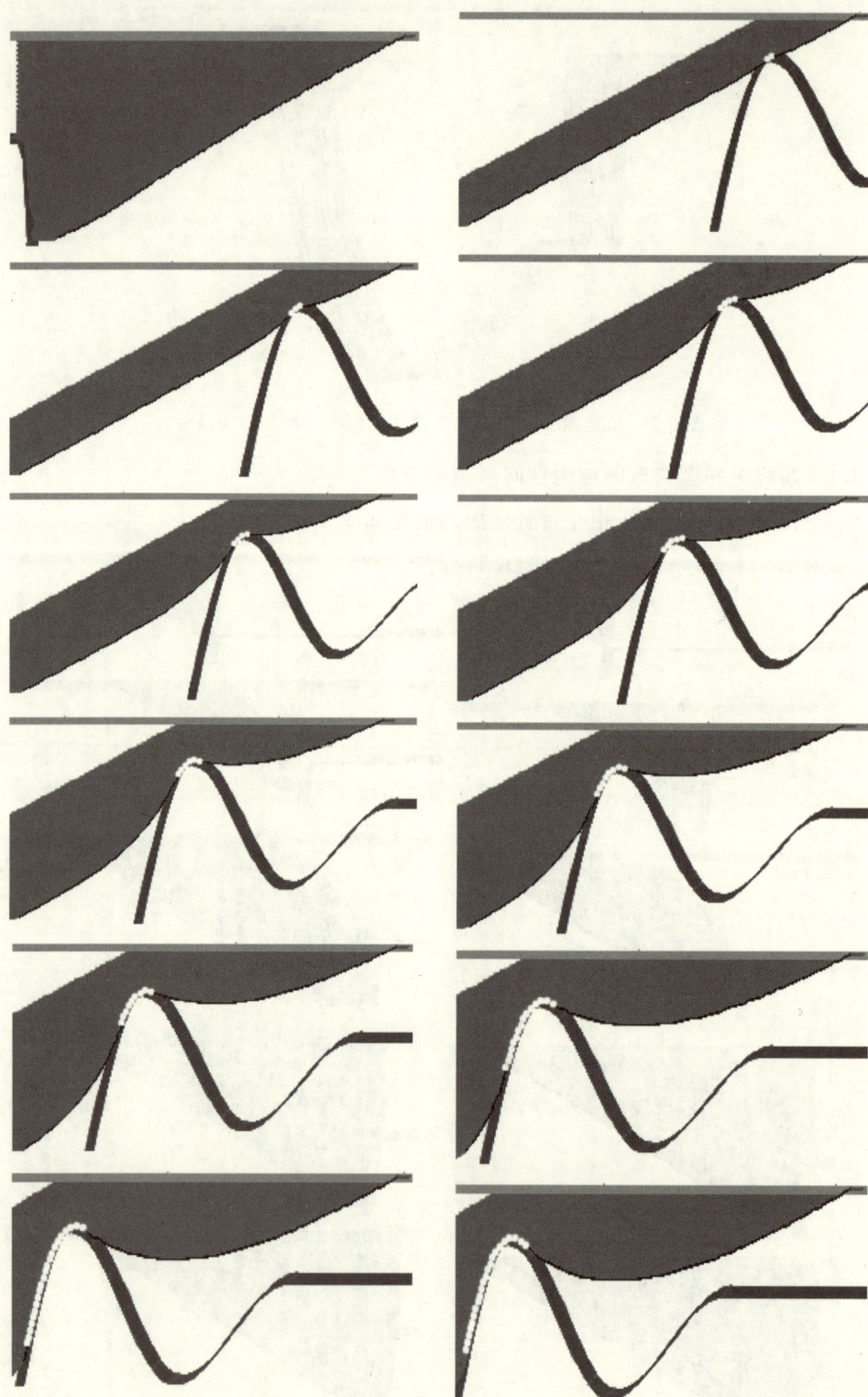

图 6.8　拖缆与阶梯分布型海床相互接触碰撞的情况

对比观察拖缆与海床相互接触碰撞的动态仿真结果可以发现,阶梯分布型海床与拖缆接触时的形式包含了两种:一种是由点到线的接触,一种是由线到点的接触。

当拖曳系统在低拖速状态下由深水海域运动到某一相对先前海域较浅的海域时,海床忽然升高,此时拖缆与高出的海床接触时,首先是拖缆上的某一节点与海床接触,这一瞬间的冲击碰撞会导致此处拖缆张力的瞬时增大;接着海床的存在会改变拖缆的形态,此节点以下的拖缆都会依次与海床发生接触,并保持与拖缆的接触,如果这段海床的海域较为广阔,则拖缆的相当一部分长度都会保持与海床的接触并在拖船的牵引下在海床上滑行,且在海床转折处发生类似蛇形盘绕的滑动,这种接触可以称为由点到线的接触。但如果仅仅是某一极小范围的海域某一位置的海床凸出,在凸出点拖缆上某一位置处的节点会与之发生碰撞,此节点之后的各个节点也会依次滑过此凸出点,甚至在碰撞的瞬间,由于碰撞的作用会使得此节点以后的所有拖缆节点在一瞬间与海床发生碰撞与接触(还有一种情况是从初始发生碰撞的节点往后所有的拖缆节点都只与海床凸出点发生接触,这种情况可以称为点点接触,这种情况下拖船的速度相对较高),但当拖缆尾端的节点滑过此处后,拖缆不会再与海床发生接触,并迅速整体调整恢复到其经过此凸出点以前的空间形态,这是点线接触中的一种特殊情况。

当拖曳系统在低拖速状态下由浅水海域运动到某一相对先前海域较深的海域时,当海床忽然降低时,拖缆保持与海床接触滑行的一部分会在拖船的牵引下依次与海床脱离接触,且当海床的降低非常急剧时,当拖缆整体滑过由海床自上而下的过渡点后,拖缆的尾端在下降到一定深度时会在重力的作用下发生小幅度的缠结,在海域足够深时,最终当拖缆尾端的最后一个节点在与浅海域的海床脱离接触后整个拖缆与海床不会再有接触,这种接触可以称为线到点的接触。

也就是说,发生点线接触时拖缆的尾端不会发生缠结,而发生线点接触时,拖缆在下落的过程中由于重力的存在会使得尾端有可能发生缠结;且在倾角非常大,梯度陡峭的区域(本算例中的第一个阶梯的倾角几乎达到了 90°),在发生点线接触时,拖缆尾端在与海床脱离接触的瞬间一般除了发生缠结,还会出现鞭击效应,通过鞭击效应将由于海床突然降低以及缠绕而造成的尾端增加的动能释放掉。可以推测的是,在这种情况下拖船的运动速度越快,拖缆尾端在与海床脱离接触的瞬间发生缠绕和鞭击效应的可能性越小(此时由于拖船速度较高,海床突然降低造成的拖缆下沉可以通过拖船的牵引及时得到克服,从而保证拖缆形态能得到及时地调整与舒展),这与下文不规则的 3D 型海床得到的结论恰好相反。

6.2.2.2　不同阶梯分布型海床时拖缆张力和弯曲的变化情况

观察拖缆顶端在时域上的波动情况(图 6.9)可知,拖缆顶端的张力在最初拖缆尾端开始在陡峭型海床上垂直向下的滑动过程中逐渐增加,且在海缆尾端开始下落到海缆尾端与海床脱离的阶段,拖缆顶端的张力波动非常急剧,但张力整体上还是呈现在剧烈波动中增加的趋势;在拖缆底端与海床彻底脱离接触后,拖缆顶端的张力继续以近乎线性趋势持续增加,直到整根拖缆在海流与拖船的牵引下达到稳定形态,此后张力不在变化,直到拖缆开始与下一阶梯分布型海床的过渡点发生接触;此后由于第二级海床与第三级海床之间落差也相对较大且水平跨度较小,再加上第三级海床较浅,因此在拖缆由第二级海床向第三级海床过渡的过程中,拖缆不可避免与海床发生大范围接触,这样拖缆的一部分重力会被海床的支持力克服,从而导致拖缆顶端张力的下降;但在拖缆顶端张力下降的过程中,由第二级海床向第三级海床过渡的阶段,拖缆顶端张力是在剧烈波动的情况下下降的。也就是说,在两级阶梯垂直高度相差较大的情况下,在由一级向另一级过渡的过程中,拖缆顶端张力的剧烈波动不可避免,不管是剧烈波动中增加还是剧烈波动中减小,这种张力的剧烈波动容易导致疲劳损伤。最终当拖缆在水平海床上的滑动达到稳定时,其顶端张力也达到稳定。

观察曲率在拖缆长度上的分布情况(图 6.10)发现,曲率的最小值和平均值显示拖缆在整个仿真过程中大部分时间并未发生较大的弯曲变形,而拖缆曲率的最大值表明拖缆在经过阶梯分布型海床的几个转折点阶段发生的弯曲变形相对较大,几个最大值出现的位置也于当时其与海床的接触位置不同有关;而曲率标准差沿拖缆长度方向的分布曲线则显示,虽然阶梯分布型海床会使得拖缆发生大变形的弯曲,但这种弯曲变形的变化并不急剧,因此该曲线整体上沿拖缆长度方向波动不大,这也与拖船的拖速较小有关;如果拖船拖速较高,不排除弯曲变形的急剧性增加从而导致弯曲变化在拖缆整体长度方向的协调性变差。

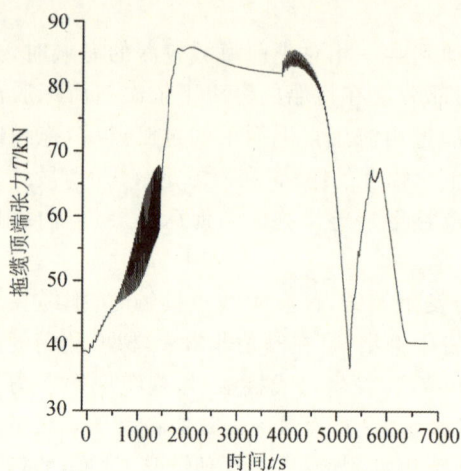

图 6.9 拖缆顶端张力在时域上的波动情况

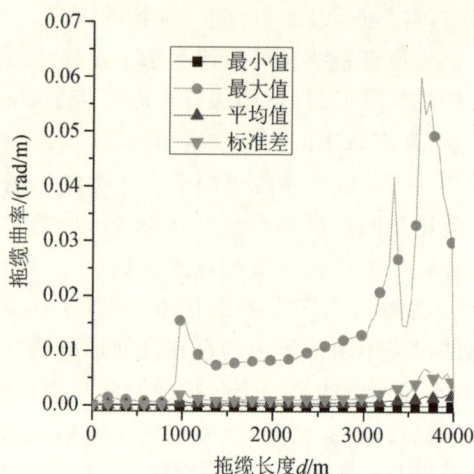

图 6.10 拖缆曲率沿长度方向的变化

综上所述,经过浅水且海床形状高低起伏不规则的区域时,如条件允许,在拖船直航的条件下,应尽量高速通过,这样可以尽量降低拖缆下沉的深度,从而避免拖缆与海床发生接触与碰撞。尤其是在凸出点较多的海域,如果拖船速度不够高,在这种海域拖缆受到的损伤反而会更大,因为在这种情况下发生的始终是点点接触碰撞,在每一个接触的瞬间拖缆与海床的相互作用力都被拖缆上的单一节点承受,这种碰撞缺少缓冲,对拖缆的损害是非常巨大的。

6.2.3　不规则的 3D 型海床

前两种海床都是局限在二维平面内的一个海床剖面。这两种海床对于拖船较为简单的平面运动是足够的,比如直航、直航过程的加速与减速等;但这两种海床形态对一些工程实践(如拖曳系统回转作业时)而言存在很大的局限性,这就需要用到三维海床模型。

6.2.3.1　两种不同的 3D 型海床

顾名思义,三维海床模型是通过指定若干组海底的 X、Y 和 Z 坐标来定义的。X、Y 的定义均是相对于海床原点,且相互垂直的。但需要注意的是,Z 坐标是相对于整体的模型原点的,且 Z 垂直于 X 和 Y,为了简便起见,可以直接输入海水水深,水深可以自动转换成 Z 的坐标值。在输入若干组不同的 X、Y、Z 坐标值后,结合基于输入坐标信息的三角定位,运用三次多项式插值法来形成 3D 型海床。三次多项式插值法可以使得静态和动态的计算更加稳定,并提高系统的鲁棒性。

在运用三角定位时,需要对最小边三角剖分角度 α 进行设置来达到对其某种程度的控制。当海床的数据会形成凹面时,有时会在海床的边缘区域形成一些很奇怪的伪数据(这些数据对于计算是没有用处的),可以通过将最小边三角剖分角度 α 设置为大于 0 的方法来解决;但当将最小边三角剖分角度 α 设置为大于 0 的角度时,会将在三角定位边缘的任何内角小于 α 的三角形剔除;又当 $\alpha>0$ 时,在某种情形下会导致海床的重要部分被移除,此时就应将 α 的值设为 0,而在这种情况下,将不会删除任何的三角边。

由于 3D 型海床所处的水深更深,故为了保证仿真中拖缆能与海床发生接触,在本小节的拖缆长度取为 5000 m,拖船拖速为 10.288 m/s,回转半径为 500 m。由于 3D 型海床的特殊性以及背景色为白色,为便于分辨和捕捉图像,在本小节与海床发生碰撞的拖缆节点用浅灰表示。

两种不同的 3D 型海床如图 6.11 和图 6.12 所示。

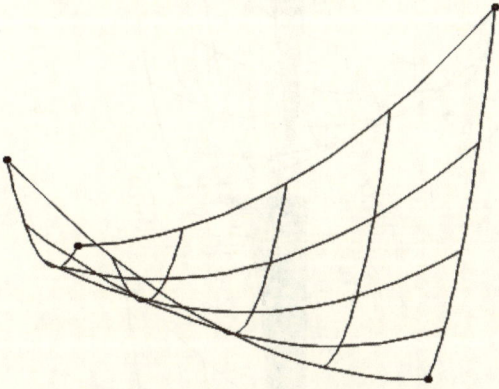

图 6.11　3D 型海床 1

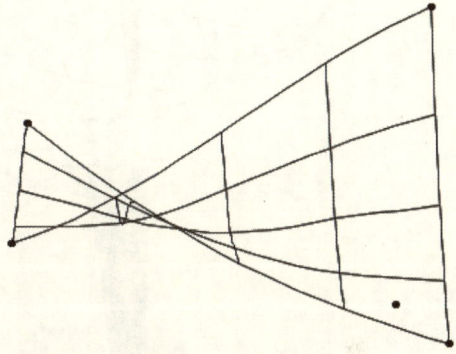

图 6.12　3D 型海床 2

6.2.3.2　两种不同的 3D 型海床时拖缆的空间形态变化

3D 型海床 1 时拖缆总体空间形态变化情况如图 6.13 所示。

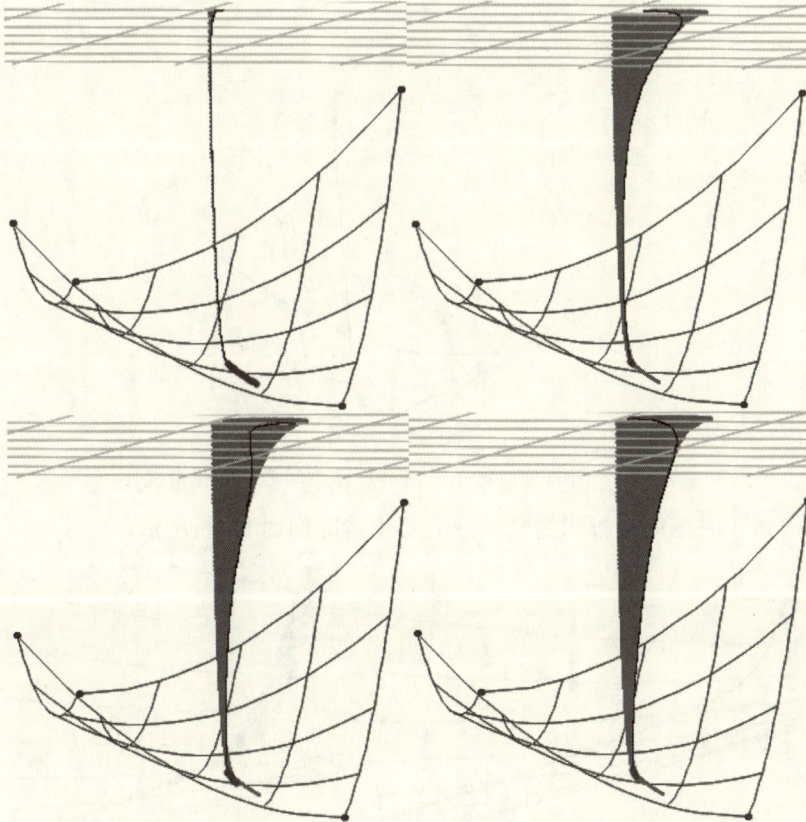

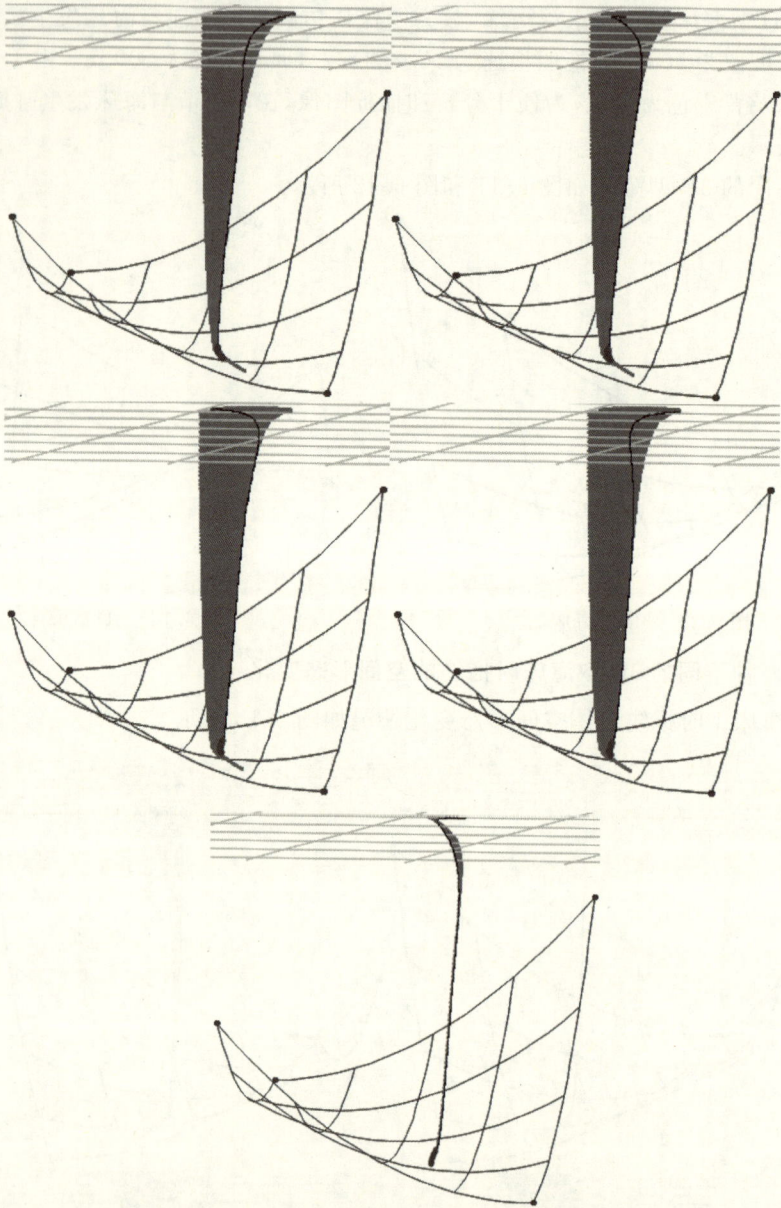

图 6.13　3D 型海床 1 时拖缆总体空间形态变化情况

3D 型海床 1 时拖缆与海床接触部分的变化情况如图 6.14 所示。

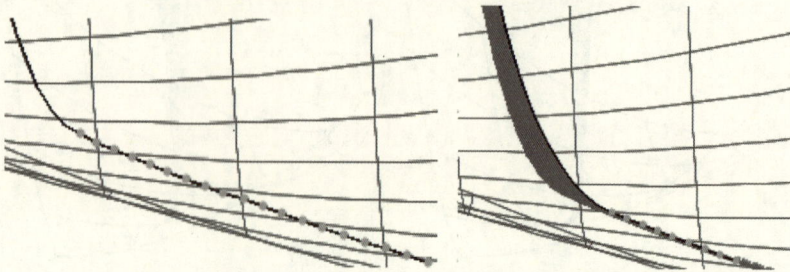

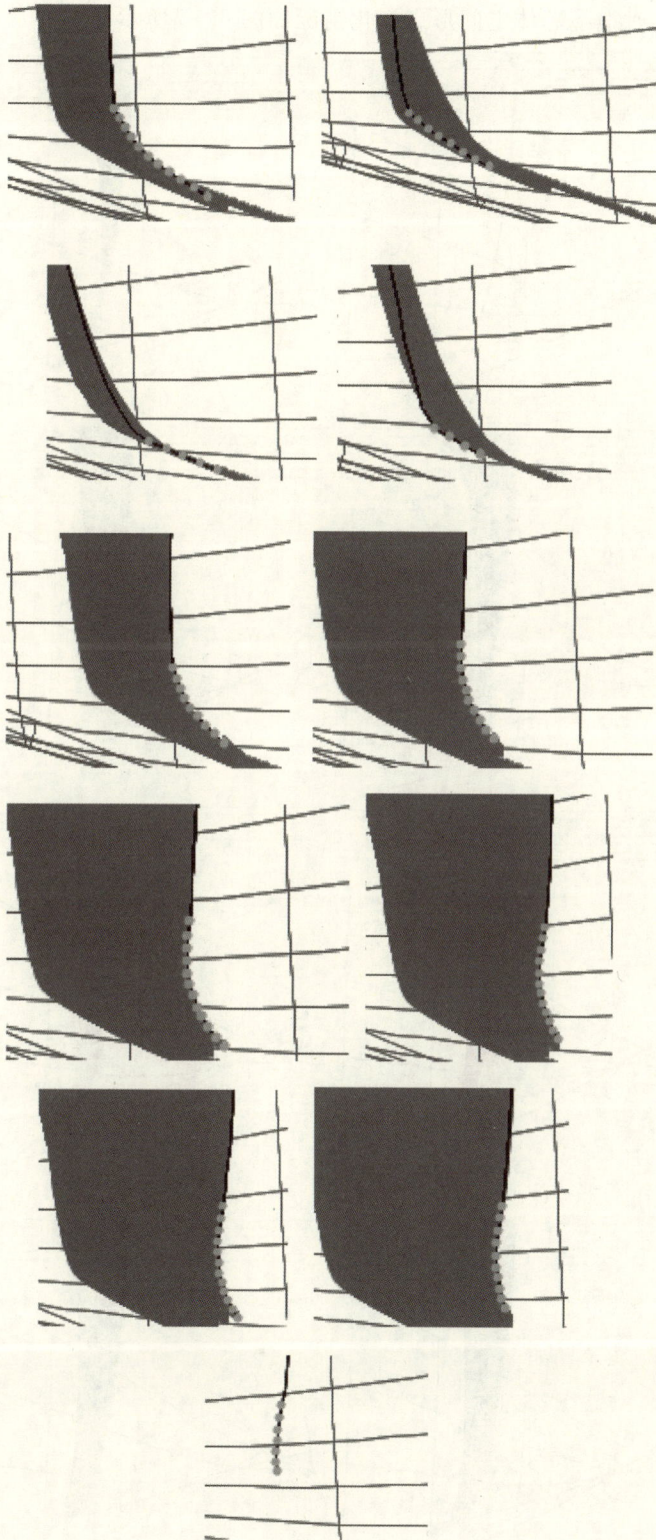

图 6.14 3D 型海床 1 时拖缆与海床接触部分的变化情况

3D型海床 2 时拖缆总体空间形态变化情况如图 6.15 所示。

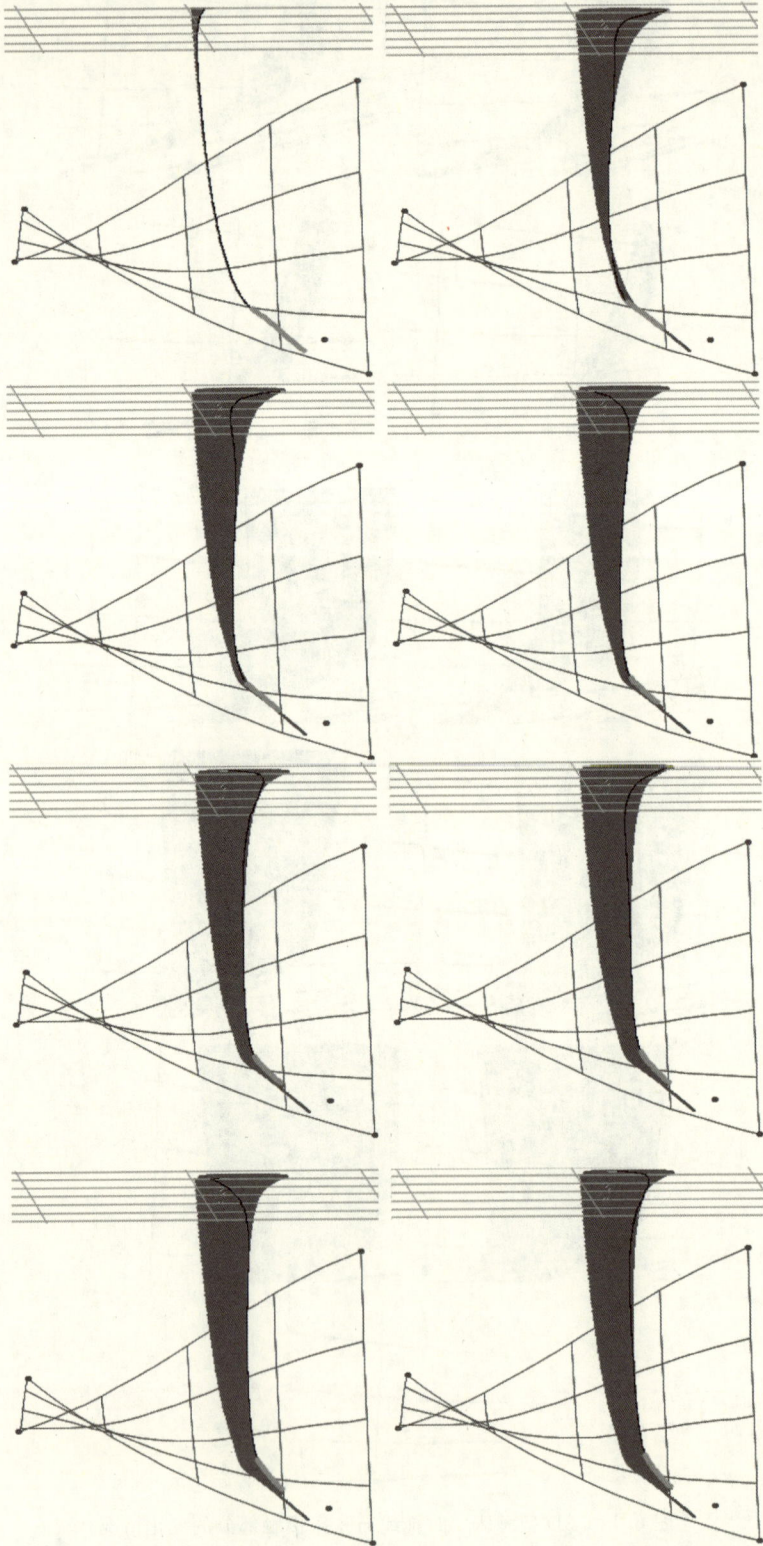

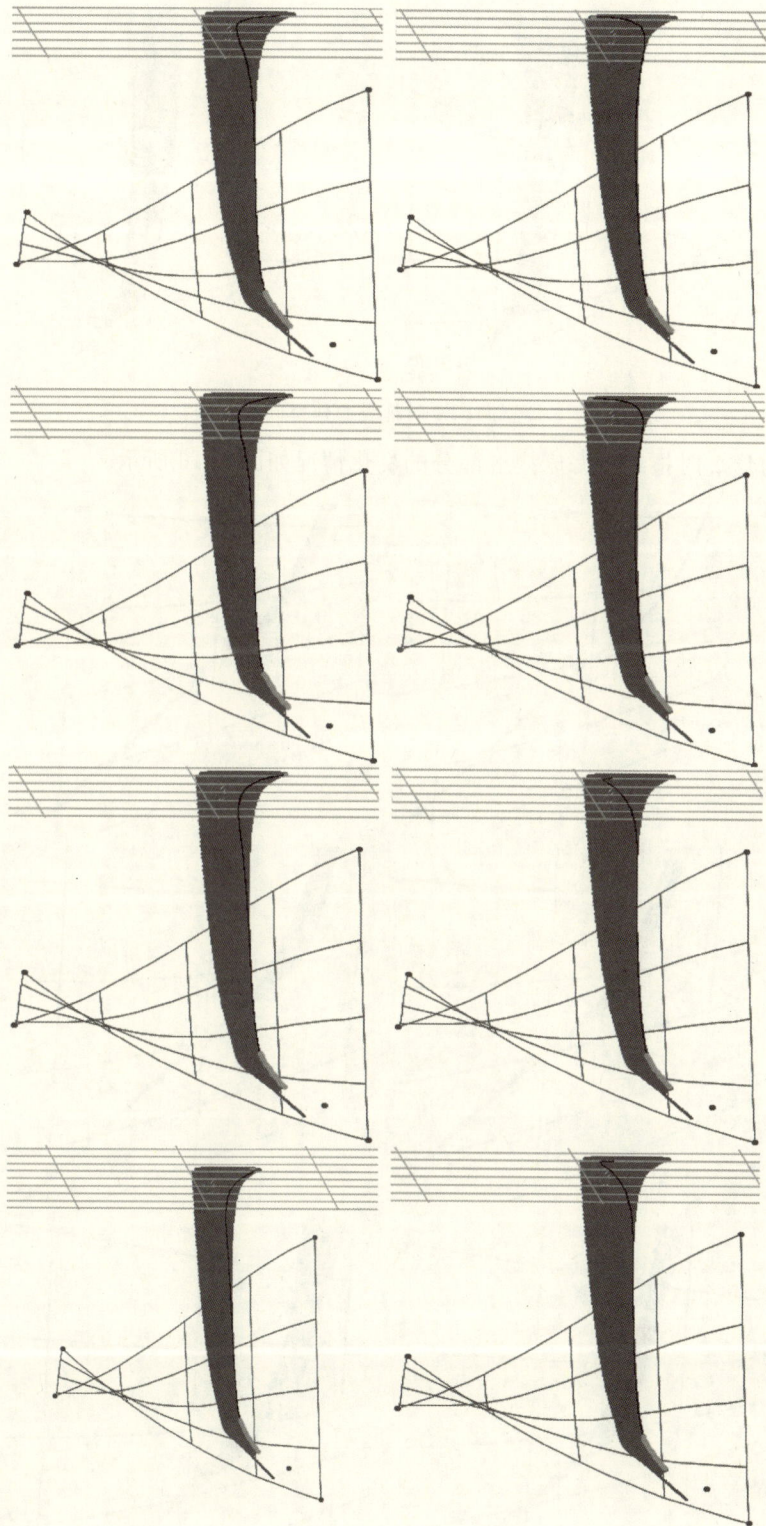

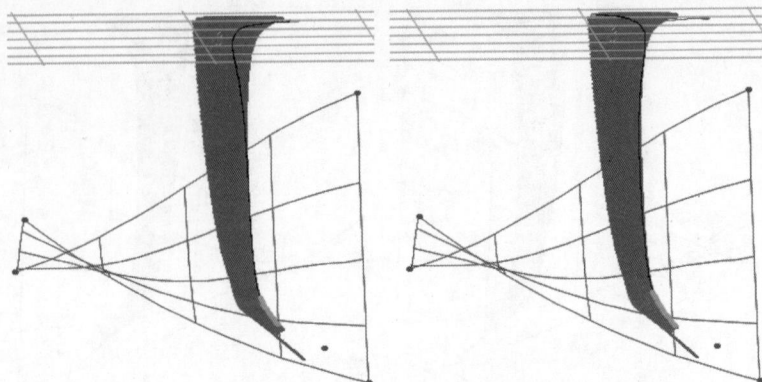

图 6.15　3D 型海床 2 时拖缆总体空间形态变化情况

3D 型海床 2 时拖缆与海床接触部分的变化情况如图 6.16 所示。

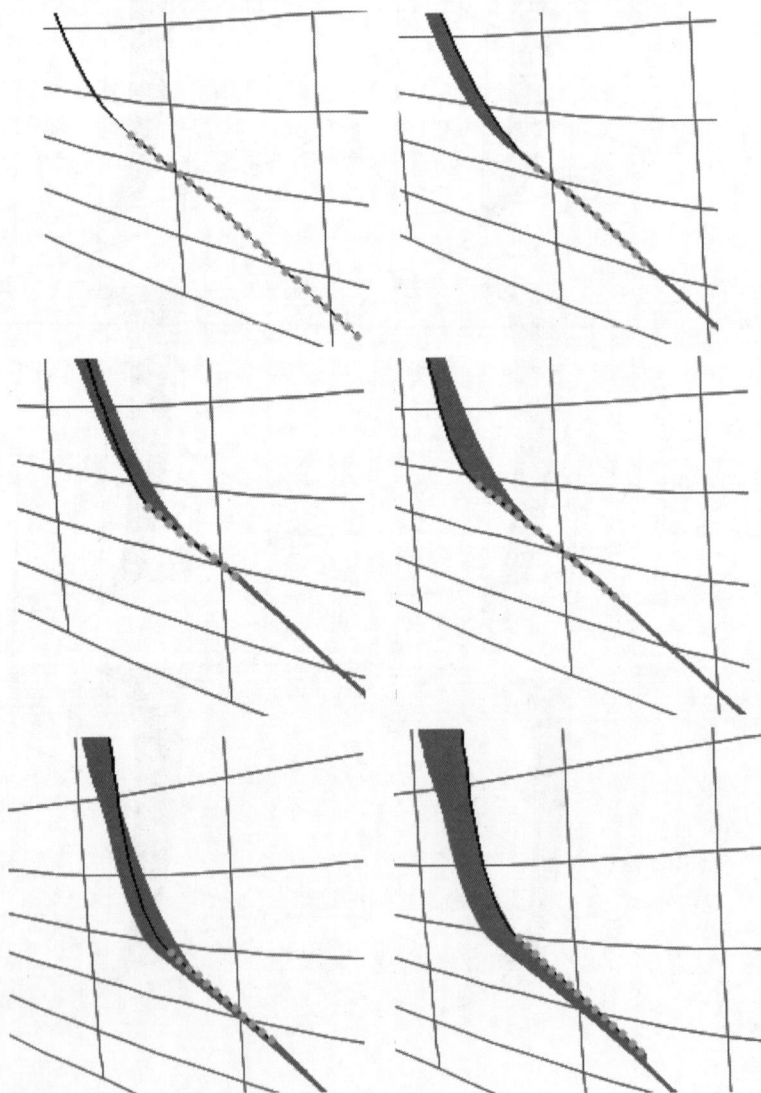

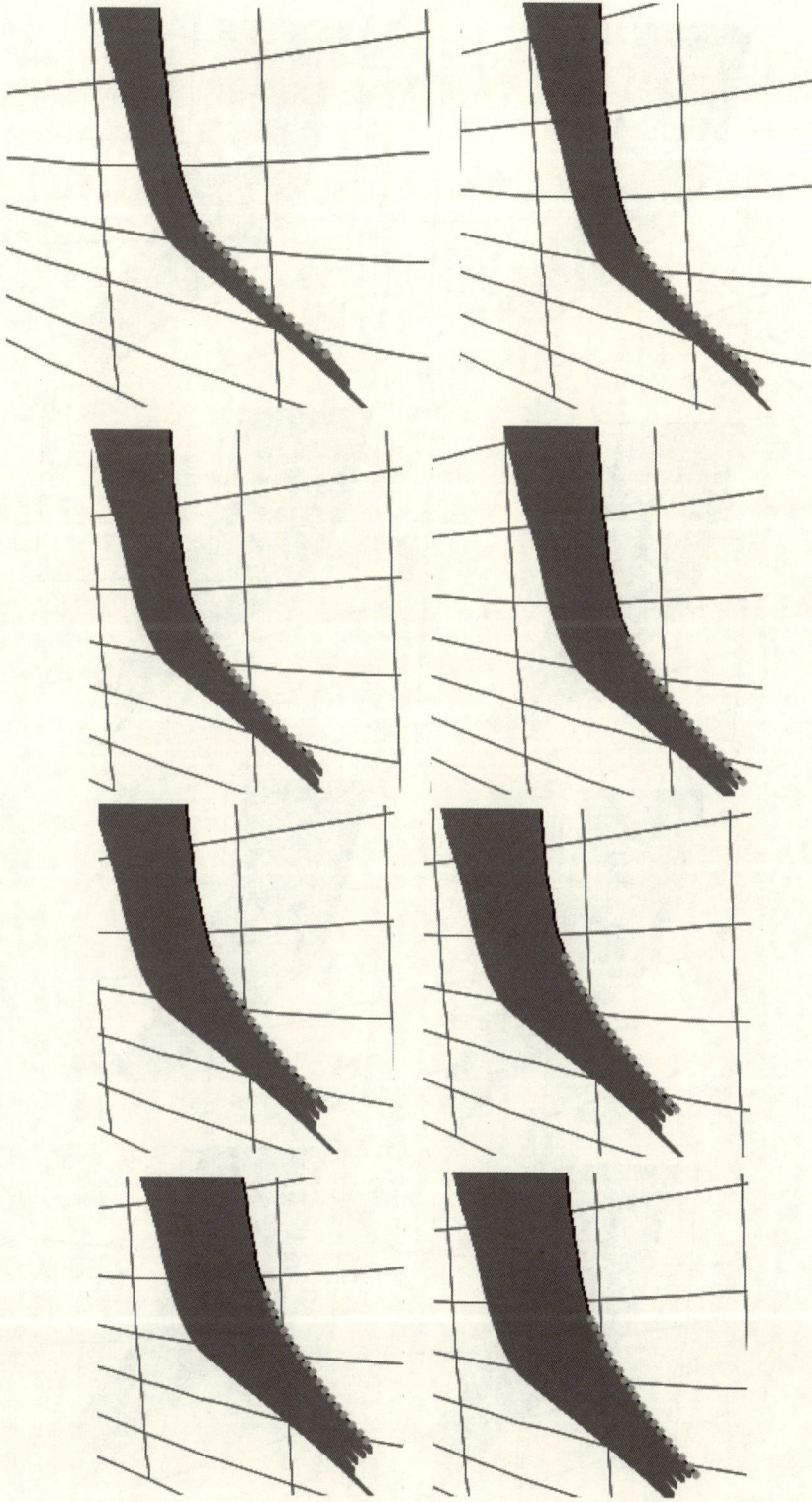

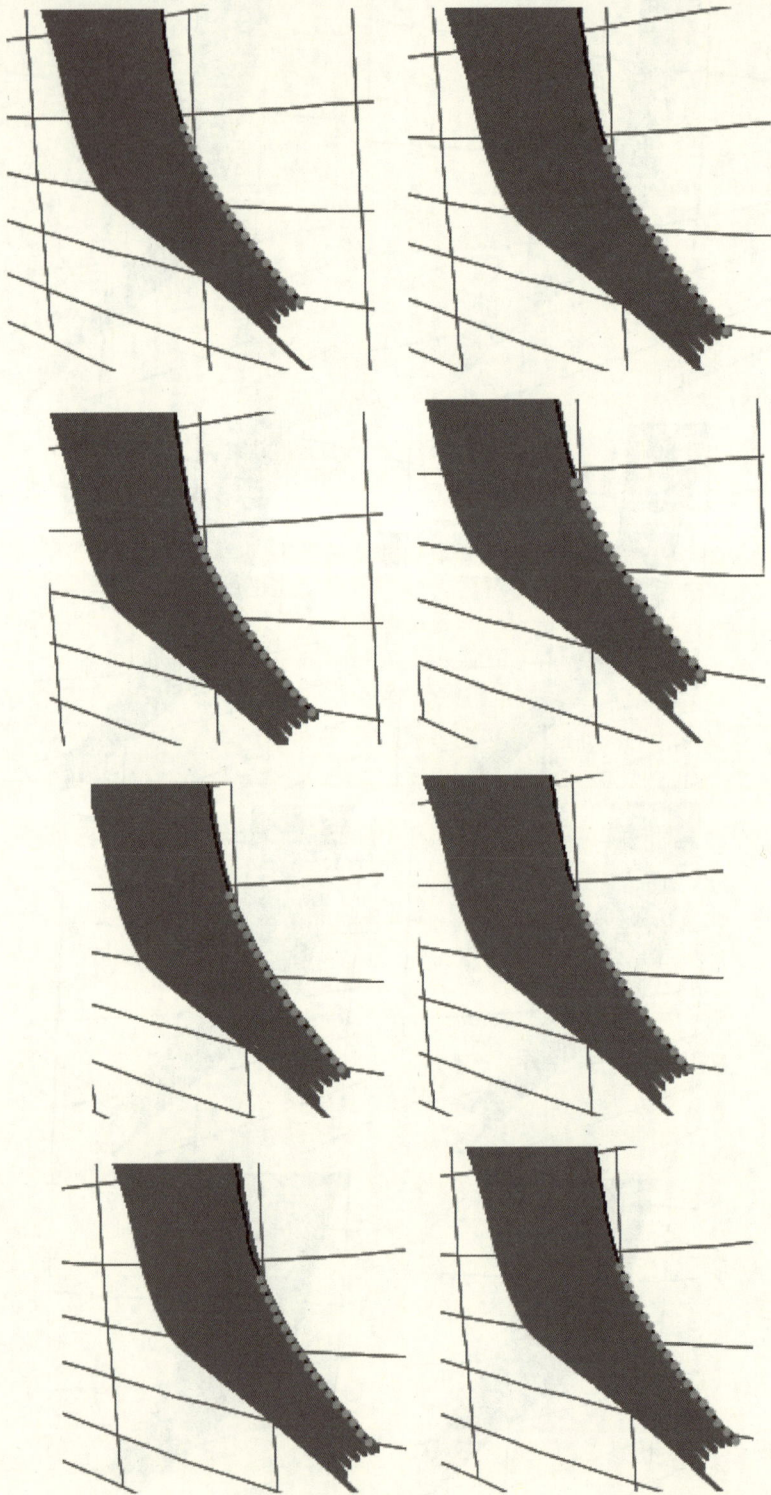

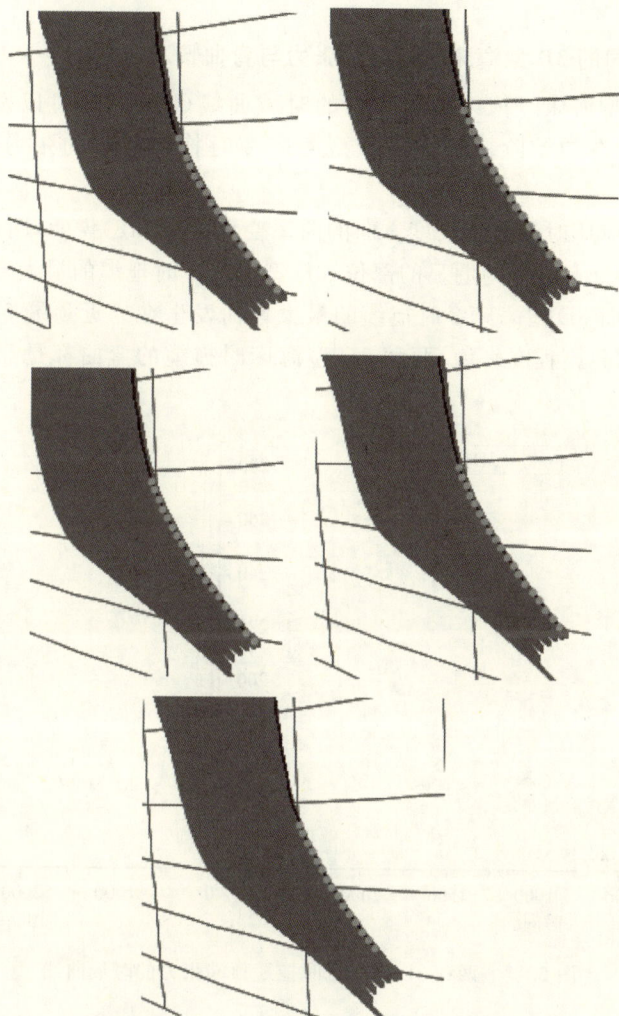

图 6.16　3D 型海床 2 时拖缆与海床接触部分的变化情况

　　观察 3D 型海床 1 时拖缆的总体空间形态变化情况以及拖缆与海床接触部分的变化情况可以发现,在拖船回转的过程中,虽然拖船的回转是周期性的,触地段与海床的接触变化也是周期性的,但拖缆触地段与海床接触变化的周期要远远大于拖船回转的周期。具体到本仿真算例中的情况来说,虽然拖船已经回转了若干圈,但到仿真结束拖缆触地段与海床的接触变化刚刚完成了一个周期,因此在本仿真的时间段内拖缆的触地段的长度变化并未呈现周期性,总体上拖缆底端沿着海床不断爬升。

　　观察 3D 型海床 2 时拖缆的总体空间形态变化情况以及拖缆与海床接触部分的变化情况可以发现,在仿真最初开始的阶段,拖缆触地段在拖船的牵引作用下首先轴向前进爬升,在这一阶段拖缆的触地段的长度不断减少;然后随着回转的继续又发生小范围的沿海床坡度轴向后退,在这一阶段拖缆触地段的长度有小范围的增加;前两个阶段用时较少,在拖缆触地段到达海床上的一定高度后,拖缆与 3D 型海床 2 接触的触地部分发生横向蛇形翻滚,且在翻滚的过程中会继续沿着海床弧面横向爬升,且在这一过程中拖缆触地段的长度基本不发生变化。

6.2.3.3 两种不同的 3D 型海床时拖缆的张力与弯曲情况

观察两种 3D 型海床时拖缆顶端张力的时域曲线（图 6.17）可以发现，3D 型海床 1 时拖缆顶端的张力在初始阶段更大，3D 型海床 2 时拖缆顶端的张力在初始阶段稍有降低。

而两种 3D 型海床时沿拖缆长度方向的曲率变化（图 6.18）说明，两种 3D 型海床时拖缆的弯曲均存在两处弯曲较为明显的部位，3D 型海床 1 时拖缆的最大弯曲发生在靠近尾端 500 m 的区域，而 3D 型海床 2 时拖缆的最大弯曲发生在靠近顶端 500 m 的区域。而就拖缆弯曲变化的急剧程度来说，两种 3D 型海床时拖缆的弯曲都是靠近顶端一侧的变化更剧烈。

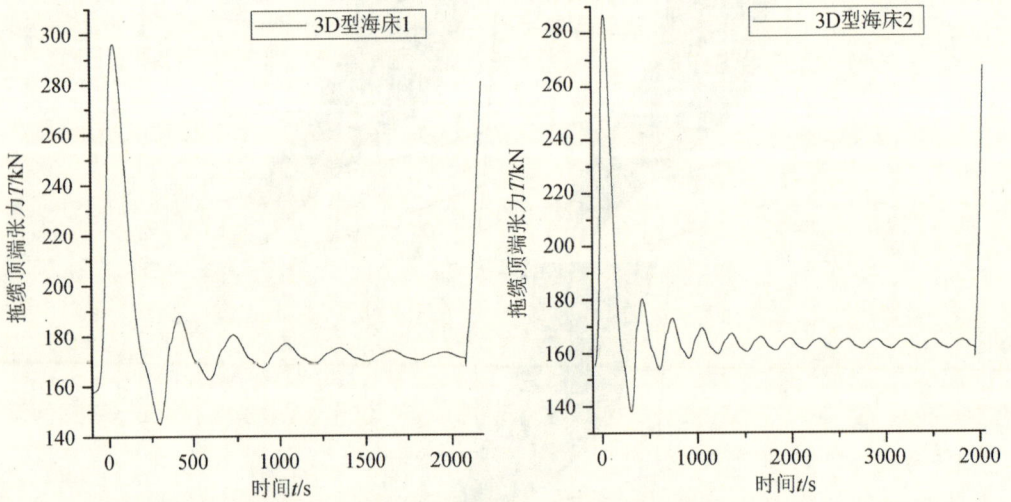

图 6.17　两种 3D 型海床时拖缆顶端张力的时域曲线

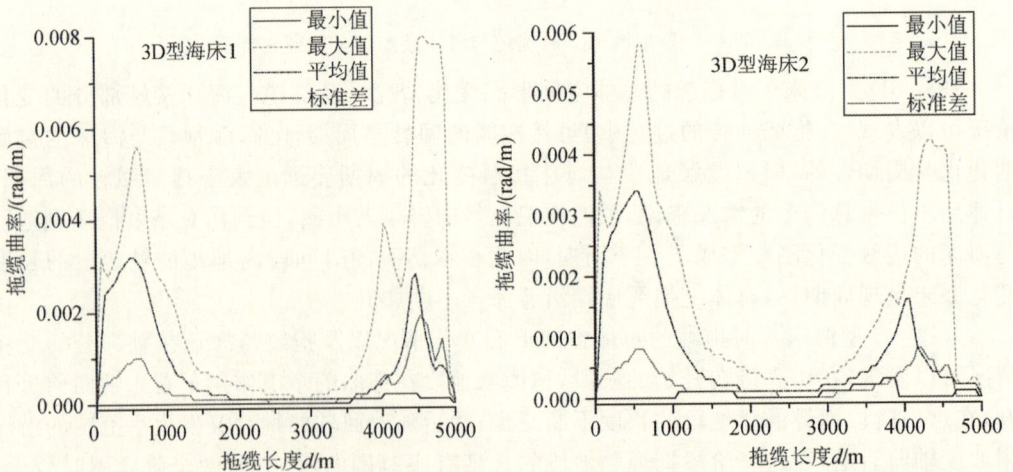

图 6.18　两种 3D 型海床时沿拖缆长度方向的曲率分布情况

通过观察在两种 3D 型海床上的计算结果可以发现,拖缆与两种 3D 型海床接触所发生的动态响应是完全不同的。也就是说,3D 型海床的形式其实对运动在拖缆上的传递情况以及拖缆的形态变化有着不可忽视的作用。

6.3 本章小结

除以上两种 3D 型海床外,可以推测的是,在拖曳系统回转的过程中,如果 3D 型海床上存在某一尖锐的较高瘦长凸出点,拖缆上的某节点在与此凸出点发生碰撞的瞬间,拖缆的空间形态的变化可出现两种不同的响应。下面的分析是笔者依据多年的仿真经验对拖缆系统回转经过 3D 型海床的凸出点可能的动态响应做出的推测(感兴趣的读者可自行对这一情形进行相关的仿真,限于篇幅笔者对这一情形的仿真不再展示):如果拖船回转速度很高,且拖缆最终会脱离海床,由于在回转的过程中,拖缆沿其自身长度方向的空间形态的变化十分急剧而猛烈,而这种空间形态的变化在拖缆长度方向的传递也是存在迟滞效应的,拖船回转的速度越快,这种迟滞效应就越明显,那么在拖缆与凸出点碰撞的瞬间以此节点为分界,拖缆的响应要分为两部分来进行研究,一部分是此节点到拖船之间的区域,另一部分是此节点到拖缆尾端的区域;在拖缆与海床凸出点接触的瞬间,自拖缆顶端到碰撞节点区域内的拖缆被急速拉伸,碰撞节点和拖缆顶端的张力会急速增大;运动和空间形态的变化在拖缆上的传递在碰撞点被瞬时阻断,碰撞点以下的拖缆会保持原来的回转趋势绕着碰撞点短时间内如蛇一般在沿着海床垂向方向小半径盘曲,且越靠近凸出点拖缆盘曲的半径会越小;随着拖船的持续回转,盘曲的部分拖缆会在由顶端传递过来的拉伸载荷的作用下得到舒展,并一次滑过凸出点,最终与凸出点脱离接触;如果拖船回转速度较低,那么整个拖缆的空间形态的变化没有那么迅速,因此在长度方向上形态变化的传递会比较及时,在拖缆上某一节点与海床凸出点碰撞的瞬间,这种碰撞造成的影响会相对比较及时地传递到整个拖缆,因此在碰撞发生的瞬间,碰撞节点以下的拖缆的空间形态的变化趋势并不会被弯曲阻断,碰撞节点以下的拖缆也不会发生明显的盘曲,而是会依次从海床凸出点蛇行滑过。但需要指出的是,拖船高速回转时,随着拖速的增加这种盘曲现象发生的可能性增加,但持续的时间随着拖速的增加会减小。而在盘曲的拖缆被舒展的过程中,拖缆的拉力稍有减小,造成这种小幅度减小的原因是虽然迟滞效应对运动在拖缆上的传递有着阻碍作用,但发生与海床凸出点的碰撞以后整个拖缆的运动速度还是会有所降低,此时迟滞效应有所减弱,拖船的运动最终还是传递到了拖缆的尾端,这样张力在拖缆整体长度上的分布也就变得相对更均衡;且在拖缆尾端脱离海床凸出点的瞬间会发生鞭击效应,且拖船回转的速度越快,拖缆尾端的鞭击效应越明显。

但不管拖船回转速度是高还是低,在与海床凸出点发生碰撞的瞬间,发生碰撞的拖缆节点处的张力都会在碰撞的瞬间急速增大。

对于以一定回转速度在 3D 型海床进行回转作业的拖曳系统中的水下拖缆来说,3D

型海床中间隔分布(两个凸出点之间的距离是比较大的,此间隔足以保证拖缆在回转过程中完成大部分的空间形态变化)的凸出点的存在对拖曳系统的安全拖曳有着致命的隐患。这种隐患不论是高速还是低速都无法彻底消除,因此在经过这些凸出点时若能采取一定的规避措施还是尽量地提前对拖船的航行轨迹及航行地点进行规划,以达到在尽量能保证收集到足够海洋环境相关数据的同时,也保证拖曳系统的安全。而对于尖锐凸出点分布较为密集的海域来说,此时拖曳系统的回转是无法展开的,因此对于这种类型的 3D 型海床与拖缆之间的分析,实际工程意义不大。

当然,除了直航与回转,拖曳系统还存在很多的机动形式,如蛇形机动、沿着一定预设航迹进行拖曳作业等;但比较复杂的拖船轨迹是可以划分成若干个简单的轨迹的(对于较为复杂的拖曳轨迹可以通过这种分步、分阶段的方式来实现其动态仿真)。而实际的海床形态变化也是不连续的,在一定海域可能是倾斜型海床,在一定的海域又可能是阶梯分布型海床或者是不规则的 3D 型海床。而倾斜型海床其实也分为两种,一种是本书中提到的倾斜型海床,即所在的平面与直航时拖船拖速的前进方向所表示的直线存在一定的夹角;此外还存在一种倾斜型海床,这种倾斜型海床所在的平面与直航时拖船拖速的前进方向所表示的直线平行,其在与拖缆接触时对拖缆的影响将更加复杂,拖缆与海床接触的部位会受到持续的横向弯曲与摩擦,且这种海床与拖缆一旦发生接触,在拖船为了实际要求不得不保持直航的前提下,接触将是一直持续下去的,在这种情况下缩短拖缆的长度就成了唯一的选择。另外,除了本章节中提出的这三种海床模型,在浅水海域也存在一种连续小幅度褶皱起伏海床,这种海床所在的海域一般水深不大,但整体的平整性不佳,拖缆的水下部分一旦落在这种海床上将不可避免地被较多的起伏褶皱分割形成类似多段悬跨梁的结构,且拖缆将在多个不连续的接触点的支撑下在海底滑动,随着拖缆的运动,这几个不连续的接触点所在的位置也在不断发生变化,由于起伏的褶皱不规则,会导致发生接触的点非常尖锐,这种情况下拖缆受到的摩擦会非常严重(但事实上在这种浅水海况下一般进行拖曳侦测作业的可能性不大,如确有必要,也可以采取双船拖曳的形式来避免拖缆与海床的接触)。因此,在实际的工程实践中,依据真实的拖曳情形与海况来选择合适的海床类型,一方面可以最大限度地还原工程真实情形,在取得科学准确结果的同时进一步提高计算效率并节省经费开支;另一方面也可以避免一些不必要的不当作业与技术风险。

此外,笔者也在这里提出一种构想,在拖缆总体长度确实很长而水深又不是那么深但拖曳作业又确实有必要的情况下,是否可以沿着拖缆的长度方向上安放大量的轻型大浮力水翼,通过水翼提供的升力来降低拖缆的下沉深度从而避免拖缆与海床发生接触。更简单经济的方法是在拖缆的最外层侧套上一层耐磨性和密闭性良好且非常有弹性的可充气层,在水深较深的海域可以不给表层充气,这样它就相当于一般的外护套;而当在较浅的海域时,根据实际海况可以通过计算后给外充气层冲入一定量的气体,此时它可整体上增大拖缆受到的浮力,从而也可避免拖缆与海床发生接触。

总而言之,海床的形式多种多样,海床的海土材质也有很多(如由于海土材质的不同导致的非线性土力学特性,对于这一点本书并没有提及,本章中的海床皆为弹性海床),因此拖缆与其发生接触的形式也会多种多样,避免接触碰撞的形式和方案也会多种多样。当海床的法向刚度不够大、海底土质较软时,拖缆会在海床上划出一道沟槽,进而会嵌入海床中,与沟槽两侧的海床发生横向碰撞与摩擦,这种情况下拖缆与海床的接触形式会更加复杂。限于篇幅,关于拖缆与海床的碰撞以及相对应的解决方案的讨论本章不再展开,感兴趣的读者可以根据本章提出的思路进行更深入的研究。

第七章 相对速度法在拖曳线列阵系统中的初步应用探究与分析

在单分支以及多分支拖曳线列阵系统中,传统的计算方法为绝对速度法,即考虑拖船的真实速度和海流的真实速度,从而得出拖曳线列阵在这两种载荷作用下的形态变化与张力变化情况。在分析多分支拖曳线列阵的拖曳过程中,各线缆的长度动辄到达百米量级。这种计算是非常准确的,但有时会比较耗费计算资源和时间。是否存在一种相对速度法进而可以使得计算变得更加简便与高效呢?经过逻辑上的反复思考,笔者在本章中尝试着提出一种相对速度法。顾名思义,这种相对速度法即是一种将拖船的航速转化成与之相对应的海流流速,并将此流速叠加到原来的海流流速上进而得到一个新的海流流速,然后在保持拖船固定的条件下对多分支拖曳线列阵的动态响应进行计算分析的方法。本章将对这种方法的适用性进行探讨,并对这种方法的缺陷与局限性提出几点猜想,以供感兴趣的读者进行更深入而细致的研究。

7.1 假设与推理

对于相对速度法的探究应该分为三种情况,即拖船航速与海流流速在一条直线上时、拖船航速与海流流速存在夹角时以及在某一海流流速下拖船做回转机动时。

在这三种情况中,最简单的就是当拖船的航速与海流流速在同一条直线上的情况。在这种情况下,多分支拖曳线列阵中的各个拖缆不会发生横向偏移,垂向的偏移完全取决于其自身重力与海水的浮力(也就是说拖船的航速与海流流速不会影响到拖缆的垂向与横向位移),拖缆整体上发生变化是由于拖船航速与海流流速差值造成的拖缆轴向拉伸与收缩。而这种情况其实又可分为两种情况,即拖船航速与海流流速同向和拖船航速与海流流速反向。当拖船航速与海流流速反向时,此时的相对海流速度就是海流流速加上拖船航速。而当拖船航速与海流流速同向时,又可以分为两种情况,一种情况是拖船航速小于海流流速,另一种情况是拖船航速大于海流速度。在拖船航速大于海流流速时,此时的相对流速为拖船航速减去海流流速,这种情况下线列阵还是能展开并维持一定形态的;而在拖船航速小于海流流速时,此时的多分支线列阵在实际工程中无法正常展开,在计算中将难以收敛。

而当海流流速与拖船航速存在一定夹角时,由于拖缆是挠性构件,在海流作用下拖缆不仅会发生沿长度方向的伸缩,还会发生不同程度的横向与垂直方向的偏移,因此海流在拖缆不同位置的流向角以及拖缆不同部位的运动速度是完全不同的。这种情况下拖船的运动速度并不能代表拖缆整体的运动速度,因此无法准确通过海流与拖船速度的叠加来得到相对海流速度。

而当拖船在静水中回转时,拖缆的空间形态是在三维空间内不断变化的,且拖缆任一节点的空间坐标在回转的过程中其实也是在不断变化的。如果保持拖船不动,那么与拖船相连接的拖缆最顶端的一个节点也将不动,到这一步与实际情形已经相差很大了;即便是忽略与拖船相连的拖缆顶点处的情况,还是需要将拖船的回转速度导致的拖缆任意时刻任一位置的拖缆节点的速度转化为此时此刻与此节点等大反向的海流流速,这一点是比较困难的。我们实际上就是要通过相对流速法得到拖缆在回转时的空间形态,但在这种情况下我们运用相对速度法的前提反而是要知道在任一时刻拖缆空间形态变化的同时还要知道拖缆任一位置任一节点在静水中的位置与速度来得到相对海流速度,这就陷入了一个悖论。如果还要考虑本身就存在海流流速的情况,这种情形下拖船回转时多分支拖曳线列阵的动态响应就更无法通过相对速度法来获得。

这有点类似于拖曳系统中的正问题与反问题。讨论到拖曳系统中的正问题与反问题时,在绝对速度法中,如果知道了拖船的运动方程以及外界海流载荷的情况,我们就可以得到拖体系统的动态响应和拖缆的空间形态变化情况;但如果知道了拖曳系统的动态响应以及某一时刻拖缆的空间形态变化情况,我们只能在很有限的几种特定情形下得到海流的变化情况。与此类似,在多分支拖曳系统回转以及拖船航速与海流方向存在夹角的情况下,在绝对速度法中,如果知道了拖船的运动方程以及外界海流载荷的情况,我们就可以得到拖体系统的动态响应和拖缆的空间形态变化情况;但在仅仅知道拖船的运动方程以及海流的绝对速度的前提下,我们如果运用相对速度法来求解拖缆的空间变化形态,事实上就要先得到任一时刻拖缆任一节点在海水中的空间位置以及相对运动趋势才能通过转换得到海流相对于拖缆任一节点的相对速度,这也就意味着如果我们得到了相对速度,就一定已经提前得到了拖缆的空间变化形态。因此,在逻辑上这也是讲不通的。

通过以上的简单分析,我们可以得到这样一个结论:仅仅考虑海流作用时,当拖船航速与海流流速在一条直线上时,且当拖船航速与海流方向反向或在拖船航速与海流方向同向但拖船航速大于海流流速时,相对速度法才有着一定的可行性。

但事实上即使在这种情况下,还是有着一定的误差的。最大的误差来源于在绝对速度法中拖船瞬间启动时存在一个瞬间的速度跃迁或衰减(速度跃迁或衰减产生的原因是在计算线列阵的静平衡阶段仅仅考虑了海流的作用,而在动平衡阶段才考虑拖船的拖速），它会对拖缆造成冲击载荷，从而导致阵型的小幅度突变及张力的小幅度突变。相对速度法可以分两种，一种是把海流流速叠加到拖船航速上，以叠加后的相对拖船航速计算；另一种是把拖船航速加到海流流速上，以叠加后的相对海流流速计算。但在相对海流流速法中并没有拖船启动这一阶段，不存在速度跃迁或衰减，而是直接在拖缆顶端固定在拖船尾端的前提下在相对海流流速的作用下拖曳线列阵的阵型直接达到了稳态。因此，当拖船航速与海流流速反向时，拖船的拖速越大，这种速度跃迁造成的冲击载荷就越明显，带来的误差就越大；当拖船航速与海流流速同向但大于海流流速时，拖船的拖速越大，这种速度跃迁造成的冲击载荷就越明显，带来的误差就越大。与此类似，当拖船航速与海流流速同向但大于海流流速时，随着拖船航速的减小会出现瞬间的速度衰减，拖船航速越小，速度衰减就越明显，但这种速度衰减造成的冲击载荷就越弱，带来的误差就越小。与相对流速法相对应的是，当拖船航速与海流流速相差较大且同向时，将海流流速叠加到拖船航速上的相对拖船航速法会增大速度衰减的程度，从而造成拖曳缆线的阵型突变与张力突变比真实情况有所减弱（相对流速法时根本就不存在突变，也就是说此时的拖曳缆线的阵型突变与张力突变程度要弱于真实值但强于相对流速法）；当拖船航速与海流流速反向时，将海流流速叠加到拖船航速上的相对拖船航速法会增大速度跃迁的程度，从而造成拖曳缆线的阵型突变与张力突变比真实情况更剧烈。也就是说，要把这种速度跃迁或速度衰减造成的误差影响控制在一定范围内才能运用相对速度法解决问题。

7.2　推理的初步验证

通过对上面几种情形的综合分析可以知道，在拖船航速与海流流速反向时，相对拖船航速法比相对海流流速法造成的速度跃迁更大，因此这种情况下给拖曳线列阵造成的误差最大。如果能证明在拖船航速与海流流速反向时相对拖船航速法的计算结果在误差允许范围内，那么相对流速法的正确性也就得到了验证，从而也就整体证明了相对速度法的正确性。

下面对拖船航速与海流流速反向时的情形，进行绝对速度法与相对拖船航速法的计算结果进行对比分析，以便验证前文中提出的猜想。选取笔者已经发表的文献[43]中的多分支拖曳线列阵的参数来构建模型，故该多分支拖曳系统中的各个拖缆的长度、外径、密度以及各种力学参数均按照文献[43]中的对应值设定，这里不对此多分支拖曳线列阵本身做过多的赘述。由于前文中的分析只考虑了流速的作用，因此在本模型中的海洋环境载荷也只考虑流速的作用，无风浪作用，海域水深为 100 m。

图 7.1 所示为拖曳线列阵的结构示意图，展示了本算例中的线列阵组成情况。由于该多分支拖曳线列阵中的线阵 A、B 长度达 170 m，因此在评价阵型变化时无法尽数讨论线阵上的各个点的变化。由于阵列 A 和阵列 B 的阵型变化的极值一般发生在首尾端，因此可以通过讨论阵列首、尾端间距的变化来衡量线阵的阵型变化剧烈程度。

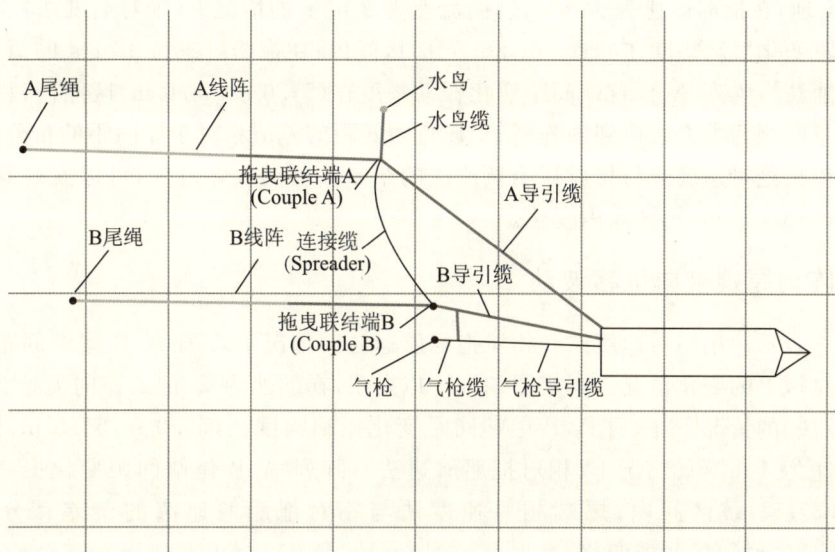

图 7.1　多分支拖曳线列阵结构示意

7.2.1　阵列首端横向位移波动

多分支拖曳线列阵中拖缆之间的间距变化对于维持线列阵系统的整体形态有着重要作用。图 7.2 表示使用绝对速度法和相对拖船航速法的情况下阵列 A、B 首端间距变化及其差值在时域上的变化情况。图 7.2 与图 7.3 中航速 2 m/s，流速 2 m/s 为绝对速度法时计算得到的结果；航速 4 m/s 时的计算值为相对拖船航速法得到的结果。观察图

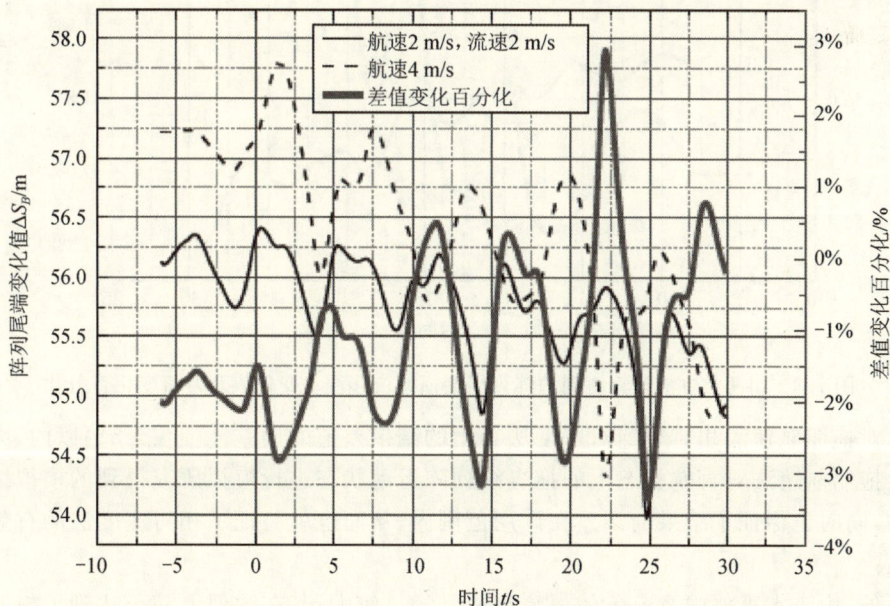

图 7.2　用两类方法计算得到的阵列首端横向位移波动变化值及差值变化百分比

7.2可以发现,在拖船航速为2 m/s、逆向流速为2 m/s的情况下(绝对速度法),阵列A、B首端间距变化振动幅度在(54.5 m,56.5 m)区间内;在拖船航速为4 m/s的情况下(相对拖船航速法),阵列A、B首端间距变化振动幅度在(54.0 m,58.0 m)区间内;粗灰线条表示在任意时刻两类方法得到的阵列A、B首端间距的差值相对于原间距的百分比,计算后可分别得出绝对速度法与相对拖船航速法的结果差值的误差范围,可以发现其误差百分比仅在(-3.5%,3%)区间内变化。

7.2.2 阵列尾端横向位移波动

图7.3表示使用绝对速度法和相对拖船航速法的情况下阵列A、B尾端间距变化及其差值在时域上的变化情况。观察图7.3可以发现,在航速为2 m/s、逆向流速为2 m/s(绝对速度法)的情况下,阵列A、B尾端间距变化振动幅度在(55.0 m,56.5 m)区间内;在拖船航速为4 m/s的情况下(相对拖船航速法),阵列A、B尾端间距变化振动幅度在(56.0 m,57.5 m)区间内;尾端相对速度法与相对拖船航速法的误差百分比仅在(-2.2%,-0.8%)区间内变化。

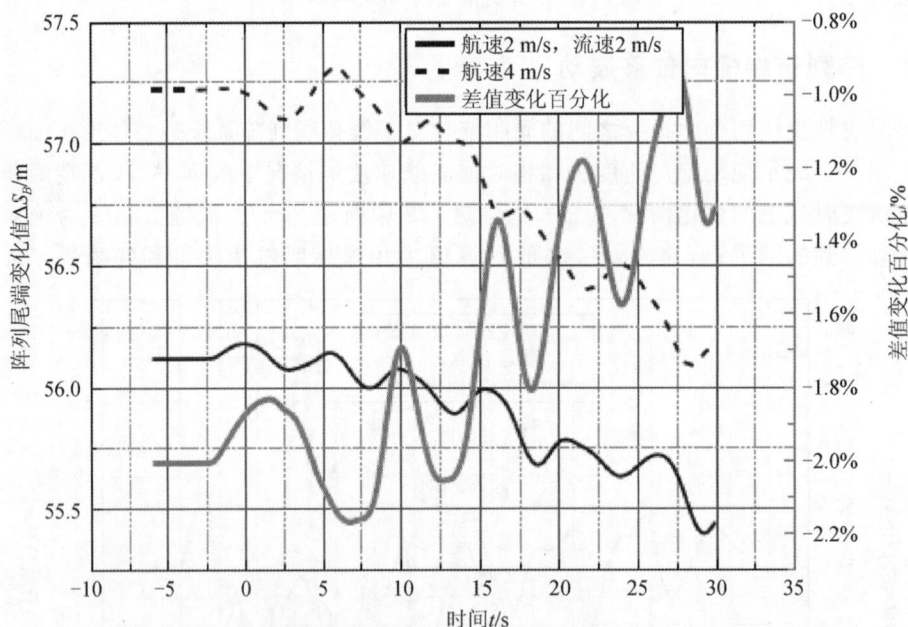

图7.3 用两类方法计算得到的阵列尾端横向位移波动变化值及差值变化百分比

相对拖船航速法相对于绝对速度法得出的结果差值的误差范围在±5%以内,因此采取相对拖船航速法对直航状态下的拖曳线列阵运动状态进行模拟研究得到的模拟结论是有效的,同时也保证了结果的误差在许用范围内,从而也就验证了相对速度法的有效性和可行性。

另外,由于本算例中2 m/s的海流流速已经比较大,其在数值上甚至达到了拖船的绝对速度的大小,在这种情况下将海流流速叠加得到的相对拖船航速是其真实航速的两倍。

这种情况下在拖船启动的瞬间造成的速度跃迁为真实状态下的两倍,因此这时的冲击载荷也会被大大放大。但即便如此,计算结果表明相对拖船航速法相对于绝对速度法得出的结果差值的误差范围仍然在±5%以内。在真实情况下,真实的海流流速往往是比较小的(一般不会大于拖船自身的航速),故而海流流速的叠加一般不会给拖船在启动的瞬间带来如此大倍数的速度跃迁。因此,在海流流速小于拖船自身航速时且海流流向与拖船航向相反时,相对拖船航速法引起的误差会更小。

需要指出的是,除了要保持拖船的航速要与海流流速在一条直线上(拖船航速与海流反向,或是拖船航速与海流同向但大于海流流速),这种相对速度法只能在仅考虑海流或是静水条件下运用,是不能在波浪载荷下使用的。这是由于对拖船来说,在波拍浪打下,拖船除了其自身螺旋桨推力导致的前进航速,还会有波浪作用下的六自由度平动与转动,较典型的是垂直方向的升沉垂荡和横摇以及纵摇。一方面,由于海流方向是在水平面内的,因此拖船垂直方向的速度无法转化成相对流速;另一方面,波浪载荷下拖船一旦发生垂荡与纵摇,势必会对拖缆垂直方向上的运动造成影响,拖船发生横摇则会造成拖缆发生横向位移。这两方面的因素都导致其不满足相对速度法的使用条件。另外,对于在海流流速随水深变化较为明显的海域作业的重缆,由于重缆没入水深较深,而海流流速随着水深的变化也不断变化,因此也就不存在唯一的海流流速,故而相对速度法在这种情况下也是不适用的。

而对于风速来说,即便是风向与海流流向以及拖船航速所在的方向在一条直线上,也不能运用相对速度法,这是因为风速的大小并不能直接叠加到海流流速中或拖船航速中。海风对拖船的作用主要体现在其对拖船的有效迎风面积上能作用的力的大小有关,并不是直接将其自身的速度直接赋予拖船。

综上所述,当且仅当考虑海流作用时,相对速度法适用的范围为海流流速不随水深变化,拖船航速要与海流流速在一条直线上,且拖船航速与海流方向反向或在拖船航速与海流方向同向但此时要保证拖船航速大于海流流速。

7.3 本章小结

本章基于逻辑推理和猜想提出了一种在拖曳线列阵直航时计算拖曳线列阵系统响应的相对速度法,并对相对速度法的适用范围及准确性进行了初步验证。本章中得到的结论对于下一章节的相关分析与计算有着一定价值,利用本章中得到的相对速度法的有效性可将海流流速转化为相对海流流速对不同拖船航速下的多分支线列阵系统的阵型变化进行快速计算。另外,笔者在下一章节分析水鸟对线阵的定型作用时直接将拖船航速转化成了相对海流流速,降低了计算难度,极大地提高了计算效率和收敛性能。当然,本章中提出的相对速度法还是有着一定的应用局限性的。比如说,即便是忽略海洋环境载荷中的波浪作用,在拖船高速直线行驶的状态下会产生船行兴波,这种由于拖船以一定速度直线行驶而产生的船行兴波会导致拖缆在水平和垂直两方向都发生非线性运动,因此船行兴波的存在会使得拖缆运动的形式更加复杂,且船体高速行驶下产生的船行兴波对拖缆的张力和形态也会产生影响,而且越靠近拖船尾端、拖船速度越快,船行兴波对拖缆动力学响应的影响越大。而这种船行兴波对多分支拖曳线列阵的影响在本章的相对速度法中是没有考虑的。而从原理上来说,由于拖船高速行驶而产生船行兴波,船行兴波又作用于拖缆,而受到船行兴波作用的拖缆又在顶端与拖船相连,从而又会影响到拖船的运动,因此这一过程的机理是非常复杂的,现阶段并没有搞清楚,故而这种影响暂时也无法给出定量的考量。虽然如此,但由于一般情况下水上拖曳作业时拖船的航速其实并不大,而在低航速下拖船航行产生的船行兴波是比较微弱的(微速毂纹),因此当拖船航速在一定的范围内时,相对速度法仍然未尝不是一种有益的探索和尝试。当然,感兴趣的读者可以对本章中提出的猜想进行进一步的验证,也可以针对这种方法的不足与缺陷进行更深入的研究。

第八章　水鸟的水动力特性对多分支拖曳线列阵阵型的影响

本章导读

　　拖缆控制器(简称"水鸟",在本书的后续描述中一概简称拖缆控制器为水鸟),顾名思义,就是控制拖缆深度和形态变化的一种装置,它可以绕拖缆轴向相对转动。它不仅可以对拖缆提供垂向的深度控制,还可以控制水平方向的拖缆阵型变化。其主要由筒体、水翼轴和水翼等构件组成。水鸟的工作原理:水翼受筒体内的机构驱动后绕水翼轴转动,从而使得水翼的攻角改变,随着攻角的改变会提供上、下起伏及水平移动的力,这样就实现了对拖缆在垂直方向上深度的调节和各个拖缆之间水平间距的调节。本章将结合上一章节提出的相对速度法对水鸟的水动力特性进行分析,并结合水鸟特性对多分支拖曳阵列阵型的影响提供可行性建议。

8.1　水鸟的水动力特性研究

8.1.1　水鸟的功能与存在的必要性

　　对于多分支拖曳线列阵来说,必须保持阵型在整个拖曳过程中的相对稳定与正确,然后才能利用线列阵上的水听器接收信号并进行波束形成,最后通过后续对信号的处理完成各种性能的分析。因此,为了获得准确的侦测数据,维持多分支拖曳线列阵阵型的稳定是非常有必要的。然而,拖曳线阵列在水中实际运动过程中,其水听器阵元的分布排列非常复杂。海洋载荷变化的复杂性以及舰船机动形式的多样性决定了拖线阵实际阵型与预计阵型有较大偏差的情况不可避免,而这会对声呐的观测造成较大的影响。因此,当海洋载荷过大从而导致阵型不理想难以达到实际侦测阵位时,需要采取一定的措施对阵型的变化进行限制和调整以便保证线阵能在海洋载荷发生较大变化时维持正常的空间形态。

　　在这种情况下,水鸟应运而生。它可以根据实际工程需要对线阵的阵型进行调节。本章将参照上一章节的多分支拖曳线列阵系统及其配套水鸟的具体参数,探究水鸟的水动力特性,并结合该装置的工作过程,建立线阵工作过程的三维离散模型,同时结合上一章中提到的相对流速法分析水鸟参数的变化对线阵阵型的影响,最后通过对仿真数据的归纳与总结得到了一些比较有价值的结论,对具体工程实践有一定的指导意义。

8.1.2 水鸟结构水动力分析

对于上一章中的多分支拖曳式线列阵声呐系统来说,系统中的柔性缆索在挠性摆动幅度过大时会导致拖曳导引缆(导引缆 A 与导引缆 B)在相对直航方向形成一个偏角,受导引缆 A 与 B 拖曳的影响,阵列 A 与阵列 B 会产生一个趋向阵列 C 向内合并的运动特性。当拖船拖曳速度过大时,线阵间距离就难以得到好的维持,这种情况下就不能很好地利用拖线阵水听器所接收的信号进行波束形成。因此,为避免此类原因导致的阵列间距离的较大变化甚至发送阵列畸形,上一章节中的多分支拖曳线列阵系统配备了"Prandtl199"型水鸟。

水鸟在流体中发挥定型作用时,主要依靠其产生的升力、曳力、浮力等。因此,在研究水鸟对线阵的定型作用之前,需要研究该系统中"Prandtl199"型水鸟本身的结构水动力学性能,以及其本身在环境流体作用下的运动状态和受力情况。

图 8.1 中显示了水鸟水翼的攻角、产生的升力以及产生的曳力在时域上的变化波动情况。观察图 8.1 可发现,当拖船航速为 10 kn(由于绝对速度法在初始阶段拖船启动时刻存在的速度跃迁带来的冲击载荷会导致阵型有可能发生小幅度紊乱,且不利于计算的收敛。为保持在整个计算过程中阵型的稳定以及减小收敛难度,运用相对流速法增加与拖船航速等大反向的流速来实现拖船 10 kn 时线阵的稳态效果)时,水翼的攻角、产生的升力以及产生的曳力在时域上都呈现周期性变化;水鸟产生的升力、曳力等作用力随着攻角的变化呈现相应的变化规律,且水鸟产生的升力值数量级远大于曳力,因此升力变化对水鸟的运动状态的影响比曳力变化大。因此,本章在对水鸟进行水动力分析时应主要研究升力的变化及其对水鸟运动所产生的影响。

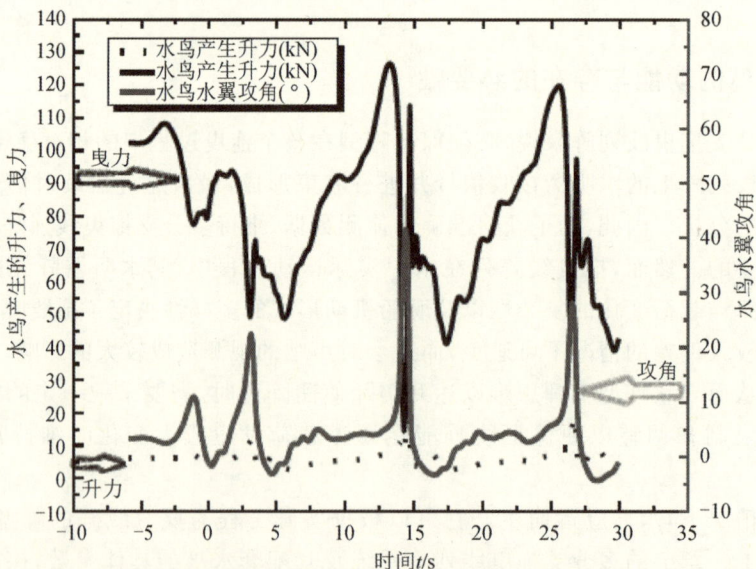

图 8.1 数值模拟水鸟的水动力参数在时域上的分布

　　表 8.1 中列出了水鸟产生的升力出现急剧衰减的几个攻角区间及对应的升力值变化情况。通过对比几个升力值减小至 50 kN 以下时对应的攻角区间的分布情况可以发现，衰弱区间 1、衰弱区间 3 对应的攻角区间分别为（21.8139°，22.4745°）、（24.7942°，41.6048°），可以认为水鸟升力在这两个攻角较大（约大于 21°）的区间内出现了升力的急剧减小，水鸟在较大攻角区间的水动力性能较差；衰弱区间 2、衰弱区间 4 以及衰弱区间 5 对应的三个攻角区间分别为（−1.3679°，−0.8513°）、（−3.0038°，0.1554°）和（−4.0506°，−1.036°），可以认为水鸟升力在负或过小攻角区间的区间内出现了升力的急剧减小。

表 8.1　水鸟升力急剧衰弱区间及其对应攻角分布

项　目	衰弱区间 1	衰弱区间 2	衰弱区间 3	衰弱区间 4	衰弱区间 5
产生升力/kN	49.185~50.574	48.711~49.404	14.520~39.540	41.075~49.599	38.871~48.934
入射攻角/°	21.8139~22.4745	−1.367~−0.851	24.7942~41.6048	−3.0038~0.1554	−4.0506~−1.036

　　图 8.2 所示为"Prandtl199"型水鸟的部分水动力学参数随着攻角变化时的分布情况。观察图 8.2 可以发现，在 0°~18°攻角范围内，随着攻角的增大，水翼的升力系数逐渐增大，在 18°时达到最大值 1.22，水鸟的曳力系数也随着攻角的增大而增大至 0.22；当攻角超出 18°后，水鸟水翼的升力系数逐渐变小，当攻角达到 90°时，升力系数减小至 0，曳力系数继续增大至 1.0；当攻角为负时，水鸟水翼的升力系数部分也为负，曳力系数随着攻角趋近 0 并逐渐减小至 0。因此，可以发现水鸟升力在负或过小攻角区间内出现的升力的急剧减小现象是水鸟功能特性所导致的；与之形成对比的是，在衰弱区间 1、衰弱区间 3 这两个攻角较大（约大于 21°）的区间内虽然也出现了升力的急剧减小，但在这两个区间内的升力系数并不小。

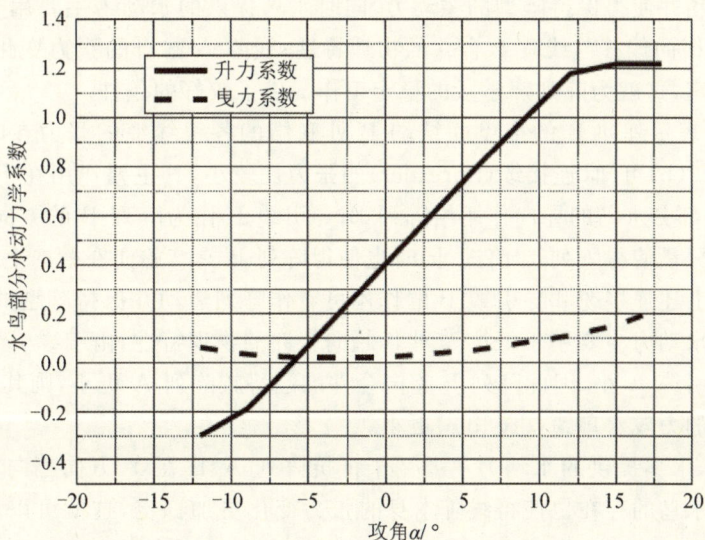

图 8.2　水鸟随攻角变化的水动力参数分布

综上所述,攻角的变化对水鸟的水动力学特性有着非常显著的影响,且这种影响会主要集中在几个特定的攻角区间范围内。具体到本算例中的水鸟来说,虽然"Prandtl199"型水鸟在较大攻角区间(21.8139°,41.6048°)以及过小攻角区间(−4.0506°,0.1554°)获得的升力都较小,但其中水鸟升力在负或过小攻角区间内出现的升力急剧减小的现象是水鸟在这一区间的升力系数过小所导致的,在预料范围之内;但在较大攻角区间(21.8139°,41.6048°)时,虽然水鸟的升力系数并不小,但水鸟提供的升力反而减小。因此,仅需研究水鸟在较大攻角区间(21.8139°,41.6048°)的升力特性,同时应讨论如何设定该区间的升力系数来保证水鸟的功能有效。

8.2 线阵在水鸟定型作用下的水动力学分析

8.2.1 水鸟对拖缆张力变化的影响

在研究水鸟对线阵的定型作用时,水鸟对线阵张力的影响也是一个非常重要的评价参数,但它并不是唯一的评价参数,一般情况下要综合线阵的张力和线阵的偏移情况进行合理取舍。

图 8.3(a)表示阵列 A 的拖曳联结端(couple)A 处联结的各根线缆的张力在时域的变化情况。观察图 8.3(a)可知,水鸟在水流体作用下产生的升力、曳力、浮力等水动力通过水鸟缆(div line)作用于联结端 A,其张力变化曲线的形态基本类似于水鸟产生的升力变化曲线(图 8.1),这说明在联结端 A 处的张力变化主要是由水鸟的升力导致的;导引缆(Leader)A 作为阵列 A 的方向导引工具,其张力中的一部分分量使得阵列前进,同时也使得阵列 A 具有趋向与阵列 B 合并的物理特性。上述水鸟缆和导引缆 A 的联合作用可看作阵列运动并使得保持阵型的主动力,同时水鸟提供的水动力主要用于抵抗阵列 A 趋向 Y 方向的横向偏移与线阵 B 合并的物理特性;线阵 A 本身的张力变化较稳定,相应的轴向形变稳定,这就为阵列声学段的稳定工作提供了较好的条件。

图 8.3(b)表示阵列 B 的拖曳联结端 B 处联结的各根线缆的张力在时域的变化情况。观察图 8.3(b)可知,连接缆(Spreader)的张力比较小,其主要作用在于连接阵列 A、阵列 B 并传递部分水鸟的导向作用给阵列 B;导引缆 B 作为阵列 B 的方向导引工具,其张力的一部分分量使得阵列 B 前进,同时也使得阵列 B 具有趋向在横向上与气枪缆合并的物理特性。上述连接缆和导引缆 B 的作用可看作阵列运动并保持阵型的主动力,同时连接缆传递的水动力主要用于抵抗阵列 B 趋向合并的物理特性,由于导引缆 B 与直航方向的偏角较导引缆 A 小,因此阵列 B 趋向合并的趋势较阵列 A 更小,则其所需连接缆提供的抵抗合并的力较水鸟缆(div line)更小。

综上所述,水鸟提供的水动力主要用于抵抗阵列 A、B 在 Y 方向趋向母舰合并的物理特性。同时水鸟的存在也使得线阵本身的张力变化更加稳定,这就可以使得拖缆相应的轴向形变稳定。阵型稳定、张力和轴向应变也较为稳定,这就为阵列声学段的稳定工作提供了较好的条件。

（a）

（b）

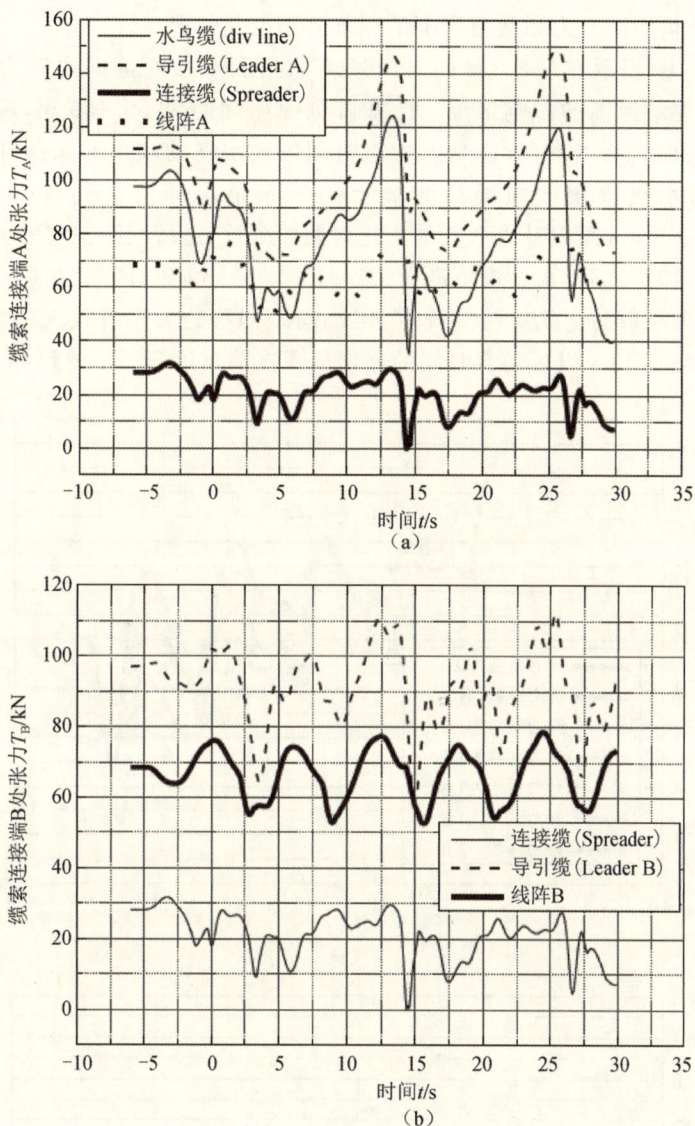

图 8.3　阵列 A、B 的拖曳联结端 A、B 各线缆的张力在时域的变化情况

8.2.2　水鸟升力系数设定对线阵阵型的影响

在已知拖线阵的实际阵型后,若线阵间距离变化过大,则不能很好地利用拖线阵水听器所接收的信号进行波束形成,在工作时需要避免此类原因导致的阵列间距离的较大变化甚至发送阵列畸形。间距变化过大集中发生在水鸟的调节能力较弱时。多分支拖曳线列阵阵型变化主要包括两类:① 两拖线阵水听器所在线阵的组合阵型变化;② 气枪与拖线阵水听器所在线阵之间的阵型变化。

根据前一小节中讨论所得到的结论我们已经知道,对于本算例中的水鸟来说,其在较大攻角区间(21.8139°, 41.6048°)获得的升力较小,在这一攻角区间范围内水鸟的调节性能较差。为研究这类低效作用区间内的升力系数对线阵阵型的影响,将改变上述两个区

　　间的升力系数,分析不同升力系数情况下的线阵阵型变化情况。

　　图 8.4(a)和(b)表示在(21.8139°, 41.6048°)区间内,改变区间内升力系数对阵列 A、阵列 B 间首、尾端距离的影响情况。已知阵列原始间距为 55.126 m,观察图 8.4 可知,15 s 前的状态曲线基本重合,这是因为该时间段内水鸟的攻角并未达到 21.839°(参见图 8.1 中水鸟水翼攻角的曲线在时域上的分布情况即可得到这一结论),故在 (21.8139°, 41.6048°)区间内升力系数的变化对两线阵首、尾端间距偏移的大小以及变化趋势无明显影响;15 s 之后,水鸟攻角进入(21.8139°, 41.6048°)区间,在这一区间范围内该攻角区间内升力系数的变化对两线阵首、尾端间距偏移的大小有较大的影响,A、B 线阵之间的间距变化在 15 s 以后随着时间的递增呈现振荡且逐渐减小的趋势。

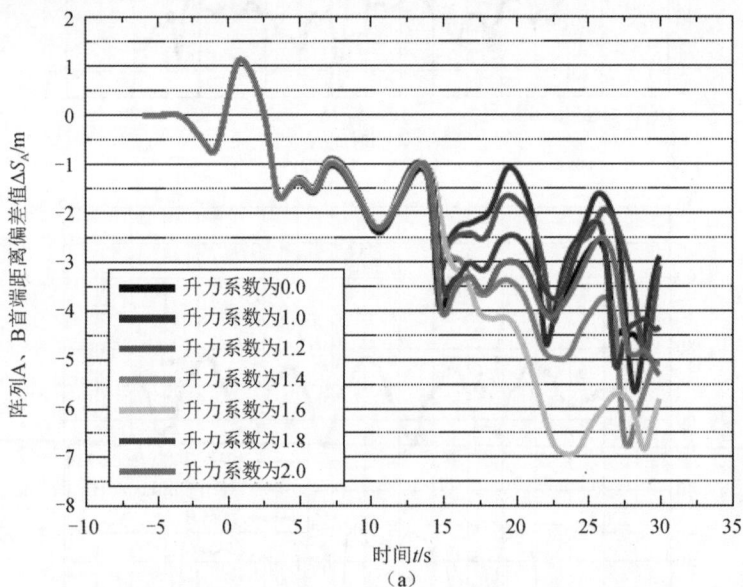

（a）

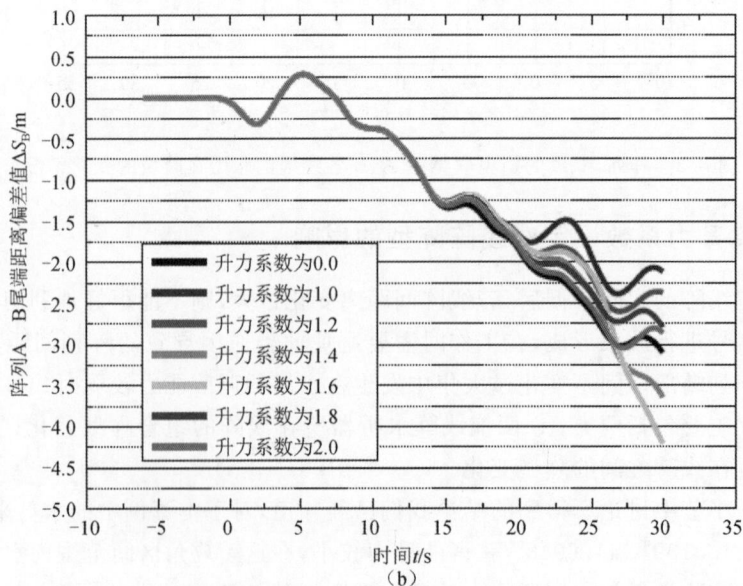

（b）

图 8.4 (21.8139°, 41.6048°)区间内不同升力系数时阵列 A、阵列 B 间首、尾端距离的偏差时域变化值

图 8.5(a)表示水鸟攻角在(21.8139°,41.6048°)区间内,升力系数的变化对气枪与阵列 B 间首端距离的影响情况。观察图 8.5(a)可知,15 s 前的状态曲线基本重合,这是由于该时间段内水鸟的攻角并未达到 21.8139°,因此此时升力系数的变化对气枪与阵列 B 间首端间距偏移的大小以及变化趋势无明显影响;15 s 之后,水鸟攻角进入(21.8139°,41.6048°)区间,该攻角区间内升力系数的设定对气枪与阵列 B 间首端间距偏移的大小有较大的影响,间距变化呈现正、负两个方向上的振荡且有小幅度的减小趋势;气枪与阵列 B 间首端间距相较阵列 A、阵列 B 间首端距离的变化幅度更小,这说明阵列 B 的首端逐渐靠近气枪,但靠近的幅度不大。

图 8.5(b)表示水鸟攻角在(21.8139°,41.6048°)区间内,改变区间内的升力系数来研究其对气枪与阵列 B 间尾端距离的影响情况。观察图 8.5(b)可知,15 s 前的偏差值状

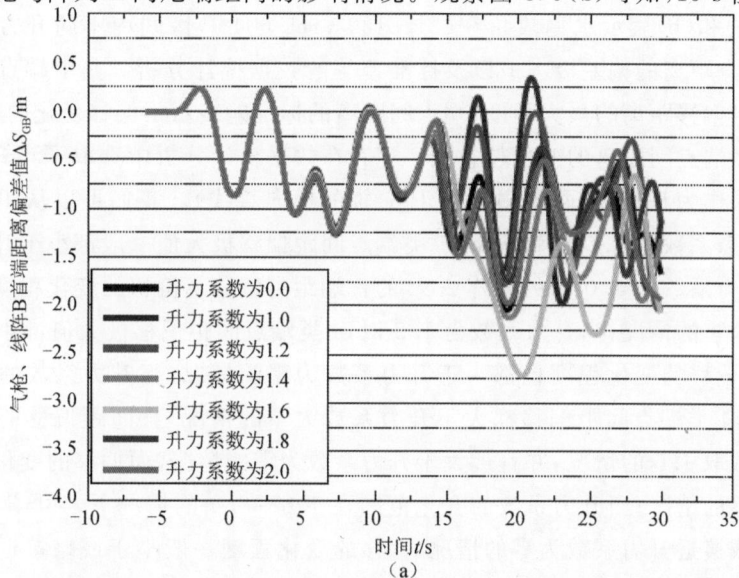

(a)

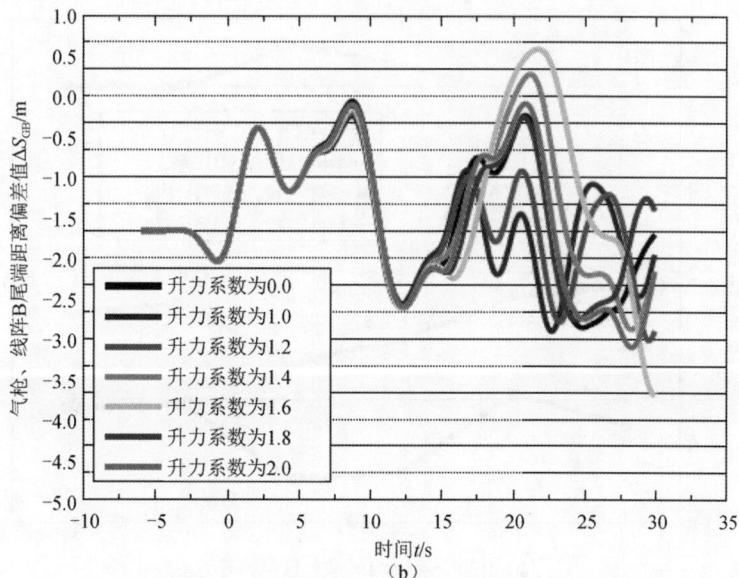

(b)

图 8.5　(21.8139°,41.6048°)区间内不同升力系数时气枪与阵列 B 间首、尾端距离的偏差时域变化值

态曲线基本重合,区间内升力系数的变化对气枪与阵列 B 间尾端间距偏移的大小以及变化趋势无明显影响;15 s 之后,水鸟攻角进入(21.8139°,41.6048°)区间,该攻角区间内升力系数的变化对气枪与阵列 B 间尾端间距偏移的大小有较大的影响,且间距变化呈现正、负两个方向上的振荡且有较大幅度的增大趋势;而气枪与阵列 B 间尾端间距相较阵列 A、阵列 B 间尾端距离的变化幅度更小,这说明阵列 B 的尾端逐渐远离气枪。

通过讨论上述线阵变化与升力系数的改变的相关性,可以发现两者之间并未呈现有规律的线性相关,在这种情况下,必须综合讨论水鸟升力系数的改变对线阵变化的具体影响。

图 8.6(a)和(b)表示水鸟攻角在(21.8139°,41.6048°)区间内不同升力系数情况下线阵、气枪端点距离的偏差极大值以及标准差等的数据统计分析。其中端点间距离的极大值表示可以偏移距离的最大程度,端点间距离的标准差表示了偏移变化的剧烈程度,标准差越大表示端点间距离的变化越急剧。笔者在数据统计分析中选取了当升力系数为 0 时的计算结果作为基准线(两图中平行于 x 轴的横向直线)。我们可以从图 8.6 中的曲线发现,当升力系数为 1.0 的情况下,4 类端点间距偏移极大值一般都小于升力系数为零的情况(除升力系数为 1.0 时的线阵 A、B 的首端距离偏移),偏移的变化程度小于或略接近升力系数为零的情况;当升力系数为 1.2 时,4 类端点间距偏移极大值都小于升力系数为零的情况,偏移的变化程度也都小于升力系数为零的情况;当升力系数的变化范围在 1.4~1.6 时,4 类端点间距偏移都大于升力系数为零的情况,且间距偏移的极大值都处于当升力系数取 1.6 的情况,并且远大于升力系数为零的情况,而偏移的变化程度都大于升力系数为零的情况;当升力系数的变化范围在 1.8~2.0 的情况下,4 类端点间距偏移一般都小于或接近升力系数为零的情况,偏移的变化程度一般小于或略接近升力系数为零的情况。

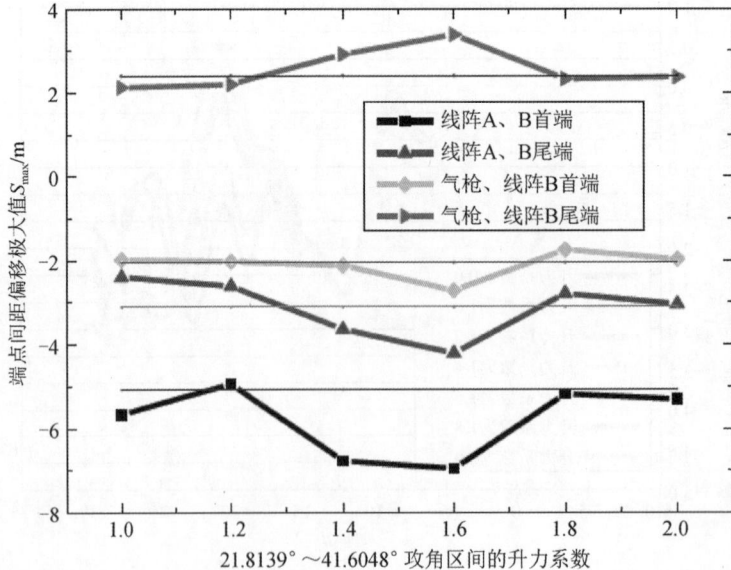

（a）

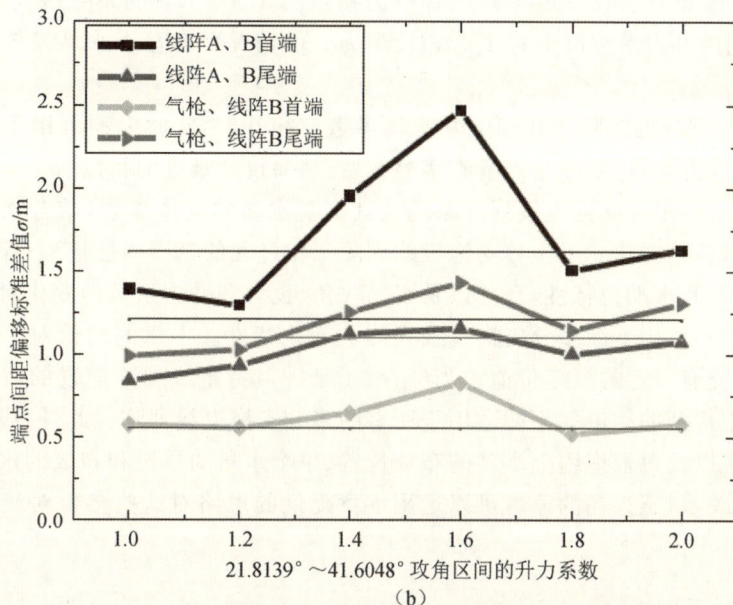

图 8.6　(21.8139°,41.6048°)区间内不同升力系数时线阵、气枪端点距离的偏差统计分析

综上所述,当水鸟攻角进入(21.8139°,41.6048°)区间时,该攻角区间内升力系数的变化对两线阵首、尾端间距偏移的大小有较大的影响;气枪与阵列 B 间首、尾端间距相较阵列 A、阵列 B 间首、尾端距离的变化幅度更小;阵列 B 的尾端逐渐远离气枪,其首端逐渐靠近气枪,但靠近的幅度不大;当升力系数的变化范围为 1.4～1.6 时,4 类端点间距偏移都大于升力系数为零的情况,偏移的变化程度都大于升力系数为零的情况,因此此型拖曳线列阵配套的水鸟升力系数设定不宜选择该区间;当升力系数为 1.2 时,4 类端点间距偏移极大值都小于升力系数为零的情况,偏移的变化程度也都小于升力系数为零的情况,(21.8139°,41.6048°)区间内升力系数设定为 1.2 相较于为 0 的情况更有益于水鸟发挥线列阵定型作用。

8.3　本章小结

综合总结计算结果,可以得出以下几点结论:

(1) 数值模拟得出的结果与该型水鸟的水动力学特性随攻角变化的分布情况符合得较好,说明数值模拟结果具有一定的可靠性;水鸟在较大攻角区间(21.8139°, 41.6048°)以及过小攻角区间(−4.0506°,0.1554°)获得的升力较小,水动力性能较差。

(2) 水鸟提供的水动力主要用于抵抗阵列 A、B 在 Y 方向趋向母舰合并的物理特性,同时使得线阵本身的张力变化较稳定,相应的轴向形变稳定,这就为阵列声学段的稳定工作提供了较好的条件。

(3) 当水鸟攻角的变化范围进入(21.8139°, 41.6048°)区间时,该攻角区间内升力系数的变化对两线阵首、尾端间距偏移的大小有较大的影响。由计算结果可知,此型拖曳线列阵配套的水鸟升力系数设定不宜选择升力系数为 1.4～1.6 的系数区间；(21.8139°，41.6048°)区间内升力系数设定为 1.2 相较于为 0 的情况更有益于水鸟发挥线列阵定型作用。

(4) 拖曳线列阵的线阵参数和配套水鸟参数应相互配合，此模型可用于初步验证最佳的配合水鸟升力系数，从而达到节省实验花费、精简设计难度的目的。

本章参考某型多分支拖曳线列阵系统及其配套水鸟的具体参数，结合该装置的工作过程，运用相对流速法建立了多分支拖曳线列阵工作过程的三维离散模型；探究了水鸟工作的主要作用及其水动力特性，水鸟以及水鸟攻角、曳力和升力系数的变化对线阵阵型的影响；得到了水鸟作用下该多分支拖曳线列阵的变化特性。本章的结论对多分支拖曳线列阵系统的研究有一定的参考价值。当然，由于是针对特定线列阵配置的特定型号的水鸟，因此本章中得到的结论并不能适用于所有的多分支拖曳线列阵。此外，线阵中分支的数目、初始间距以及每根拖缆上水鸟的布放位置、单个水鸟的质量和布放的水鸟数量都有着密不可分的关系，感兴趣的读者可以运用本章提供的思路对这些参数对线阵的影响做进一步的分析。

第九章 减速状态下多分支拖曳线列阵的动力学特性研究

本章导读

传统的单线阵在拖船进行一些特殊的机动时会出现目标左右舷模糊问题和对目标定深侦测(如实现潜艇目标的三维定位)存在困难的问题。水下多分支拖曳线列阵动力学属于非光滑、非线性参数激励多体系统,它本身是非自治系统,在某些特殊情况下它可以退化为自治系统,如 Duffing 系统、Mathieu 系统、van der Pol 系统等;而随着相关参数的变化,系统的周期解可能失稳而发生如倍周期分岔、鞍-结分岔、Hopf(霍夫)分岔、树枝分岔以及对称破缺等局部分岔,也可能发生全局分岔、混沌;高阶退化还可能产生激变等,所有这些复杂的动力学现象会导致线列阵发生不可预测的变化。因此,研究多分支拖曳线列阵在某些特殊情况下(如减速阶段)的动力学特性变化具有重要意义,也有着十分重要的应用价值。

9.1 多分支拖曳线列阵减速阶段可能出现的问题及建模

9.1.1 多分支拖曳线列阵减速阶段可能出现的问题

多分支拖曳线列阵声呐系统在正常工作时,一般处于运动稳定状态或是准稳定状态,这是由于当系统运动状态变化过于剧烈时,线阵不稳定的状态会严重影响声呐系统工作的有效性和准确性。判断多分支拖曳线列阵系统是否处于稳态运动的指标一般有以下两个:① 线阵声学段内张力关系到系固在段内的水听器的安全性能及其工作稳定性,因此准确对线阵声学段内张力进行估计和预报是非常有必要的;② 拖曳舰艇机动或变速航行时为了准确探测潜艇声源位置,就必须首先精确预报拖曳线列阵声呐的位置和构型姿态,在水下拖曳时,易受舰艇机动与洋流的影响,出现阵型畸变后探测性能下降甚至无法工作的状态。

但事实上,除了稳定状态,在特殊条件下,为达到特殊的目的,拖曳母舰还会做减速制动。在减速制动过程中,线阵的形态和拖缆张力的稳定性将不可避免地被破坏。如果减速过快,在母舰紧急制动的情况下就会出现线阵的强烈紊乱,拖缆应力-应变的不同步、不协调从而导致线阵从阵型到拖缆拖曳张力波动的全面失稳,失稳后会对拖缆内部镶嵌的声呐造成无法预知的损伤。在这种情况下,就有必要详细地研究减速制动过程中制动加速度的变化对线阵性能的影响到底有多大,进而在准确评估这种影响的基础上选择最合适的制动加速度,从而实现在减速制动期间多分支拖曳线列阵的阵型偏移和张力波动最小。

绝大部分学者在进行相关系统水动力性能的分析研究时默认拖曳母舰恒速,然而实际工作时拖曳母舰无法保持恒速。对于多分支拖曳系统的相关研究来说,实验法不失为一种有限的方法,早在 20 世纪 80 年代就已经进行过较精确的拖曳缆索水下实验。但由于水下拖曳缆索是强挠性细长构件,缆索水下拖曳实验对一些测量元件的敏感度要求非常高,过于复杂的拖船机动过程会导致数据采集起来比较困难,且实验费用也较为昂贵。为了降低实验数据的采集难度,大部分拖曳缆线的实验都是集中在稳态阶段的,如稳态匀速直航、稳态回转等。对于稳态下的拖曳系统进行实验相对而言难度是比较小的,但对于紧急条件下的减速制动时的拖曳系统进行较为准确的实验还是存在一定困难且相对于匀速阶段的拖曳,变速运动对实验的控制精度要求更高,经济上的投入也会更大。为分析拖带母舰旋回或变速机动时可能引起的线列阵失速下沉、构型畸变等问题,本章基于多分支拖曳线列阵减速制动的实际过程建立了线阵工作过程的三维离散模型,分析了母舰减速制动情况下所拖曳的多分支线列阵的水动力性能变化情况,并对计算结果进行了分析,通过分析,得到了若干有价值的结论,对于提高母舰减速过程中维持线阵的安全性和稳定性有着一定的借鉴与指导意义。

9.1.2　线列阵减速阶段仿真模型的建立

9.1.2.1　具体海况

我国的南海海域拥有大量的海洋油气资源和丰富的鱼类资源,而且在军事上的战略地位也非常重要,欧美等发达国家的先进战舰也经常出现在我国南海进行军事侦察。因此,从有效开发我国的海洋资源和维护我国海洋领土权益、保持长久的军事存在以及拓宽民族生存空间来说,在将来相当长的一段时间内,该海域将是我国各类深水海上工程作业和开展军事斗争的主要海域。我国南海海域的波浪平均周期在 4~6 s 之间,选取 3 级以及 4 级海况(有效波高在 1.0~1.6 m 之间)作为实际工况,选取某海域,根据统计结果,当波浪周期与有效波高的联合分布概率达到极大值时,波浪平均周期为 4.5 s 左右,有效波高为 1.2 m 左右。为在分析中尽可能还原实际工作海况,文中选取了波浪周期 $T = 4.5$ s,有效波高 $H = 1.2$ m,流速为 1.2 m/s 的海况作为模拟工作海况。风对于拖曳线列阵的水动力学效应影响不大,故在选取环境因素时未予以考虑。

9.1.2.2　模型建立及其具体参数

图 9.1 所示为多分支拖曳线列阵的结构示意简图,系统由两支细长单线阵(分别为 Array A 与 Array B)与一个由气枪脐带缆牵连的气枪组成,各单线阵的组成部分包括拖曳导引缆(Leader A 与 Leader B)、气枪导引缆、尾绳部分(Tail A 与 Tail B)以及连接浮体

(Couple A 与 Couple B)组成。示意图中最上端的结构为拖缆控制器——水鸟。为稳定线阵,使用弹性结构(Link)弹性连接拖曳部分导引缆 B 和导引缆 C、线阵 B 和气枪缆。线阵 A 和 B 之间使用连接缆(Spreader)连接,其目的是限制两个单线阵间距,在确保探测精确度的同时保护装置结构安全。图 9.2 所示为多分支拖曳线列阵在减速运动过程中阵型变化的历程图。

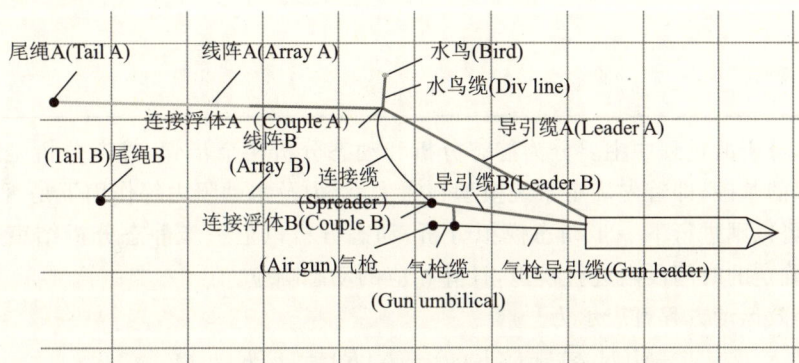

图 9.1 多分支拖曳线列阵示意

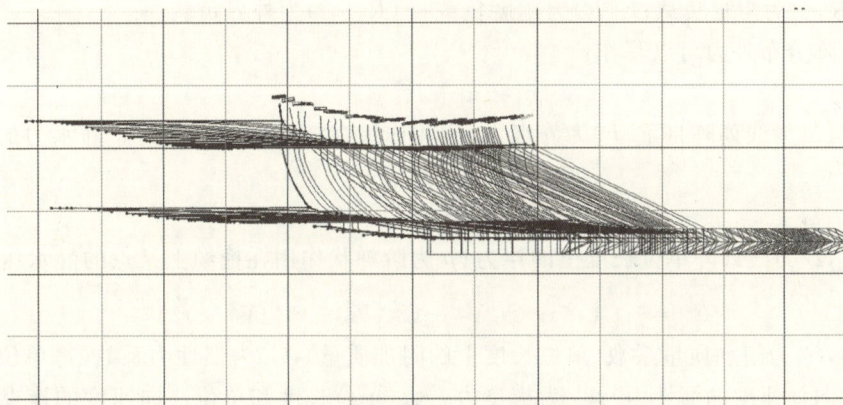

图 9.2 多分支拖曳线列阵减速运动阵型变化

线列阵各部分线性参数见表 9.1:d 为缆的横截面的直径;ρ_c 为拖缆的线密度;EA 为轴向刚度;EI 为弯曲刚度;$C_{d\tau}$、C_{dn} 和 C_{db} 分别代表各缆索的切向阻力系数、法向阻力系数以及副法向阻力系数;$C_{a\tau}$、C_{an} 和 C_{ab} 分别代表切向附加质量系数、法向附加质量系数以及副法向附加质量系数。

表 9.1 线列阵线型参数

	L/m	d/m	ρ_c/kg·m^{-1}	EA/kN	EI/kN·m^2	$C_{d\tau}$	C_{dn}	C_{db}	$C_{a\tau}$	C_{an}	C_{ab}
线阵 (Array)	170	0.08	5.2	2000	0.02	0	1.5	1.5	0	1.0	1.0
导引缆 (Leader)	120	0.05	5.9	5000	0.02	0.01	1.5	1.5	0	1.0	1.0

续表

	L/m	d/m	$\rho_c/\mathrm{kg \cdot m^{-1}}$	EA/kN	$EI/\mathrm{kN \cdot m^2}$	$C_{d\tau}$	C_{dn}	C_{db}	$C_{a\tau}$	C_{an}	C_{ab}
尾缆 (Tail)	5	0.025	0.74	2500	0	0.01	1.5	1.5	0	1.0	1.0
弹性结构 (Link)	8	0.05	5.9	6000	0.04	0.01	1.5	1.5	0	1.0	1.0
连接缆 (Spreader)	60	0.2	.300	1	0	0	1.2	1.2	0	1.0	1.0

在计算分析的过程中主要分为静态分析和动态分析两个步骤,静态分析是进行下一步动态模拟的基础,即首先确定系统模型在重力、浮力及水动阻力等作用下是否能够达到静平衡,若可以则进行下一步动态模拟分析;动态分析以上一步静态分析结束位置为起点,模型在确定的时间段内进行模拟,计算相应的动态响应。

系统等效运动方程可表示为

$$M(R,a) + C(R,v) + K(R) = F(R,v,t) \tag{9-1}$$

式中,R 为位置;t 为模拟时长;v 和 a 分别为其速度与加速度的矢量;$M(R,a)$ 为惯性负载;$C(R,v)$ 为阻尼负载;$K(R)$ 为刚度负载;$F(R,v,t)$ 为外界负载。

线列阵分布外力可以写作:

$$q = w + F^s + F^d \tag{9-2}$$

式中,w 为线列阵自重;F^s 为静水力;F^d 为作用在拖缆上的水动力。静水力的表达式如下:

$$F^s = B - (pr')' \tag{9-3}$$

式中,B 为线列阵单位长度上的浮力;p 为阶梯状作用在拖缆上某点的静水压力。

$$F^d = -C_A \ddot{r}^n + C_M \dot{V}^n + C_D |V^n - \dot{r}^n| (V^n - \dot{r}^n) \tag{9-4}$$

式中,C_A 为附加质量系数(单位长度上的附加质量);C_M 为惯性力系数(每单位长度和每单位法向加速度的惯性力);C_D 为拖曳力系数(单位长度和单位法向速度的拖曳力);V^n 和 $\dot{V}^n$ 为垂直于线列阵中心线的流体速度和加速度。

据此可建立水中线列阵的运动控制方程:

$$\rho \ddot{r} + C_A \rho_w \ddot{r}^n + (EIr'')'' - (\tilde{\lambda} r')' = \tilde{w} + F^d \tag{9-5}$$

其中,$\tilde{\lambda} = T + P - EI\kappa^2 = \tilde{F} - EI\kappa$;$\tilde{w} = w + B$;$\tilde{T} = T + P$,$\tilde{w}$ 和 $\tilde{T}$ 分别表示有效重量和有效张力。

单位长度线列阵上的顺流作用力则可用修正的 Morison 公式表示:

$$F_x(z,t) = \frac{1}{2}\rho D C_{D0}\left(\frac{C_D}{C_{D0}}\right)|(u + V_c - \dot{x})|(u + V_c - \dot{x}) + \rho\frac{\pi D^2}{4}[C_M \dot{u} - (C_M - 1)\ddot{x}] \tag{9-6}$$

式中,V_c 为定常流流速;x 为顺流方向振荡位移;C_M 为惯性力系数;C_{D0} 为定常柱体的阻力系数;$\frac{C_D}{C_{D0}}$ 为阻力放大系数。C_M 和 C_{D0} 为 Re 数和 Kc 数之函数,具体取决于线列

阵的详细变形与参数。阻力放大系数则与横流振动幅值和频率有关,这一相关关系可表示为

$$
\begin{cases}
\dfrac{C_D}{C_{D0}} = 1, & W_r < 1 \\[3mm]
\dfrac{C_D}{C_{D0}} = 1 + 1.16(W_r - 1)^{0.65}, & W_r < 1
\end{cases}
\tag{9-7}
$$

式中,相关系数 $W_r = \dfrac{\left(1 + \dfrac{2\bar{y}}{D}\right)}{(V_r \mathrm{St})}$, $\bar{y}$ 为横流振动幅值,V_r 为约化速度,St 为 Stouhal 数。

船舶减速制动过程中,达到速度 V 时所需时间由下式确定:

$$
t = 0.00105 \frac{W V_0^2}{R_0}\left(\frac{1}{V} - \frac{1}{V_0}\right)
\tag{9-8}
$$

式中,W 为船舶实际排水量,单位 t;V_0 为定常速度,单位 kn;R_0 为速度 V_0 时船舶所受阻力,单位为 kN。在模拟工况时,分别论述拖曳线列阵声呐系统所附母舰在 30 s 内降速 1 kn、2 kn、3 kn、4 kn、5 kn。在这五种减速情况中,前三类在该型拖曳母舰机动中属于正常变速范畴;减速幅度为 4 kn、5 kn 时则属于紧急制动状态。

9.2　数据处理及分析

9.2.1　拖曳母舰制动减速过程中阵列声学段内张力变化情况

线阵声学段内张力的变化波动情况关系到镶嵌在声学段内的水听器的安全性及其工作状态的稳定性。因此,准确对线阵声学段内的张力进行估计和预报是非常有必要的。

图 9.3 和图 9.4 分别显示了阵列 A、B 的声学段内张力在时域上的变化情况,表 9.2 所列为阵列 A、B 的声学段内张力衰弱百分比在拖曳母舰不同减速幅度的变化情况。结合表 9.2 中的计算结果并观察图 9.3、图 9.4 可知,在拖曳母舰航速及方向不变时,阵列 A、B 的声学段内张力呈现稳定的周期性振荡,并未出现激荡性的突变,也未产生鞭击效应,张力变化最大时是在 30 s 内减速 5 kn 的情况,阵列 A、B 内张力最大值分别为 82.928 kN、96.485 kN,最小值分别为 39.845 kN、33.2019 kN,未出现超出许用张力范围或拖缆发生松弛的状态,因此声学段的工作安全性得到保障;阵列 A 声学段内张力衰减百分比幅度区间为(5.20%,22.22%),阵列 B 声学段内张力衰减百分比幅度区间为(5.46%,24.70%),两分支阵列声学段内的张力随着母舰的减速均出现了一定幅度的衰减,这是由于母舰的拖曳速度减小后,阵列 A、B 所受法向阻力和切向阻力都减小了,因此内张力也会相应地随之减小;随着拖曳母舰减速幅度增大,阵列 A、B 的内张力衰减幅度增大;进一步观察可以发现,母舰的减速与否并不影响张力的变化周期,有利于提高系固在段内的水听器工作稳定性。

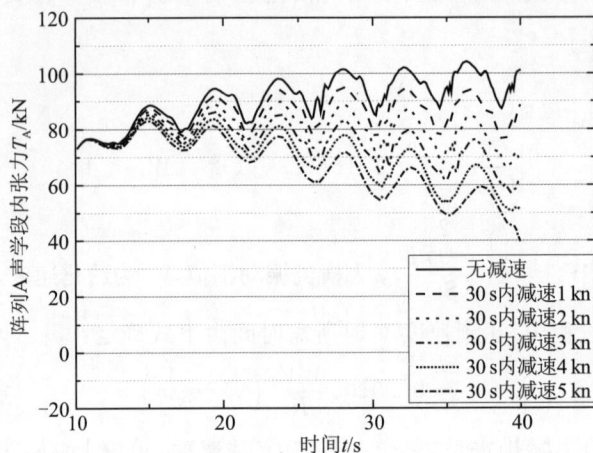

图 9.3　阵列 A 声学段内张力时域变化

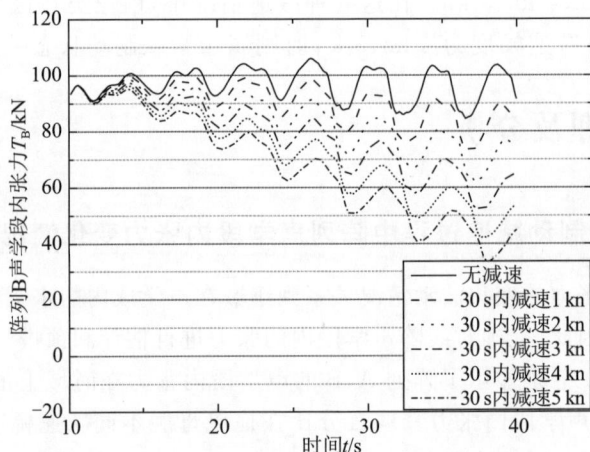

图 9.4　阵列 B 声学段内张力时域变化

表 9.2　阵列最大张力衰弱百分比

阵　列	减速 1 kn	减速 2 kn	减速 3 kn	减速 4 kn	减速 5 kn
阵列 A	5.20%	10.07%	14.50%	18.63%	22.22%
阵列 B	5.46%	10.70%	15.68%	20.41%	24.70%

综上所述,母舰的拖曳速度减小后,阵列 A、B 声学段内的张力会相应地减小;在相同时间段内拖曳母舰减速幅度越大,阵列 A、B 的内张力衰减幅度越大;声学段内张力呈现稳定的周期性振荡,并未出现较大幅度的突变,也未产生鞭击效应。同时,母舰的减速与否并不影响张力的变化周期,因此可以认为母舰减速过程对于其所拖曳的多分支线列阵的线阵声学段的安全保障性能及工作稳定性不存在影响。

9.2.2 拖曳母舰制动减速过程中阵列阵型变化情况

在已知拖线阵的实际阵型后,在工作时需要避免出现的多分支拖曳线列阵系统探测效果的阵型变化主要包括两类:① 两拖线阵水听器所在线阵的组合阵型变化,若线阵间距离变化过大,则不能很好地利用拖线阵水听器所接收的信号进行波束形成;② 信号发射气枪与拖线阵水听器所在线阵之间的阵型变化,信号发射装置与接收装置的位型变化过大会极大地影响装置的工作效果。

由于各线缆的长度动辄到达百米量级,在对线阵做水动力分析时若尽数分析各个节点,会造成计算过程中的计算量过大,也会浪费大量的计算资源与时间。因此,需要优先探究一种有效、简便的方法来衡量线阵的阵型变化剧烈程度。

图 9.5 表示了阵列 A、B 在 Y 方向上的位置偏移、偏移标准差变化沿缆长方向的分布情况,其中横轴沿缆长方向分布的数值刻度以各线阵的首端为 0 刻度开始。

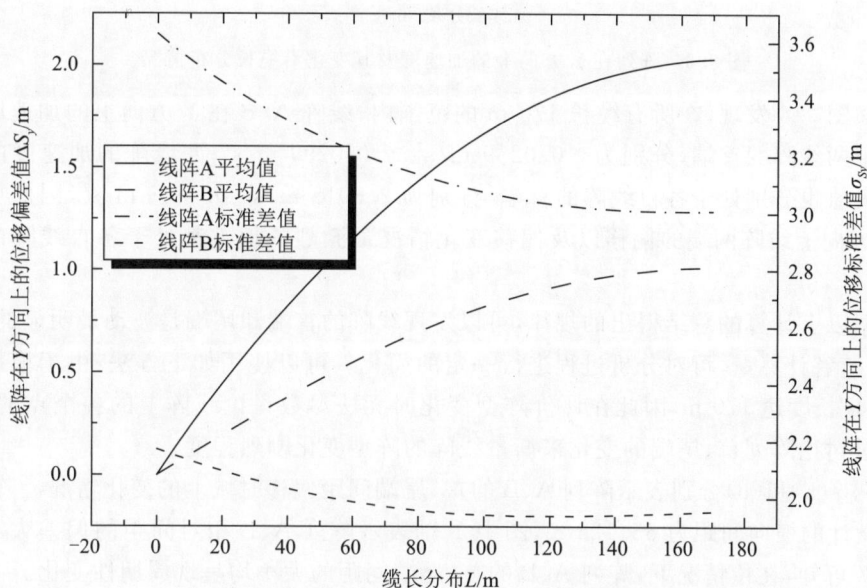

图 9.5　阵列在 Y 方向上的偏移及其变化沿缆长分布情况

观察图 9.5 发现,在所有缆长 170 m 的范围内,线阵 A、B 在 Y 方向上的位置偏移极大值都处于两线阵的尾端,分别为 2.0309 m、1.0146 m;两线阵的偏移标准差的极大值则分别处于各自线阵的首端,分别达到 3.628 m、2.1695 m,因此可以说明在 Y 方向上线阵两端的偏移最激烈的地方处于各自线阵的尾端部分,其偏移变化情况最激烈的地方则处于各自线阵的首端部分。

图 9.6 表示了阵列 A、B 在 Y 方向上的加速度、加速度标准差变化沿缆长方向的分布情况。

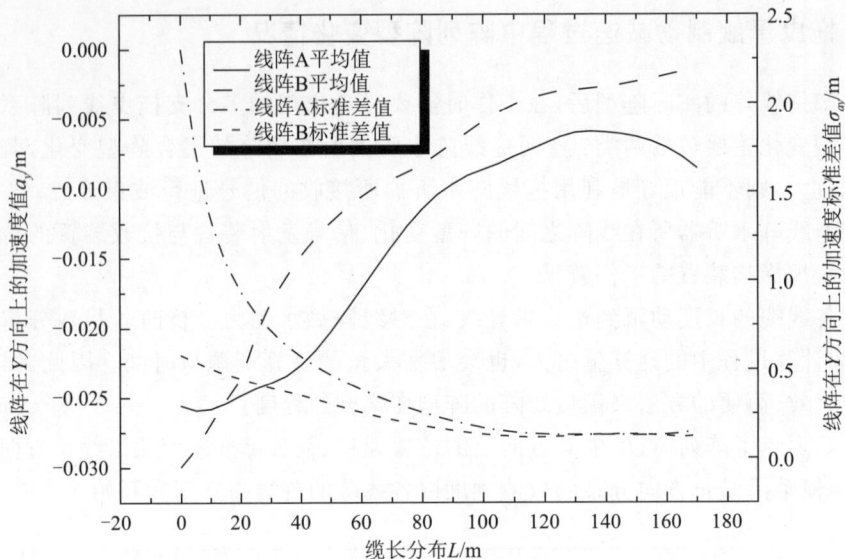

图 9.6　阵列在 Y 方向上的加速度及其变化沿缆长分布情况

观察图 9.6 发现，在所有缆长 170 m 的范围内，线阵 A、B 在 Y 方向上的加速度极大值都处于两线阵的首端，分别为 -0.0259 m/s²、-0.0299 m/s²；两线阵的加速度的标准差的极大值也分别处于各自线阵的首端，分别为 2.3018 m/s²、0.5803 m/s²，因此可以说明在 Y 方向上线阵两端的偏移以及偏移变化情况最激烈的地方都处于各自线阵的首端部分。

根据以上计算的总结得出的规律，可以发现线阵的首端和尾端是波动最明显的部位。因此，为节省计算量，可对分析过程进行一定的简化。可以使用如下方法：由于模拟中的线阵 A、B 长度达 170 m，因此在评价阵型变化时无法尽数讨论线阵上的各个点的变化，可以通过讨论阵列首、尾端的变化来衡量线阵的阵型变化剧烈程度。

图 9.7(a)和(b)分别表示阵列 A、B 的首、尾端间距偏移时域上的变化情况。阵列 A、B 之间设计的横向间距为 55.126 m，图中 Y 轴表示阵列 A、B 相对间距的偏差大小。观察图 9.7 可知，在位情况下，阵列 A、B 的首、尾端间距的大小均呈现周期性变化。

对阵列 A、B 在沿母舰前进方向的法向的相对偏移的平均值及标准差值的数据进行进一步整理后得表 9.3，表 9.3 中的数据显示了阵列 A、B 的阵型平行程度。通过观察表 9.3 可以发现，两根线阵的相对偏移的平均值均为负，这说明线阵首、尾端的变化幅值有明显的差距，尾端变化幅值明显小于相应的首端偏移；随着拖曳母舰减速幅度的增大，线阵相对偏移的平均值逐渐减小，但其标准差有较大幅度的提高，在数值上相对于未减速状态其变化剧烈程度提高了 50.11%，这说明若减速制动过程中加速度过大，会导致阵列自身的摆动加剧从而使得分支阵列难以保持平衡，因此将导致减速制动过程中阵列 A、B 无法继续保持平行前进。

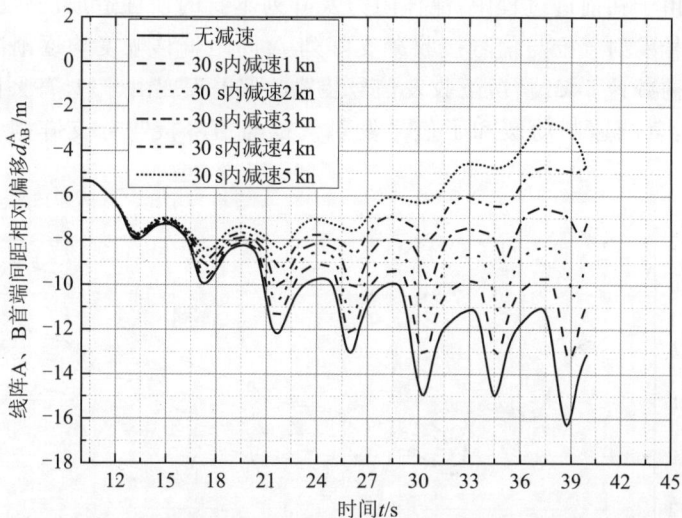

(a)

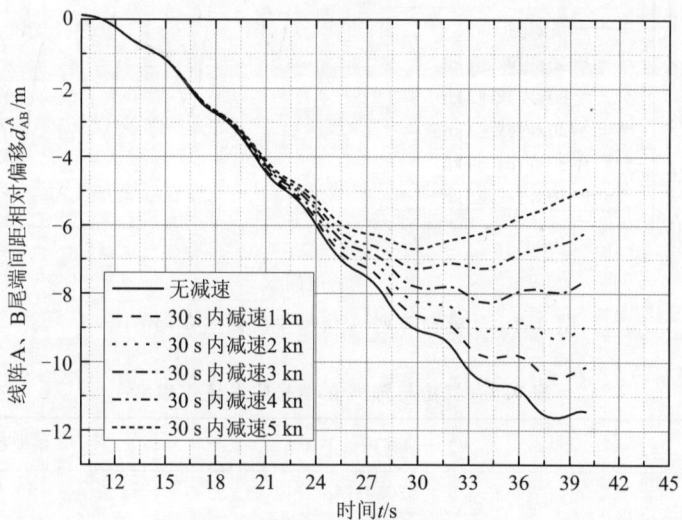

(b)

图 9.7 阵列 A、B 阵型变化情况

表 9.3 阵列 A、B 阵型平行程度

项 目	无减速	减速 1 kn	减速 2 kn	减速 3 kn	减速 4 kn	减速 5 kn
平均值/m	−4.25774	−3.74248	−3.27238	−2.80949	−2.33632	−1.93424
标准差/m	2.118973	2.309634	2.520404	2.75811	2.997848	3.180875

　　图 9.8 表示信号发射气枪与信号接收分支阵列 A 的间距偏移在时域上的变化情况。表 9.4 所列为信号发射气枪与信号接收分支阵列 A 的偏差程度百分比,信号发射气枪与信号接收分支阵列 A 的设计间距为 67.281 m。结合表 9.4 中的数据并进一步观察图 9.8 可知,在减速情况下,信号发射气枪与信号接收分支阵列 A 的横向间距均呈现周期性的振荡变化,且横向间距呈现出逐渐减小的趋势,信号发射气枪与信号接收分支阵列 A

逐渐靠近,这是由于在前进过程中,流体阻力及阵列本身的惯性造成的;随着拖曳母舰减速幅度增大,信号发射气枪与信号接收分支阵列 A 间距偏移幅度均逐渐减小,与未减速状态相比,30 s 内减速 5 kn 情况下收发信号装置的偏差程度由−11.79%降至−5.36%,这说明母舰的紧急减速制动缓和了信号发射气枪与信号接收分支阵列 A 的间距变化程度。

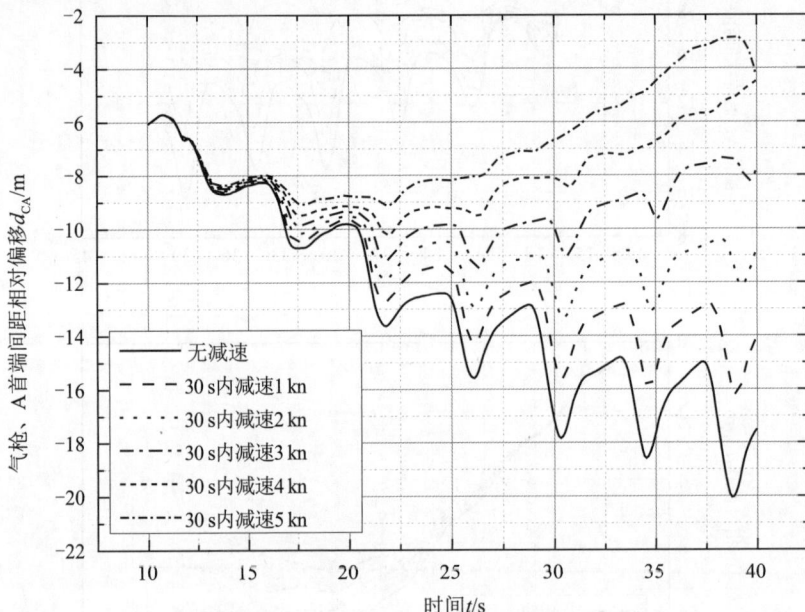

图 9.8　气枪与阵列 A 信号收发偏差变化情况

表 9.4　气枪与阵列 A 信号收发偏差程度

项　目	偏移极值	偏差程度
无减速	−20.0474	−11.79%
减速 1 kn	−16.1759	−9.52%
减速 2 kn	−13.3218	−7.84%
减速 3 kn	−11.4519	−6.74%
减速 4 kn	−10.2062	−6.00%
减速 5 kn	−9.11493	−5.36%

综上所述,减速制动过程中,在流体阻力及阵列本身的惯性等作用影响下,阵列 A 与阵列 B、信号发射气枪与信号接收分支阵列 A 均逐渐靠近;母舰的紧急减速制动缓和了阵列变形状态的间距变化;若减速制动过程中加速度过大,会导致阵列自身的摆动加剧从而使得分支阵列难以保持平衡,因此减速制动过程中阵列 A、B 无法继续保持平行前进。

9.3　拖曳线列阵减速状态下的动态仿真结论

综合以上分析结果,针对减速状态下的多分支线列阵我们可以得出以下几点结论:

(1)由于模拟中的线阵 A、B 长度达 170 m,因此在评价阵型变化时无法尽数讨论线阵上的各个点的变化,为节省计算量,简化分析过程,可以通过讨论阵列首、尾端的变化来衡量线阵的阵型变化剧烈程度。

(2)母舰的拖曳速度减小后,阵列 A、B 声学段张力会相应减小;在相同时间内,拖曳母舰减速幅度越大,阵列 A、B 的内张力衰减幅度越大;声学段内张力呈现稳定的周期性振荡,并未出现较大幅度的突变,未产生鞭击效应,母舰的减速与否并不影响张力的变化周期,母舰减速过程对于其所拖曳的多分支线列阵的线阵声学段的安全保障性能及工作稳定性不存在影响。

(3)减速制动过程中,阵列间以及与信号发射气枪均逐渐靠近,母舰减速缓和了阵列变形状态下的间距变化;若减速制动过程中的加速度过大,会导致阵列自身的摆动加剧从而使得分支阵列难以保持平衡,因此减速制动过程中阵列 A、B 无法继续保持平行前进。

(4)母舰减速制动不影响其所拖曳的多分支线列阵的线阵声学段的安全保障性能及工作状态的稳定性,但若短时间内减速过大或减速缓冲时间过少,会导致阵列自身的摆动加剧从而使得分支阵列难以保持平衡,无法精确预报拖曳线列阵声呐的位置和构型姿态,出现阵型畸变后探测性能下降甚至无法工作的状态。

最后需要指出的是,由于拖船减速与减速阶段的相对性,本章中提出的计算方法除了可以计算减速制动阶段时多分支拖曳线列阵的动态响应,也可以用于计算多分支拖曳线列阵加速启动阶段的动态响应,而且这种方法可以将减速制动阶段的速度衰减和加速启动阶段的速度跃迁对线阵张力和阵型的影响有更准确的估计。感兴趣的读者可以结合本章提出的计算方法对两种阶段的多线阵动态响应进行更深入的研究。当然,这种方法也必然有一定的缺陷,缺陷与前面相对速度法有些类似,拖船在减速制动和加速启动阶段也存在船行兴波,但这种方法同样没有考虑船行兴波对线阵动态响应造成的影响。在本章的最后,笔者想提出一种设想:结合前文提出的相对速度法,对于拖船直航时减速制动和加速启动阶段的加速度是否也可以考虑在原有海流流速的基础上叠加一个与拖船加速度等大反向的海流加速度来实现海流在时域上的减速或加速。同时,能否提出一种等效转化的理论,将船行兴波转化为小范围的海洋载荷破碎波,这样就将由于拖船航行导致的船行兴波转化成了海洋波浪载荷(在这方面暂时无成熟的理论可以应用,因此这是解决这个问题的核心难点),再将这种转化得到的波浪载荷计及拖缆受到的水动力载荷中,就能在考虑船行兴波的基础上计算多分支拖曳线列阵在减速或加速阶段的动力学响应。理论上这种计及加速度变化和船行兴波作用的相对海流速度法在可以更真实地反映速度跃迁和速度衰减的同时,还可以提高整个系统的柔性及收敛性。限于自身理论水平及篇幅,在本书中笔者不再验证这种设想的可行性与正确性,仅仅提供一种思路上的参考与借鉴。感兴趣的读者可以按照这种思路将这种计及加速度变化和船行兴波作用的相对海流速度法的结果分别与本章中提出的减速制动和加速启动阶段时和多分支拖曳线列阵的动态响应计算结果进行对比,以此得到这种猜想的适用范围。

第十章 多分支拖曳线列阵舷侧导缆失效脱落时的阵型变化研究

本章导读

近些年来潜艇战和反潜战地位越发突出,为应对现代安静型潜艇的挑战,拖曳线列阵声呐孕育而生。其优势在于将声呐接收器安装在浮力拖缆上,使其远离母舰的自噪声,从而实现远距离警戒。多分支拖曳线列阵声呐系统(multi-branches towed acoustic array system)解决了单线阵在探测过程中出现的左右舷模糊以及对探测目标定向的问题。多分支拖曳线列阵在军事领域和海洋资源开发过程中有重要作用,它由与船尾相连的导缆、船尾端气枪缆和后端的拖曳线列阵主体缆等多根拖缆组成,其中导缆包括与后端拖曳线列阵主体缆相连的船尾端导缆和舷侧导缆。舷侧导缆的作用主要是用来维持拖曳线列阵中的各个拖缆间保持一定间距和拖曳系统整体空间构型,保证拖曳系统中各个缆索在拖曳的过程中能相互间保持一定的间距不至于相互缠绕在一起。如果在拖曳的过程中舷侧导缆失效脱落,那么在拖曳的过程中各个拖缆的间距和拖曳系统的整体构型得不到有效维持,拖缆之间会发生相互碰撞与缠绕,在这种反复的碰撞、缠绕和弯扭的状态下拖缆内镶嵌的拖曳声呐会受到严重的损坏;且舷侧导缆失效的瞬间也会发生瞬间的反弹,在反弹的过程中也会与船舷和船尾端与它相连的其他拖曳缆相互碰撞,而这种现象在实际工程中是无法完全避免的。因此,必须对这种现象中的阵型变化特性进行归纳总结,以便针对这种现象的特性制定一些有效的预防措施,将损害降低到最小。

10.1 仿真建模的初始边界条件

本章将对不同海况下舷侧导缆失效脱落时的多分支拖曳线列阵直航状态下的动力学模型进行分析,进而得出一些针对性的结论,对于该系统的深入研究可奠定一定的理论基础。

在仿真的过程中,拖船的拖速始终为 2 m/s,方向始终向右。在仿真中,水平向右为 X 轴正向,在水平面将 X 轴正向逆时针旋转 $90°$ 得到的方向为 Y 轴正向,垂直水平面向上的方向为 Z 轴正向。

多分支线列阵的初始形态如图 10.1 所示。

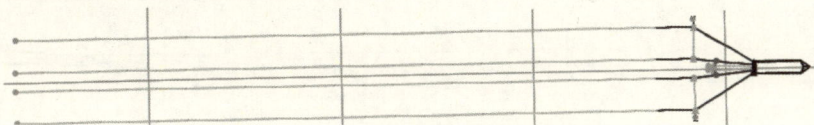

图 10.1 多分支线列阵的初始形态

10.2 不同海洋载荷时的模型案例分析

10.2.1 流作用时的动力学响应

流作用时的情形分三种,分别为逆流、顺流和横流。顺流是指拖船的前进方向与流速方向相同,逆流是指拖船的前进方向与流速方向相反,横流是指流速的方向与船体纵向保持相互垂直的状态。

10.2.1.1 逆流作用下左舷侧导缆失效断裂时的动力学响应

观察图 10.2 至图 10.5 可以发现,逆流流速越快,断裂的左舷侧导缆 A 在系统稳定后偏离垂直向下方向的角度就越大。可以预料的是,如果逆流流速持续增大下去,断裂的左舷侧导缆 A 会在水流的冲击作用下绕着其仍被约束的末端顺时针旋转一定的角度(此角度大于 90°),但此时左舷侧导缆 A 的牵引端在后下方浸入水面中,最终以左舷侧导缆 A 的末端在前而终牵引端斜向下的姿态稳定行进,且流速越大其绕自身末端旋转的角度越大。进一步观察发现,左舷侧拖缆 A 的阵型经历了一个整体阵型先向左舷偏移后又逐渐向船中方向回复的过程。产生这种现象的原因:在最初状态向左舷偏移是因为失去了左舷侧导缆 A 的约束作用,再当其继续向左侧偏移到一定程度时,左舷侧拖缆 A 开始受到展开器 A 的限制约束作用,再加上此时流向为逆流,以上各种综合因素导致左舷侧拖缆 A 的阵型阵位最终还是会逐渐向船中方向靠近的。

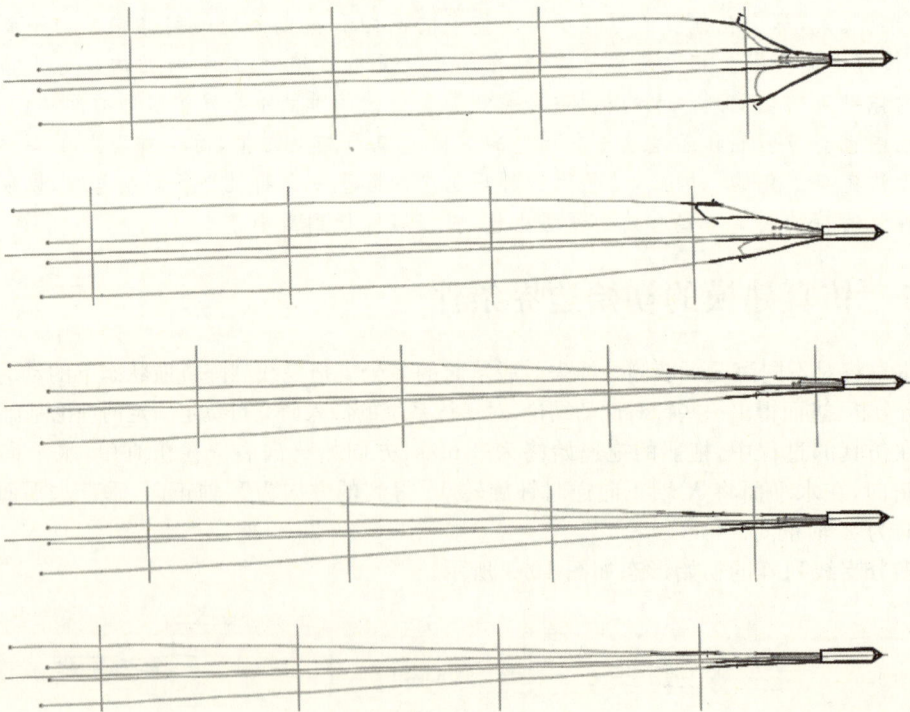

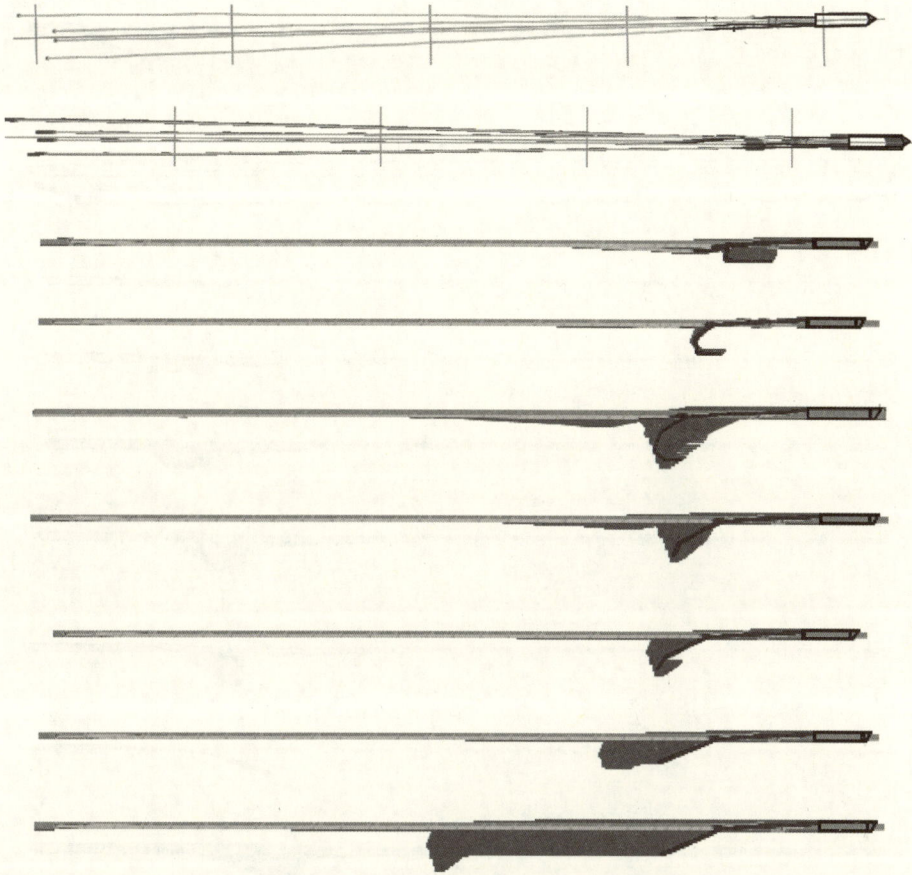

图 10.2　流速为 0.5 m/s 时多分支拖曳系统形态变化

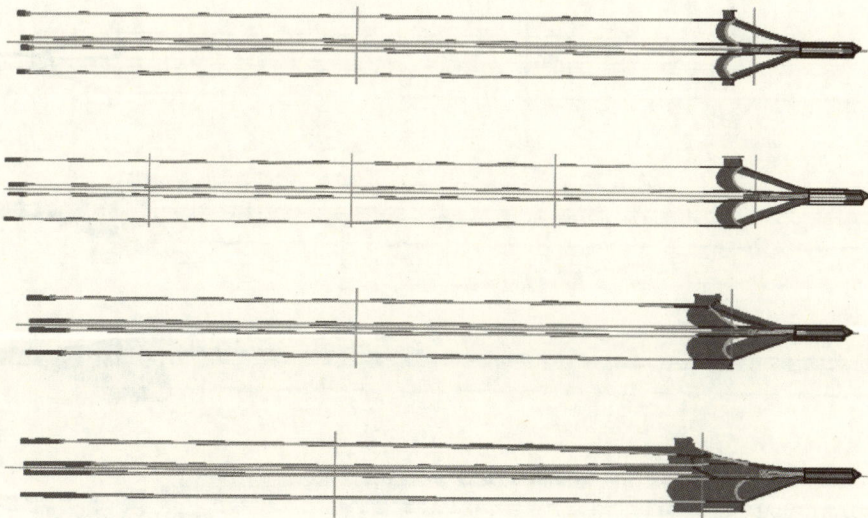

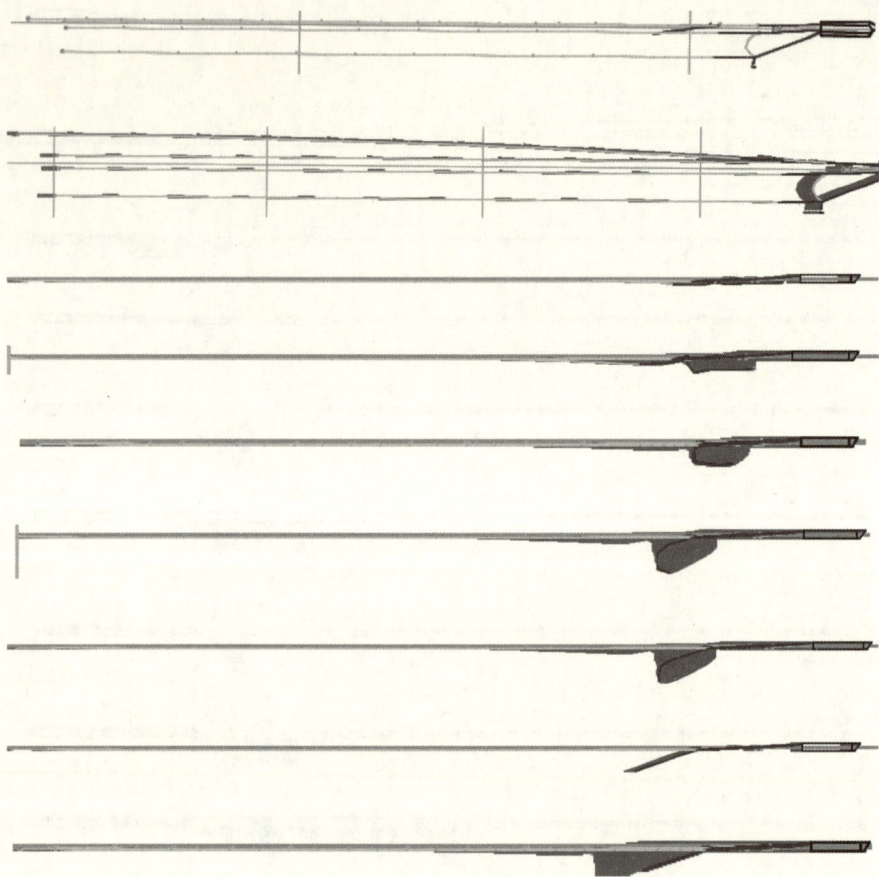

图 10.3　流速为 1 m/s 时多分支拖曳系统形态变化

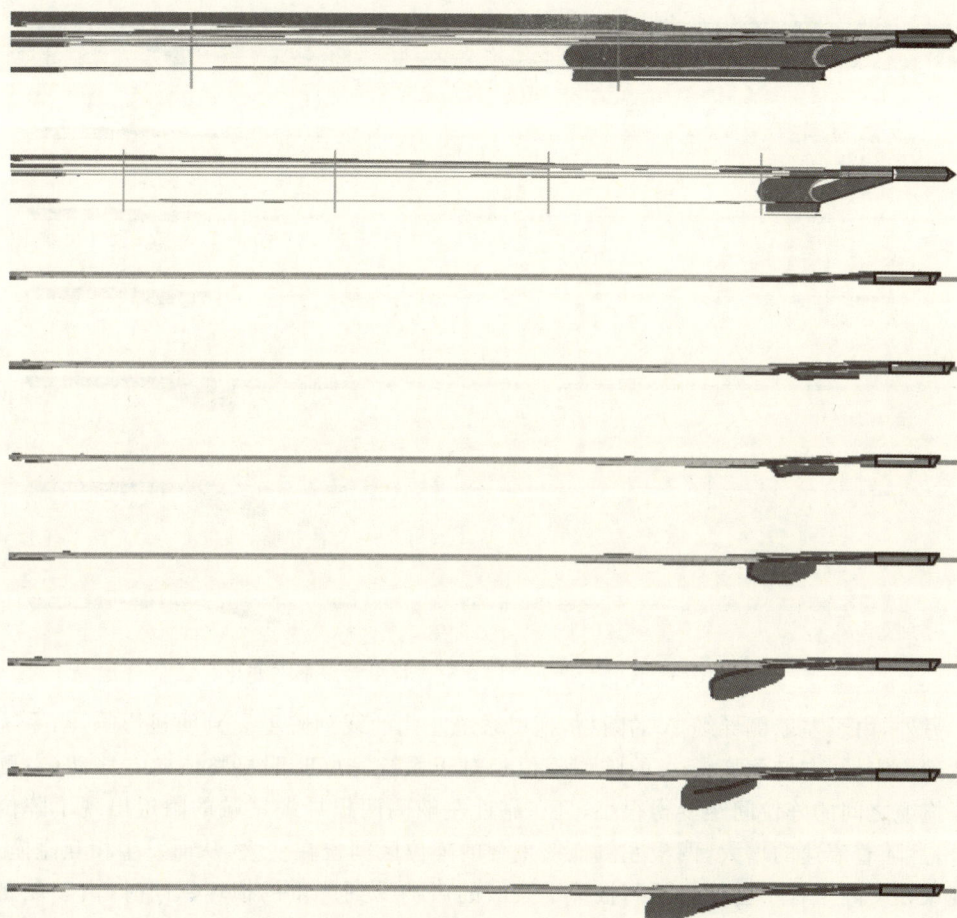

图 10.4　流速为 1.5 m/s 时多分支拖曳系统形态变化

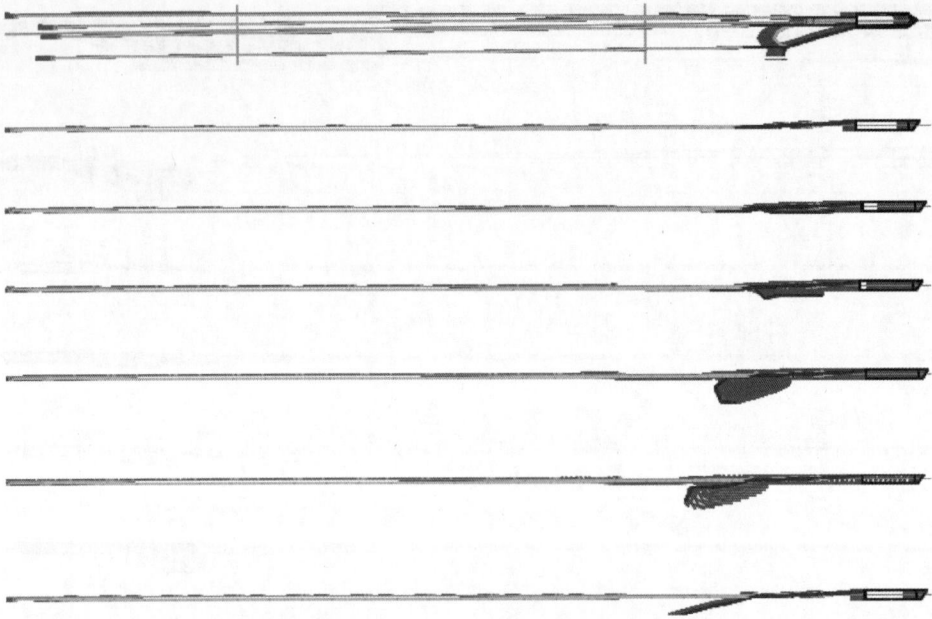

图 10.5　流速为 2 m/s 时多分支拖曳系统形态变化

　　另外,由于左舷侧导缆 A 的断裂,拖曳系统左侧的线列阵型受到明显影响,当系统整体达到稳定后,左舷侧拖缆 A 的阵型阵位相对于系统完好时明显整体向右移动;左侧的两根拖缆之间的阵位间距变得很小,且在靠近左舷侧两根导缆尾端的附近出现了阵位的重合,且随着流速的增大,两根左侧拖缆重叠的阵位区间也在变大,从而发生相互碰撞,这种现象在实际工程中会使得这两根缆中镶嵌的声呐受到严重的损坏。同时,由于舷侧导缆断裂和左侧拖缆阵型的紊乱,左舷侧拖缆 A 所承受的张力传递给了左侧的展开器,导致左侧的展开器也承受了很大的张力;在这个过程中左侧气枪脐带缆会先整体向左舷偏移然后又整体逐渐向船中方向回复,并且其承受的张力也明显增大。而对于右侧的线列阵型来说,在左舷侧导缆断裂后,右侧的线列阵型受到的影响并不大,且流速越大,右侧的线列阵型保持得越好。

　　当流向为逆流时,可以推测的是,不同流速时各个拖缆的张力分布可知逆流时流速越大,各个拖缆上的张力也越大;且由于左舷侧导缆的断裂,使得左侧两根拖缆所承受的拖拉力最终都集中在了中间导缆 B 的末端,这导致中间导缆 B 的张力要远远大于中间导缆 B1 所承受的张力。而左侧的展开器 A 相对于右侧展开器 B 也承受了较大的张力。

　　在逆流和顺流时,拖曳系统右侧的两根缆阵型保持良好,在 X 和 Y 方向并无大的阵型变化,而左侧两根拖缆在 X 和 Y 方向阵型阵位的变化主要是由于左舷侧导缆断裂引起的;而在横流作用下,由于受到海流的横向冲击,整个拖曳系统中的拖缆在 Y 方向的阵型阵位都会发生较大的变化,而且越靠近拖缆的尾端,在 Y 方向的偏移就越大,这是由于拖缆越靠近尾端,拖缆系统的挠性越强造成的。

10.2.1.2　逆流作用下双舷侧导缆失效断裂时的动力学响应

由于系统中拖缆较多,如两根导缆同时断裂,很容易发生相互缠绕,使得整个系统难以快速进入静平衡阶段;且舷侧导缆越长,同时断裂时系统的收敛性会越差,因为随着长度的增加,两根导缆在达到静平衡阶段前发生相互缠绕的可能性及发生缠绕的区间都会大大增加。为了系统便于收敛,令左右舷侧导缆在不同的阶段断裂。令右舷侧导缆在系统刚进入静平衡阶段的初始时刻断裂,令左舷侧导缆在系统开始进入动态仿真阶段的时刻断裂。在本章后面的内容中,凡是涉及双舷侧导缆失效断裂时都是令右舷侧导缆在系统刚进入静平衡阶段的初始时刻断裂,令左舷侧导缆在系统开始进入动态仿真阶段的时刻断裂。

观察图 10.6 至图 10.9 可以发现,逆流状态下,当左右舷侧导缆均断裂后,发现在不同逆流流速下,当整个多分支拖曳系统达到稳定后,整个拖曳系统中的拖缆阵型是左右对称的,而且逆流流速越大,拖曳系统达到最终稳定阶段所需的时间越短;且不同时断裂的左右舷侧导缆在整个拖曳系统达到稳定前的每一个时间步上沿缆长方向上的空间形态变化上是存在着一定的差异的,两根导缆的缆体空间形态变化在最初的阶段并不同步,这种不同步是因为断裂时刻的不同造成的;但当整个系统进入稳定阶段后,包括左右舷侧导缆在内的所有拖缆在每一个时间步上的缆体形态都是相同的。

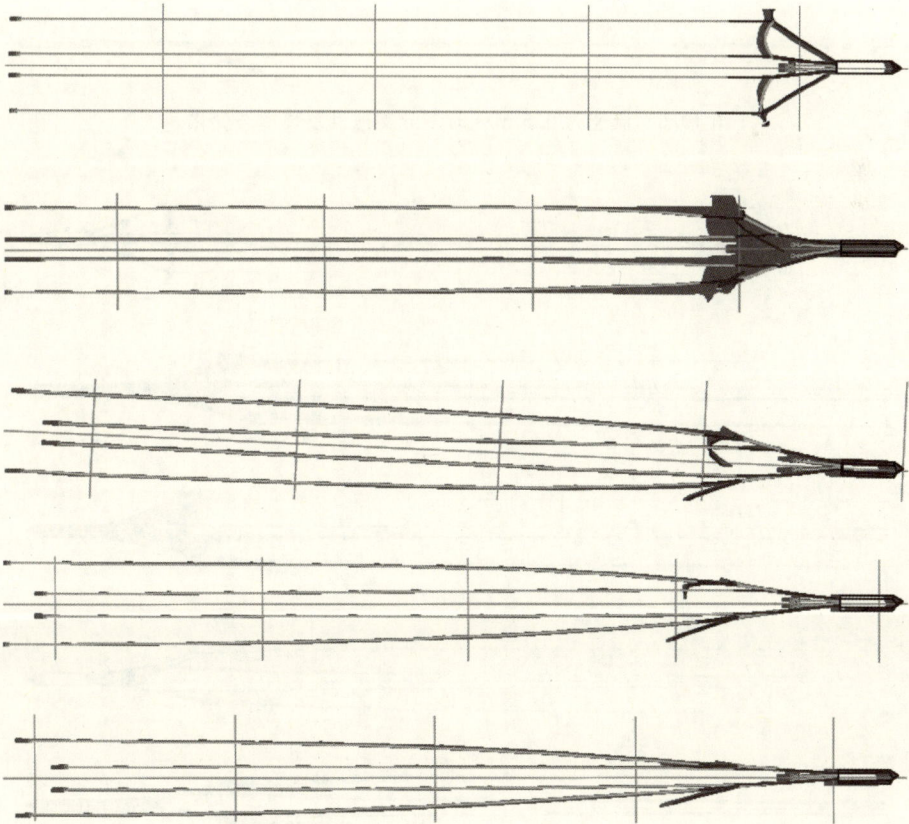

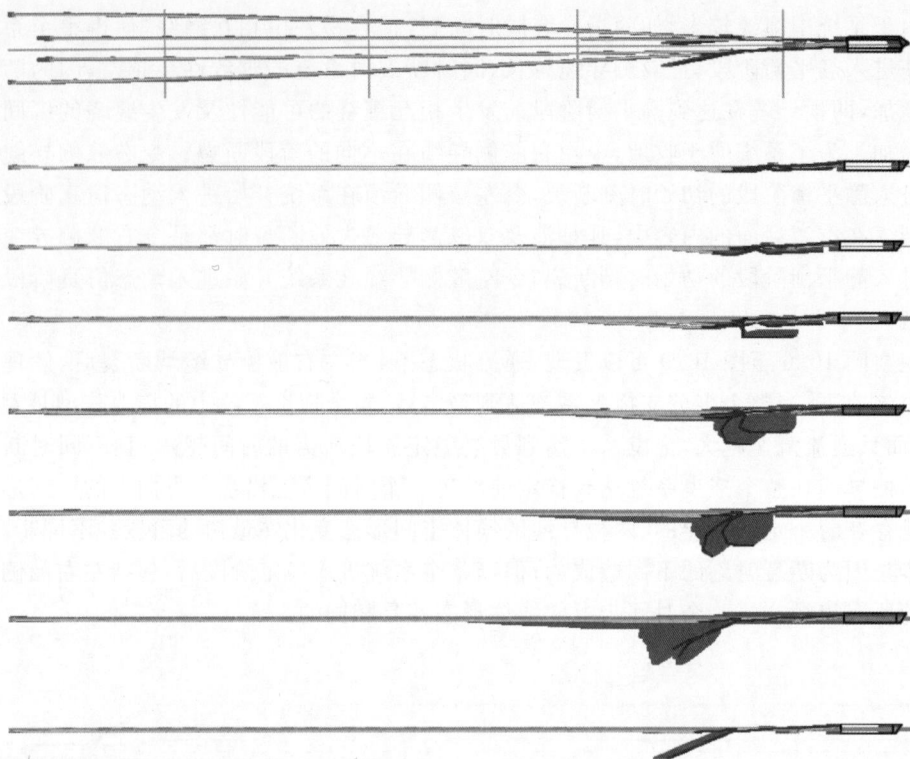

图 10.6　流速为 0.5 m/s 时多分支拖曳系统形态变化

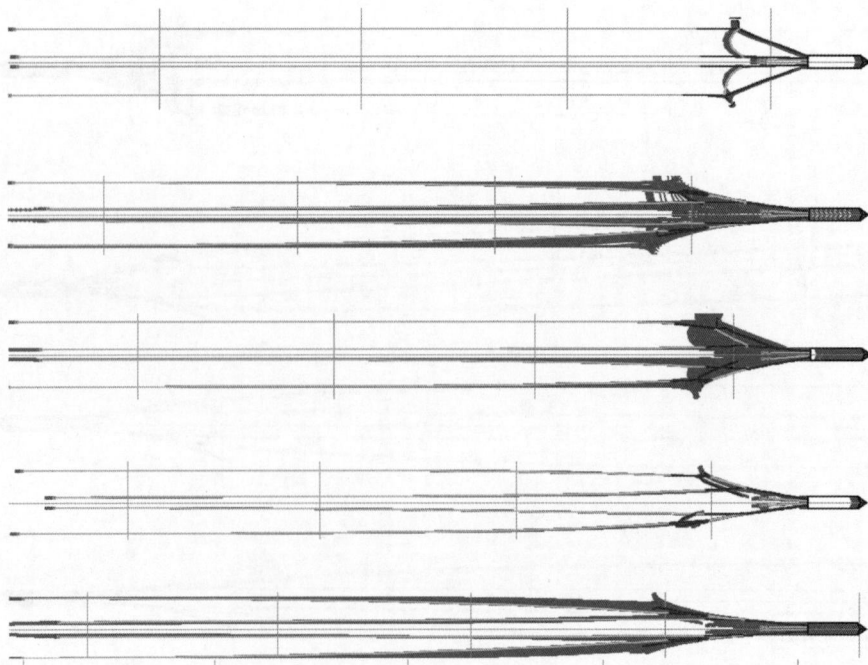

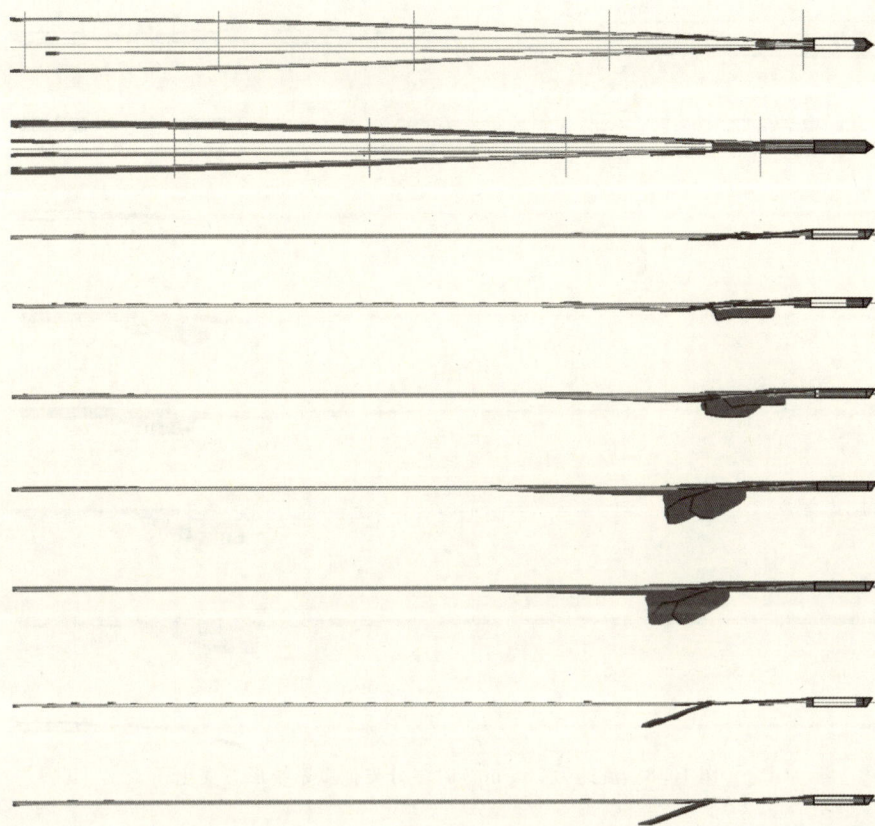

图 10.7　流速为 1 m/s 时多分支拖曳系统形态变化

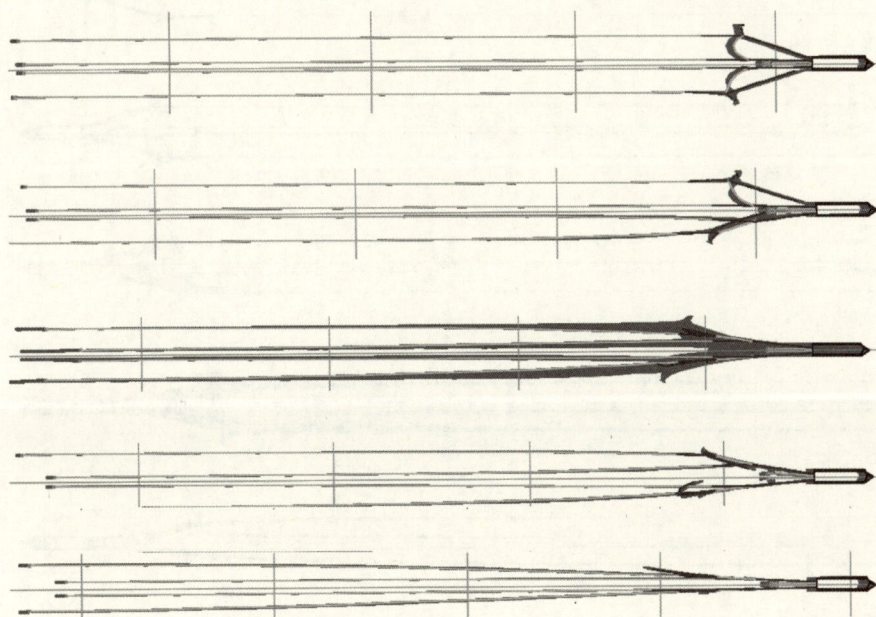

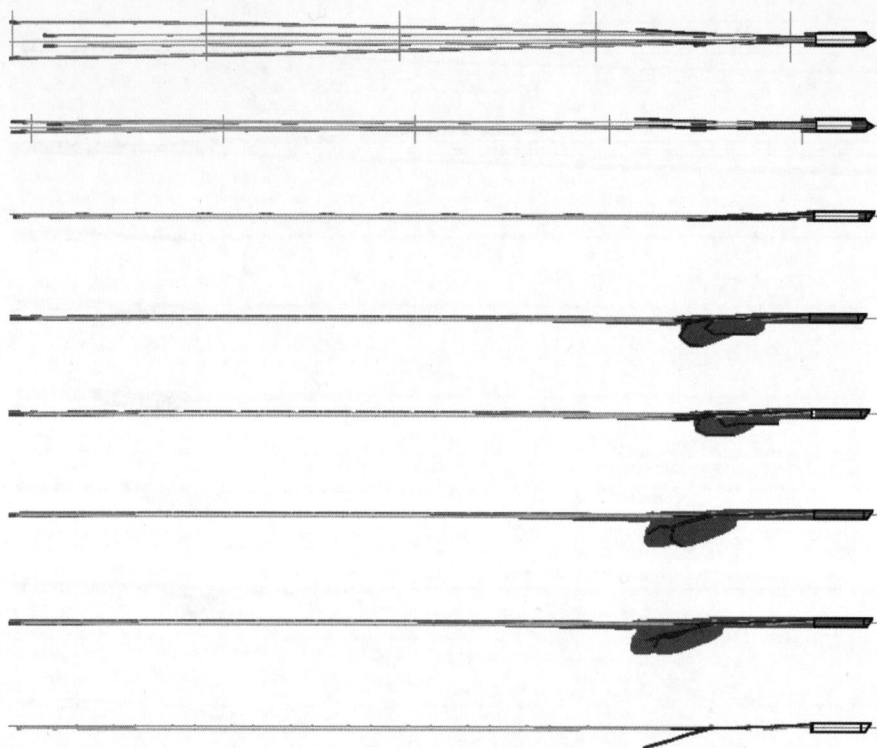

图 10.8　流速为 1.5 m/s 时多分支拖曳系统形态变化

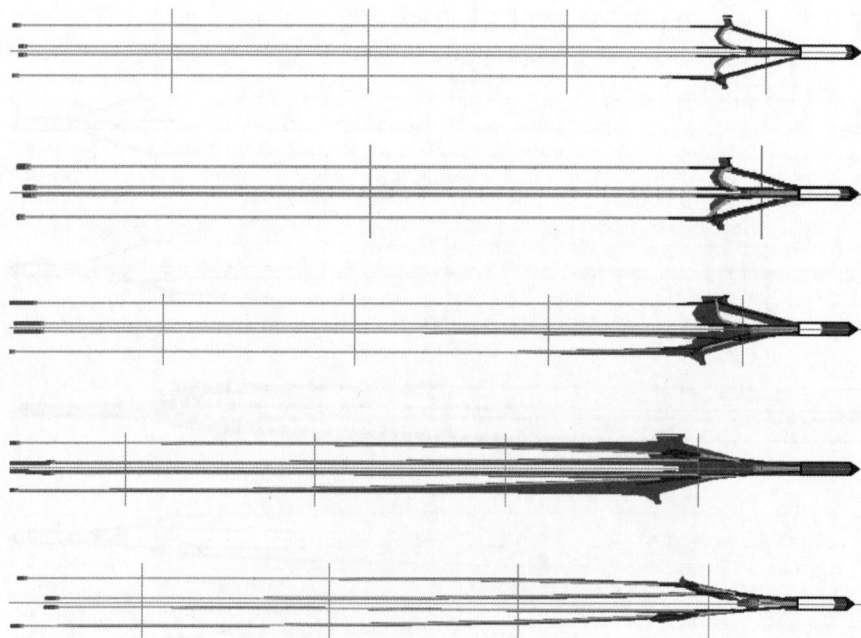

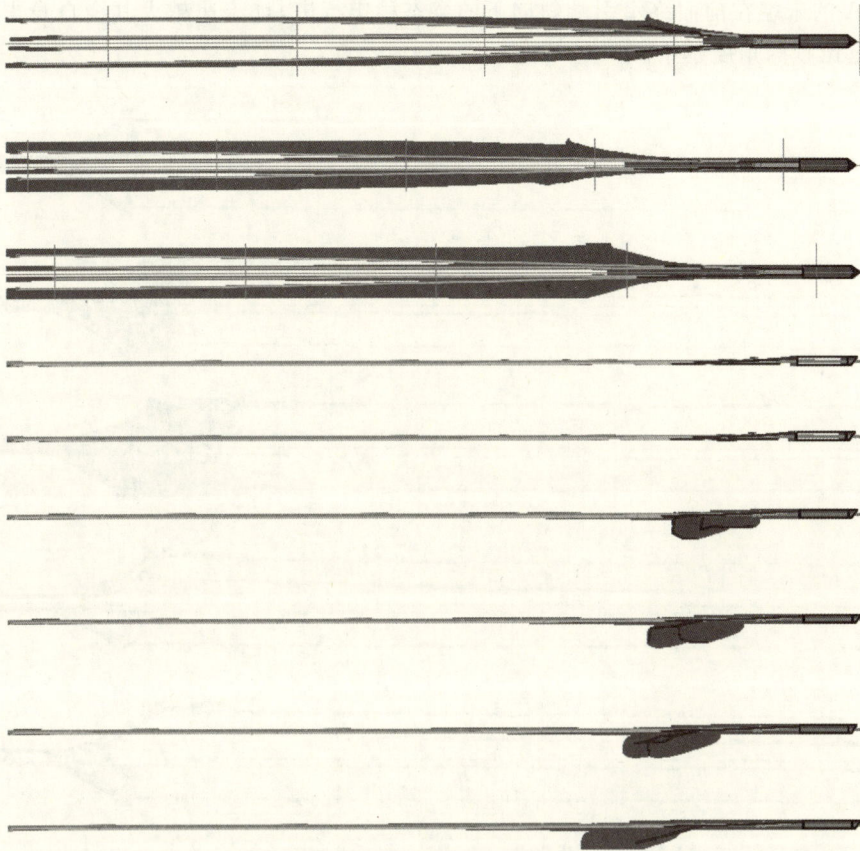

图 10.9　流速为 2 m/s 时多分支拖曳系统形态变化

10.2.1.3　顺流作用下左舷侧导缆失效断裂时的动力学响应

有一个词叫"随波逐流",在实际海上拖曳工程中拖船顺流行驶就是"随波逐流"中所谓的"逐流",在这种情况下,拖船前进的方向与海流的方向相同。

由于拖缆为挠性构件,在顺流状态下如果拖船的速度小于流速,拖缆将会受到水流的冲击而被压缩卷曲难以达到静平衡,致使系统无法收敛。因此,在顺流状态下,拖船的速度要远远大于流速,这样才能保证海流的拖曳力对拖缆产生的是轴向的拉伸作用。经过仿真中的多次调试发现,在这种情况下,拖船的速度最少要是流速的 4~6 倍才能保证整个多分支拖曳系统的收敛。也就是说,在这种情况下,海流与拖船的速度相差越大,系统的收敛性越好,海流的最大速度约为拖船速度的 1/4,当海流流速极小时就相当于拖船在静水中航行。

观察图 10.10 至图 10.14 可以发现,当顺流流速小于拖船拖速时,流速越大,断裂的左舷侧导缆 A 在系统稳定后偏离垂直向下方向的角度就越小,因此可以做出推断:如果能在仿真中实现,当流速达到与拖船拖速相同时,此时断裂的左舷侧导缆 A 应该处于自然悬垂状态。顺流流速越大,断裂的左舷侧导缆 A 在系统稳定后偏离垂直向下方向的角度就越小。可以预料的是,顺流流速越大,断裂的左舷侧导缆 A 越靠近自然悬垂位置(不断接近但并不会达到），但此时左舷侧导缆 A 的牵引端在后下方浸入水面中，最终以左舷侧导缆 A 的末端在前而终牵引端斜向下的姿态稳定行进，且流速越大其绕自身末端偏离自然悬垂位置的角度越小。

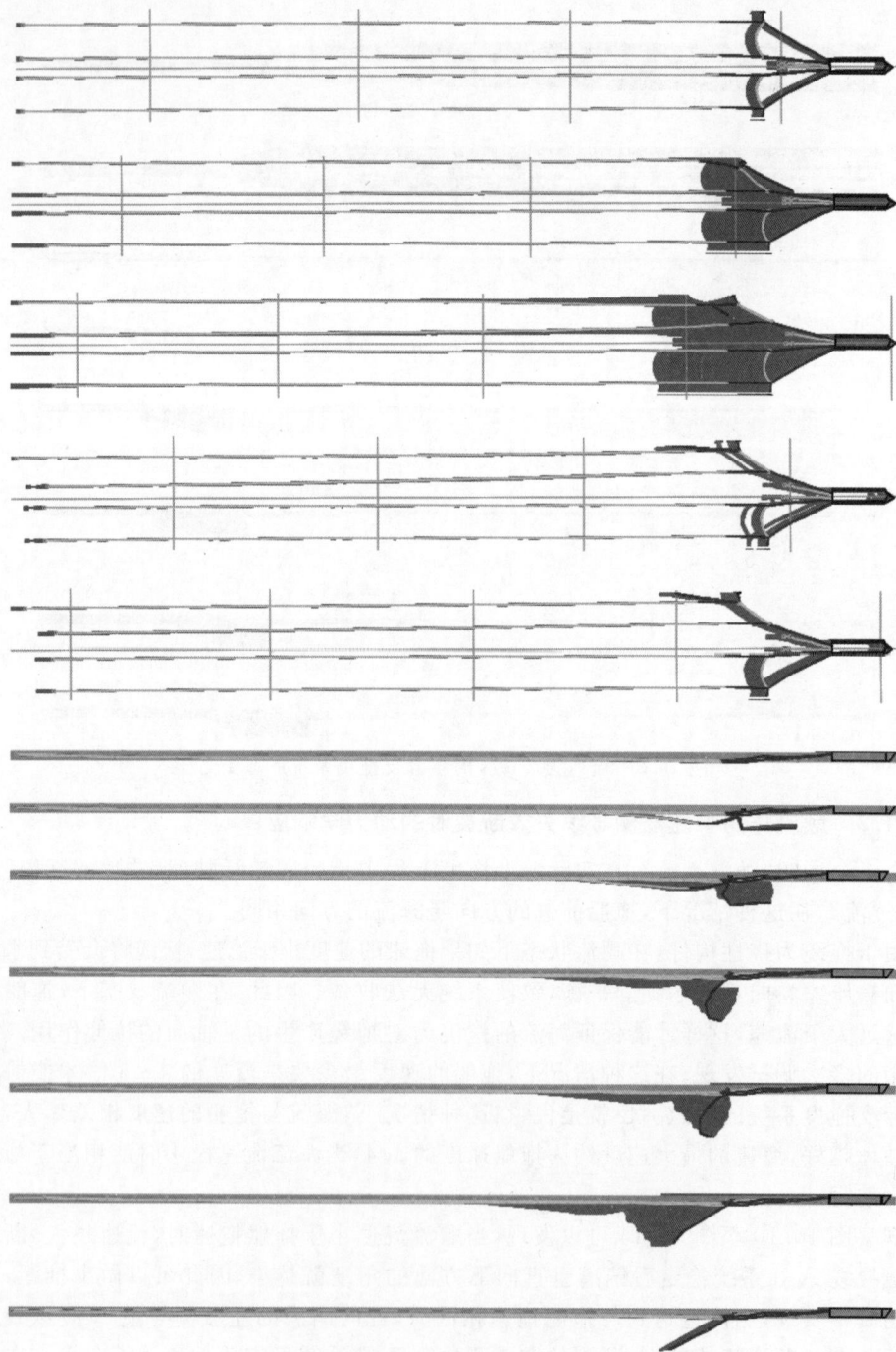

图 10.10　流速为 0.1 m/s 时多分支拖曳系统形态变化

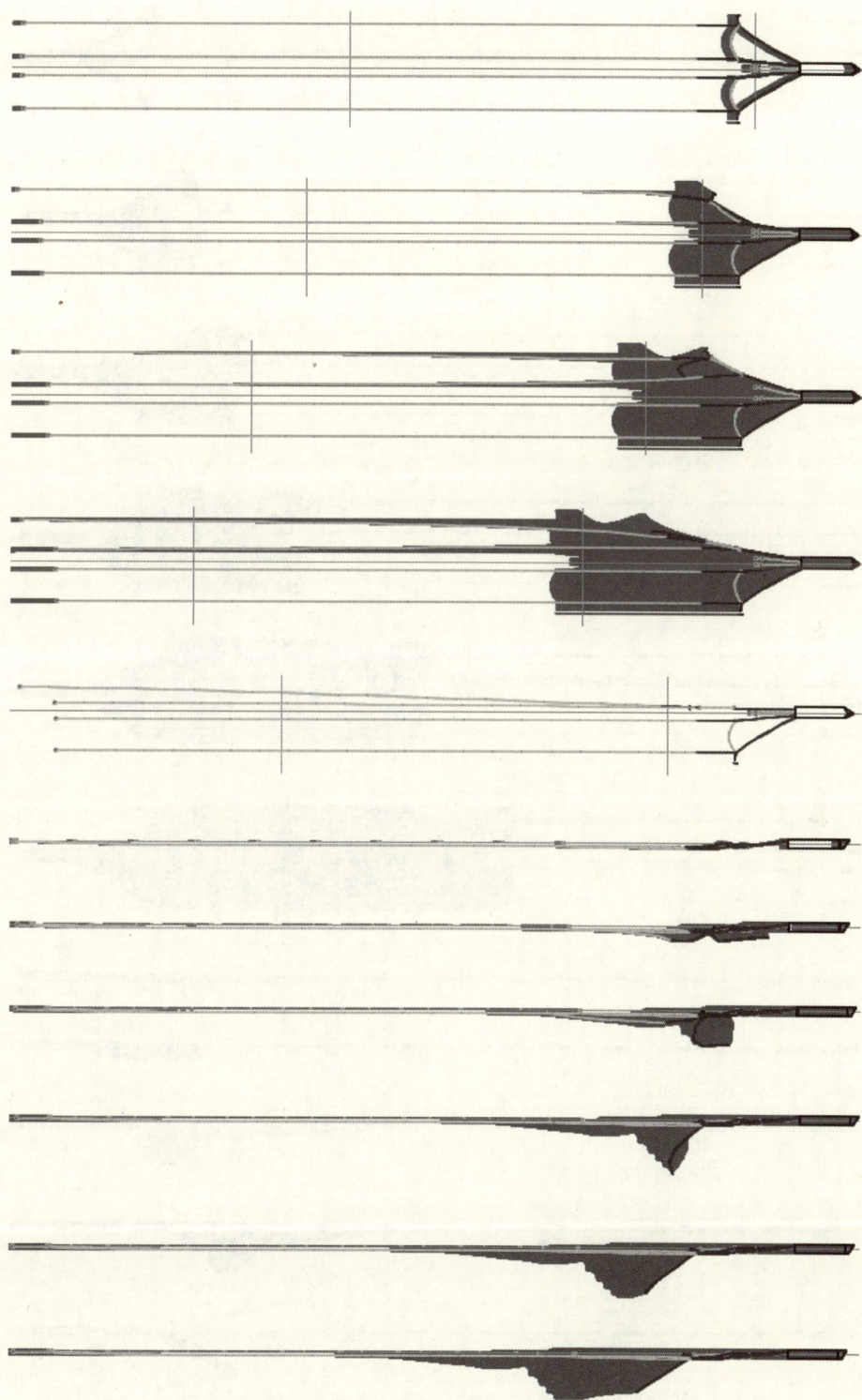

图 10.11　流速为 0.2 m/s 时多分支拖曳系统形态变化

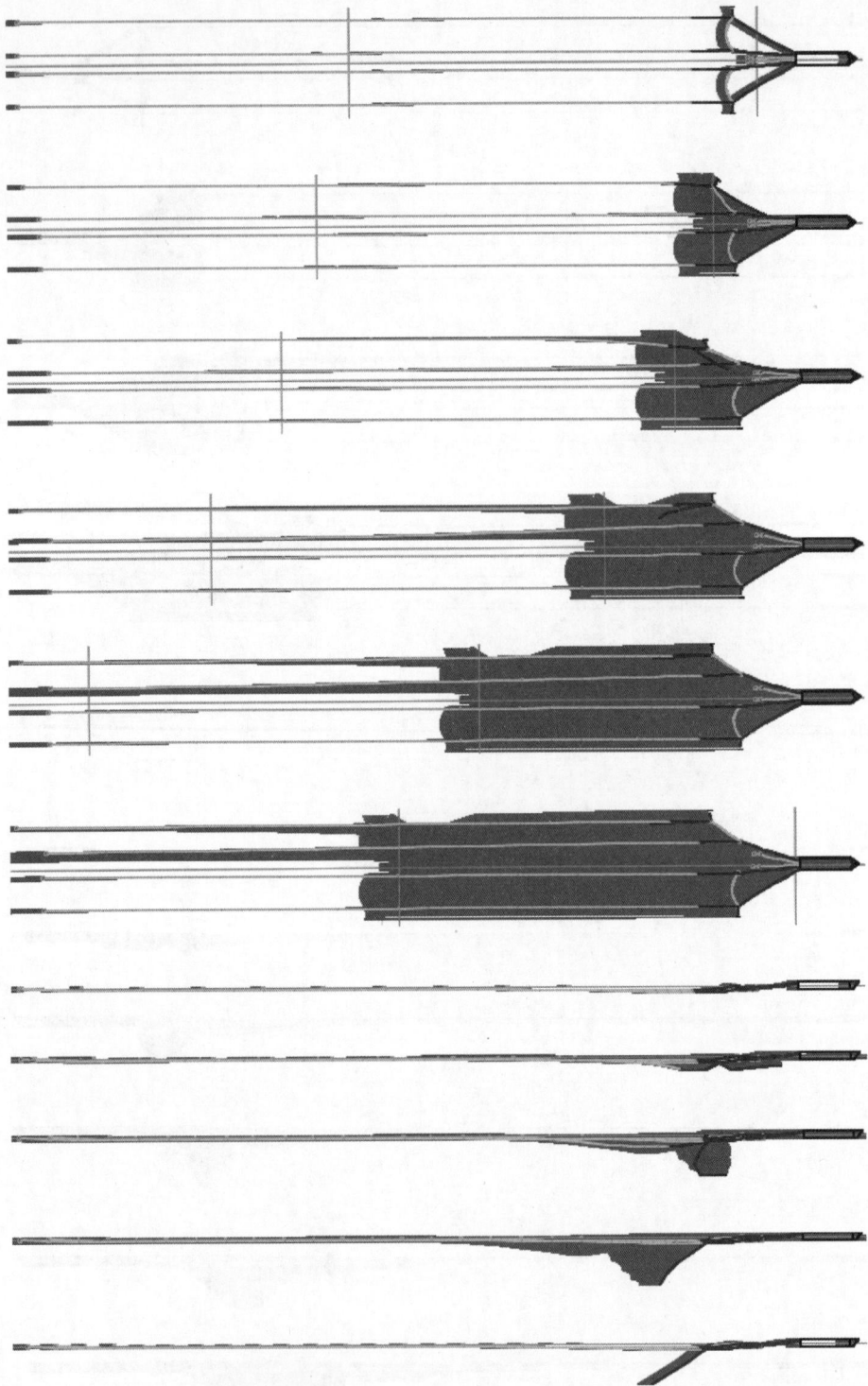

图 10.12　流速为 0.3 m/s 时多分支拖曳系统形态变化

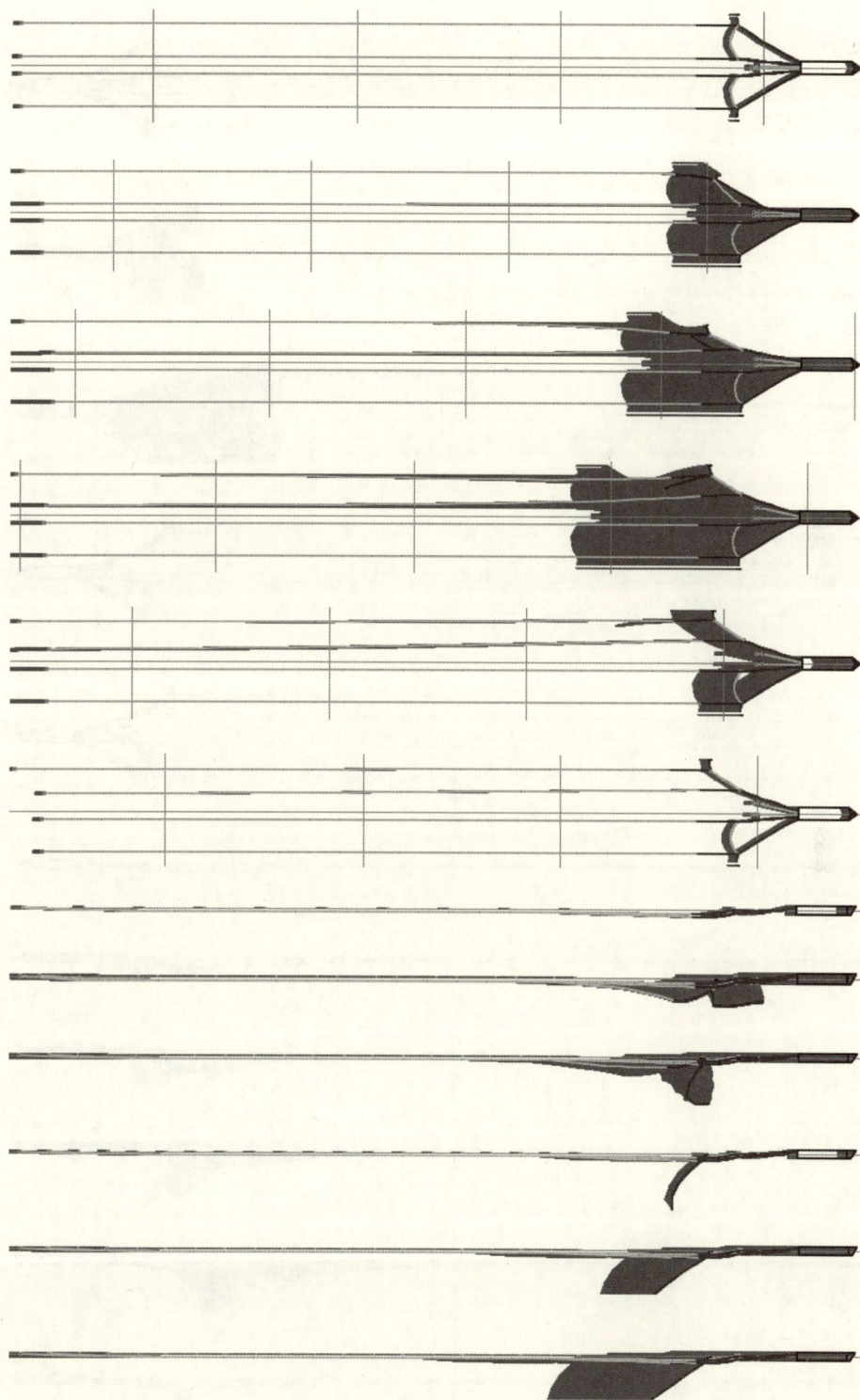

图 10.13　流速为 0.4 m/s 时多分支拖曳系统形态变化

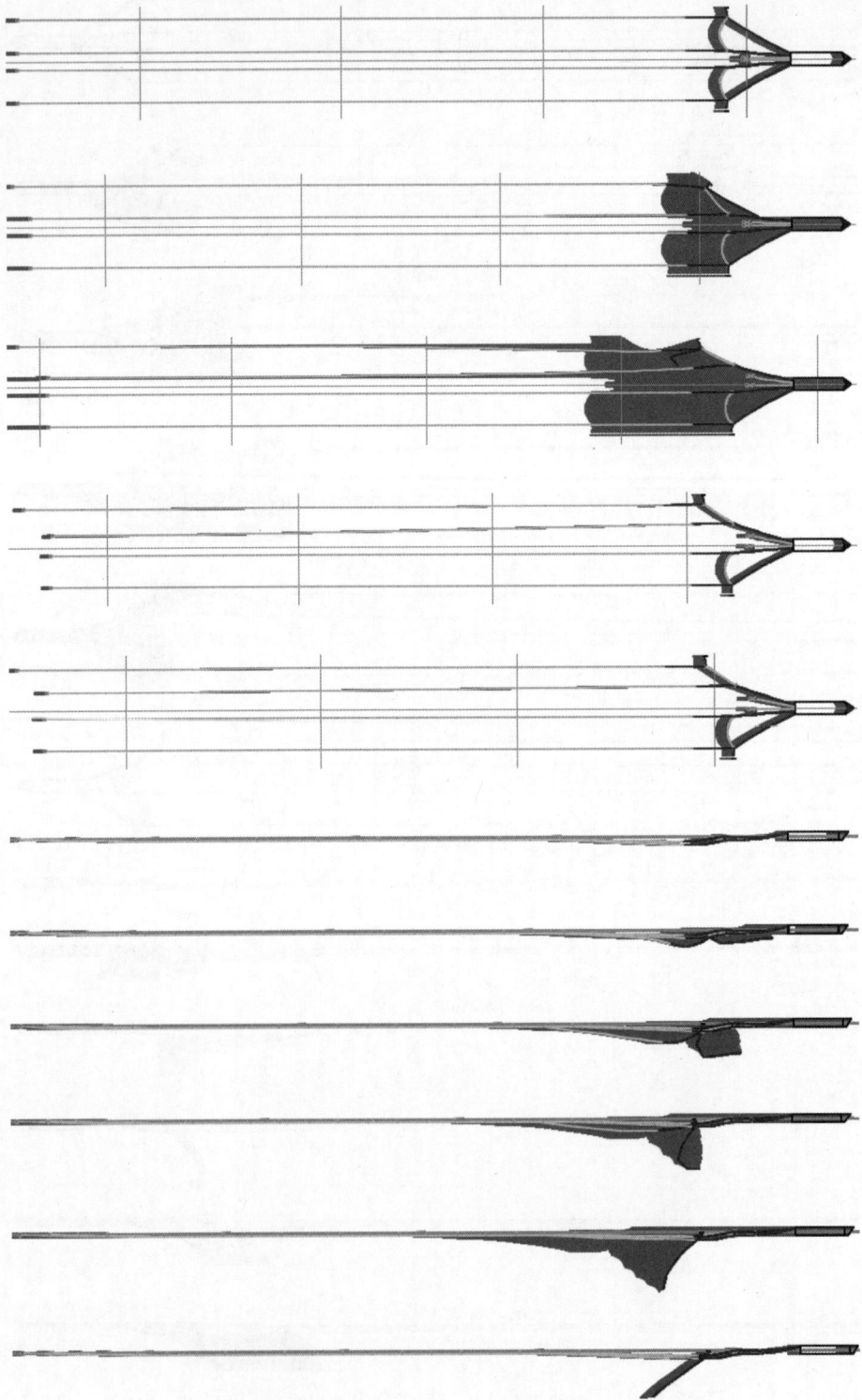

图 10.14 流速为 0.5 m/s 时多分支拖曳系统形态变化

进一步观察发现,在顺流状态下流速为 0.1 m/s、0.3 m/s、0.4 m/s、0.5 m/s 时,左舷侧拖缆 A 的整体阵型向先左舷偏移展开后并没有发生明显的向船中回复偏移的现象;但当顺流流速为 0.2 m/s 时,左侧线列阵向船中回复偏移的现象再次出现。这与逆流状态下的计算结果形成了鲜明的对比。逆流状态下的左舷侧拖缆 A 的整体阵型空间变化会发生先整体左偏而后再整体向船中方向回复的现象,而顺流状态下流速较低时基本不存在明显的向船中回复偏移的现象。结合逆流下的计算结果,可以得出在左舷侧导缆 A 断裂后顺流状态下产生这种现象的原因为:在最初状态向左舷偏移是因为失去了左舷侧导缆 A 的约束作用,而当其继续向左侧偏移到一定程度时,左舷侧拖缆 A 开始受到展开器 A 的限制约束作用,再加上此时流向为顺流切向流速非常小,使得水流的拖曳力减小,因而对拖缆的轴向拉伸作用有所减弱,由于拖缆的长度是有限的,故而轴向拉伸作用的减弱就使得在横向方向的作用可以扩展的长度增加,以上各种综合因素导致左舷侧拖缆 A 的阵型阵位在偏离到左舷一定距离时直接达到了动平衡,故而在顺流状态下一般不存在再次向船中方向的偏移回复;但当顺流流速为 0.2 m/s 时,此时的流速与拖船拖速合成后的速度的泄放频率与展开器 A 的自振频率相近,这会引发展开器 A 的高频振动,这种振动所带来的扰动将会打破左侧线列阵系统的平衡,最终会使得左舷侧拖缆 A 的阵型会再次整体向船中方向偏移回复。也就是说,在顺流状态下,在最低允许作业流速和最高允许作业流速之间是有可能存在一个会使拖曳线列阵阵型间距大幅度减小的海流流速,而其具体的大小与拖船的拖速和拖曳线列阵上的展开器的自振频率有关。可以通过对展开器增加一些附件或是加强材料的措施来改变其自身振动周期,这样就可以在一些海域顺流作业时保证多分支拖曳线列阵在所有允许的海流流速范围内能有较好的阵型间距。因此,在顺流状态下,并不是流速越低系统的整体阵型就保持得越好。

在顺流流速下,除个别流速外,流速越大,多分支拖曳线列阵的阵型稳定后各个拖缆之间的水平间距在系统达到稳定后能保持相对稳定;而在逆流流速下,随着流速的增大,多分支拖曳线列阵的阵型稳定后各个拖缆之间的水平间距越小,且顺流状态下的多分支拖曳线列阵的阵型稳定后各个拖缆之间的水平间距要大于逆流状态下的间距。

很容易可以得出的结论是,当顺流流速小于拖船拖速时,流速越大,各个拖缆的张力越小。这是由于此时拖船速度与海流的合速度随着海流速度的增大而减少,拖缆相对于海流的速度减小,从而导致拖缆承受的拖曳力减小。(但由于这是个常识性问题,且本章主要讨论的是多分支拖曳线列阵阵型的变化而不是张力的变化,故本章这里对顺流流速及逆流流速大小的改变对拖缆张力的影响不进行展开。)

仿真中进一步发现,当流向与拖船运动方向相同时,流速越接近拖船的运动速度,系统越难收敛。这是因为当流速恰好与拖船速度等大同向时,理论上相当于拖船随着海流以与海流相同的速度向着同一方向行进;但由于运动传递的延迟性,拖船的运动并不会立即传递到拖缆系统的后半段,因此系统中拖缆的后半段的运动会首先受到来流的作用,来流的方向会使得后半段拖缆向右运动;而由于拖缆是典型的挠性构件,在船体运动传递的延迟下,拖缆在轴向就会被压缩,拖缆的形态变得难以调整,造成拖缆系统的各个节点难以达到空间受力上的静平衡,从而就会使得仿真进入动态阶段失败,系统最终发散。这种现象说明,在实际工程中,当拖船与海流同向且速度与海流流速相同时,是非常不适合开展拖曳作业的,在这种状态下整个拖曳系统中的拖缆无法展开,并且很有可能被海流冲到拖船尾端。如果这种海况下的工程作业不可避免,那最好是增加拖船的拖速,使得拖船的拖速足够大,以保证在极短的时间内能将拖船的运动传递到拖缆系统的后半段,这样就能保证拖缆的各个分段和节点能达到静平衡,从而保证整个拖曳过程可以在动态中传递进行下去和动态仿真的稳定。

10.2.1.4 顺流作用下双舷侧导缆失效断裂时的动力学响应

图 10.15 至图 10.19 显示了顺流状态下双舷侧导缆断裂后的多线阵变化情况。事实上,笔者从多年的仿真经验中发现,在逆流状态下,拖船的速度可以极小,也可以是流速的5~20 倍,此时整个系统还是比较容易达到收敛状态的。但在顺流状态下,分为两种情况:一种是拖船的拖速小于流速时,随着拖船的拖速向流速靠近,整个系统的收敛性变得越来越差,当拖船的拖速与海流流速相差不大时,整个拖曳系统将无法收敛;当拖船的速度大于海流的速度时,拖船速度是海流流速的 2~6 倍时,整个系统还是可以达到收敛的,但这种情况下各个拖缆的张力会比较大。这告诉我们,在实际工程实践中,如果想要在顺流状态下开展拖曳作业,有两种方法可以选择:一种是以远低于海流速度的拖速行进,这种方法的好处是拖缆承受张力较小,但需要较多的时间;另一种是使拖船以 2~6 倍的海流流速高速行进,这种方法的好处是需要的时间较少,但拖缆承受的张力较大,容易发生疲劳和断裂。

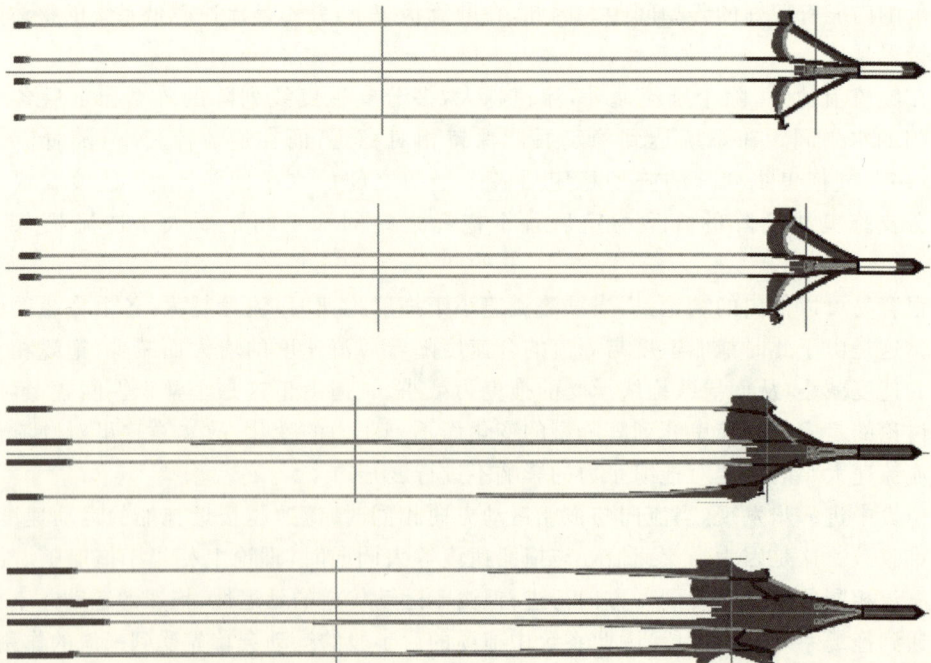

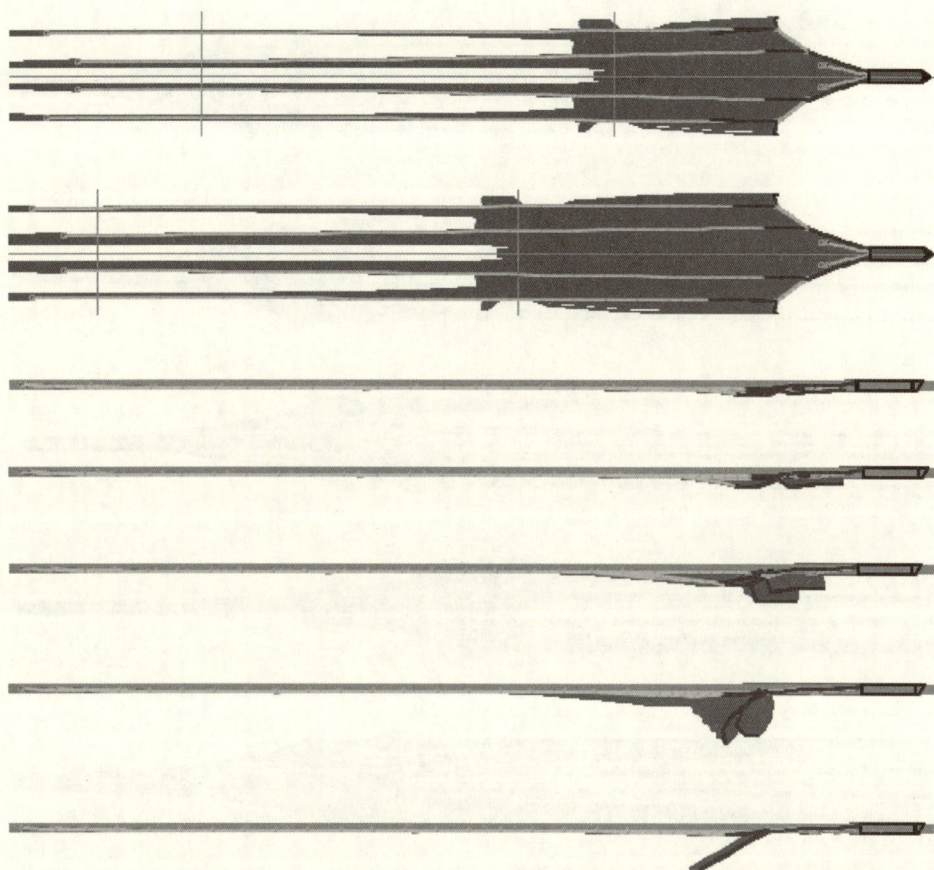

图 10.15　流速为 0.1 m/s 时多分支拖曳系统形态变化

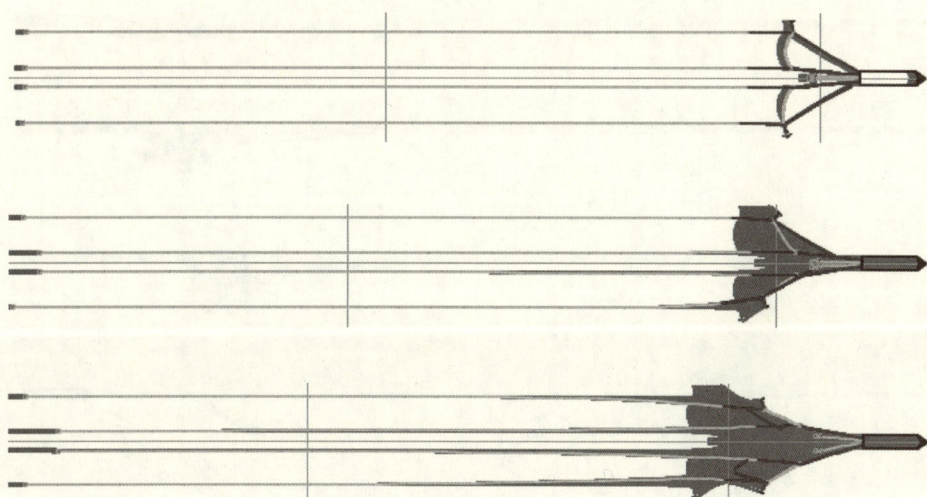

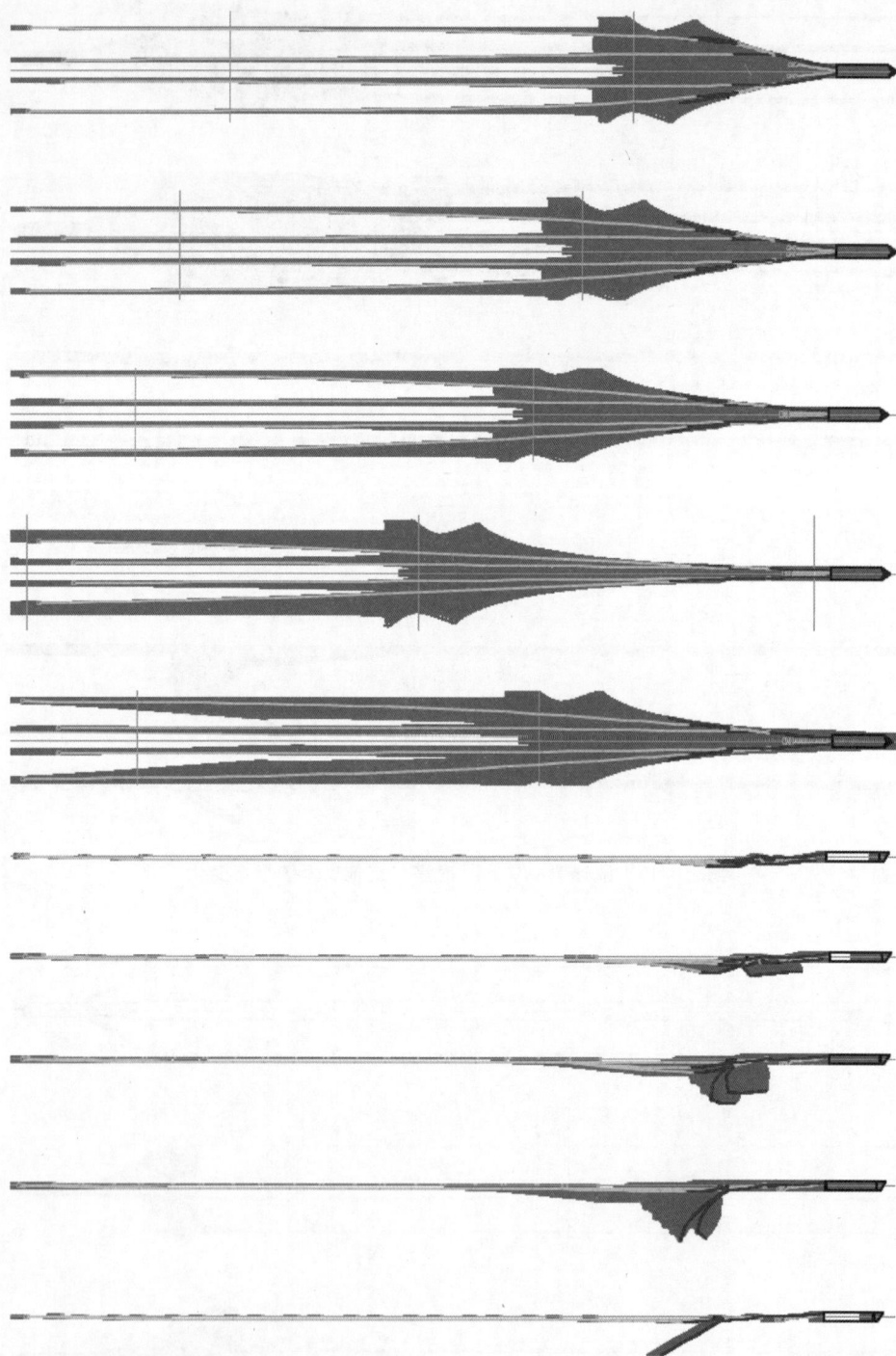

图 10.16　流速为 0.2 m/s 时多分支拖曳系统形态变化

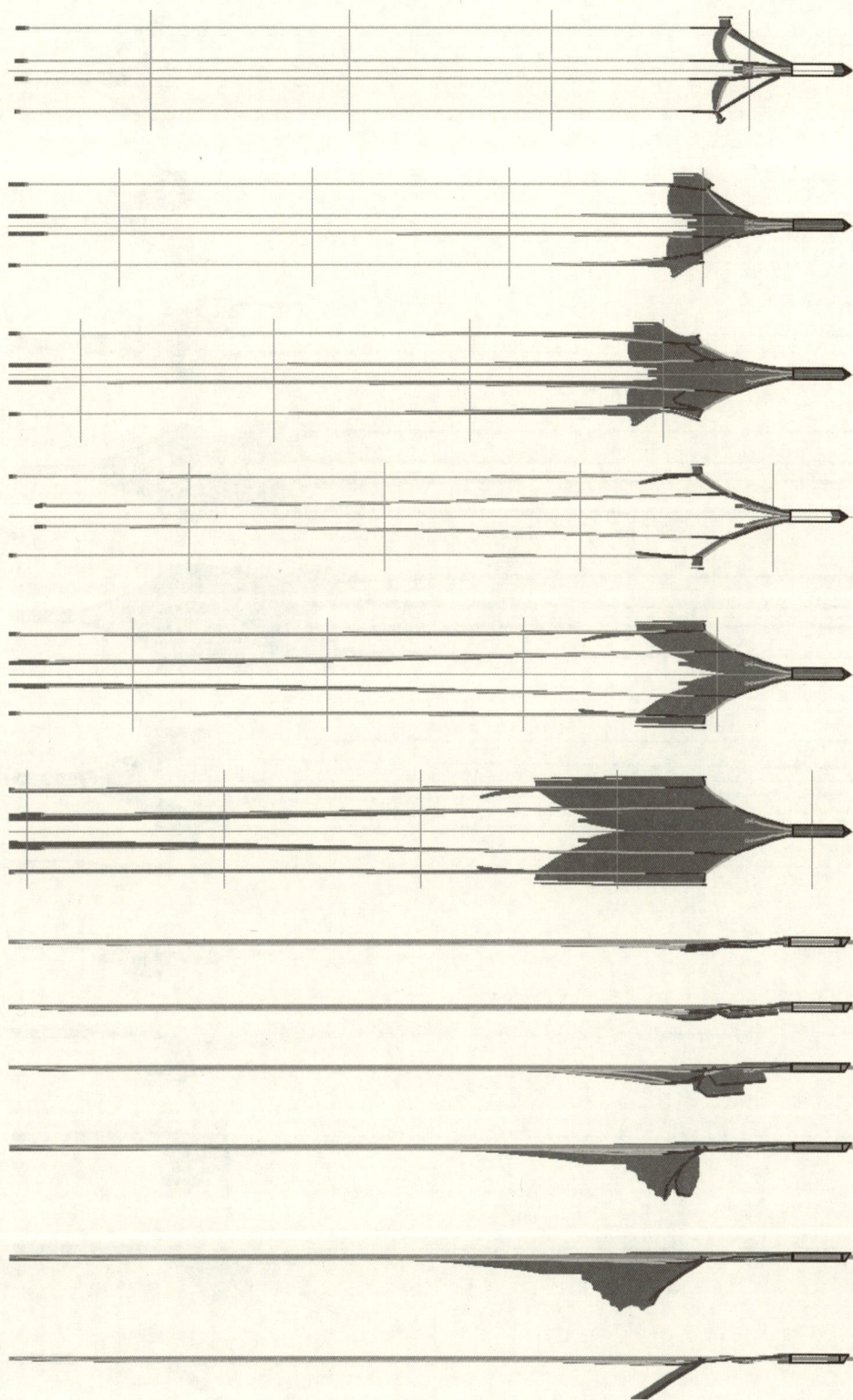

图 10.17　流速为 0.3 m/s 时多分支拖曳系统形态变化

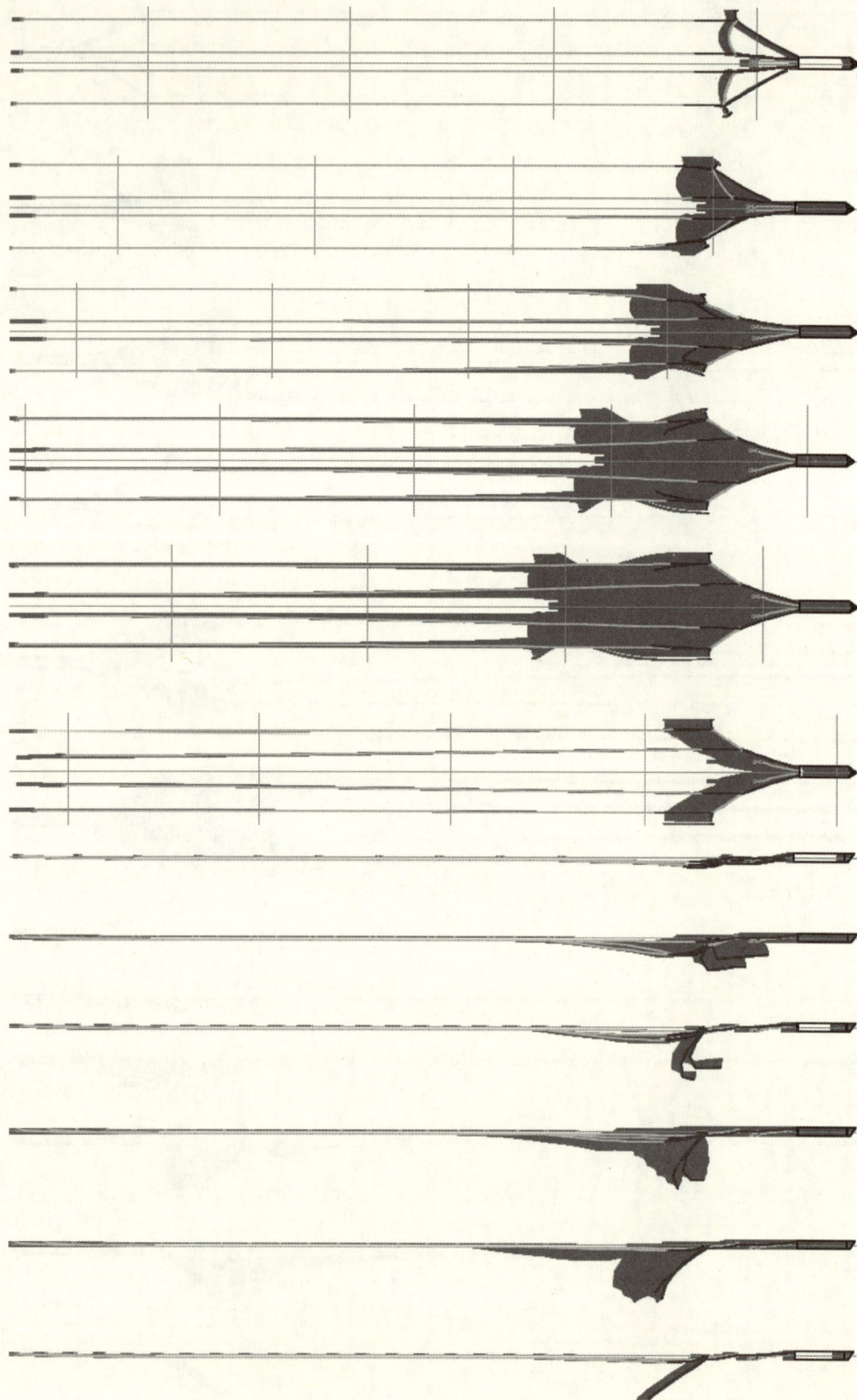

图 10.18　流速为 0.4 m/s 时多分支拖曳系统形态变化

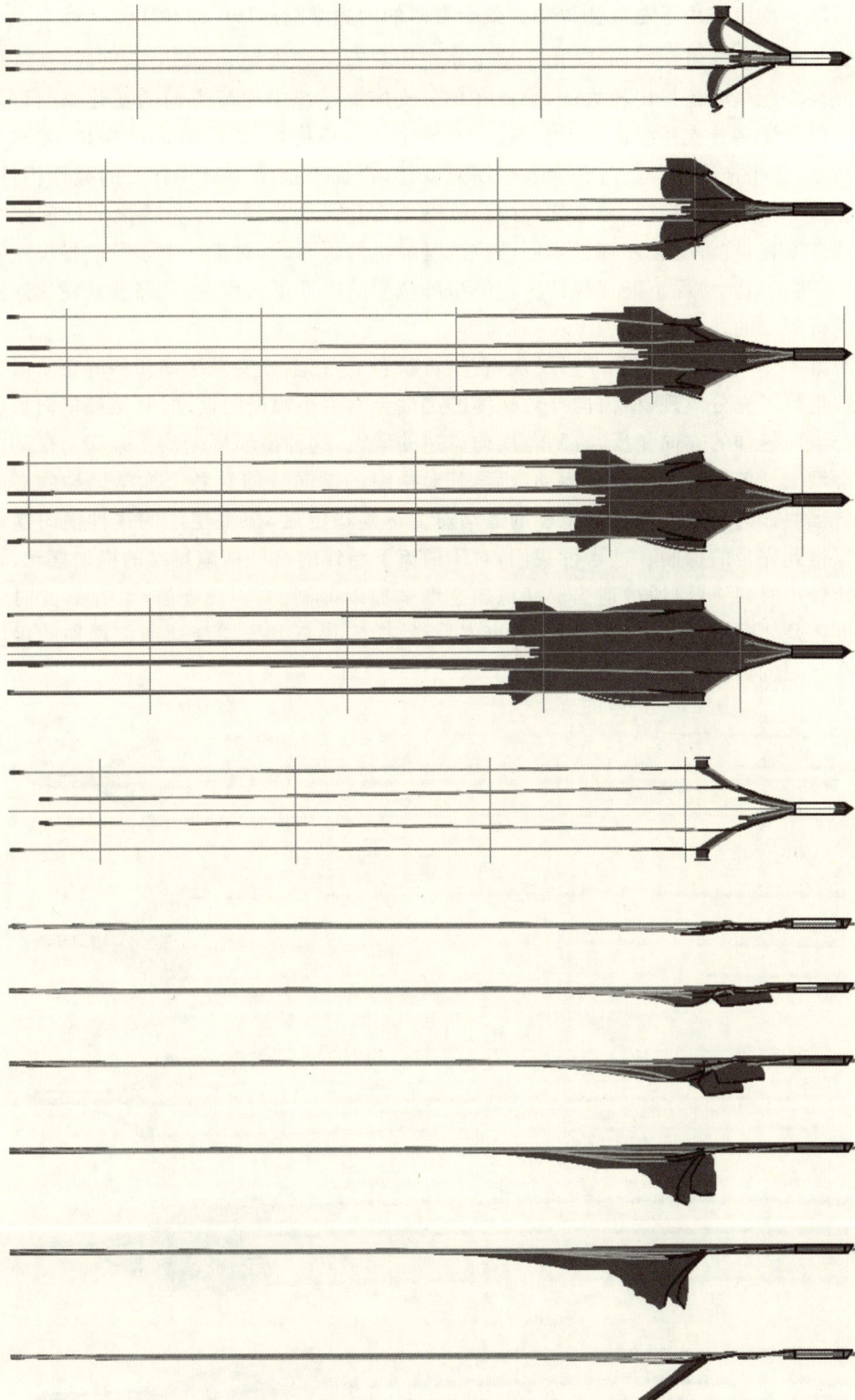

图 10.19　流速为 0.5 m/s 时多分支拖曳系统形态变化

10.2.1.5 横流作用下左舷侧导缆失效断裂时的动力学响应(90°、270°)

对于单分支拖曳系统而言,由于整个系统中只有一根拖缆,在安全限度内,其阵位阵型的允许变化幅度还是比较大的,因此在单分支拖曳系统中海流方向的变化幅度可以非常大。但对于多分支系统而言,由于整个系统中有多根拖缆,海流方向的变化,尤其是横流作用下,各个拖缆的阵型阵位会发生明显变化,再加上拖缆本身为较长的挠性构件,这种变化是非线性的,而这种单个拖缆阵位阵型的变化又会导致各个拖缆之间的间距会发生非线性变化,这种变化在拖缆不同的位置是随机的。因此,对于一个多分支拖曳系统而言,如要其在横流海况下能在保持一定阵型阵位的前提下正常作业,是需要对横流速度的大小进行限制的。

观察图10.20至图10.25可发现,在横流状态下,在多分支系统最初的静止阶段拖缆的挠性得到了充分体现,横流向导致拖缆的尾端会发生小幅横向摆动,其尾端横向摆动的方向与浪向延伸的方向相反,且随着横向流速的增大,这种拖缆尾端的小幅横向摆动的幅值也会增大。但拖船一旦开始运动以后,其对拖缆的横向拉伸对各个拖缆尾端的横向摆动有着很明显的抑制作用。当拖船的运动速度达到稳定后,拖缆尾端的这种横向摆动几乎可以得到完全的抑制。这告诉我们,对于横流下导致的这种拖缆尾端的横向摆动,在横流流速较小时,是可以通过适当提高拖船速度来加以抑制的;但出于安全考虑,此时的拖船速度还是要限定在一定的范围内。也就是说,横流状态下拖船拖速所能增加的幅度也是非常有限的。

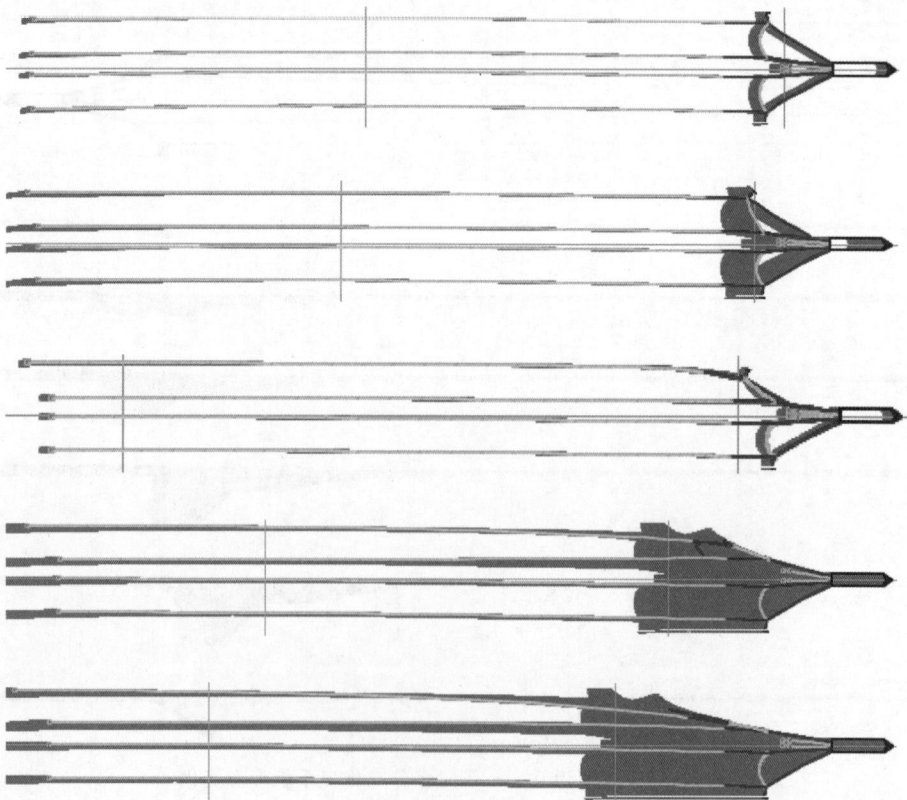

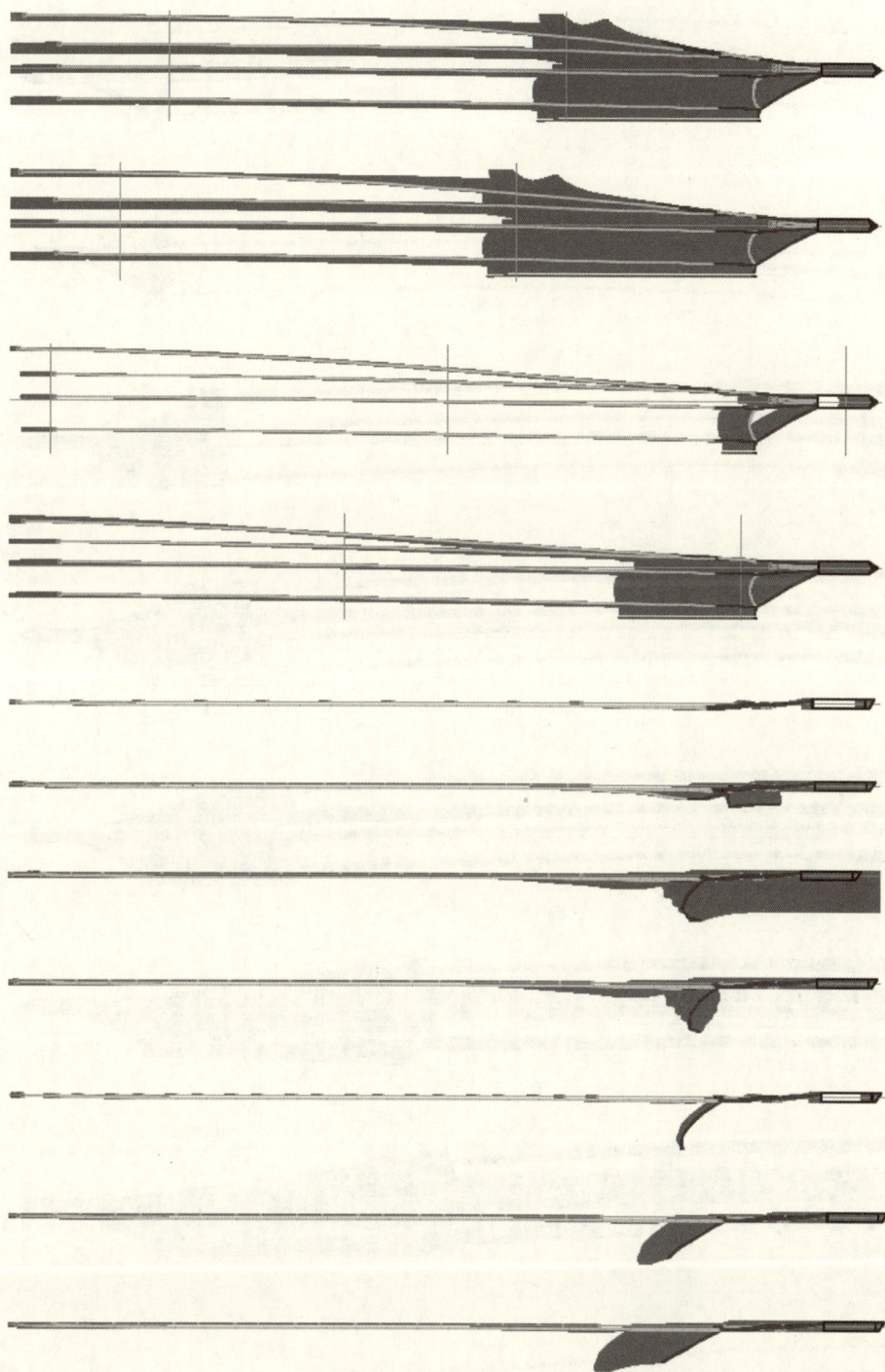

图 10.20 流向为 90°、流速为 0.1 m/s 时多分支拖曳系统形态变化

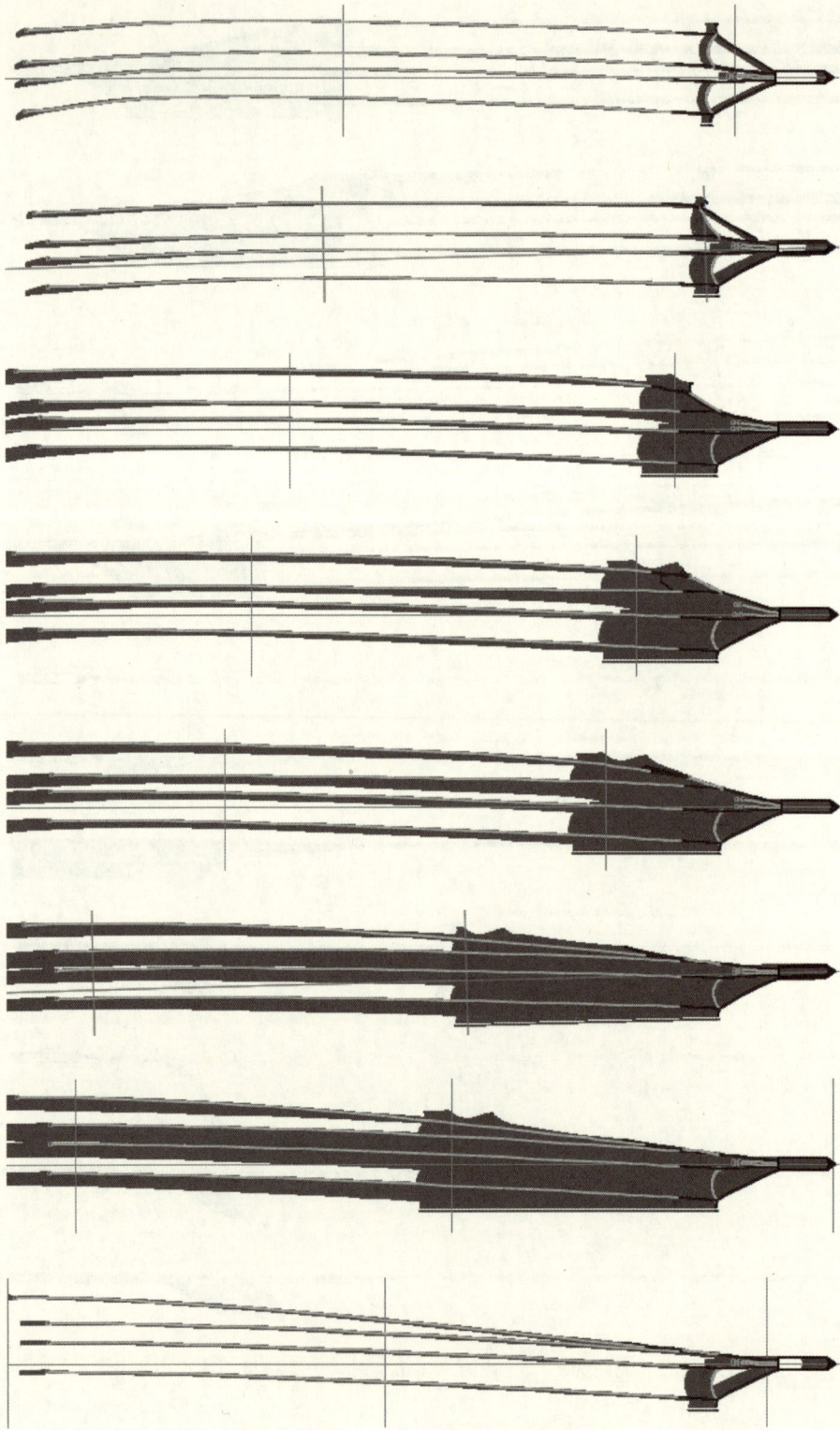

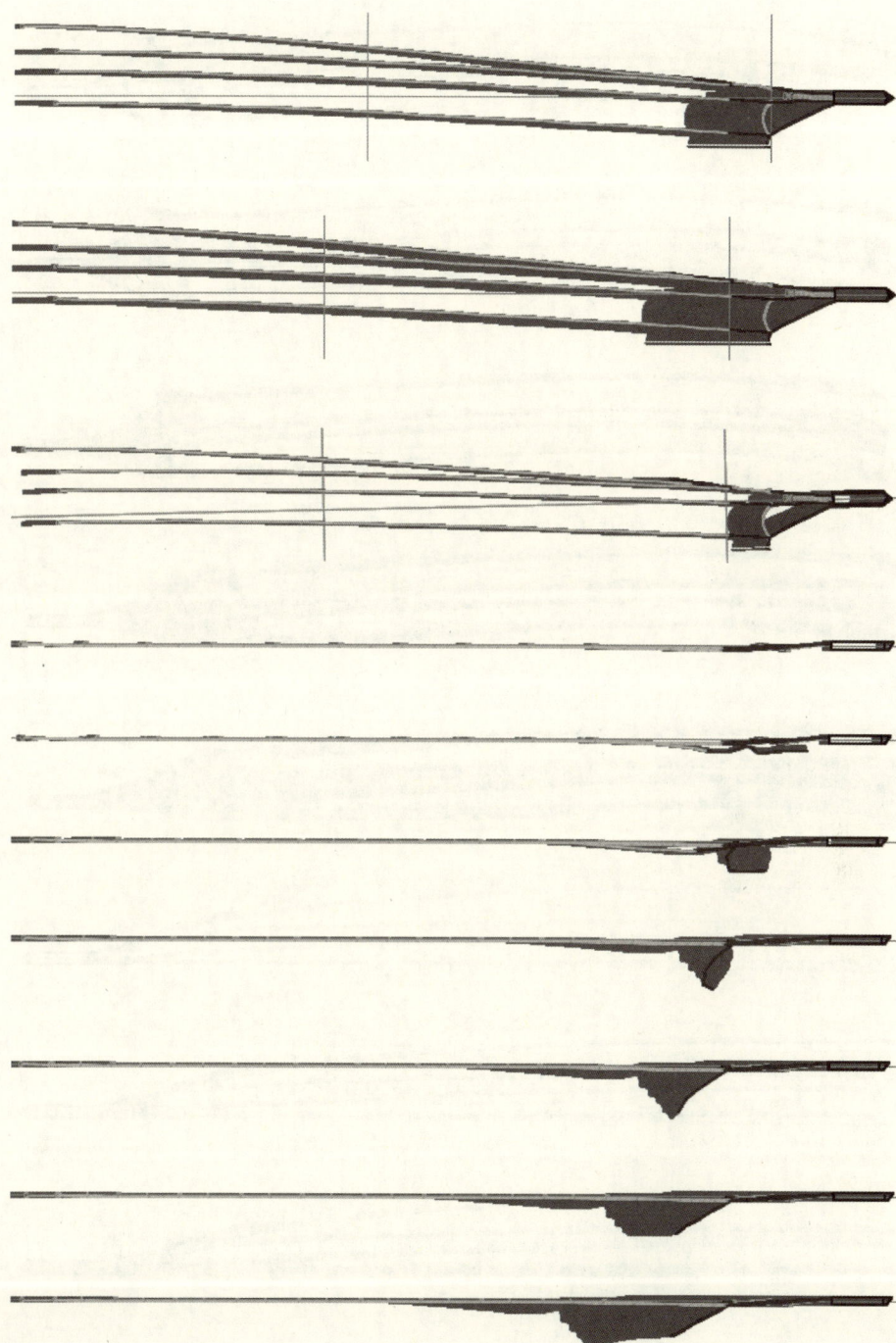

图 10.21　流向为 90°、流速为 0.2 m/s 时多分支拖曳系统形态变化

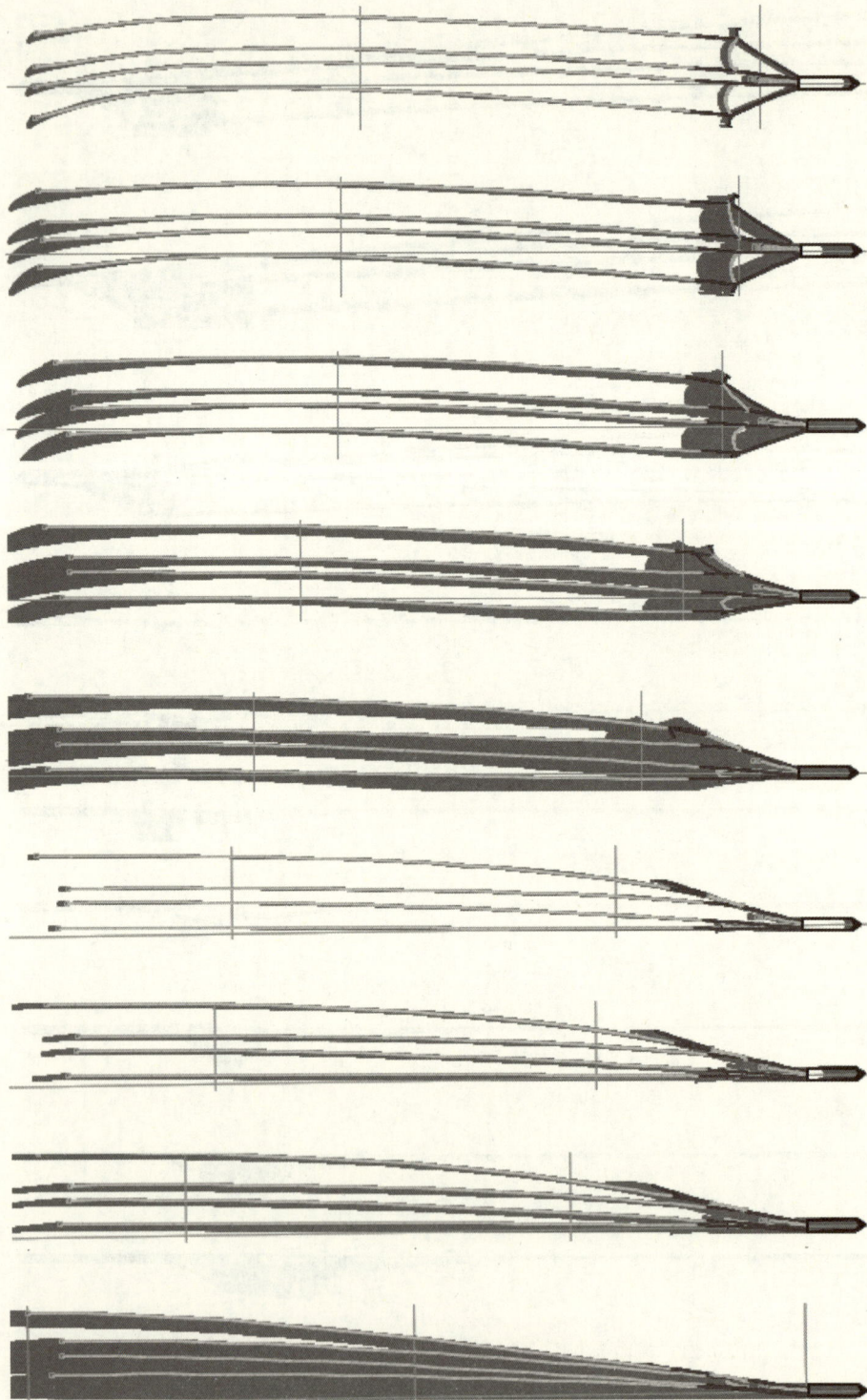

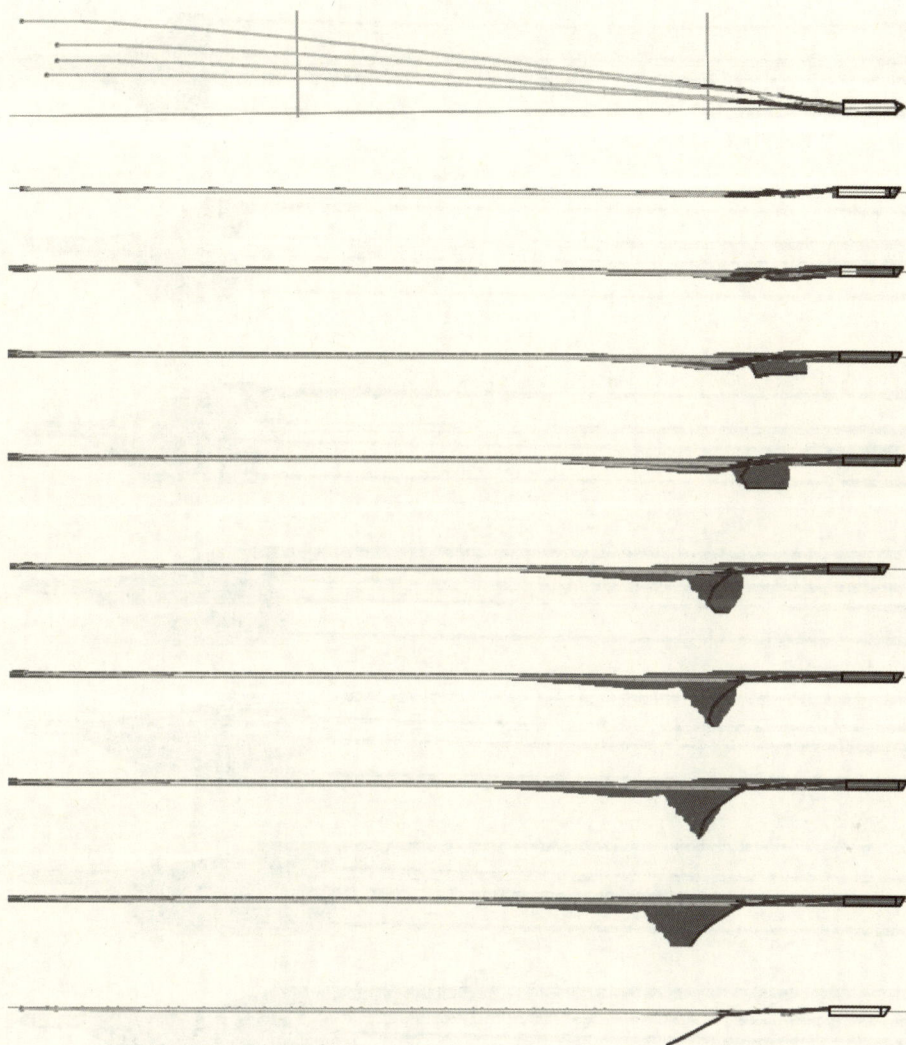

图 10.22　流向为 90°、流速为 0.3 m/s 时多分支拖曳系统形态变化

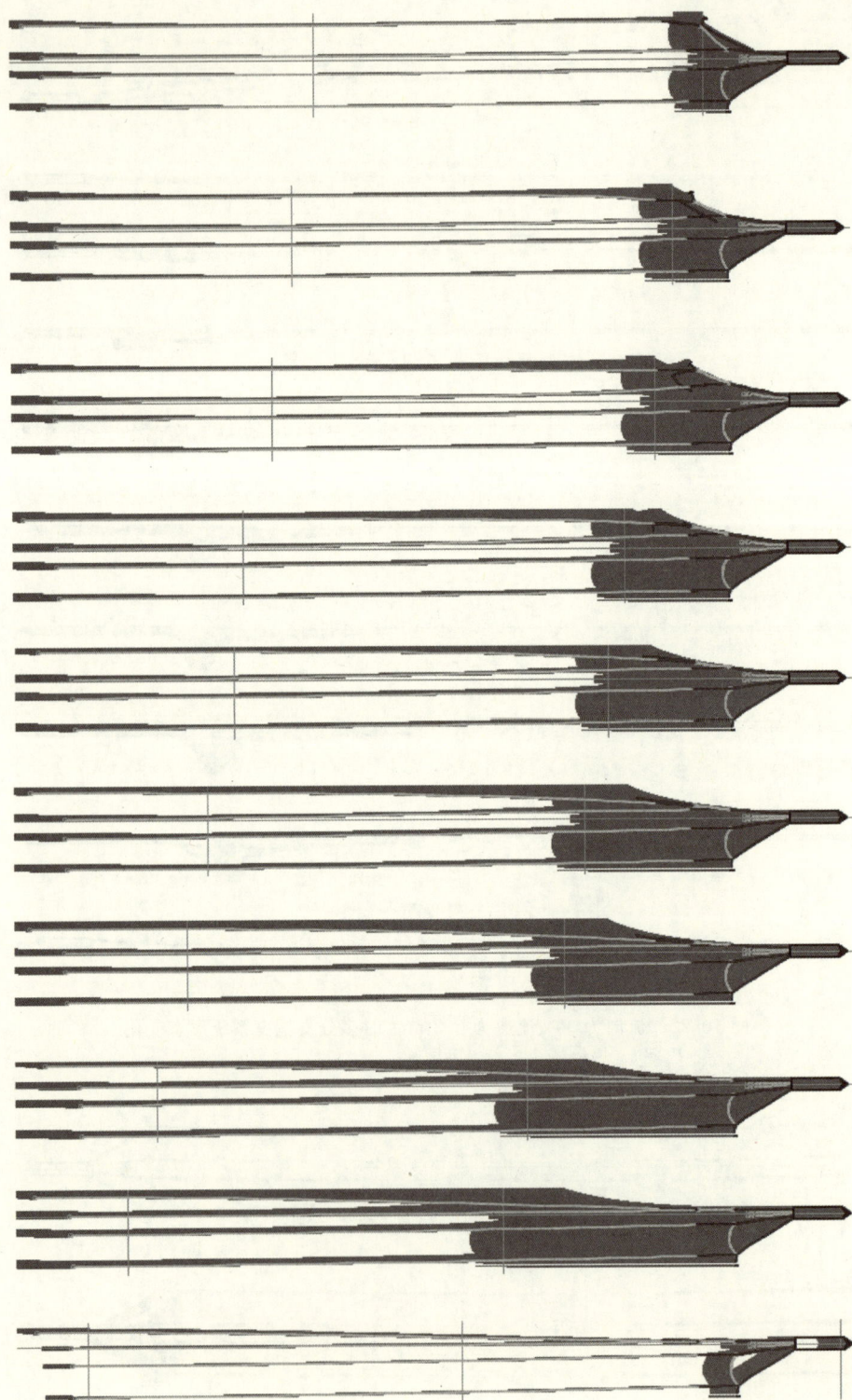

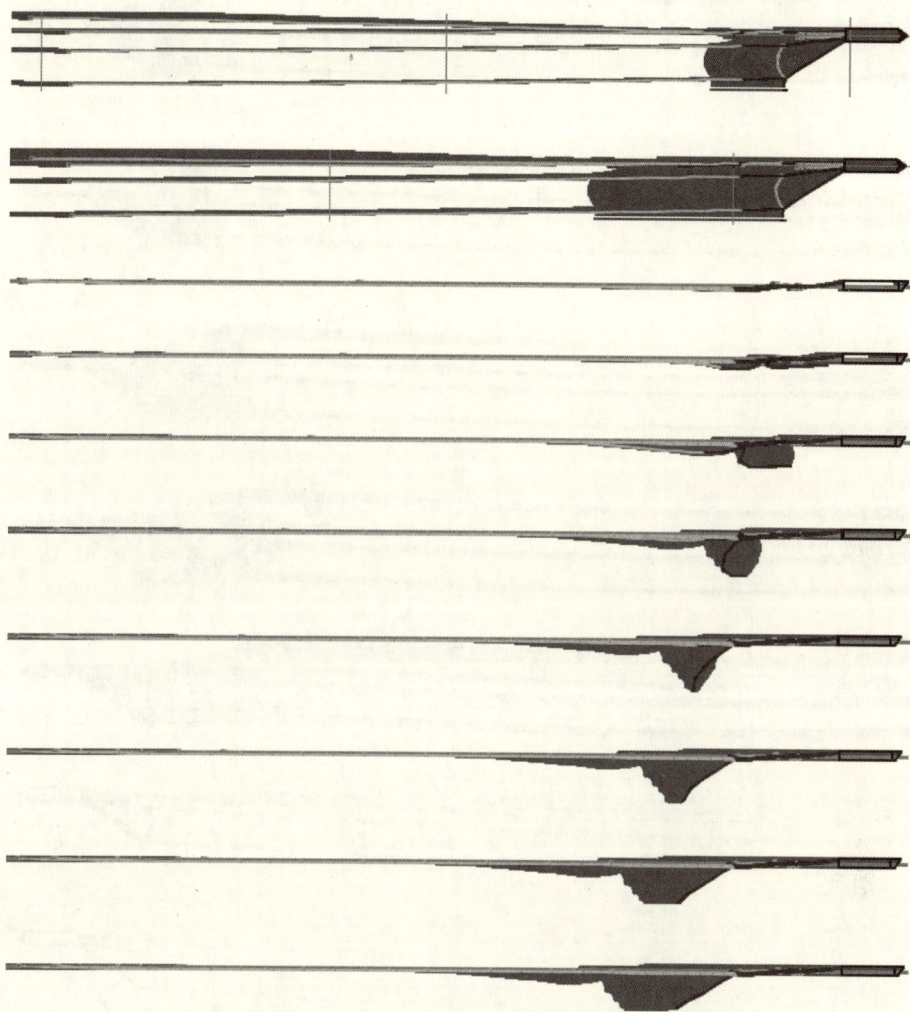

图 10.23　流向为 270°、流速为 0.1 m/s 时多分支拖曳系统形态变化

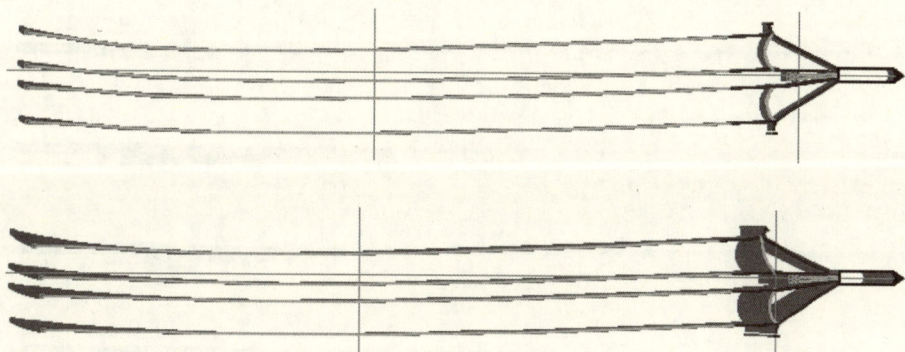

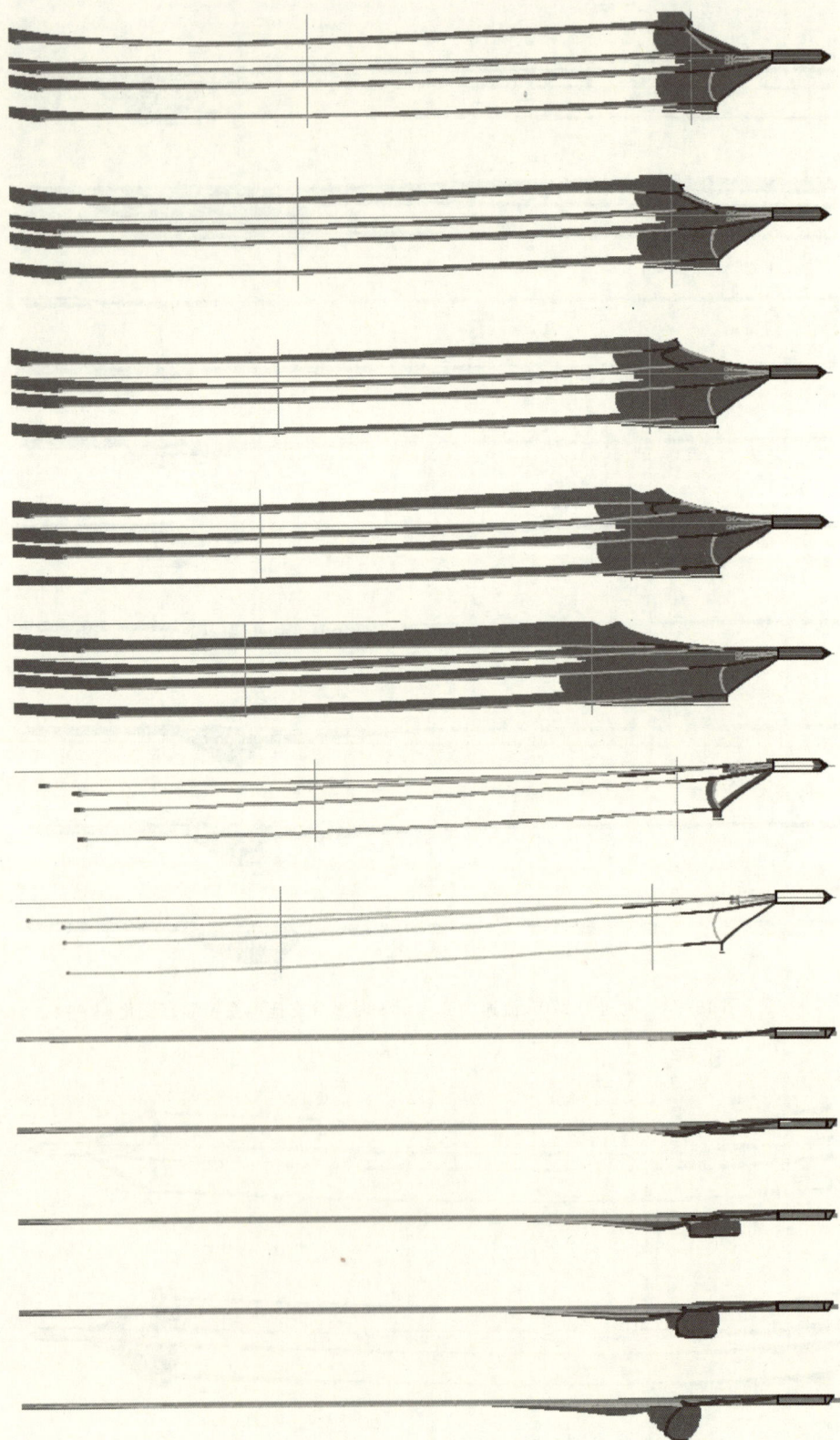

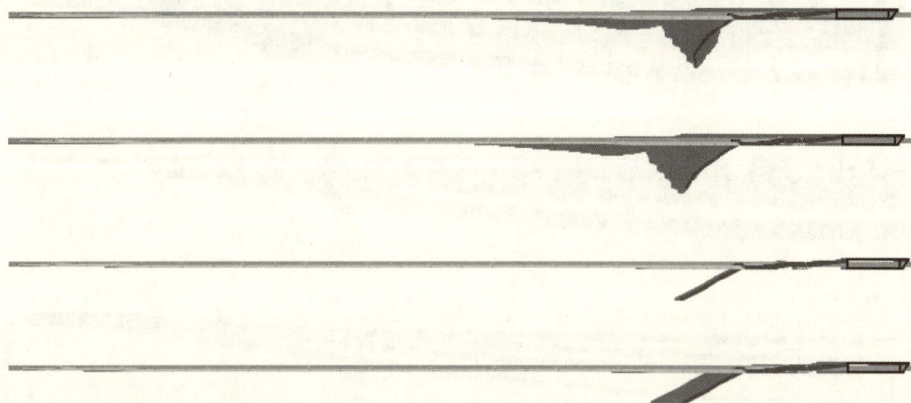

图 10.24 流向为 270°、流速为 0.2 m/s 时多分支拖曳系统形态变化

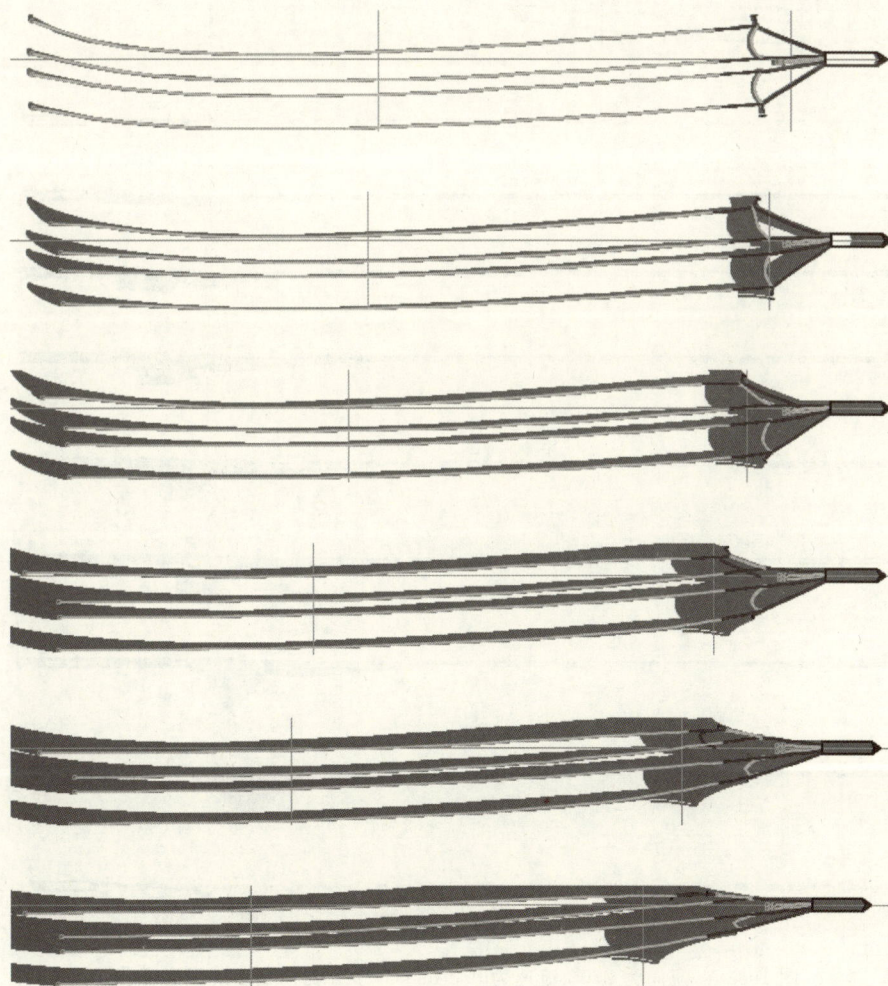

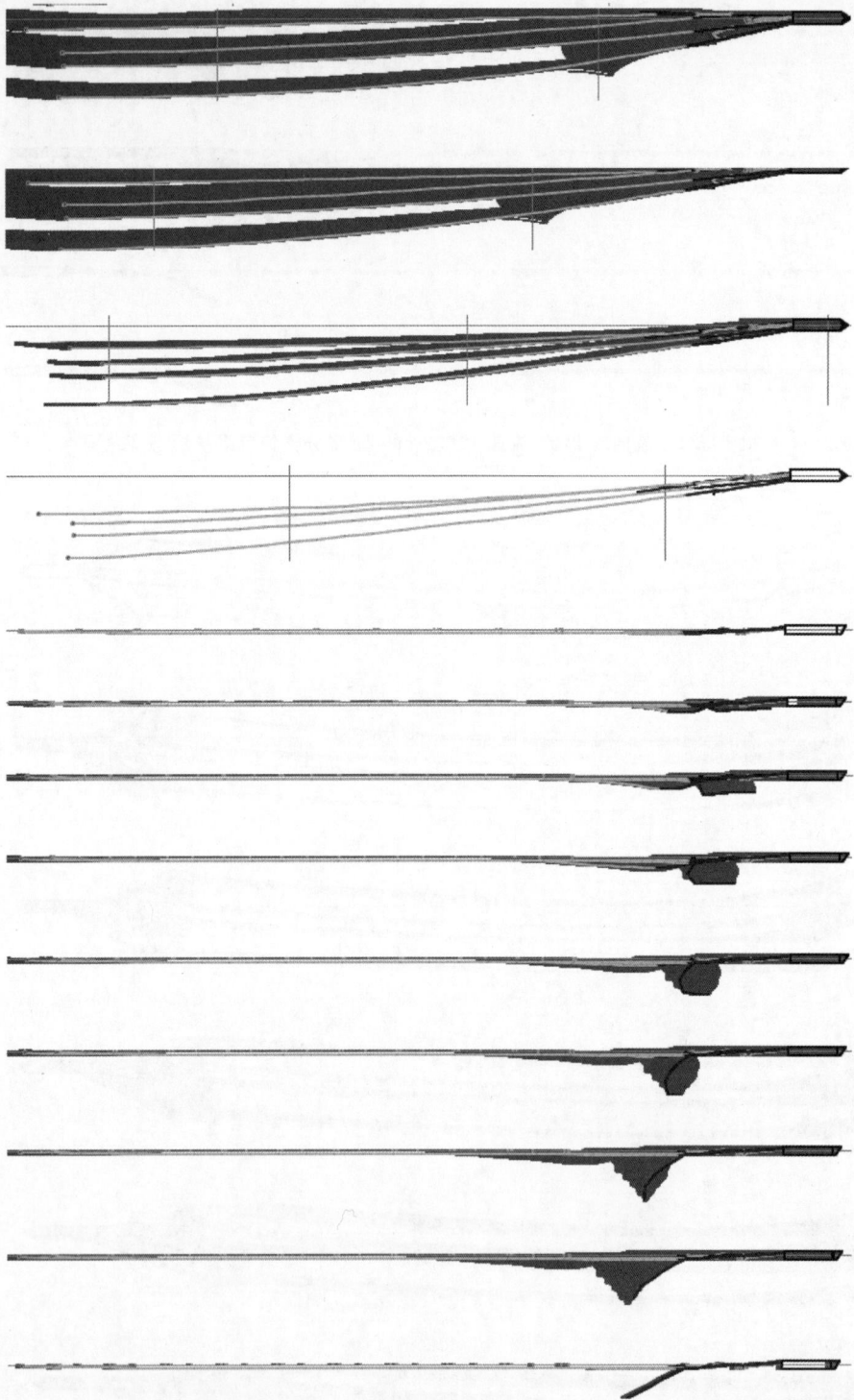

图 10.25　流向为 270°、流速为 0.3 m/s 时多分支拖曳系统形态变化

相比于逆流和顺流下多分支拖曳系统可以达到收敛时的最大流速大小，横流状态下多分支拖曳系统达到收敛时的最大流速要小得多。仿真中发现，对于本章中的拖曳线列阵，当横流流速超过 0.3 m/s 时，系统很难达到收敛。从某种程度上来说，横流流速过大时仿真中的难收敛意味着实际中系统难以达到其在位运行所需的动平衡和稳定。在实际工程中这意味着，在横流状态下，当横流流速超过了一定限度，多分支线列阵中的各个拖缆将很难达到一个相对稳定的阵型。

另外，随着横流流速的增大，当流速达到 0.3 m/s 时，整个多分支拖缆系统呈现出与流速为 0.1 m/s 和 0.2 m/s 时完全不同的阵型：在左舷侧导缆 A 断裂时，横流流向为 90°时，在流速为 0.1 m/s 和 0.2 m/s 时，整个多分支拖曳线列阵右半部分的拖缆并未全部偏移过中站面，右舷侧导缆 A1 仍然在发挥作用，整个多分支拖曳线列阵系统虽然不再左右对称，但拖船的左右侧仍然都有拖缆的存在，阵型还是一定程度得到了维持；而在流速达到 0.3 m/s 时，右舷侧导缆 A1 虽然并未断裂，但已经不足以维持右侧导缆的阵型，整个多分支拖曳线列阵系统右侧的所有拖缆已经越过了中站面，大幅度向左偏移了。在左舷侧导缆 A 断裂时，横流流向为 270°时，由于右舷侧导缆的存在，当横流流速较小时，多分支拖曳线列阵系统中右半部分的两根拖缆的阵型能保持较好的形态，但左半部分的两根拖缆的阵型失去了左舷侧导缆 A 的维持后，会迅速向右偏移，并且在流速为 0.2 m/s 时已经全部偏移过中站面，这说明当横流的来流方向与发生断裂的舷侧导缆在同一侧时，会进一步减少线列阵抵抗横流的能力；而如果横流的来流方向与发生断裂的舷侧导缆不在同一侧时，与同侧时的情况相比，线列阵整体抵抗横流的能力会稍有提高。

进一步对比观察两种横流流向状态下左舷侧导缆 A 断裂时多分支拖曳线列阵型态的变化情况可以发现，当横流流向为 90°、流速为 0.3 m/s 时，虽然左舷侧导缆 A 的断裂使得左半部分的两根拖缆的阵型失去了约束，但由于在这种情况下多分支拖曳线列阵的右半部分的两根缆是迎流缆，这两个缆受到的冲击要大于左半部分两根拖缆受到的冲击，因此右半部分这两根缆虽然有这右舷侧导缆 A1 的限制，但还是出现了在整体偏向左侧的同时又相互靠近的现象；左半部分的两根缆由于前面两根缆对海流的阻碍作用，受到的横向海流力虽然相对于低海流流速时有所增加，但这种增加幅度反而弥补了舷侧导缆的断裂造成的某种限制缺失，因而其阵型反而相对较好。也就是说，当横流流速较高时，迎流缆的遮蔽效应对于维持背流缆的阵型反而有着一定的积极作用。

10.2.1.6　横流作用下双舷侧导缆失效断裂时的动力学响应

观察图 10.26 至图 10.31 中 90°和 270°横流状态下双舷侧导缆失效时多分支拖曳系统的形态变化情况发现，在双舷侧导缆断裂后多分支线列阵重新达到稳定后的线阵型态仅与海流的流向有关，且同一横流流速下 90°流向和 270°流向下的最终稳定的线阵型态相互对称。进一步观察发现，在线阵没有达到稳定前，两种横流流向的线阵变化形态并不对称，这种阵型形态不对称是由于两种横流作用下海流的作用时刻与舷侧导缆断裂的时刻的非同步性造成的。两种横流流向下都是右舷侧导缆先断裂，然后左舷侧导缆发生断裂，但两种情况下线阵在达到稳定前的变化是有所不同的：当横流流向为 90°时，海流在仿真阶段先作用于线列阵的右侧阵列，在最初阶段左舷侧导缆并未断裂还发挥着维持左侧阵列稳定性的作用，而右舷侧导缆已经断裂，因此在仿真开始的最初时刻已经失去了对右侧阵列阵型的维持作用;而当横流流向为 270°时,海流在仿真阶段先作用于线列阵的左侧阵列,在最初阶段左舷侧导缆并未断裂还发挥着维持左侧阵列稳定性的作用,因此在最初阶段左舷侧的阵列形态还是可以得到维持的,而由于海流抵达右舷侧的时刻与抵达左舷侧的时刻存在一定的时间差,故而虽然右舷侧导缆在初始时刻已经断裂了,但右侧阵列在初始的较短时间内的阵型还是会维持稳定,随着时间的递增,海流作用延伸至右舷,右舷阵列的稳定形态随即被打破。这正是造成两种横流作用下海流的作用时刻与舷侧导缆断裂时刻的非同步性的主要原因。因此,横流流向的不同在双舷侧导缆断裂的情况下影响的是线阵尚未达到稳定阶段时线阵的变化情况。另外,由于本算例中左右舷侧导缆的断裂时刻是不同的,如果左右舷侧导缆是同时断裂的,那这两种横流流向下的线阵阵型变化应该是对称的。

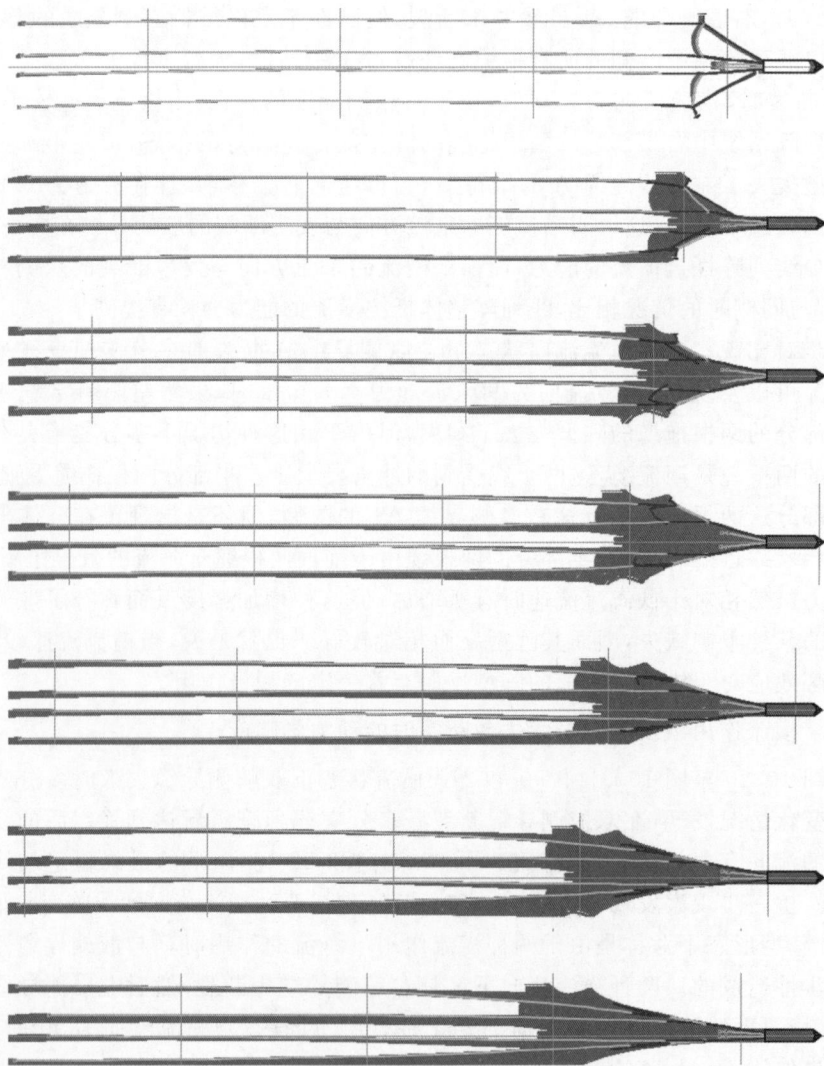

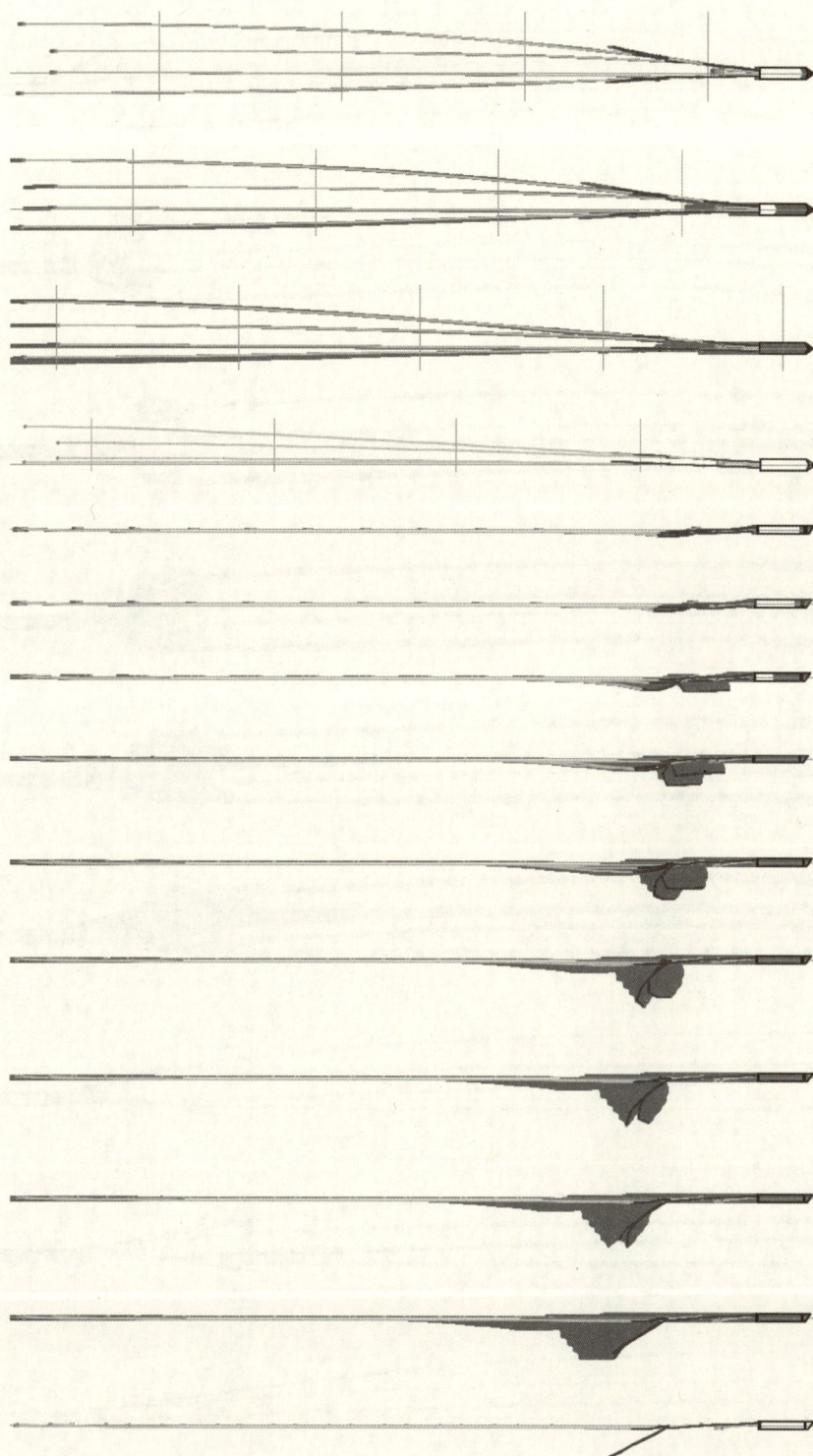

图 10.26　流向为 90°、流速为 0.1 m/s 时多分支拖曳系统形态变化

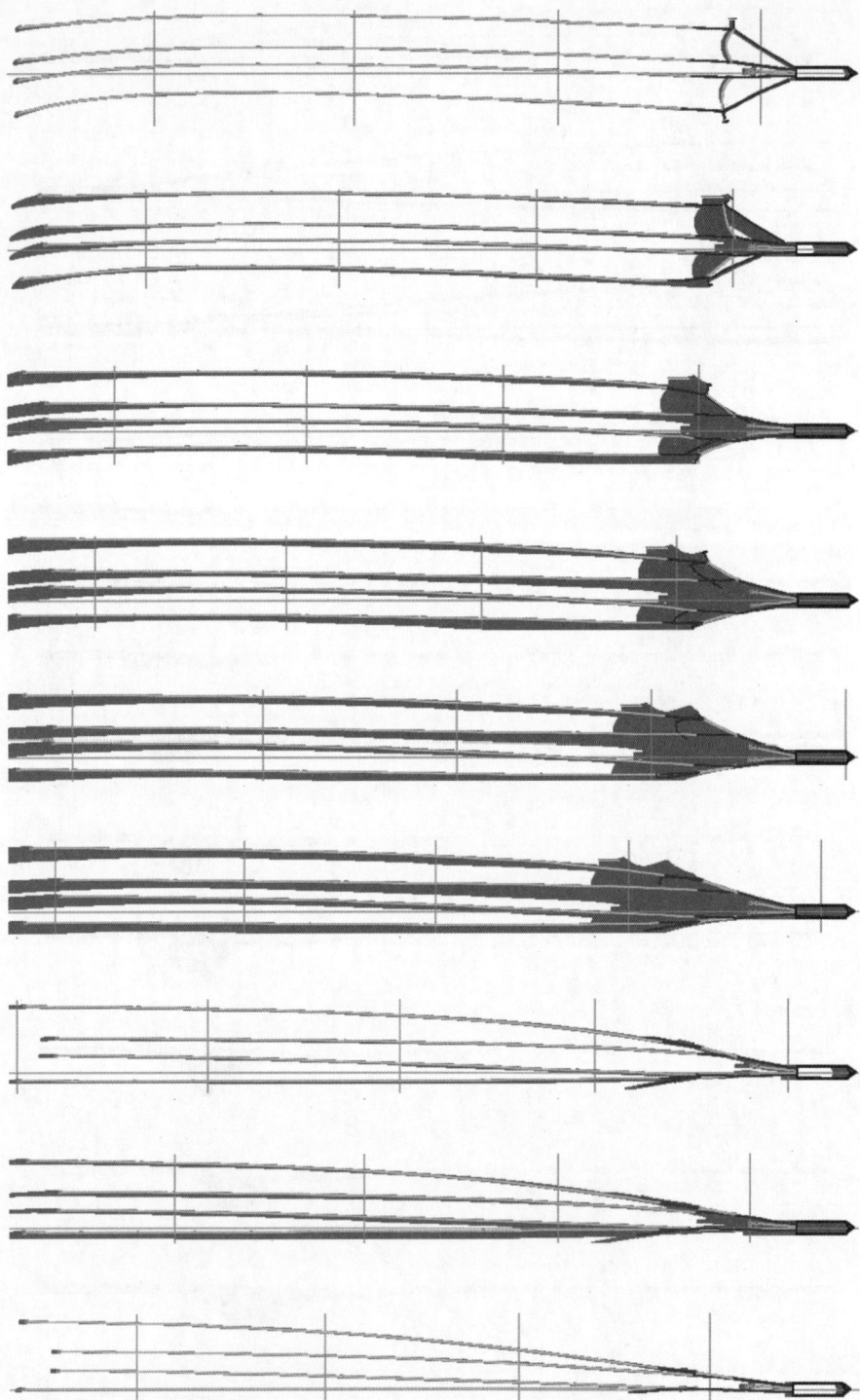

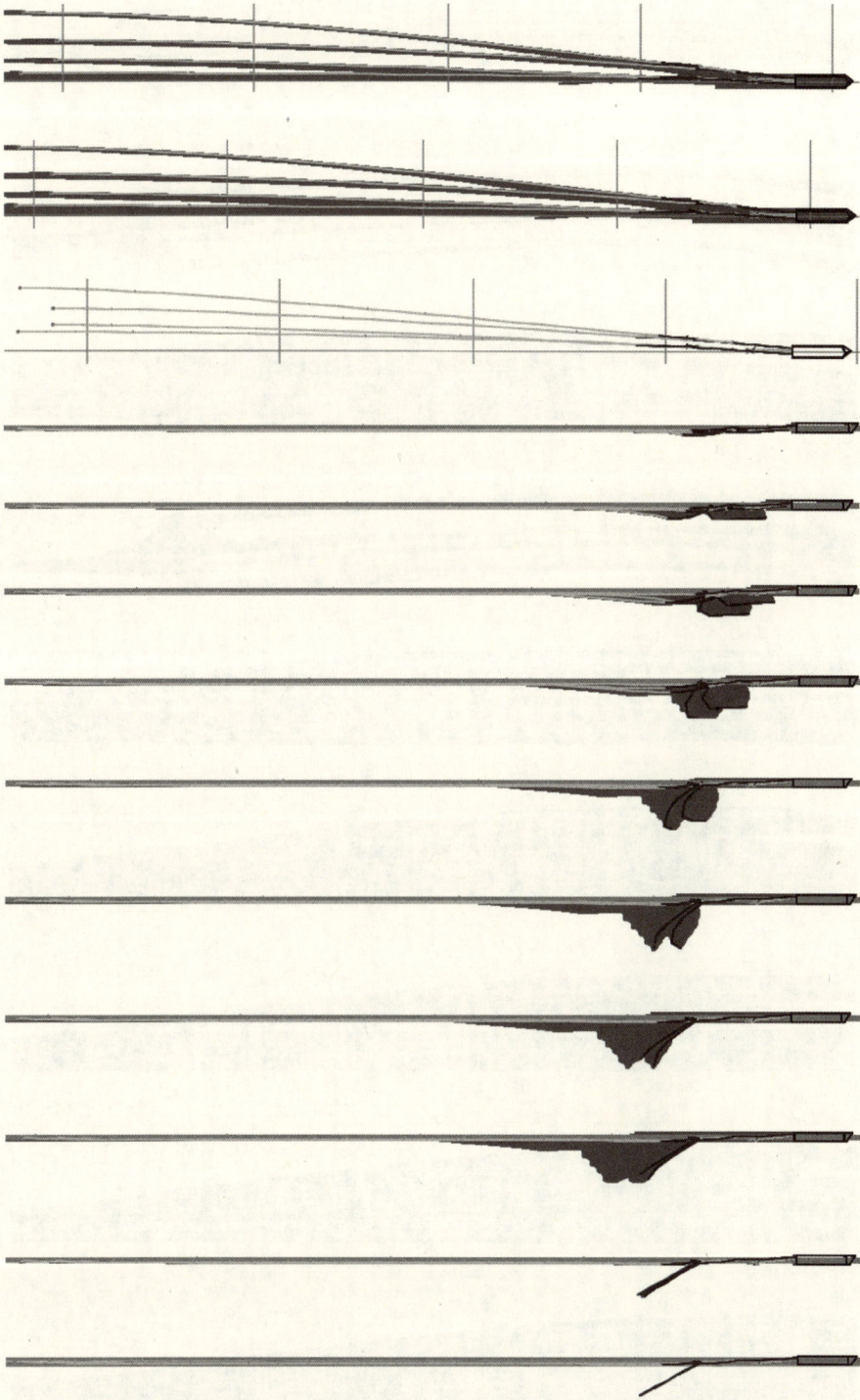

图 10.27　流向为 90°、流速为 0.2 m/s 时多分支拖曳系统形态变化

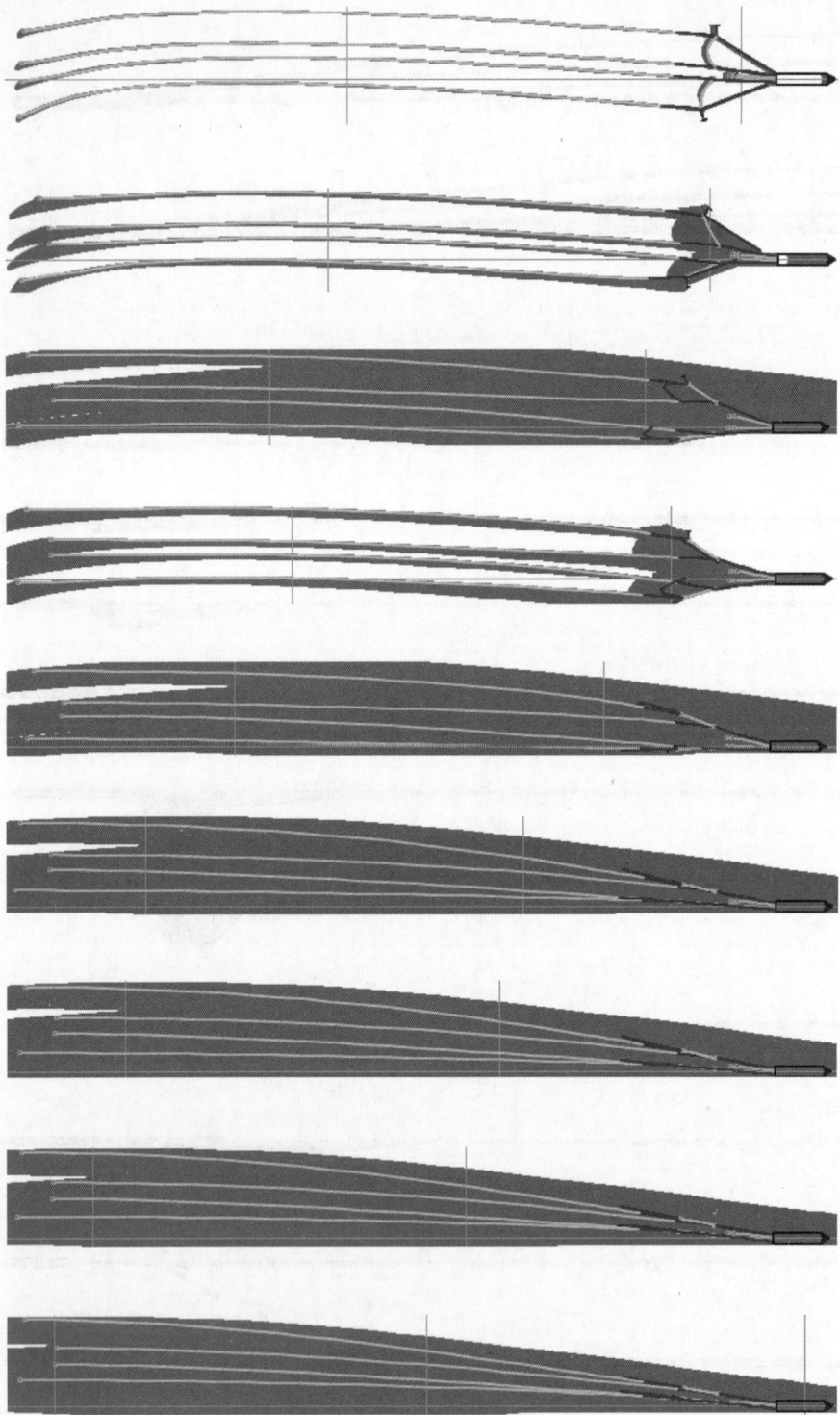

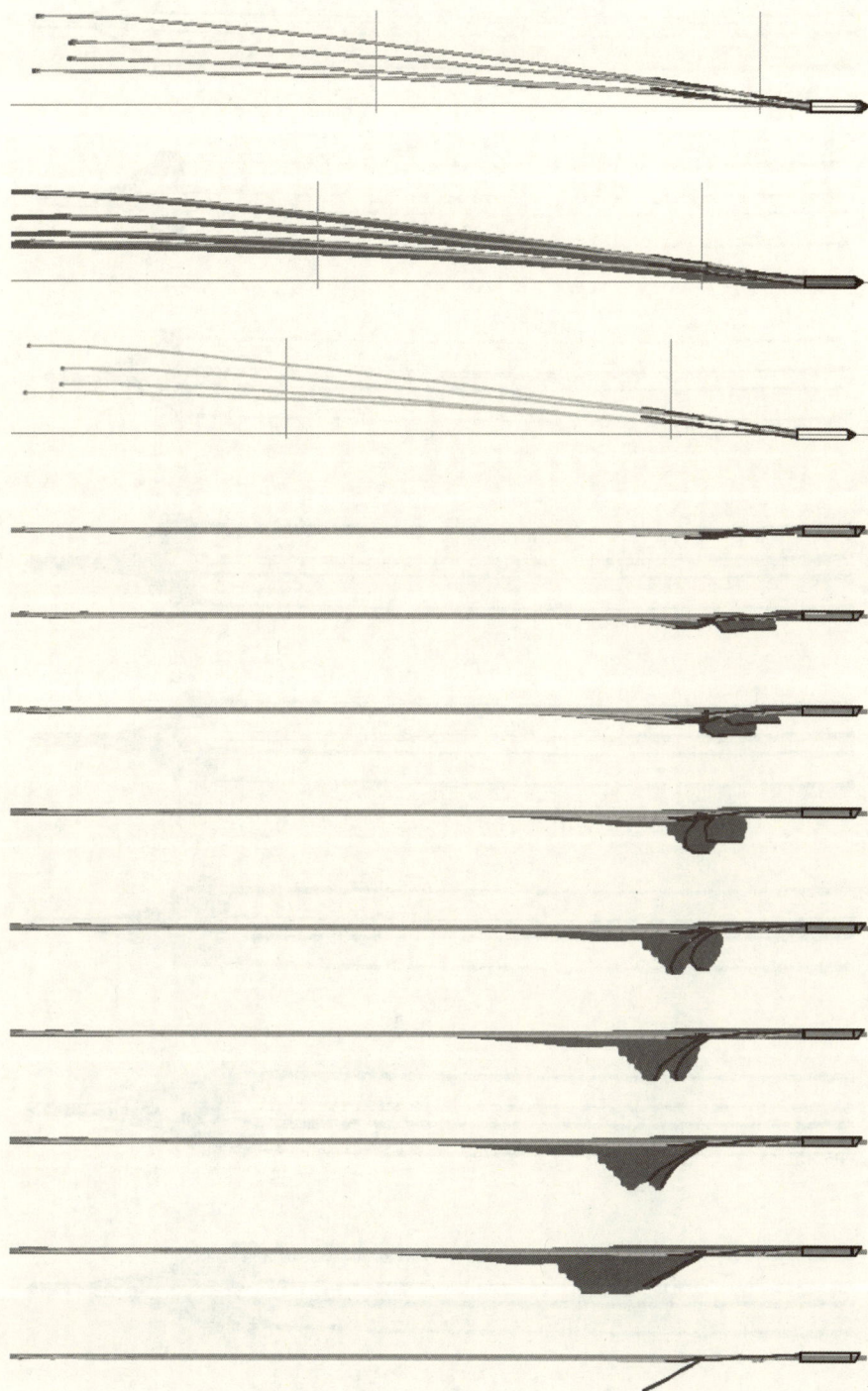

图 10.28 流向为 90°、流速为 0.3 m/s 时多分支拖曳系统形态变化

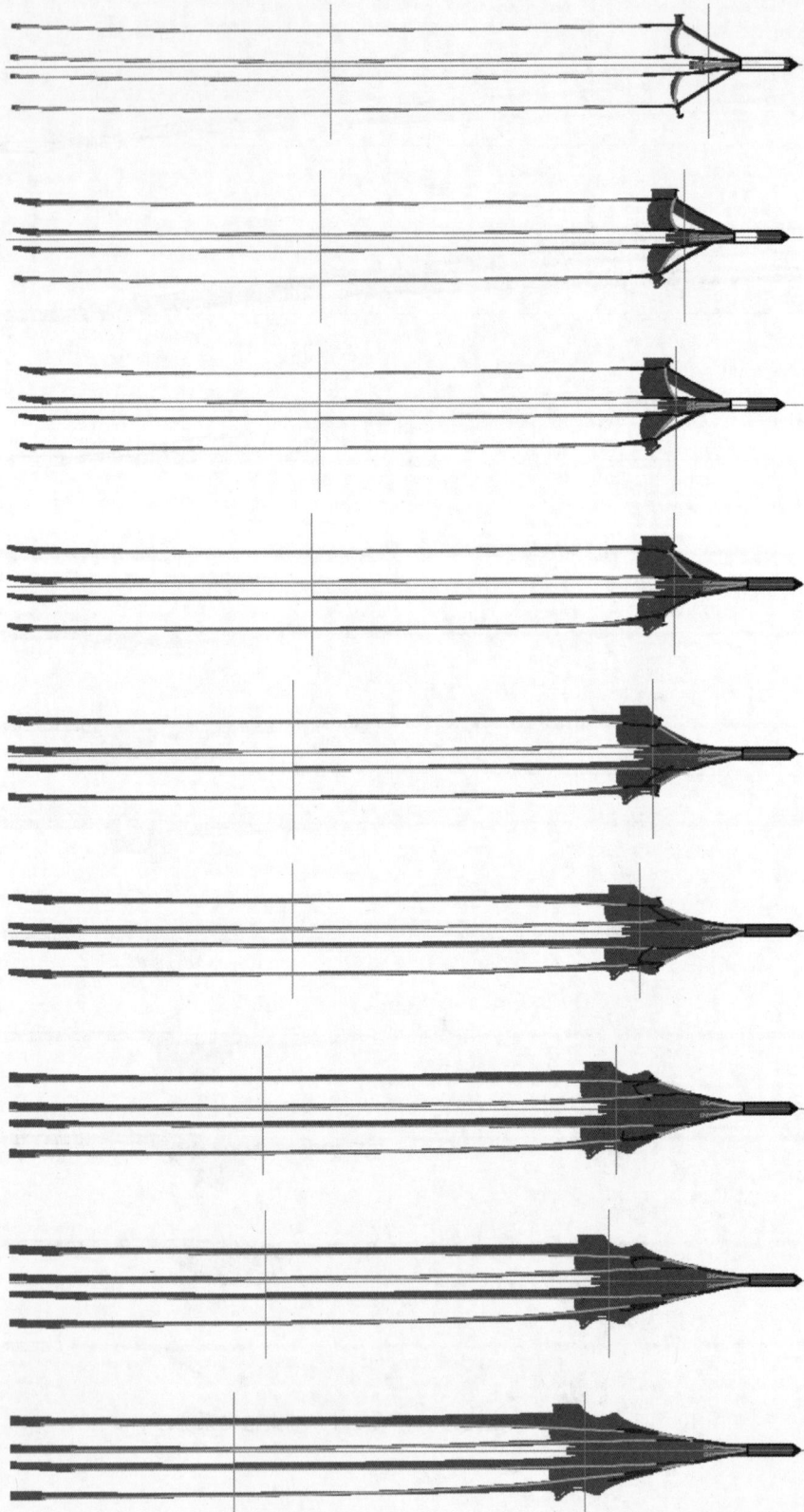

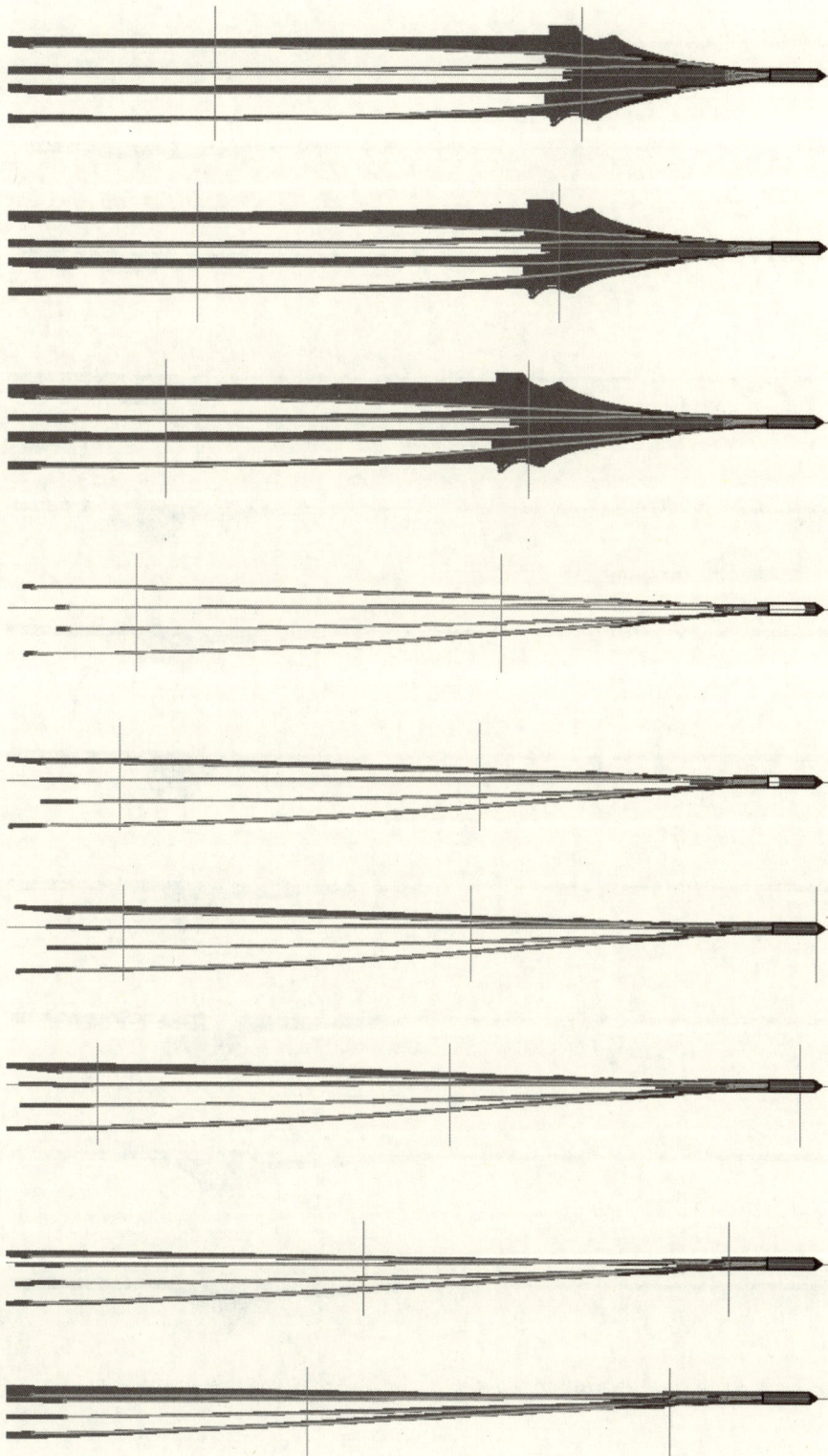

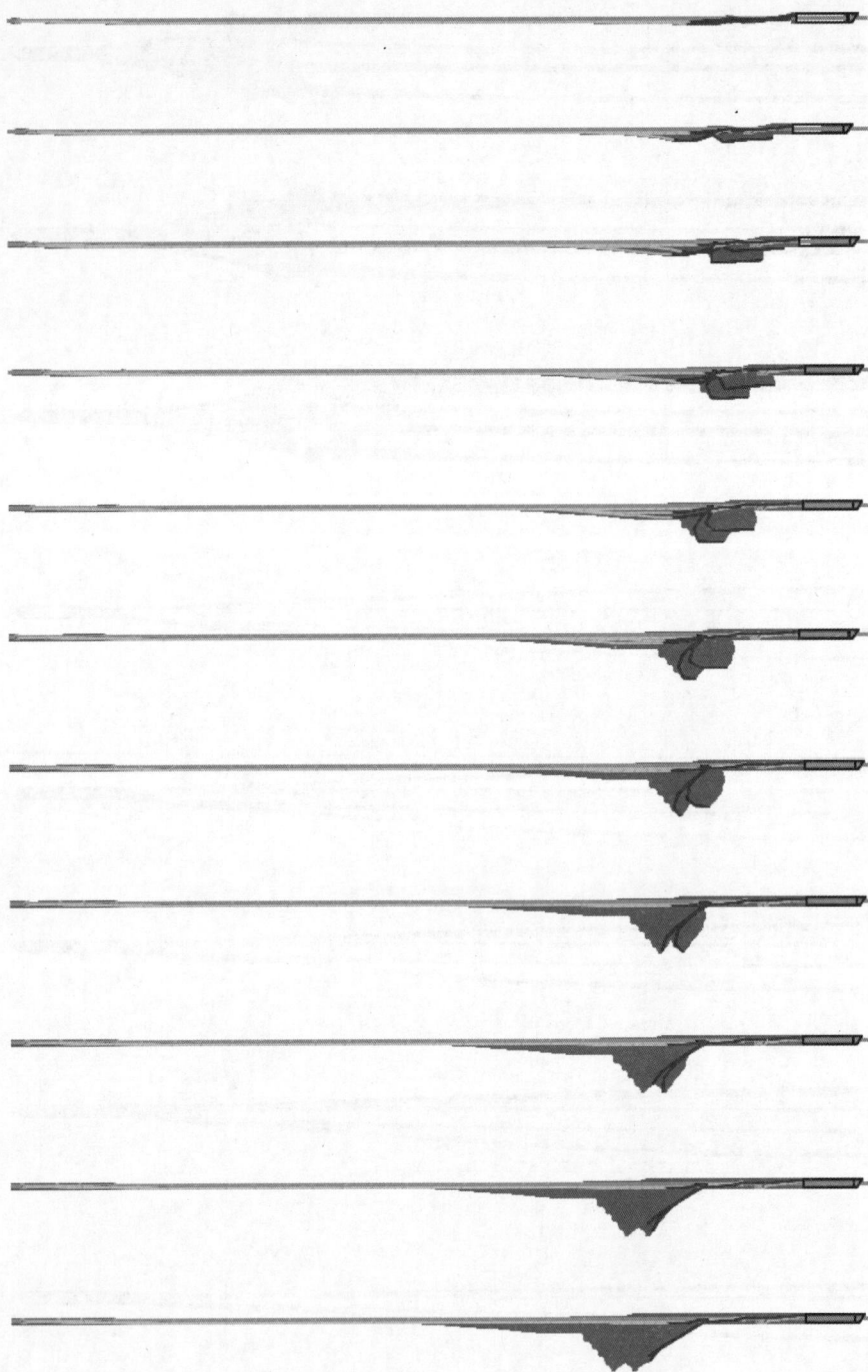

图 10.29　流向为 270°、流速为 0.1 m/s 时多分支拖曳系统形态变化

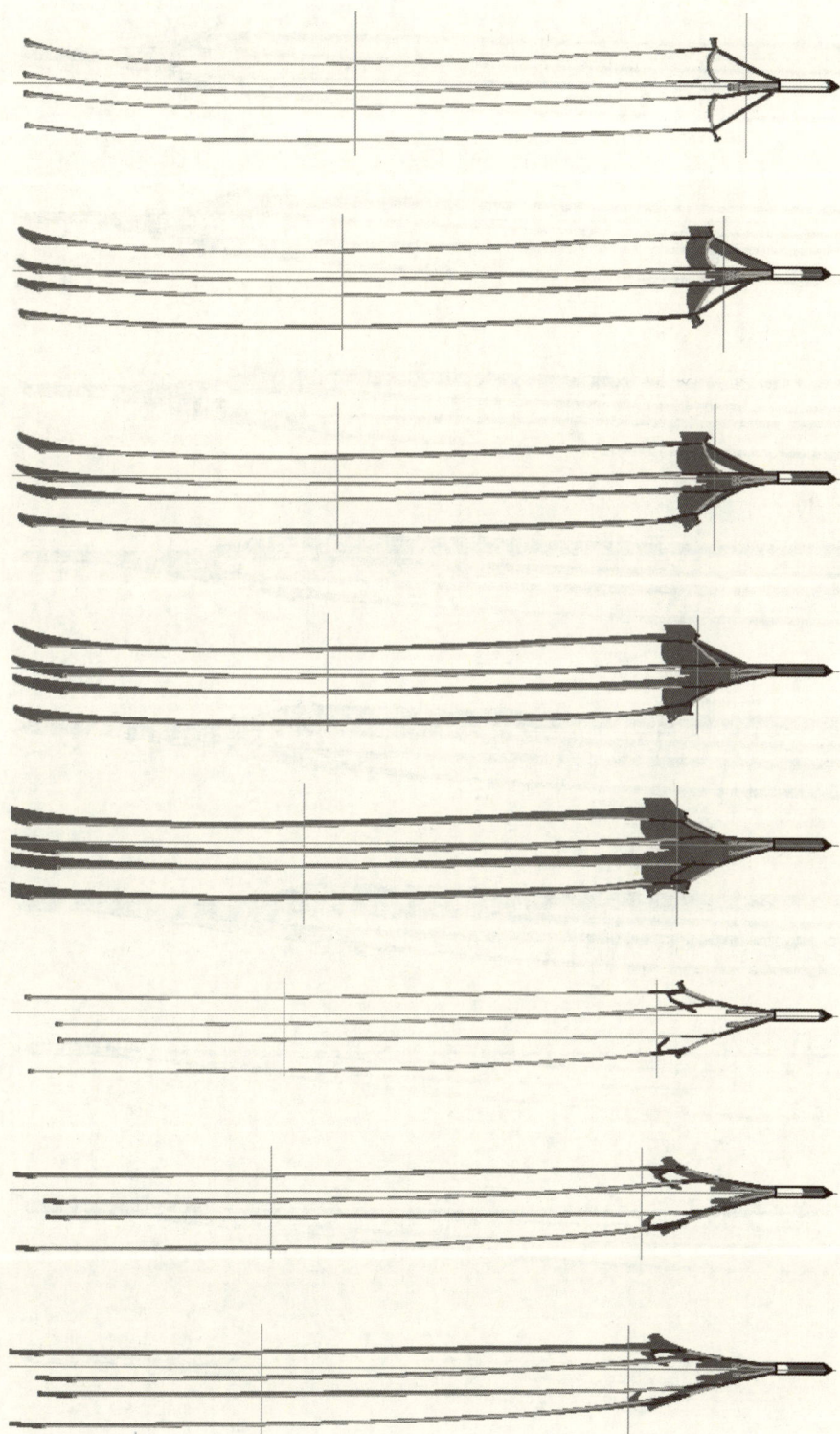

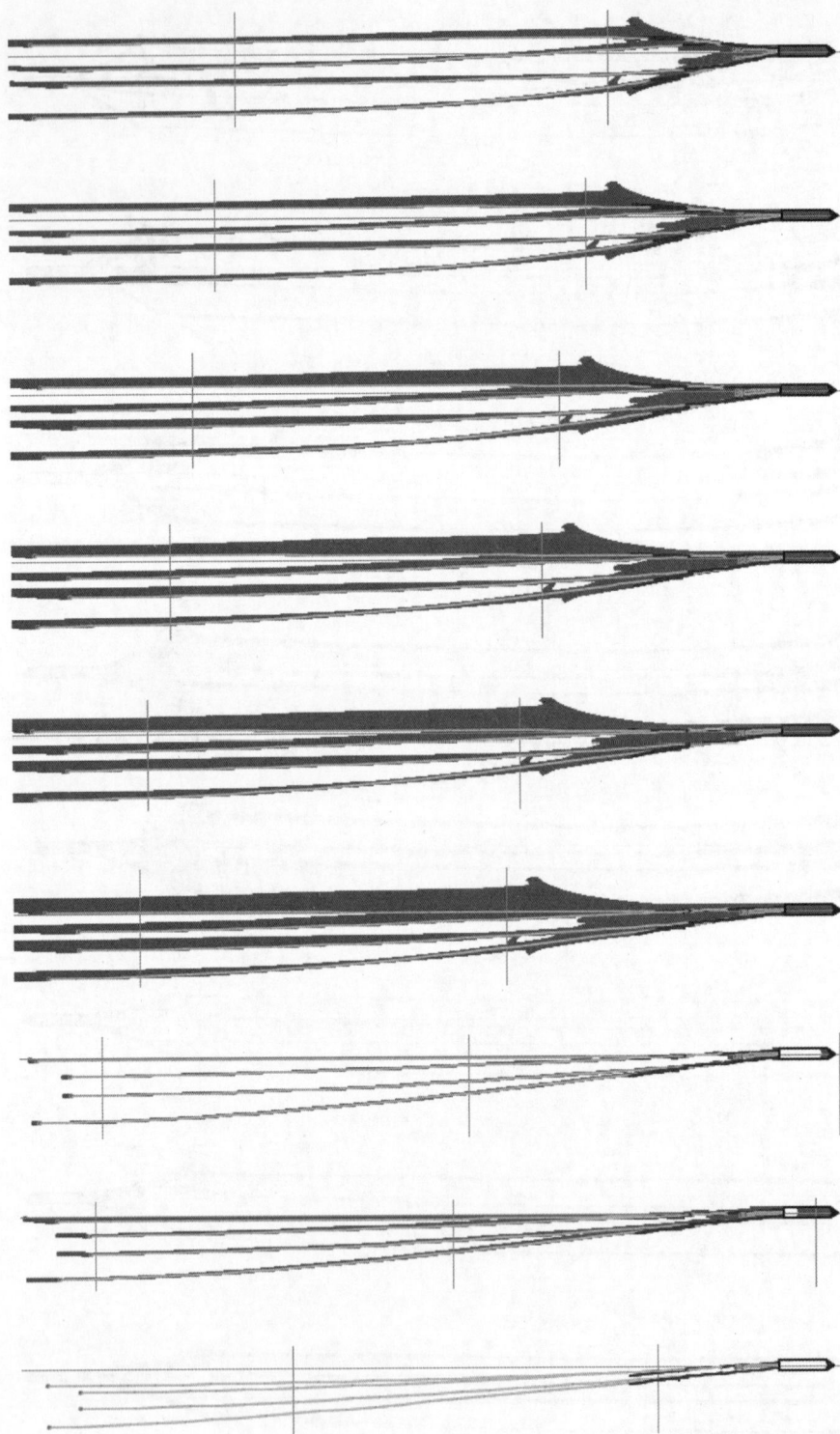

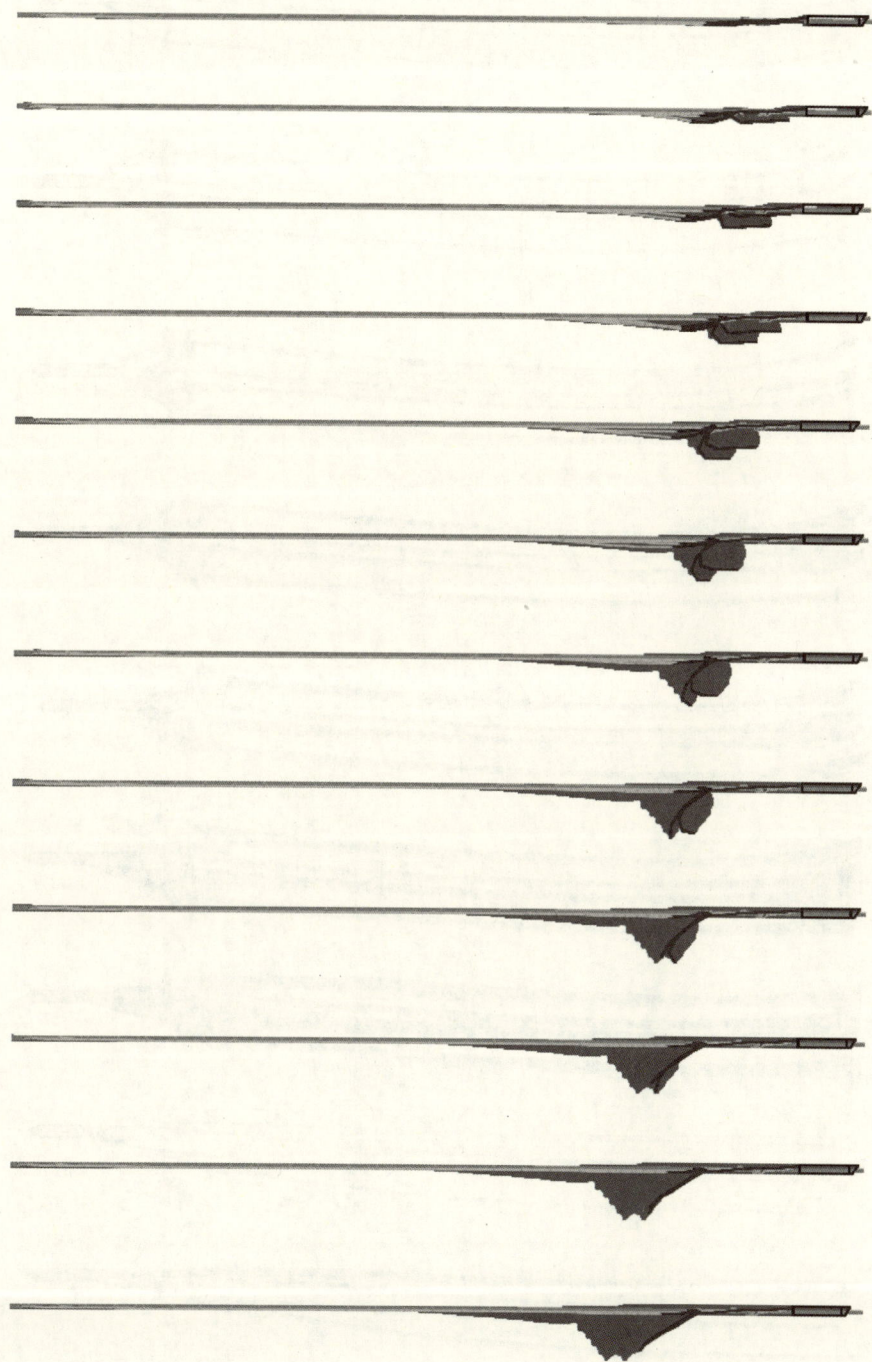

图 10.30 流向为 270°、流速为 0.2 m/s 时多分支拖曳系统形态变化

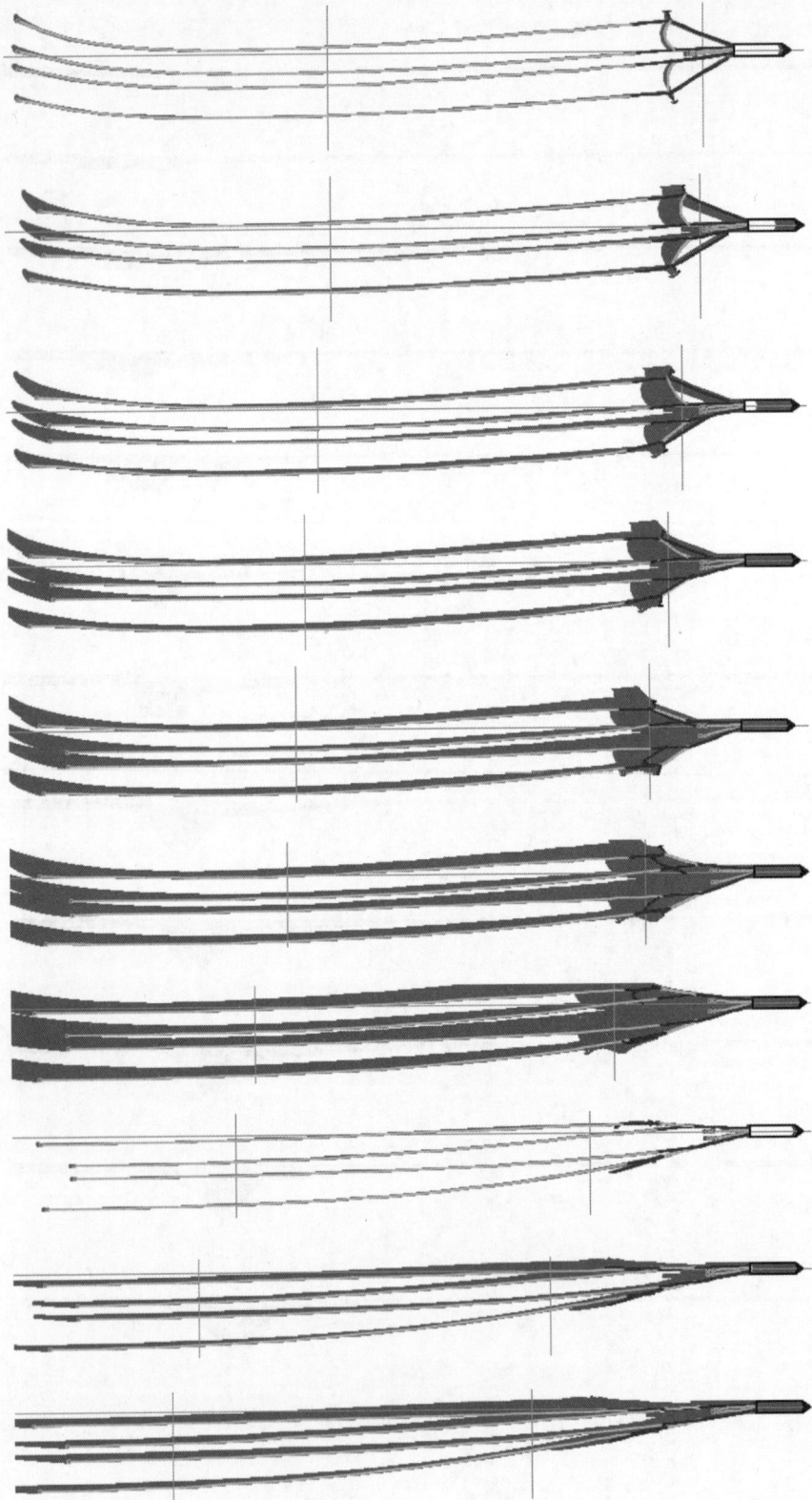

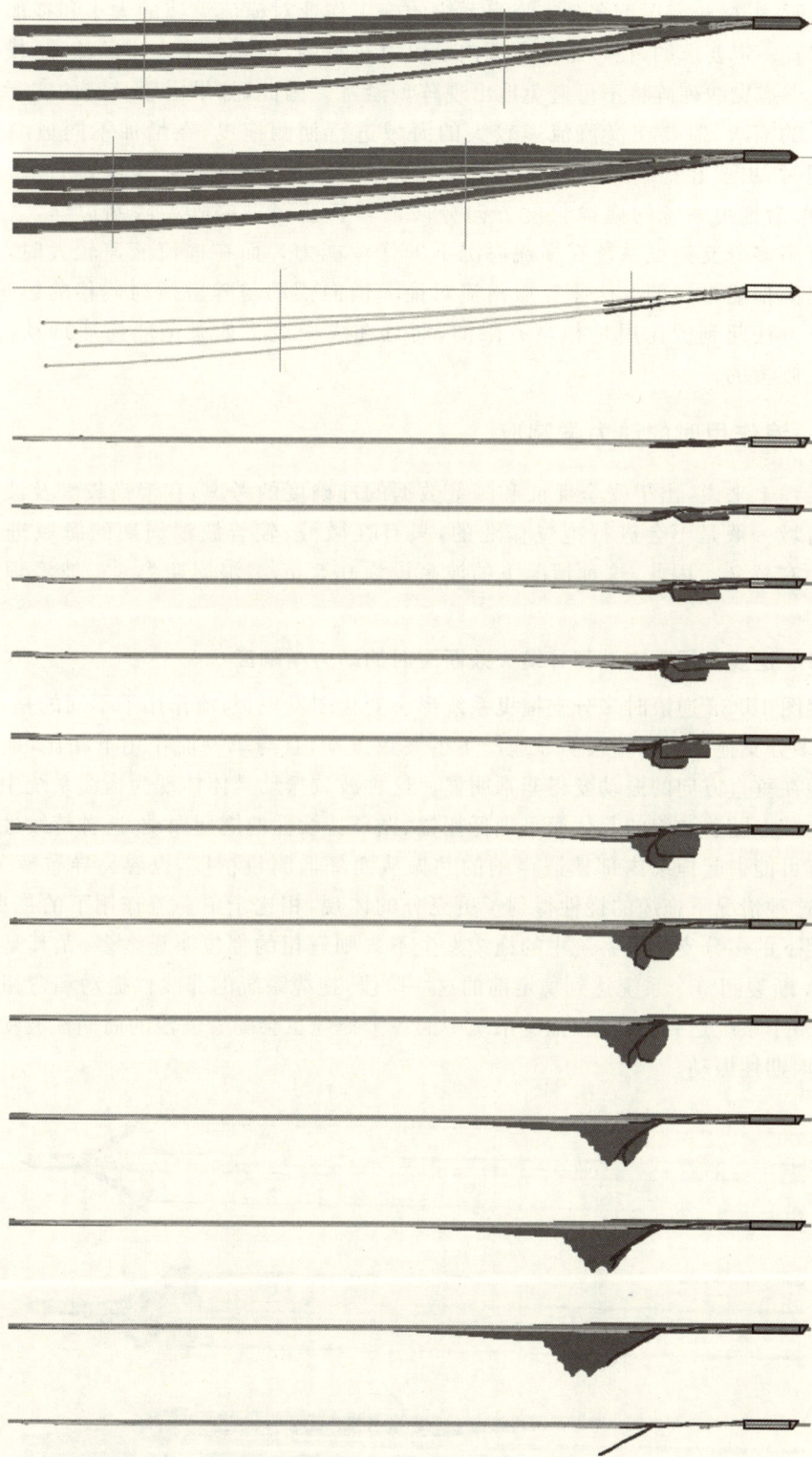

图 10.31　流向为 270°、流速为 0.3 m/s 时多分支拖曳系统形态变化

综上所述,横流海况下多分支拖曳系统的施工作业对横流流速的大小和拖船拖速的大小是有着一定要求的,在一定的范围内是可以进行的,但超过了一定的流速,横流状态下的多分支拖曳线列阵将不可避免地出现阵型紊乱。因此,如果由于一定的实际需要或是军事上的需求,需要在横流流速较大的海域进行侦测拖曳,在增加不同拖缆之间的间距的同时,更要在拖缆的外侧主要受力节点处增加一些抗弯强度较大的扶强材,如有可能,可沿拖曳系统的拖缆长度方向分段设置一些轻型的阵型限制边框,这样就可以大大提高多分支拖曳系统在横流海况下的作业能力。而在横流流速较大时,并不推荐通过提高拖船拖速的办法来克服横流对拖缆横向摆动与阵型横向偏移的影响,因为此时这种方法起到的作用是相当有限的,而且在大横流下如果拖船高速运动,是很有可能发生倾覆的。

10.2.2 浪作用时的动力学响应

从工程上来说,出于安全保证和测量数据的准确度的考虑,在浪高较大及波浪周期较短的海域一般是不会进行拖曳作业的,只有在微波、较长波浪周期的海域进行侦测拖曳才会有意义。因此,这种情况下的波高设为 0.5 m,波浪周期为 6 s,波浪理论上为线性波。

10.2.2.1 逆浪作用下左舷侧导缆失效断裂时的动力学响应

观察图 10.32 逆浪时多分支拖曳系统形态变化图发现,与流作用下不同的是,在波浪作用下,多分支拖曳线列阵很明显地产生了波致振动,且与单一流作用下相比,拖曳系统中的拖缆在垂直方向的振动变得非常明显。这种波致振动具体体现为拖缆系统中各个拖缆的各处节点随着波浪的起伏而呈现低振幅、循环持续性的周期振动,这种持续性的周期振动极有可能引起拖缆内部镶嵌声呐的共振从而降低测量精度,也容易导致疲劳损伤。同时,在这种情况下拖缆的挠性得到了更充分的体现,相比于单一流作用下的拖曳系统,逆浪作用下的多分支拖曳系统中的拖缆发生不规则弯扭的部位明显增多,尤其是在左舷侧导缆 A 断裂到整个系统达到稳定前的这一阶段,拖缆系统的非线性振动和弯扭明显增多;而在整个系统达到稳定后,拖曳系统中的各个拖缆也会随着波浪的周期性波动而持续低幅度、周期性振动。

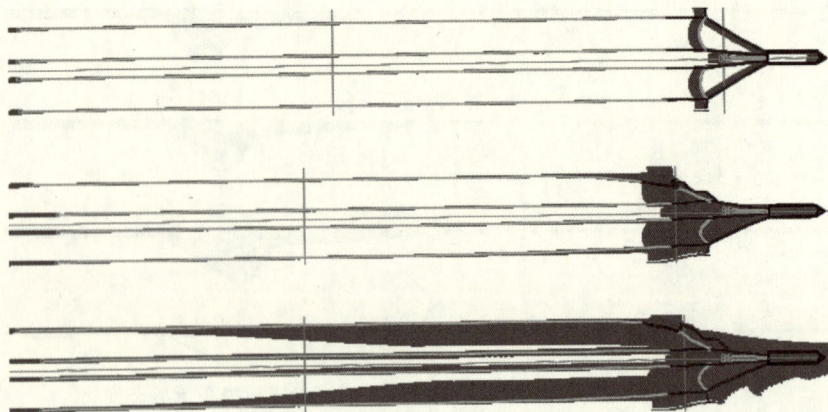

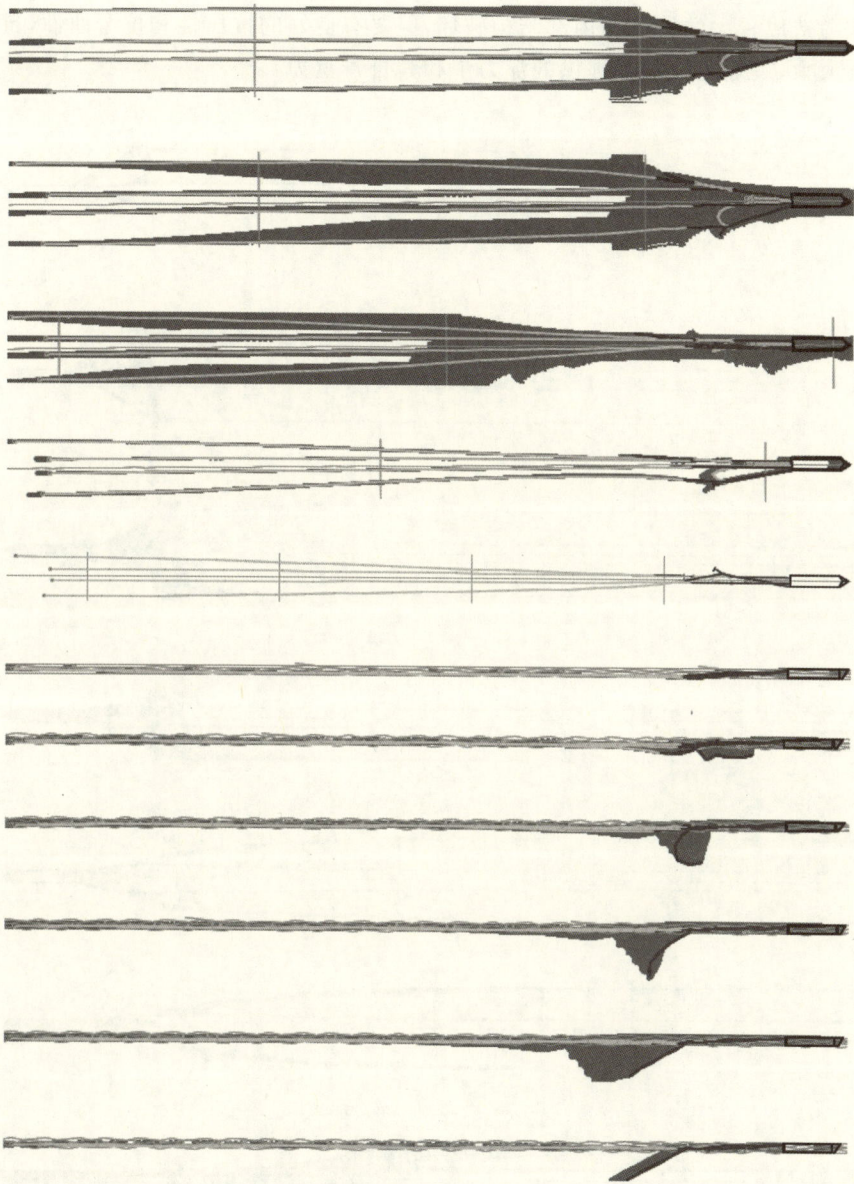

图 10.32　逆浪时多分支拖曳系统形态变化(左舷侧导缆生效)

10.2.2.2　逆浪作用下双舷侧导缆失效断裂时的动力学响应

进一步观察图 10.33 后发现,在逆浪向时,不管是单舷侧导缆失效还是双舷侧导缆失效,当拖曳系统达到稳定后,多分支拖曳系统的拖曳阵型较差(越靠近拖缆尾端拖缆间间距越大,越靠近拖缆牵引端拖缆间间距越小),各个拖缆间间距沿拖缆长度方向不同的位置并不相等,间距分布较为离散,没有规律性,整个多分支拖曳系统的左右侧阵型分布类似于两个顶角很小的锐角三角形,不利于海上施工作业的展开。换句话说,如要在逆浪向开展拖曳侦测,最好采取一些预防措施来避免阵型发生大的变化(如沿拖缆长度方向等间距分布可以阻止两根拖缆相互靠近的弹性横撑,这种横撑两端分别卡在两根拖缆上,并且不能对拖缆造成较大的挤压和内部结构破坏,但要有良好的抗压性和抗弯曲性,自身的密度也不要太大,最好能被海水提供的浮力中和其自身重力)。

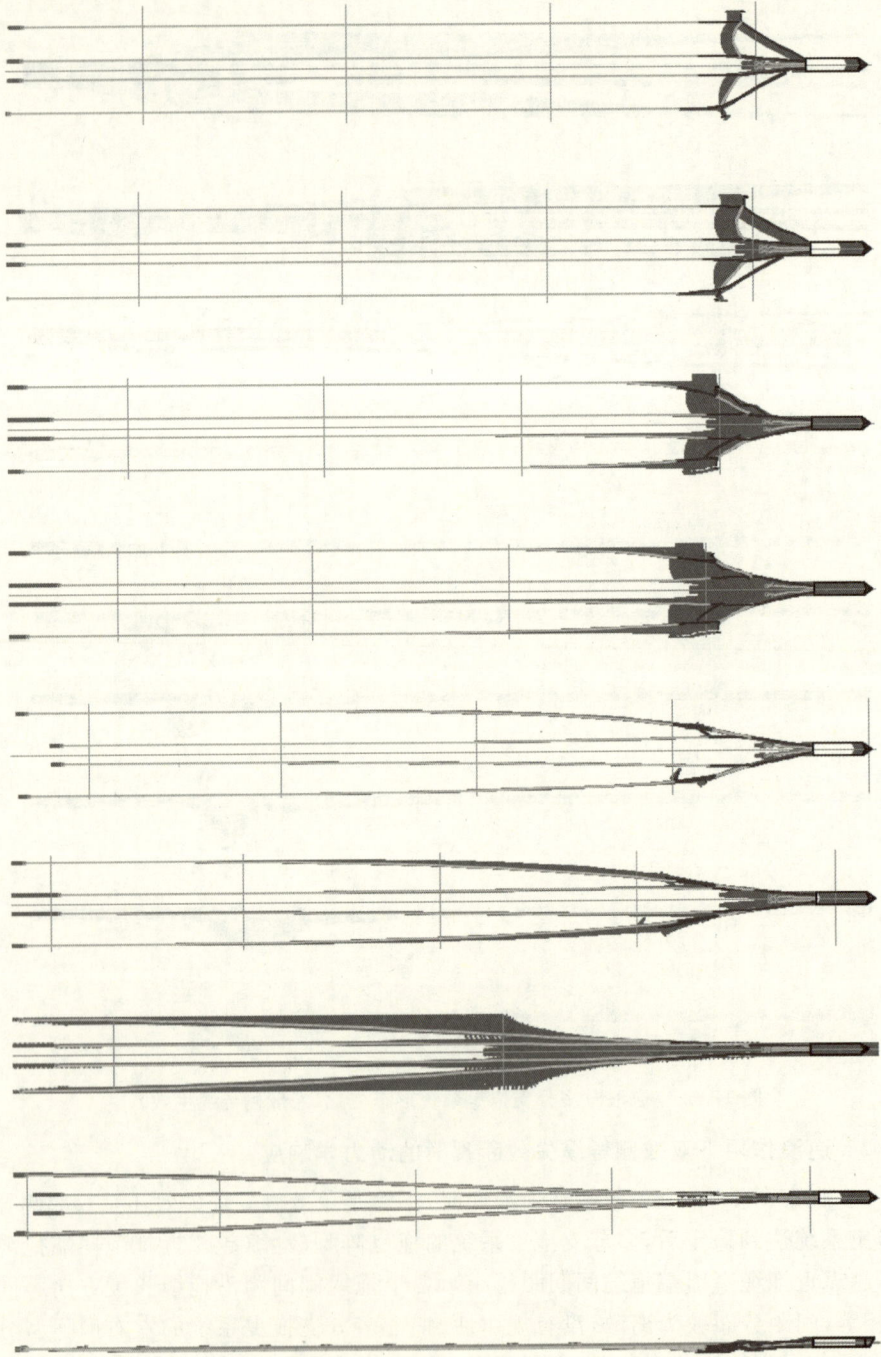

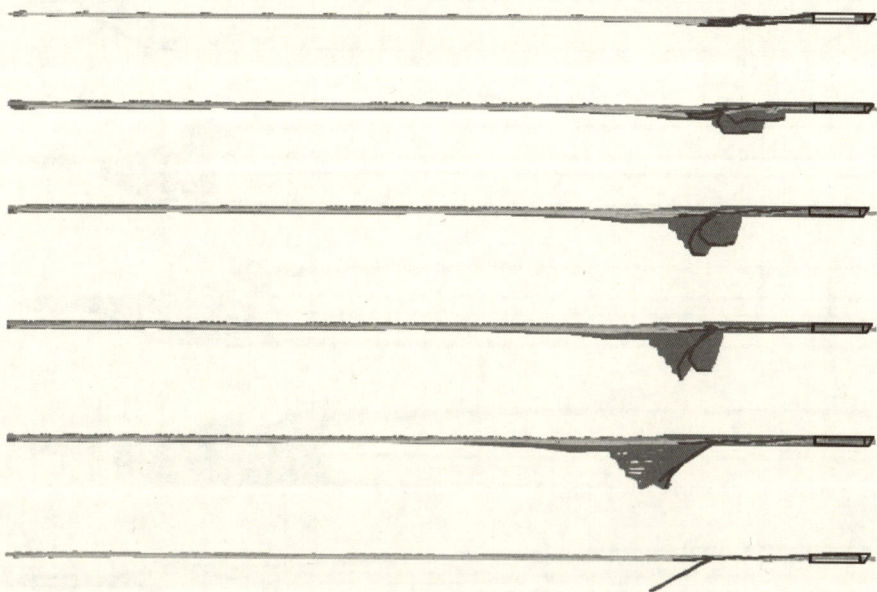

图 10.33　逆浪时多分支拖曳系统形态变化（双舷侧导缆失效）

事实上逆浪状态下，当波高逐渐增加到一定幅度以及波浪频率增加到一定幅度时，都会导致拖船发生一定幅度的持续性横摇，这种拖船的横摇运动对多分支拖曳线列阵的阵型的空间形态有着不可忽视的影响，除了会对阵型中各个拖缆之间的横向间距造成不可预知的影响，持续而剧烈的横摇还会使得各个拖缆更容易相互缠绕在一起。限于篇幅，这里并未对逆浪向波高及波浪频率的变化对多分支拖曳线列阵的影响进行更进一步的分析，但事实上这对于在波浪频率变化范围较大、波高变化范围较大的海域进行逆浪状态下的拖曳作业是非常有指导意义的。如果在一些特定需求下要在这样的海域进行拖曳作业，通过这样的分析可以得到其相对安全的作业区间（波高安全区间、波浪频率安全区间），对此感兴趣的读者可以进行更深入而细致的研究。

10.2.2.3　顺浪作用下左舷侧与双舷侧导缆失效断裂时的动力学响应

在波浪的波高和周期相同且波速小于拖船速度的前提下（波高设为 0.5 m，波浪周期为 6 s，波浪理论为线性波理论），观察图 10.34 至图 10.35 后发现，顺浪时拖曳系统中的拖缆的振动要比逆浪时更加剧烈，这是由顺浪时的波速与拖船前进的方向相同，但逆浪时波浪的波速与拖船前进的方向相反造成的。静水中拖船以一定速度直航时，拖缆处于被拉伸的状态，在顺浪时波浪造成的拖曳力会增大拖缆沿着轴向被拉伸的程度，这有助于减少拖缆振动的剧烈程度；但当逆浪时，由于波速的大小小于拖船速度的大小，此时波浪造成的拖曳力虽然并不能使得拖缆被轴向压缩，但会减弱拖缆被轴向拉伸的程度，拖缆轴向拉伸程度的减弱导致拖缆更易发生剧烈的振动。

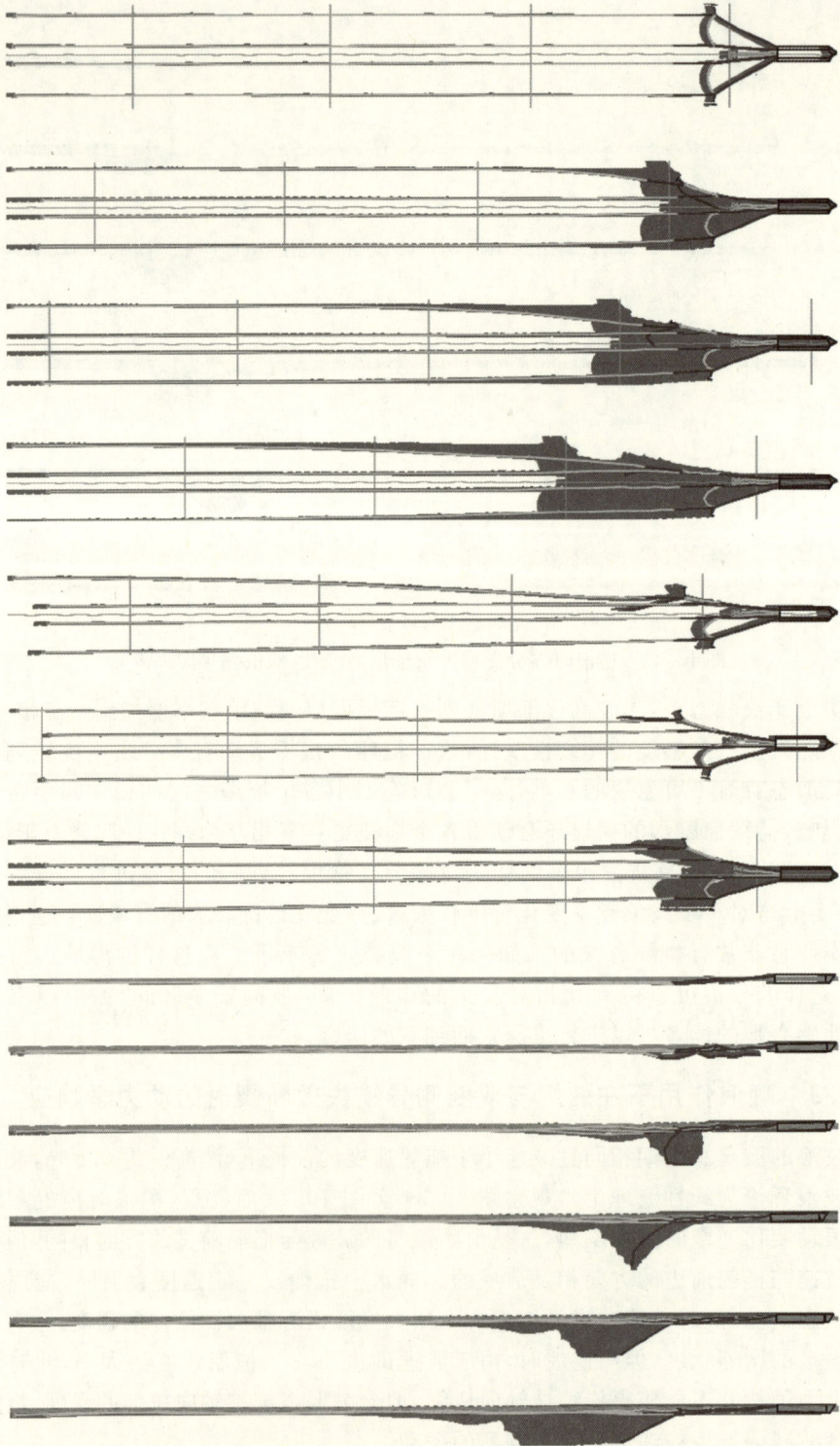

图 10.34　顺浪时多分支拖曳系统形态变化(左舷侧导缆失效)

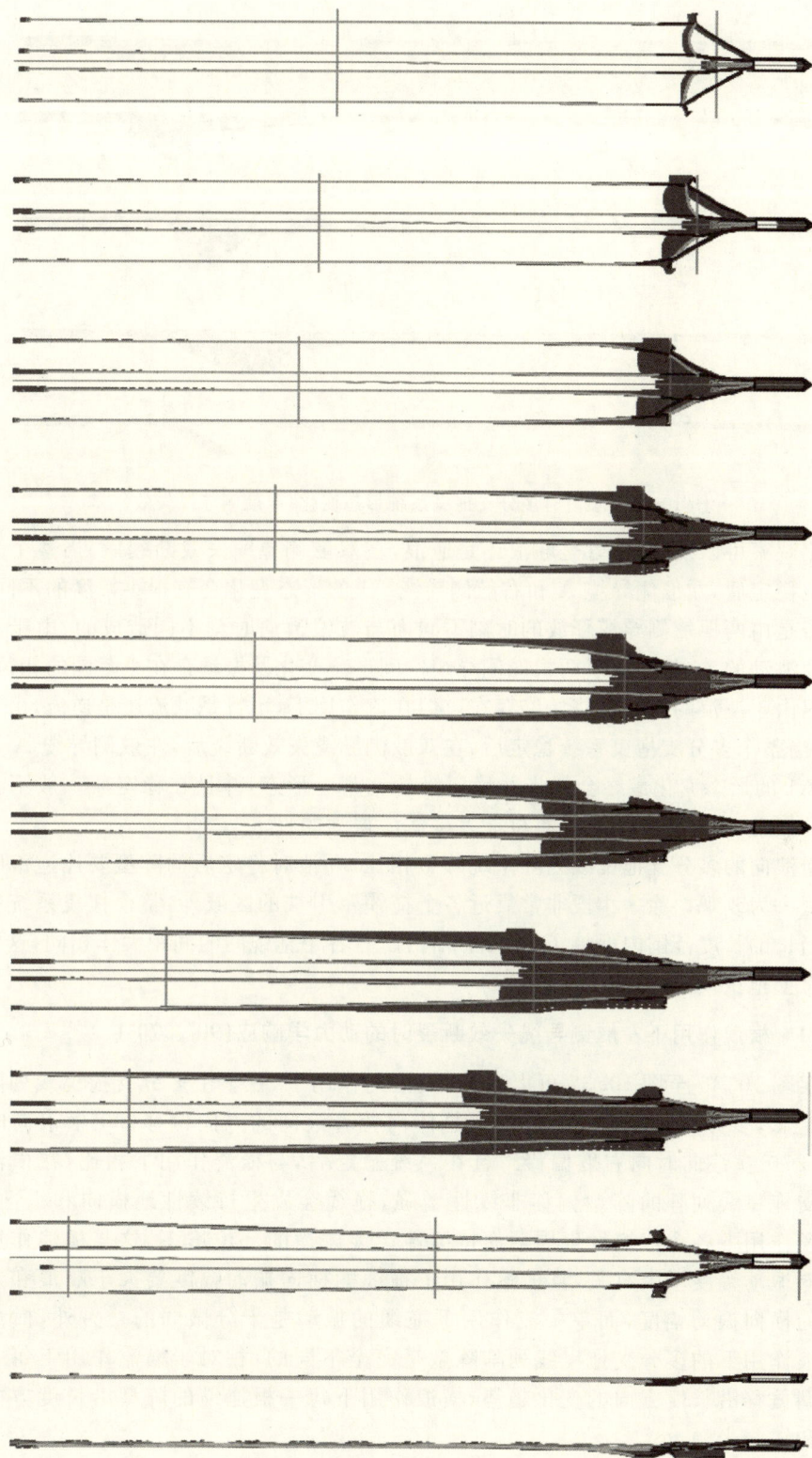

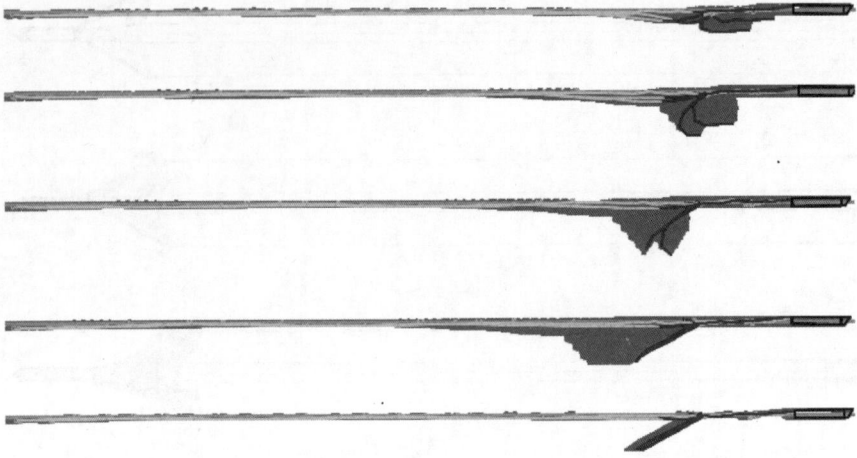

图 10.35　顺浪时多分支拖曳系统形态变化(双舷侧导缆失效)

对比观察可以发现,不管是顺浪还是逆浪,在双舷侧导缆失效断裂后,当整个多分支拖曳系统稳定后,左舷侧导缆 A 和右舷侧导缆 A1 的形态变化会有很小幅度的不同步,这种不同步是由两根舷侧导缆释放的时刻不同而与波浪遭遇时刻不同造成的,由于波浪也是周期性波动的,这就造成了两根舷侧导缆空间形态变化及振动存在小范围的相位延迟,这种延迟由于波浪的周期性将始终存在。但在流作用下,不管是顺流还是逆流,由于流速为恒流,当整个多分支拖曳系统稳定后,在双舷侧导缆失效断裂后,左舷侧导缆 A 和右舷侧导缆 A1 的形态变化最终会同步并稳定维持在某一形态,并且在稳定后一般不会发生周期性的振动(在特定流速下是有可能发生涡激振动的)。

与逆浪向的多分支拖曳线列阵系统阵型相比,顺浪时稳定后的阵型要比逆浪时稳定后的阵型大为改观。除一小段非常靠近各个拖缆牵引端的区域外,整个拖曳系统中的拖缆在相当长的长度范围内保持了较好的平行性,且各个拖缆间的间距大体相同,这种阵型有利于海上拖曳侦测的展开。

10.2.2.4　横浪作用下左舷侧导缆失效断裂时的动力学响应(90°、270°)

观察图 10.36 至图 10.37 可以发现,横浪向作用下,在整个多分支拖曳线列阵系统达到稳定后,多分支拖曳系统中的拖缆总体向背着浪向的方向偏移(90°横浪向时向左舷偏移,270°横浪向时向右舷偏移);且在系统稳定后,与横流作用下相比,在横浪作用下多分支拖曳线列阵的阵型偏移非线性增强,拖缆会发生持续性地横向和垂向抖动,同时横缆作用下各个拖缆发生周期而持续性干涉碰撞的部位增多,这与横浪作用下拖缆的横向振动幅度增大有关,且横浪作用下拖缆的横向振动幅度要大于顺浪和逆浪向时拖缆的横向振动幅度,而单一流作用下拖缆的振动是十分微弱的。另外,横流作用下和横浪作用下的多分支拖曳线列阵阵型是完全不同的:相对于横流作用下每一根拖缆的阵型偏移沿长度方向的变化趋势,横浪作用下每一根拖缆的阵型沿长度方向的变化更加和缓与光顺。

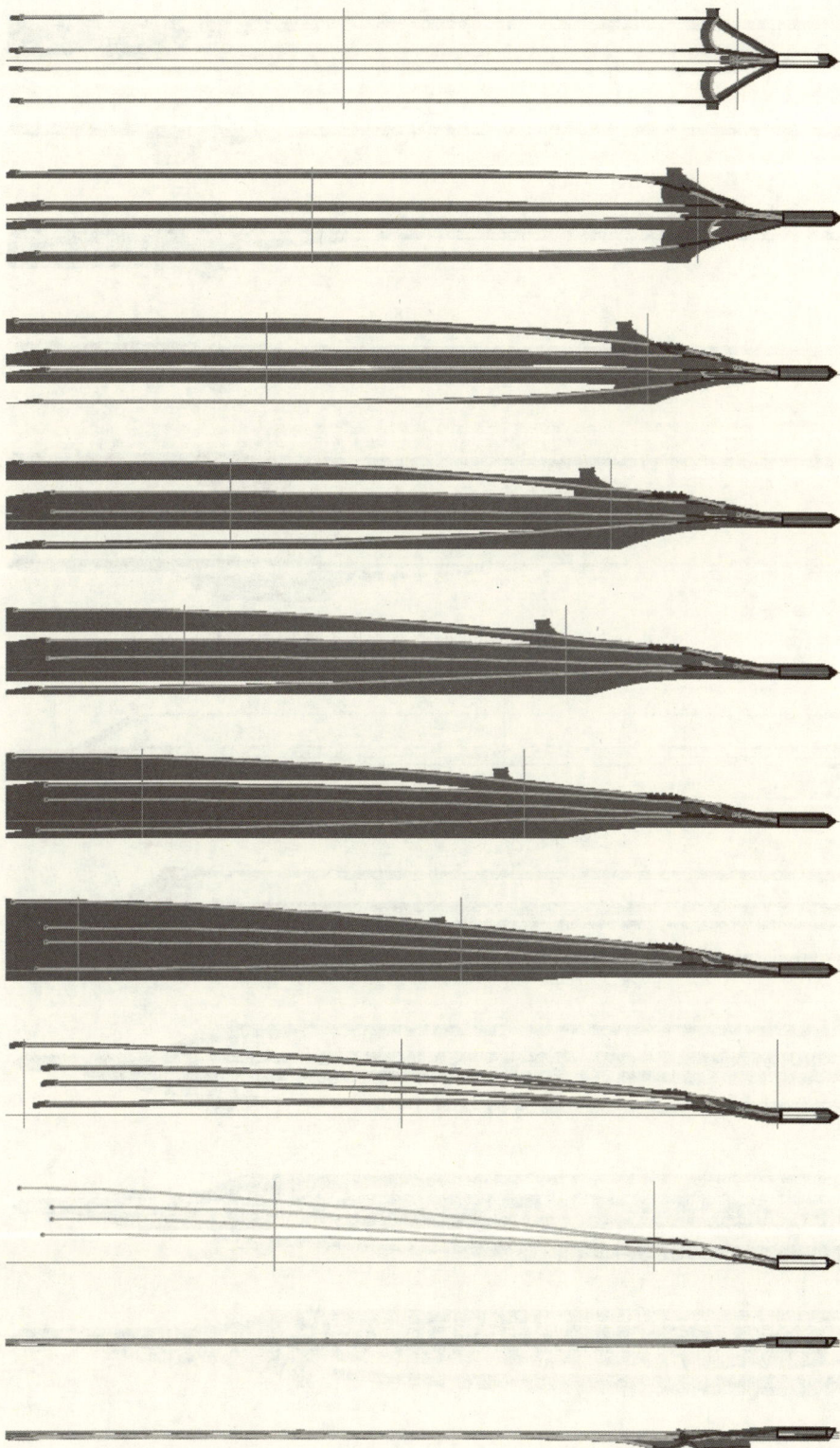

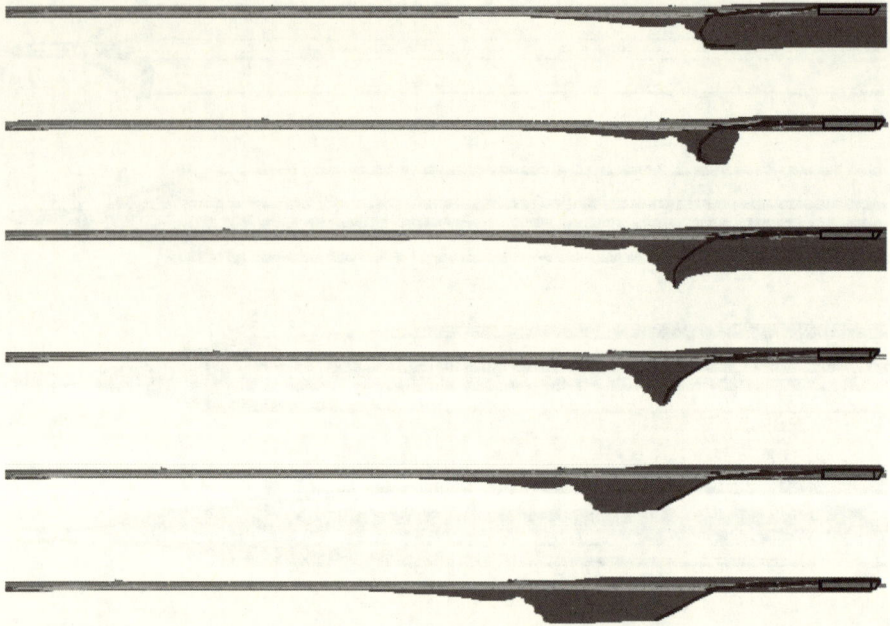

图 10.36　浪向为 90°时多分支拖曳系统形态变化

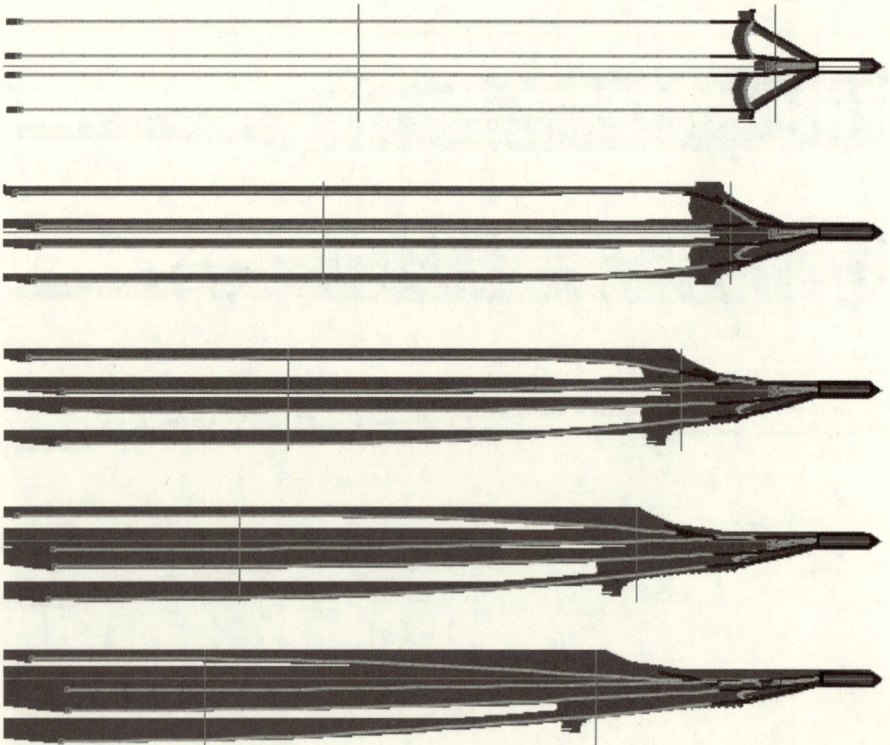

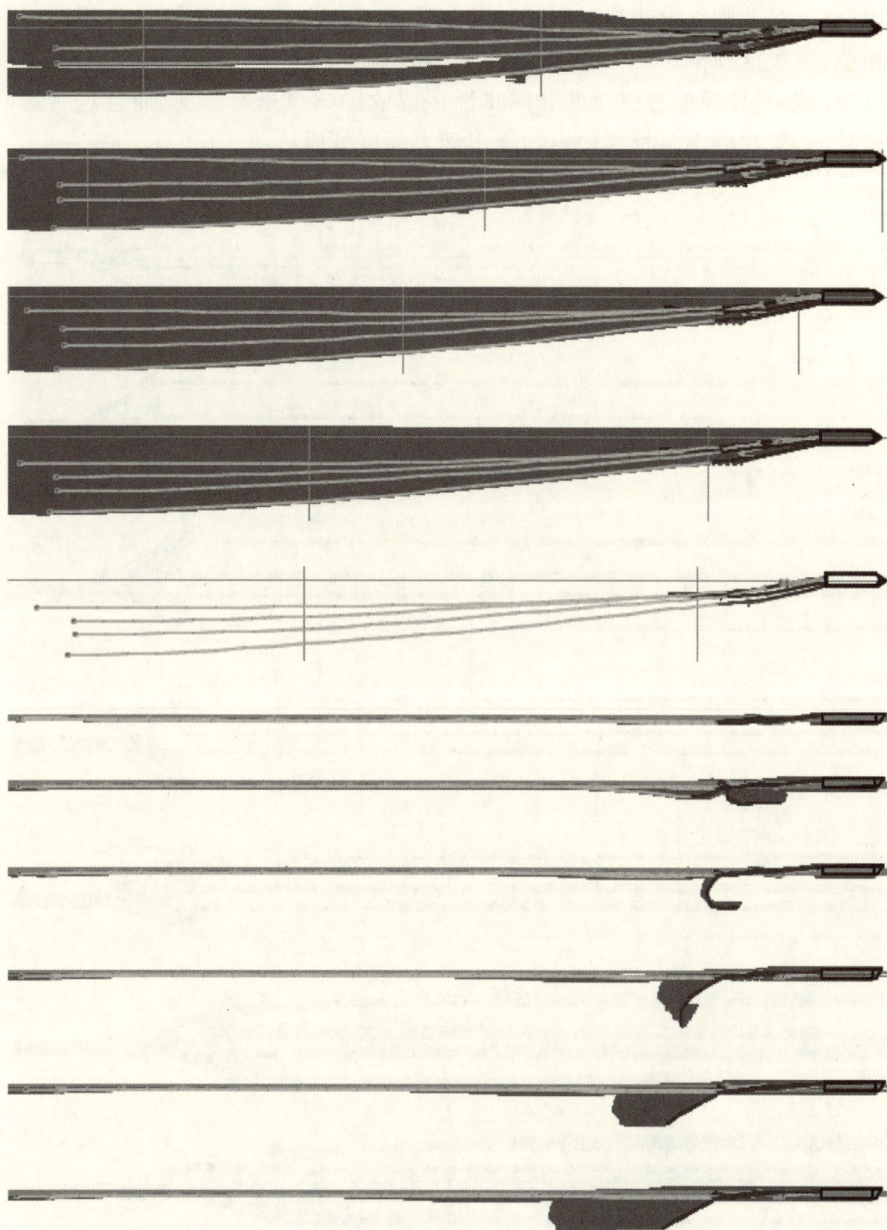

图 10.37 浪向为 270°时多分支拖曳系统形态变化

此外,在左舷侧导缆断裂后,当横浪向为 90°时,左舷侧拖缆靠近导引端的长度与其他导缆靠近导引端的长度之间的重合区域明显增大。

10.2.2.6 横浪作用下双舷侧导缆失效断裂时的动力学响应

图 10.38 至图 10.39 所示为横浪作用下双舷侧导缆失效断裂时多分支拖曳系统的形态变化图。总体来说,在整个多分支拖曳系统达到稳定时,在单一流作用下,双舷侧导缆

断裂时刻的不同对多分支拖曳系统达到稳定后的阵型并无影响;而在单一浪作用下,由于波浪的周期性,双舷侧导缆断裂时刻的不同会造成一个永久的与波浪力作用之间的无法消除的相位差,在这种情况下,双舷侧导缆断裂时刻的不同对稳定后多分支拖曳系统的阵型偏移以及双舷侧导缆形态变化的非同步性造成的影响也是不同的,而且这种影响是无法彻底消除的,但在横浪向时这种影响会得到大幅度减弱。

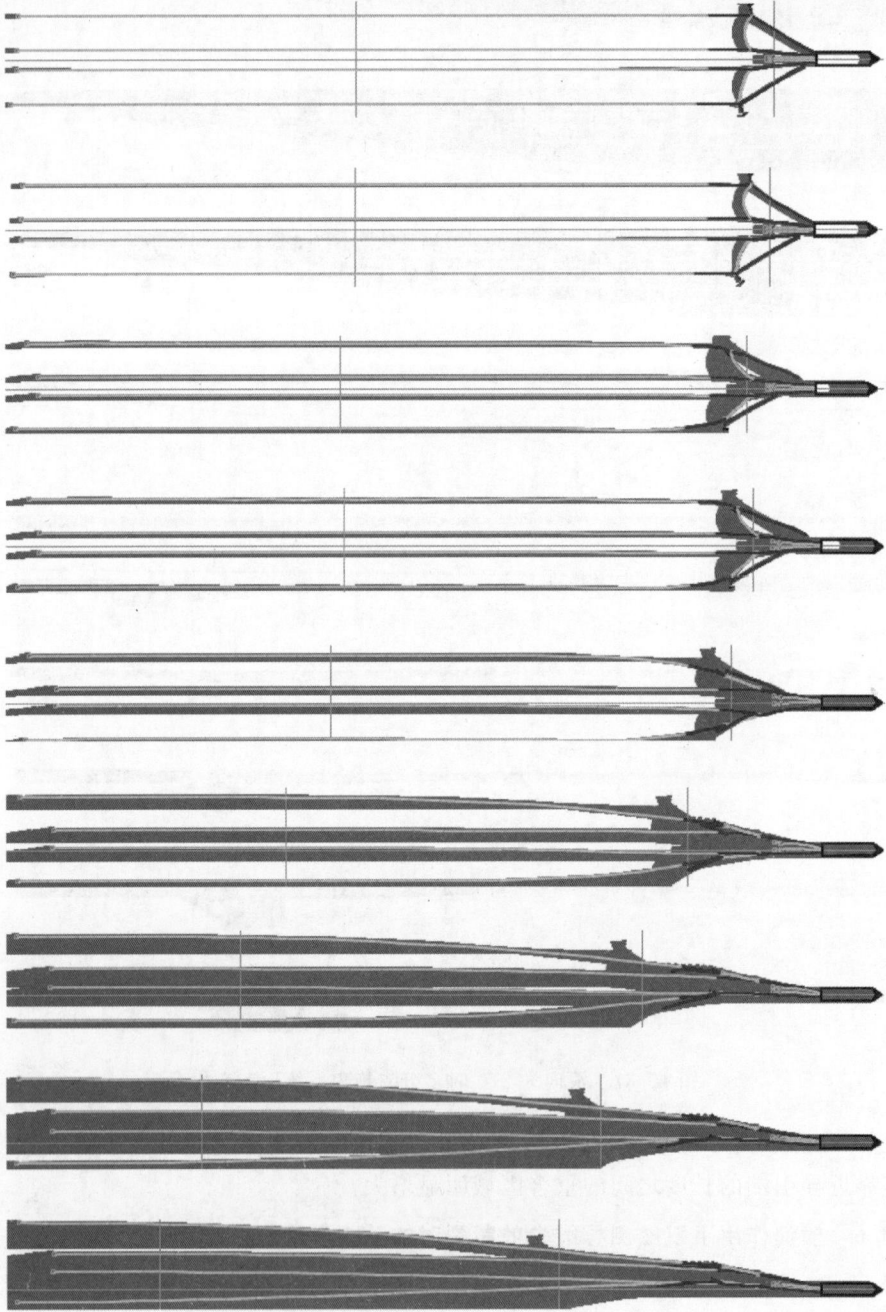

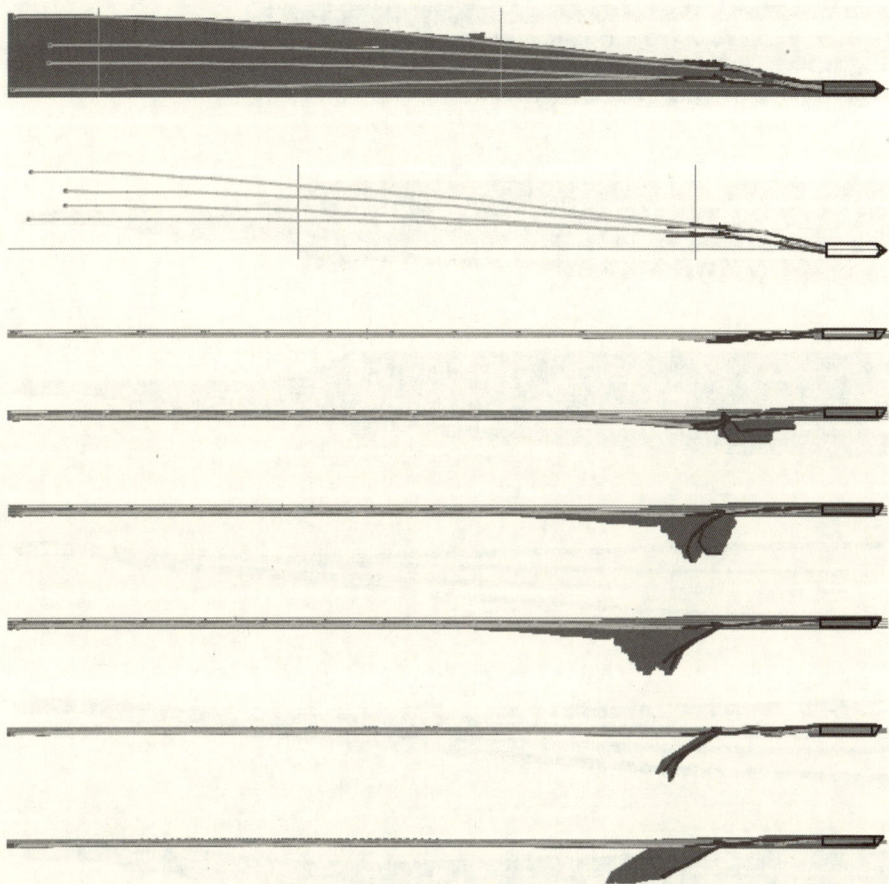

图 10.38　浪向为 90° 时多分支拖曳系统形态变化

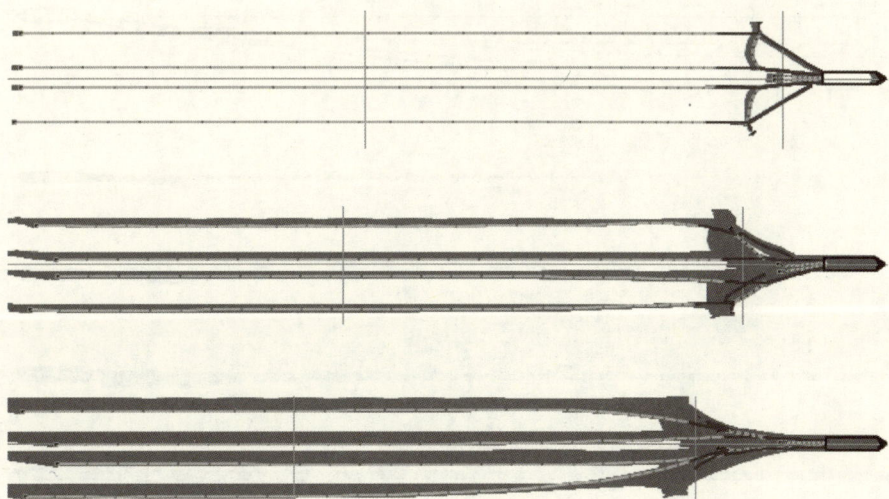

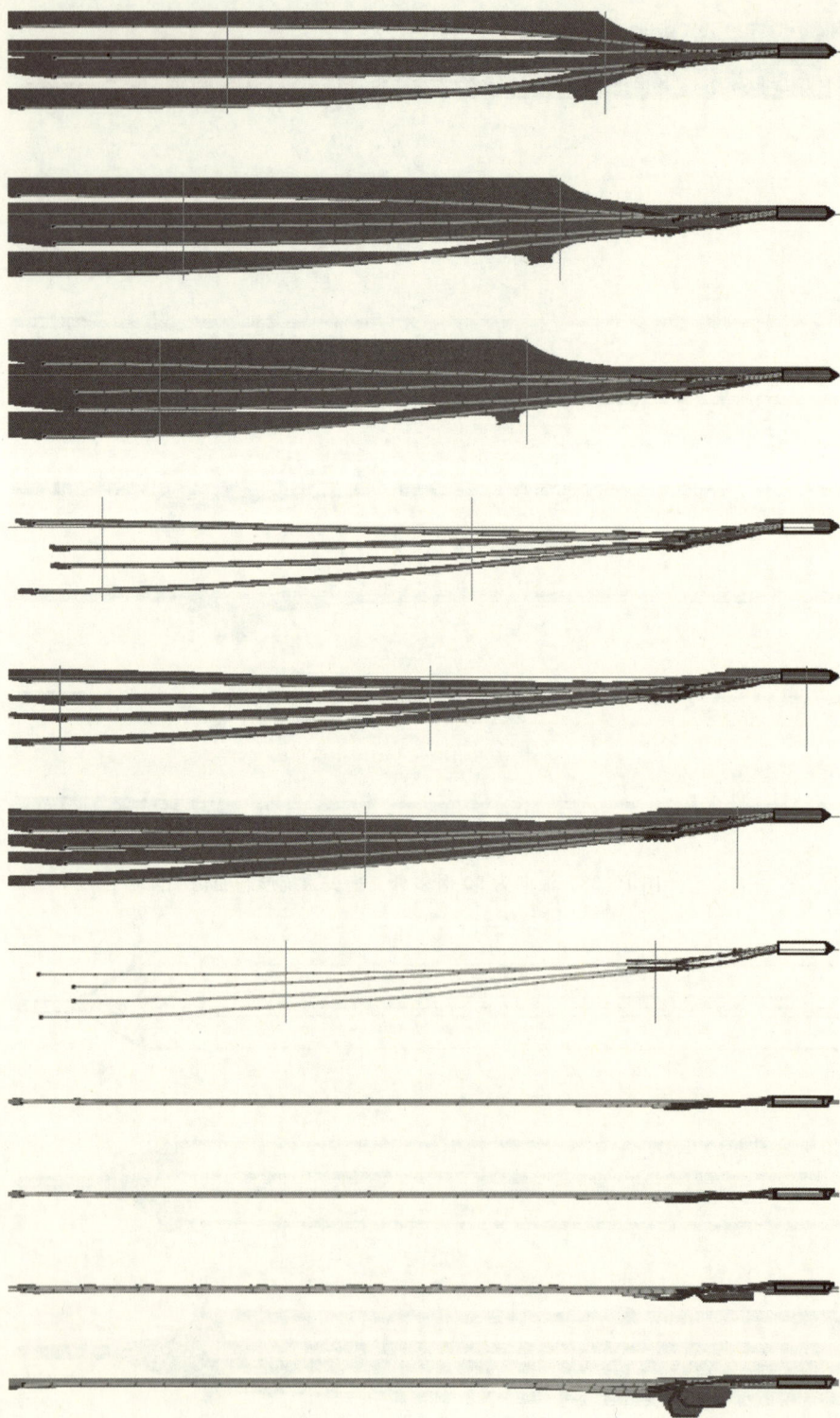

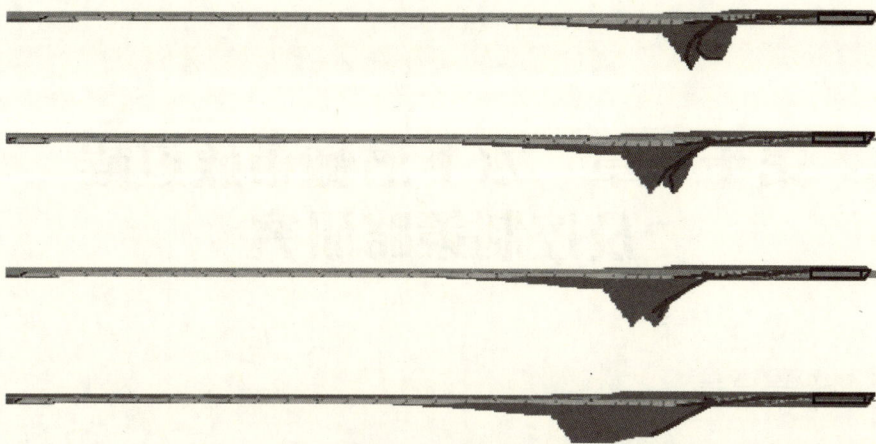

图 10.39　浪向为 270°时多分支拖曳系统形态变化

10.3　本章小结

　　波流联合作用下的多分支拖曳系统的动态响应分析、多分支拖曳线列阵回转过程的阵型变化特性以及斜浪向时多分支拖曳线列阵的阵型变化也是非常有研究价值的。尤其是多分支回转过程中突然发生舷侧导缆的断裂,在这种情形下多分支的阵型变化将更复杂,动力学特性的非线性也将大幅度增强,与直航时相比也更容易发生拖缆之间的相互缠绕,建模过程中的收敛性也会变得更差。因此,这会是一个非常值得研究的课题。此外,拖船与海水相互的接触外表面的形状也会对多分支拖曳线列阵系统的动态响应产生十分复杂的影响,且针对此的研究尚属空白。如果从更接近实际的角度来讲,现阶段关于拖曳系统中拖船的运动一般都是直接赋予其一定的运动速度,但实际上拖船的前进速度与其尾部的螺旋桨的转速以及尾舵的性能密切相关,而螺旋桨以及尾舵的存在势必会对海流流场造成影响。在螺旋桨与尾舵对靠近船尾部位的海流流场造成影响的前提下,靠近拖船尾部的部分拖缆的动态响应也会受到影响,但这种影响更复杂,也更难以如实地加以预测。如果想对这一问题进行更深入的研究,这有待于相关理论的进一步完善以及仿真技术的进一步提高。

　　多分支拖曳线列阵中存在的问题还有很多,如船行兴波对线阵的影响等,但限于篇幅,笔者这里不再展开。感兴趣的读者可以结合本章节的计算结果进行更深入的研究与讨论。

第十一章　水下潜标布放过程及控制策略研究

本章导读

　　潜标的布放方式有两种,较为常见的是水上布放,此外还有水下布放。现阶段,水上潜标的布放已经很成熟。与水上潜标布放相比,水下潜标布放可以避免拖船航行所产生的船行兴波以及表面海洋波浪载荷对潜标定位的影响。而其内部所携带的精密性探测电声仪器对操作要求亦日益严苛,水下潜标系统布放过程中,水下环境多变复杂,潜标系统各组件受载荷且相互耦合影响,在布放过程中会出现极其复杂的动力响应过程。为了完善布放过程,有必要对潜标水下布放的定位准确性、系缆姿态动力响应及主标件的姿态稳定进行相应的研究与分析。

11.1　潜标的功能及仿真模型的建立

11.1.1　潜标的功能

　　人类对海洋信息的获取从静态转向实时,由浅海走向深海,从对某一海流剖面海流数据的测量转向全海域三维纵深剖面的全面而精确的海洋水文数据的获取。潜标作为最常见、最有效的实时海洋水文变化监测工具,具有多项其余监测工具所不具有的优势。潜标需要被布放至目的海域后才能开展后续的一系列检测及数据采集工作。作为现代化最为常见的监测系统,潜标系统搭载的各类电声学精密仪器对布放时稳定性和环境载荷、阻尼等要求也日益严格。

　　本章结合实际工程情形,提出一种新型的潜标布放方式,并针对不同的海况参数下得到的仿真结果给出相应的工程建议,以使得其具有较为普遍的应用范围。

11.1.2　仿真模型的建立

11.1.2.1　环境参数

　　本章主要对潜标系统从拖船开始拖曳到潜标被释放直至整个系统被初步锚定的完整布放过程下的水动力响应进行仿真。模拟过程中的主要波浪参数参照表 11.1。为了模拟我国近海处的真实复杂海况下的情形,选取的浪形为随机波,所选波谱为

Jonswap谱。海流速度遵循一般线性规律,自海面开始线性减小。具体海洋环境如下所述。

表 11.1　Jonswap 谱参数

有义波高/m	朝向	谱峰周期/s	谱峰因子	最大波高/m	最大波峰/m	分布联合周期/s
8.5	各向	12	2.5	13	8.3	11.5

1. 波浪与海流参数

该海域水温 10 ℃,海水密度恒定值为 1.025×10^3 kg/m³,运动黏滞率为 0.025,水深为 250 m。

2. 线性海床参数

将海床模型设定为线性的,在其法向与切向处设定为简单线性弹簧模型。此做法易于各种软、硬土的施加建模,且易于由计算机系统程序实现,对于本章的锚件这种方形结构的收敛情况较为友好。海床回复力由线性海床的切向阻力和海床法向的渗透阻力形成。法向的渗透阻力由线性弹簧提供,其大小为

$$R = K_n A d \tag{11-1}$$

式中,K_n 是海床法向刚度,为 1000 kN/m³;A 是接触面积;d 是锚件在海床的渗入深度。计算切向摩擦力的方式运用修正后库仑摩擦力原则(图 11.1):标准库仑原理下切向摩擦随接触点在海床平面上的偏移会是曲线阶梯状变化,这会导致不连续的摩擦力。

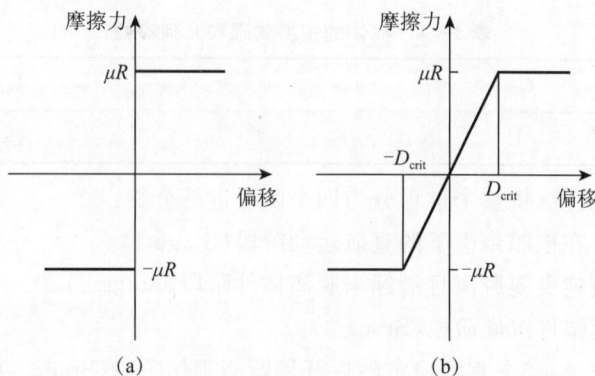

图 11.1　标准库仑模型(a)和改进后库仑模型(b)

接触点的临界偏移距离为 D_{crit}:

$$D_{crit} = \frac{\mu R}{K_s A} \tag{11-2}$$

式中,K_s 为海床剪切刚度,取为 1000 kN/m³。

11.1.2.2　模型参数设定

结合系统实际结构建立简化模型,该潜标系统是由圆柱自由主浮体、主系留缆线及上部控制释放器、重力锚等组件组成。潜标布放时采用锚、标同时布放:作业拖船以 1.5 m/s

的速度前进行驶;一条半径为 0.04 m、50 m 长的潜标拖曳缆(subline)延伸至拖船后部;潜标系缆末端连有由布放器(deployer)及连杆(link)组成的释放结构,可以保证系统能被释放至目的锚点;传感器组由定位锚(anchor)、潜标(float)及系泊缆组成;在布放前由释放结构连接着标体和锚,受拖船拖曳牵引后将潜标释放于目的点。根据实际工程监测区域,可调整潜标系缆的长度,本算例中设置为长 20 m,直径为 0.1 m,材料为钢缆(wire rope),线密度为 1.5 kg/m。系泊缆和拖曳缆的其他主要线性参数保持一致,见表 11.2。重力锚与标体的主要参数见表 11.3 与表 11.4。拖曳缆(subline)的弯曲刚度是 5 kN · m^2;EA 是轴向刚度,扭转刚度 GI 不计,C_{dt}、C_{dn}、C_{bd} 和 C_{at}、C_{an}、C_{ad} 分别为切向、法向、副法向的阻力系数和切向、法向、副法向的附加质量系数。为探究标体的稳性特征将其设置为六自由度的潜标,锚体与标体类似。A_{dt}、A_{dn}、A_{bd} 分别是切向、法向、副法向上对应的阻力有效面积,本模型中锚件的触床面积设定为 1 m^2。

表 11.2   线缆统一主要几何参数

EA/kN	C_{dt}	C_{dn}	C_{bd}	C_{at}	C_{an}	C_{ad}
6000	0.05	1.2	1.2	0	1	1

表 11.3   重力锚主要物理和几何参数

m/kg	V/m³	H_b/m	μ	A/m²	$C_{d\tau}$	C_{dn}	C_{db}	$C_{a\tau}$	C_{an}	C_{ab}	A_d/m²	A_{dn}/m²	A_{db}/m²
400	0.005	1	0.2	1	1	1	1	1	1	1	1	1	1

表 11.4   标体的主要物理和几何参数

m/kg	V/m³	H_b/m	$C_{d\tau}$	C_{dn}	C_{db}	$C_{a\tau}$	C_{an}	C_{ab}	A_d/m²	A_{dn}/m²	A_{db}/m²
100	0.2	2	1	1	1	1	1	1	1	1	1

根据实际工作阶段,将整个过程分为四个阶段进行分析:

(1)浮标随组件在拖船牵引下的直航运动阶段(Stage 1)。

(2)潜标系统自拖曳缆脱离且潜标未脱离锚件阶段(Stage 2)。

(3)潜标脱离至锚件沉底阶段(Stage 3)。

(4)潜标调整方位、姿态直至稳定随后开展监测工作阶段(Stage 4)。

静平衡阶段的基本参数设定:最大迭代次数设为 400,允许误差值 1.0E－6,阻尼系数最大值设为 1.5,最小值设为 50.0。动态仿真阶段的基本参数设定:法向拖曳力系数恒定为 1.2,准备阶段 10 s,动态模拟时间为 250 s,模拟时间特征步长为变时步长,最大迭代次数 20,最大的时间步长设为 0.25 s,允许误差值为 25E－6。

模型的主要部分由水下拖体、潜标系统(用 6D 浮标构建)、连杆、布放器等构成。主要工程模型建成后,如图 11.2 所示。

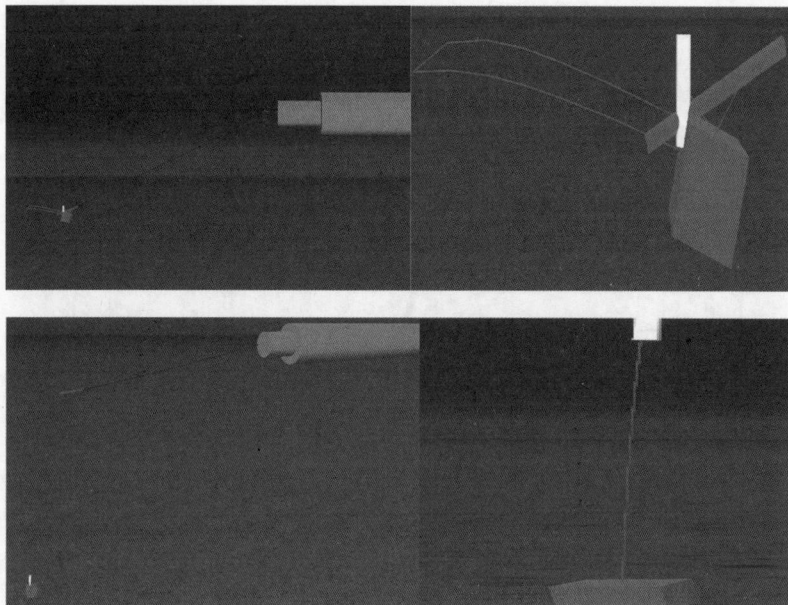

图 11.2 系统布放模型三维示意

11.2 潜标水下布放案例分析

11.2.1 布放深度对动态响应结果的影响

水下潜标的布放过程中,布放的深度不同,潜标系统在下落过程中的动态响应也会有所不同。因此,有必要对不同布放深度下的潜标系统的下落过程进行动态分析。

保持波浪参数不变,在全局坐标系下沿着 Z 方向每隔 30 m 取一个深度区间,深度变化区间取为距离水面 150～30 m(表示潜标系统将分别从距离海平面 150～30 m 的位置开始布放),对不同布放深度下得到的潜标系统的动态响应结果所得的数据进行处理分析。对于潜标系统,其定位准确响应、线缆动力响应、姿态变化以及标体的稳定性控制相对而言是最为关键的。

11.2.1.1 系统的水平运动情况

观察图 11.3 至图 11.4 可以看出,整体组件在 Stage 1、2 两个阶段保持着几乎简单线性的运动规律。分析产生这种现象的原因:由于潜标系统整体受到拖曳缆的边界条件限制,海流法向阻尼会引起整体组件在 Y 方向的偏移;而在拖曳缆释放器工作后,在惯性的作用下,系统会在 X 方向继续保持前移;组件在此时的拖曳速度下以及法向阻尼和切向阻尼的共同影响下开始往负方向运动;但是在 X 方向的阻尼作用下,水平方向的运动逐渐趋于稳定。这样的优势在于,组件布放运动整体过程中可以有效规避常规布放法中出现的轮滑效应,即规避了缆索出现过大的轮行变化,同时进一步调整了锚件的运动轨迹。在锚地后(Stage 5),锚件在上下边界条件的约束下,锚件整体会发生微小位移,但是对于定位几无影响。

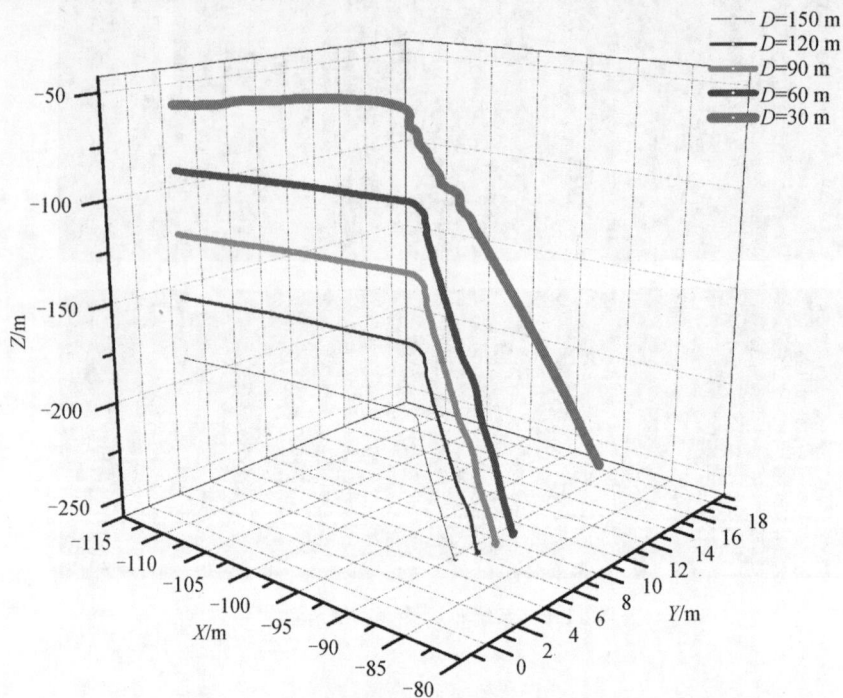

图 11.3 不同布放深度全时域潜标定位锚运动轨迹曲线

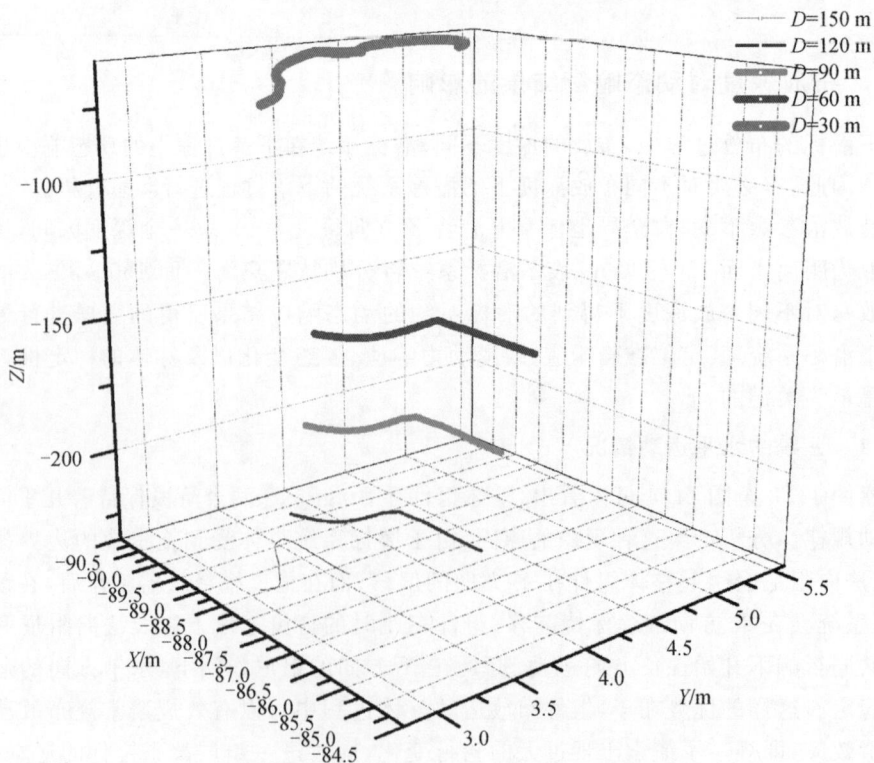

图 11.4 不同布放深度系标点姿态响应(Stage 3)

进一步观察三维轨迹视图可以发现,深度的影响主要体现在当布放深度较深时,随着深度的改变,X方向的运动规律几乎不变,Y方向的坐标变化呈现递增趋势,而Z方向上的坐标变化随深度递增,非线性趋势减弱。但是注意到,当整个潜标系统上移到水下30 m布放时,锚件的运动坐标已不再是随着深度的变化像之前的几组那样进行线性变化,整个位移变得相对复杂,推测是近海面处 Jonswap 谱随机波激励增强导致。

11.2.1.2　缆线的张力波动情况

观察图 11.5 至图 11.8 两线缆两端的张力以及在五个阶段沿缆长方向的张力分布情况对比后可发现,在全时域内,对于拖曳缆而言,A 端(拖曳端)的张力都要高于 B 端(组

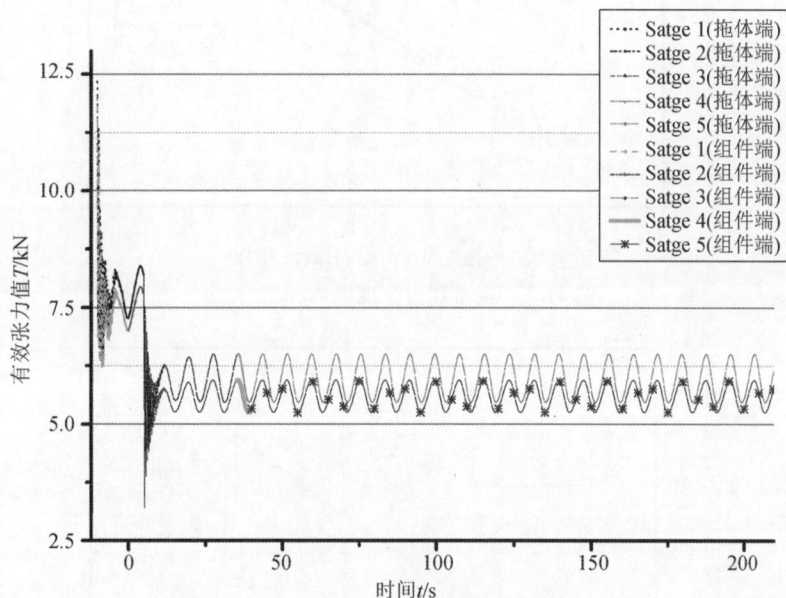

图 11.5　拖曳缆在全时域内两端张力对比

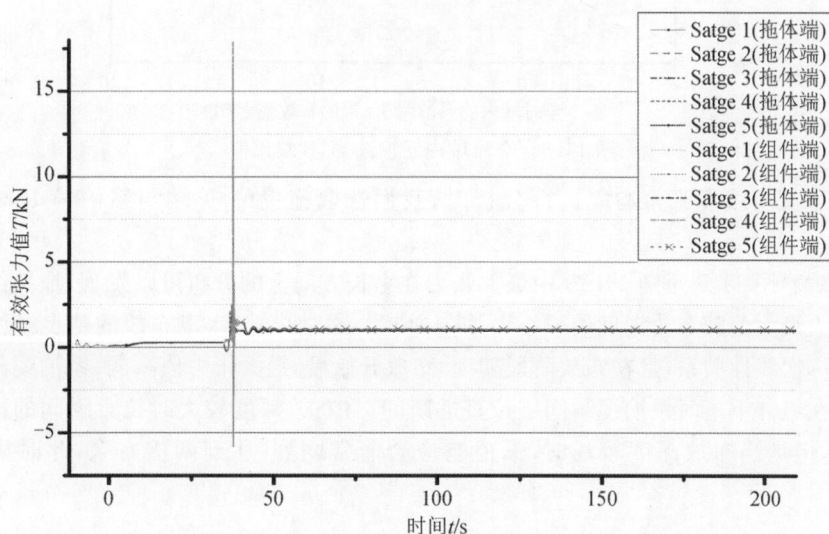

图 11.6　系泊缆在全时域内两端张力对比

件端);对于系泊缆而言,B端(锚端)的张力不是完全高于A端(标端),但是研究系泊缆张力时,最大值的分布情况至关重要,所以可以看出,张力最值分布在Stage 4,即系缆开始触床至浮体拉直这一阶段,系泊缆张力在这一阶段变化最为剧烈,且B端的张力值此时要微高于A端的张力值。

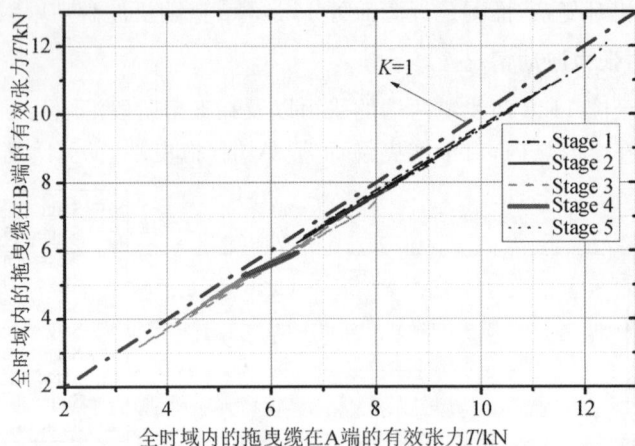

图11.7 全时域内拖曳缆A、B端比值

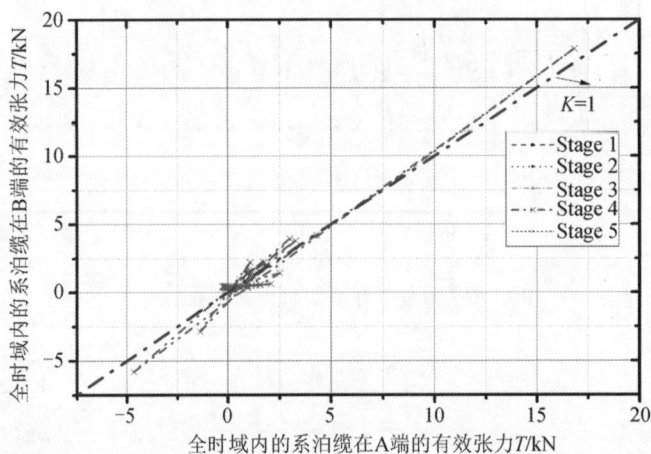

图11.8 全时域内系泊缆A、B端比值

故在下文对线缆张力响应进行分析时,我们选取拖曳缆A端与系泊缆B端为研究对象。

对比观察图11.9至图11.10中最大张力在全长方向上的分布可以发现,拖曳缆的长度方向的张力最大值随布放深度的减小而均匀递减。这意味着,水下布放的拖曳缆张力变化规律满足一次线性关系,且在布放阶段初期,布放开始后,最大张力值减弱;系泊缆的张力最大值出现在组件下落时系泊缆瞬间被拉直的瞬间,且布放深度较大时拉直瞬间的冲击载荷并不明显,但是当布放深度较浅时,最值响应会非常剧烈,达到两倍有余,此时应当予以注意。

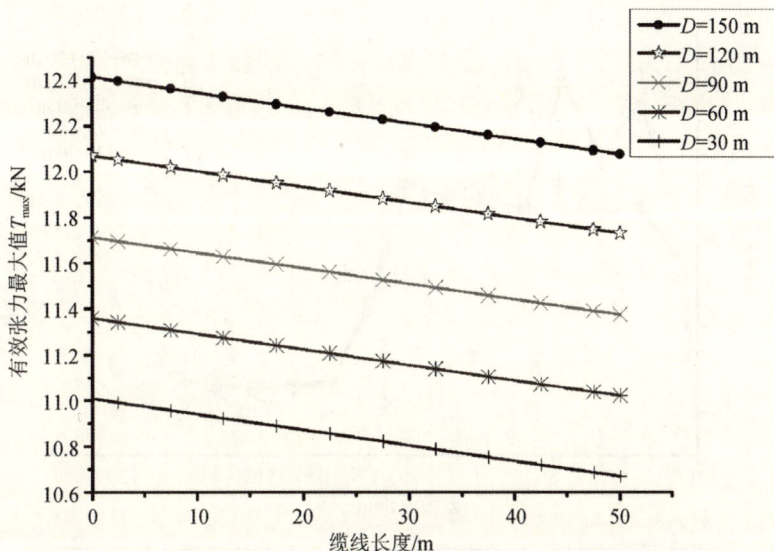

图 11.9　不同布放深度下拖曳缆最大张力分布

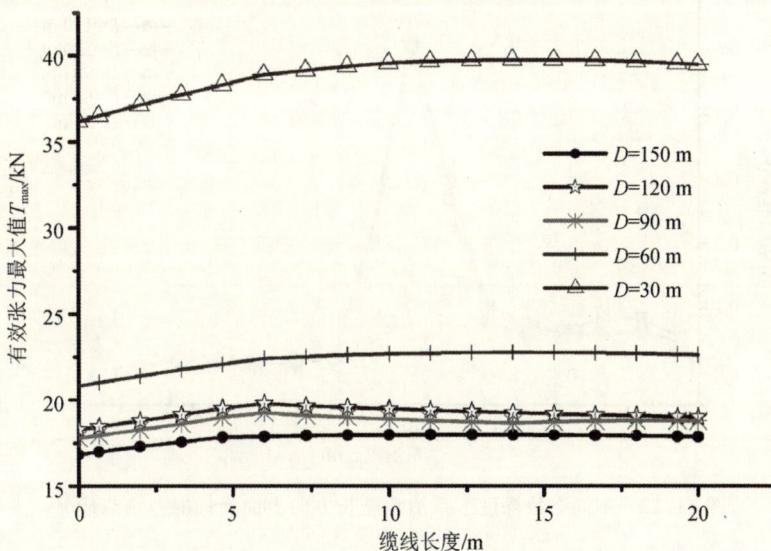

图 11.10　不同布放深度下系泊缆最大张力分布

11.2.1.3　拖缆的曲率变化情况

由图 11.11 至图 11.12 不同布放深度下的系泊缆曲率响应情况可看出,在潜标布放的过程中,弯曲变化较为剧烈的部位分布在系泊缆的近标端,发生较大弯曲的部位随着布放深度的变化而变化,但弯曲曲率最大值基本没有发生变化,约为 2 rad/m;但是相对于线缆其他节段,线缆中段发生的曲率标准差最大,这说明反复弯折剧烈的部位在系泊缆中段,但属于较低范围内,其波动的剧烈程度几近不受深度影响。

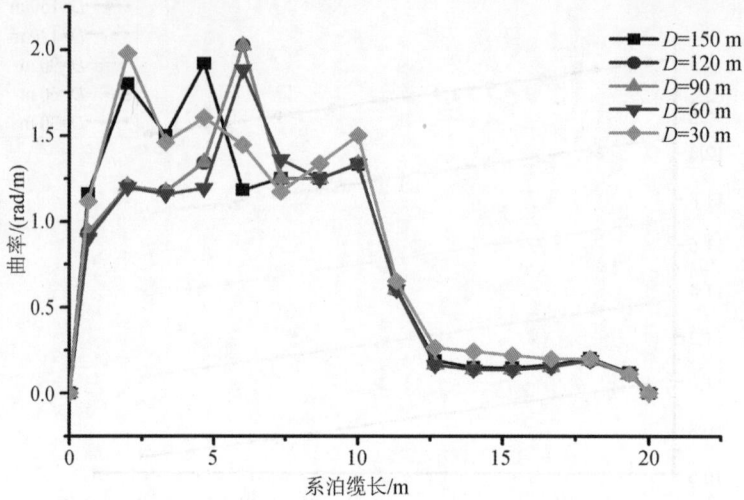

图 11.11　不同布放深度下系泊缆全长方向上最大曲率响应情况

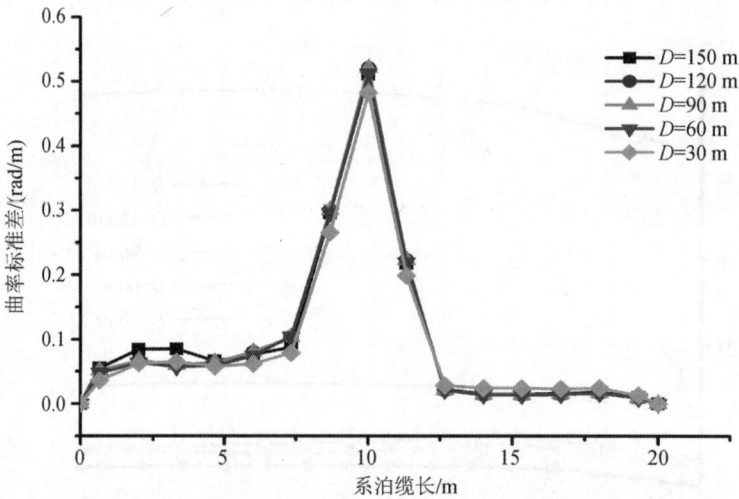

图 11.12　不同布放深度下系泊缆全长方向上曲率标准差响应情况

11.2.1.4　潜标运动的变化情况

　　将潜标的中心点 A 作为潜标体运动速度响应的特征点,进行不同布放深度下的响应分析,分析潜标体在不同布放深度下的三维方向运动特征。由图 11.13 至图 11.15 可看出,在横向外界载荷的激励下,不同布放深度下,标体 X 方向的速度响应区别较小,但布放深度的变化对于 Y、Z 向上的速度响应有影响。标体在 Y 方向上的响应最值出现在标件脱离控制器启动时,即脱离锚组件后,其运动不再受线缆约束,这也侧面验证了系缆张力最值出现在 Stage 4,且标端张力与 Y 方向标-锚相对位置呈正相关的现象。另外,部分布放深度的增加($D=150$ m、120 m、90 m、60 m),并不会导致潜标在此方向的速度响应随之增加,标体的速度响应规律几乎保持一致;但当布放深度为 30 m 时,Y 方向运动响应十分剧烈,这是由于 30 m 的布放深度时波浪对速度响应的激励更及时和明显。对于 Z 方向来说,当布放深度较深时,为减弱波浪载荷的影响($D=150$ m、120 m、90 m、60 m),标体在竖直方向的速度最值几乎呈一次线性递增规律,同 Y 向速度规律相似;但当布放深度为 30 m 时,Z 向标-锚相对运动差异非常明显,线缆 Z 方向的张力分量增加,标体速度响应剧烈程度增加明显。

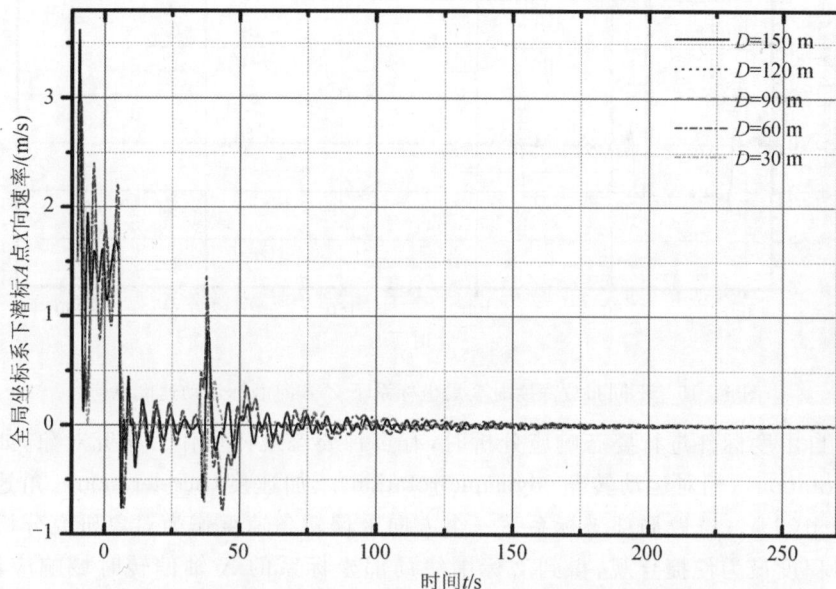

图 11.13　不同布放深度时全局坐标系下 X 方向潜标运动速度响应

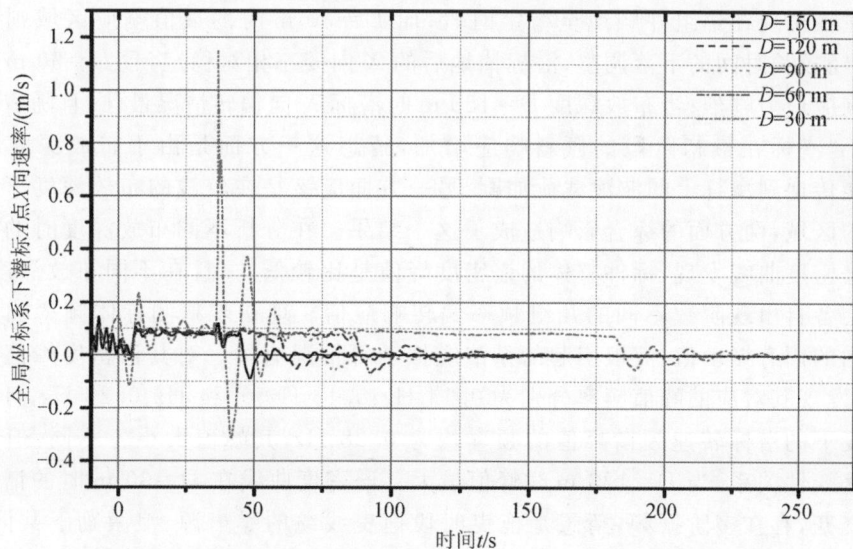

图 11.14　不同布放深度时全局坐标系下 Y 方向潜标运动速度响应

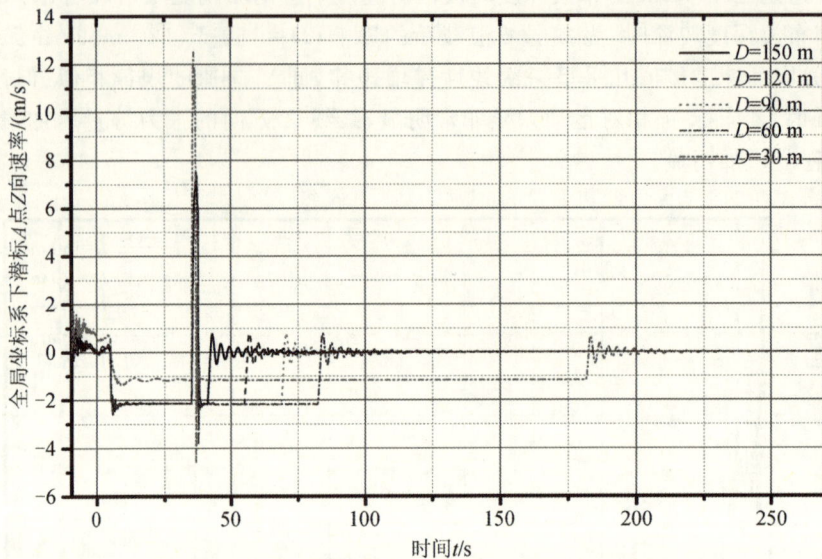

图 11.15　不同布放深度时全局坐标系下 Z 方向潜标运动速度响应

对六自由度标件进行姿态响应分析时，有多种姿态规律可作为研究对象，如三维上的转角（rotation）、相对运动转角（dynamic rotation）、加速度（acceleration）、角速度（angular velocity）等。选取局部坐标系下三个方向上偏转角速度作为对象研究分析标体的偏转剧烈程度最为便捷直观，得到潜标围绕局部坐标系的 X 轴偏转时域响应情况，且利用傅立叶级数转换，得到各自的谱密度响应结果。观察不同深度响应下时域绕 X 轴偏转相应图像（图 11.6）可知：除 $D=30$ m 的布放水深外，其余布放深度下绕 X 轴的偏转最值往往出现在锚组件触地至稳定时段；而 $D=30$ m 时的最值响应区域则分布在 Stage 3，经较长时间的下落调整，潜标锚地后的 X 向姿态相对稳定，且 $D=30$ m 下的 X 向偏转响应最为剧烈；当布放深度 $D=150$ m 时潜标 X 向偏转情况最佳；且随着布放深度的减小，潜标在最初阶段的倾斜响应增加，猜想这一方面是由于布放深度的减小导致了能传递到潜标上的波浪载荷加剧，另一方面应该是在较浅的布放深度下存在振动叠加的区域，两方面的综合影响造成了这一结果。在分析不同布放深度时的潜标转动响应谱密度曲线发现，标件整体的谱密度峰值是比较低的，且在不同布放深度下，在低频段会各自出现阶数不同的几组频率偏转响应值。现初步猜测标体频率响应值与自身结构的固有振动值、波浪引起的系泊缆振动等情况有关。对其谱密度峰值进行初步统计，发现其对应的峰值频率分别为 0.14 Hz、0.16 Hz、0.24 Hz、0.28 Hz，且前四个布放深度下的潜标转速频谱峰值的频率均为 0.28 Hz，其峰值大小各不同，但与深度并无显著线性关系，当 $D=120$ m 时峰值最大。谱密度曲线在 $D=30$ m 时的谱密度曲线较为突兀，存在多阶振频，猜想是拖曳时段拖曳线缆的噪声源、浪激励下共同引起，应尽量避免。对于各频率信号是何种原因引起，还需下文的其他方向的频谱分析得出。

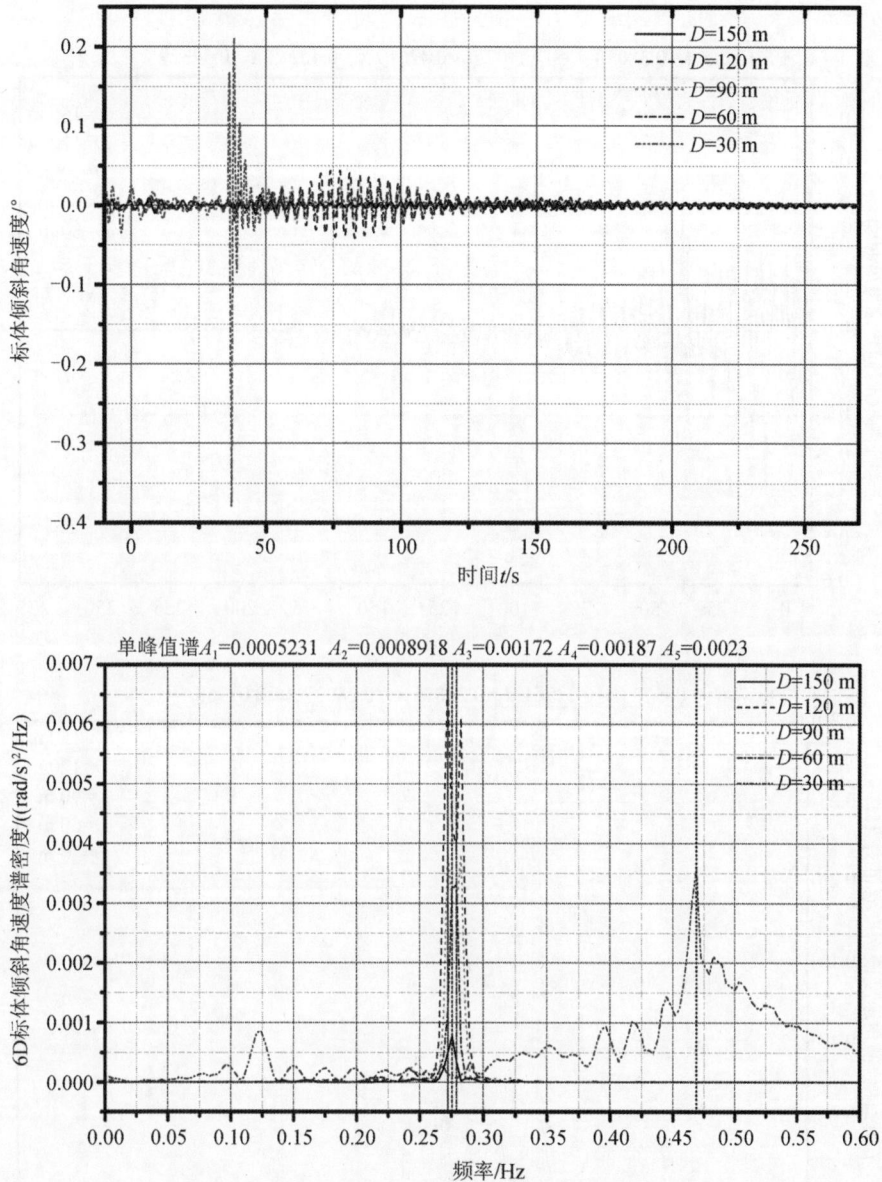

图 11.16 不同布放深度时标件倾斜角频域响应结果

由图 11.17 标件俯仰时频域响应曲线可看出标体的俯仰响应敏感度和强度情况:随布放深度的变化此方向的转动速度幅值大小分别是 0.38038 rad/s、0.42707 rad/s、0.42619 rad/s、0.42213 rad/s、0.57329 rad/s,且均出现在组件拖曳开始阶段。而在标-锚分离阶段会出现二次峰值,可以看出其响应值随深度增加而增加,俯仰方向的转动响应峰值主要集中在 0.21 Hz、0.28 Hz、0.24 Hz。但同之前倾斜角度规律相似的是,浅表层布放时,俯仰角谱密度曲线相对突兀,频振响应点增多,且响应频点也相应发生变化;而俯仰角的最大响应单峰值较倾斜角的最大响应单峰值高。

波形(rad/s)A_1=0.38038 A_2=0.42707 A_3=0.42619 A_4=0.42213 A_5=0.57329

单峰值谱A_1=0.08572 A_2=0.22961 A_3=0.22835 A_4=0.28027 A_5=0.02768

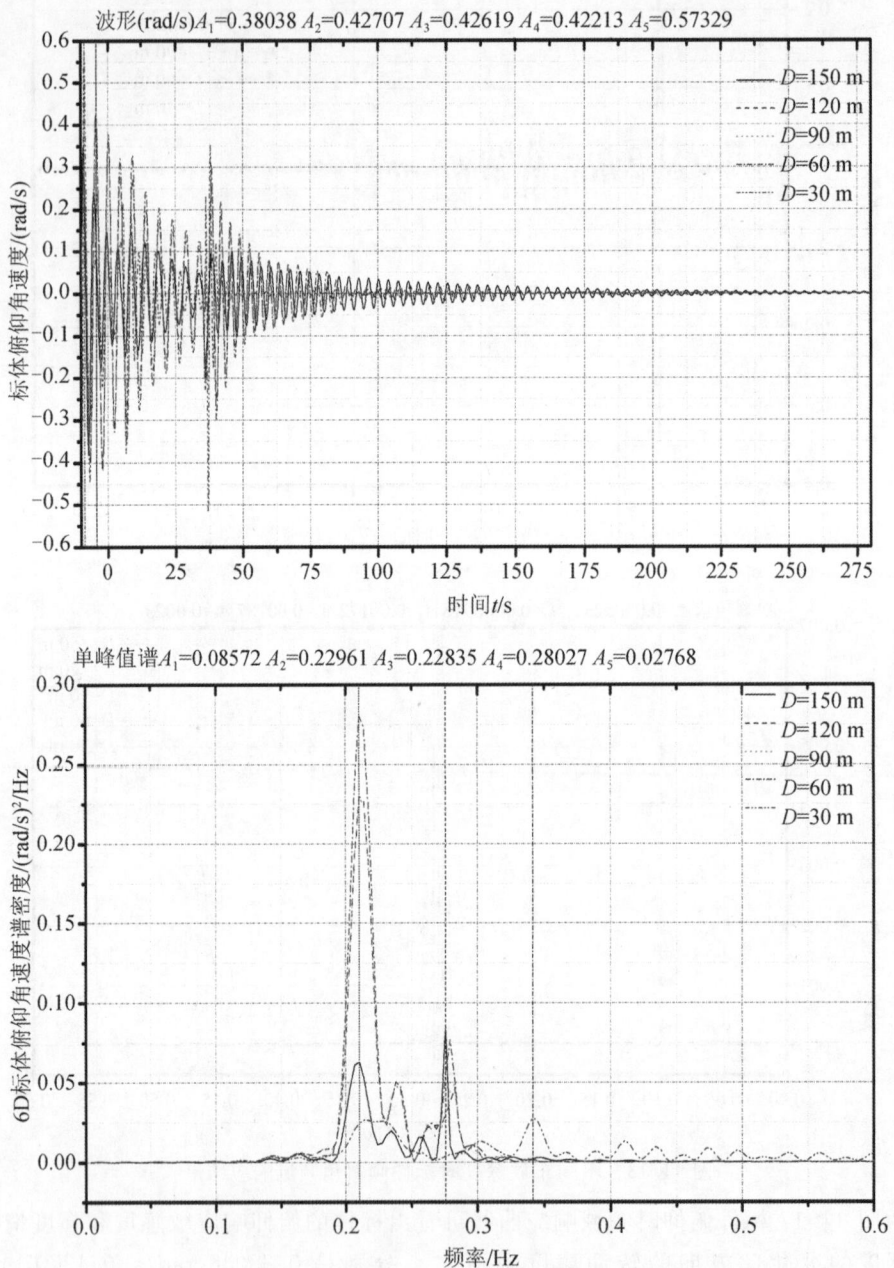

图 11.17　不同布放深度时标件俯仰角频域响应情况

由图 11.18 中的标体方位角频域响应曲线可看出标体的方位响应敏感度和强度情况。由此可见,深度变化对于绕 Z 轴偏转的影响较大,在缆线不传递扭矩及无其他抗扭措施的情况下,方位角的变化速度几乎随着布放深度的增加而减小,这对于标体上的元件影响还是较大的。按照布放深度从浅到深的变化方位角方向的转动速度最大幅值分别为 0.02787 rad/s、0.08479 rad/s、0.08162 rad/s、0.05562 rad/s、0.17935 rad/s,且其峰值出现时间节点主要集中在标-锚分离及锚地瞬间阶段。另外,从谱密度曲线中可看出其频率响应值集中在低频阶段,拖曳阶段对振动频率影响较大;且随着布放深度的增加,方位角转动最大谱峰响应值逐渐减小;但在布放深度 $D=30$ m 时,此时在浅表层布放处依旧出现最多次频率响应值,方位方向的转动响应频点主要集中在 0.01 Hz、0.28 Hz、0.03 Hz 等,最大方位响应强度单峰值在布放深度 $D=30$ m 时陡增。

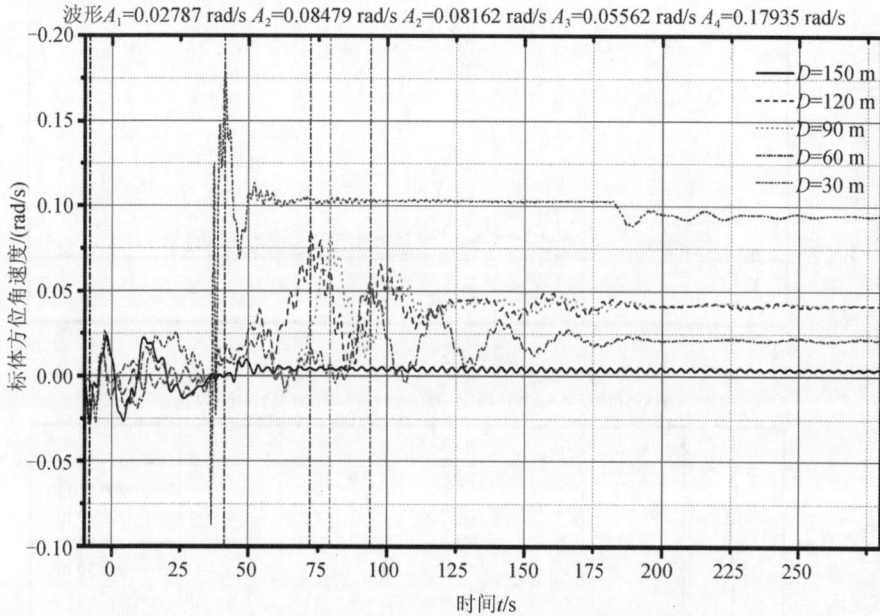

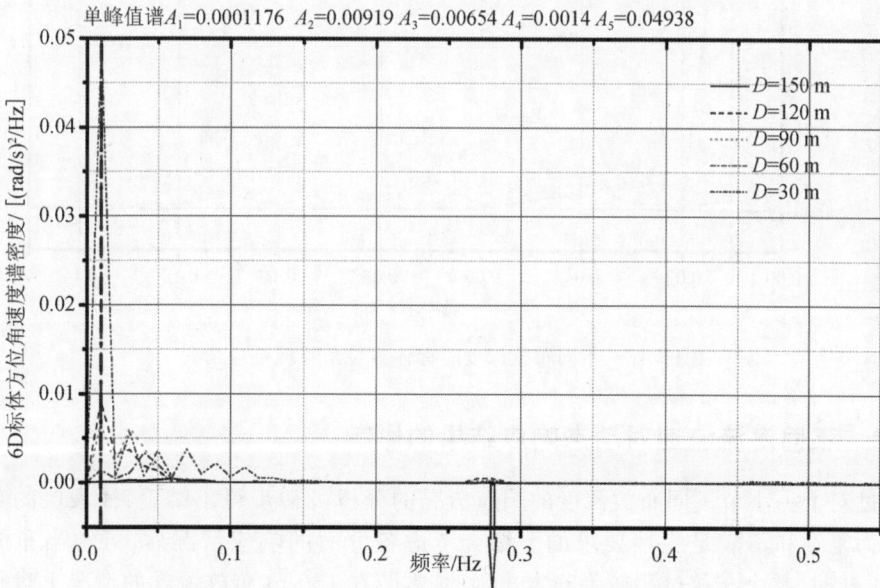

单峰值谱 $A_1=0.0001176$ $A_2=0.00919$ $A_3=0.00654$ $A_4=0.0014$ $A_5=0.04938$

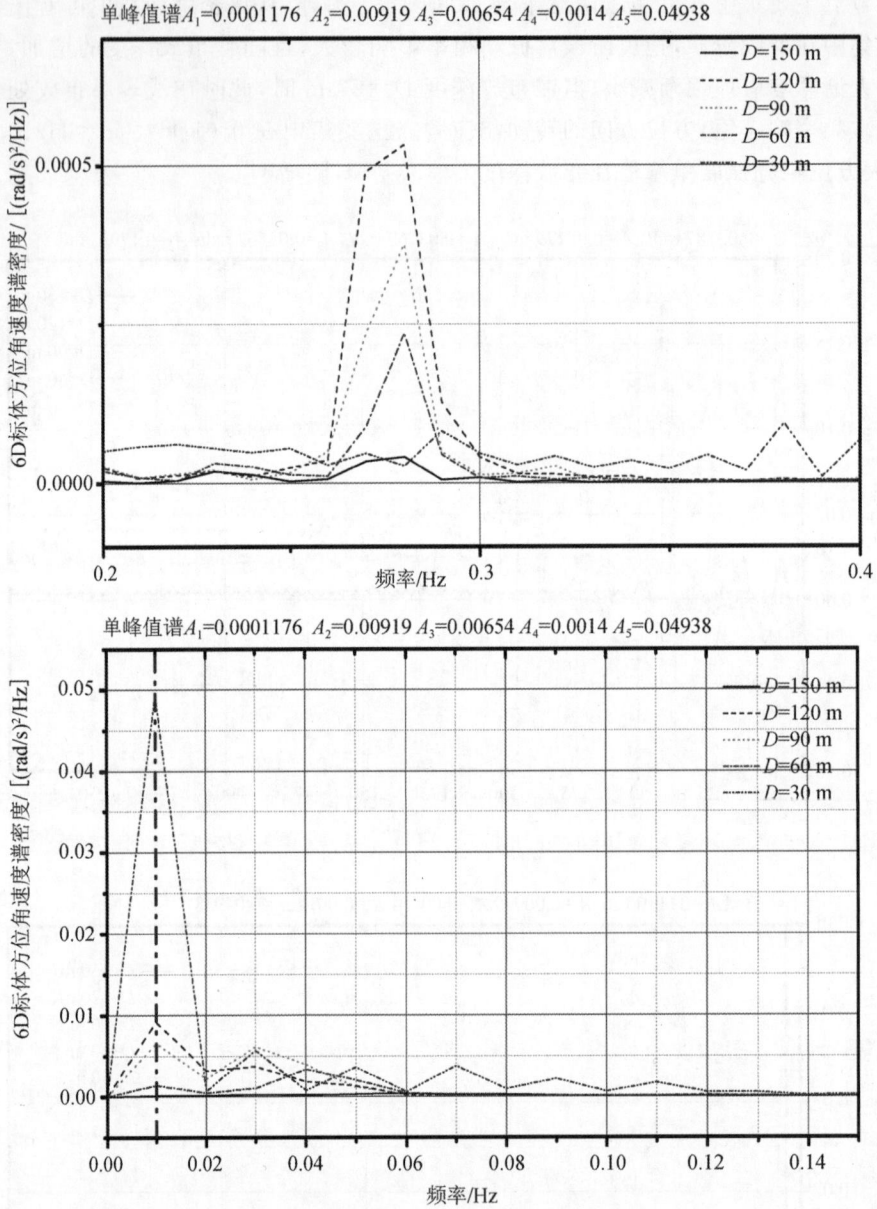

单峰值谱 $A_1=0.0001176$ $A_2=0.00919$ $A_3=0.00654$ $A_4=0.0014$ $A_5=0.04938$

图 11.18　不同布放深度时标体方位角频域响应情况

11.2.2　不同海流流速对动态响应结果的影响

通过对上一小节不同布放深度的响应情况的分析可初步得出结论:浅表层的布放过程是较为复杂和不满足稳性要求的。综合考虑各方面的响应情况后,可知当布放深度 $D=150$ m 时,整个布放过程较为稳定。因此,本节在 150 m 布放深度的情况下进行不同横向流速的潜标系统布放过程的响应探究。

流速范围为 $0.1\sim0.9$ m/s,海流速度间隔为 0.2 m/s。依次对潜标系统的定位准确响应、线缆动力响应、姿态变化以及标体的稳定性控制进行初步探究,所得的响应结果如下系列图像所示。

11.2.2.1　系统的水平运动情况

不同流速下锚件定位响应和系标点姿态响应(Stage 3)如图 11.19 和图 11.20 所示。

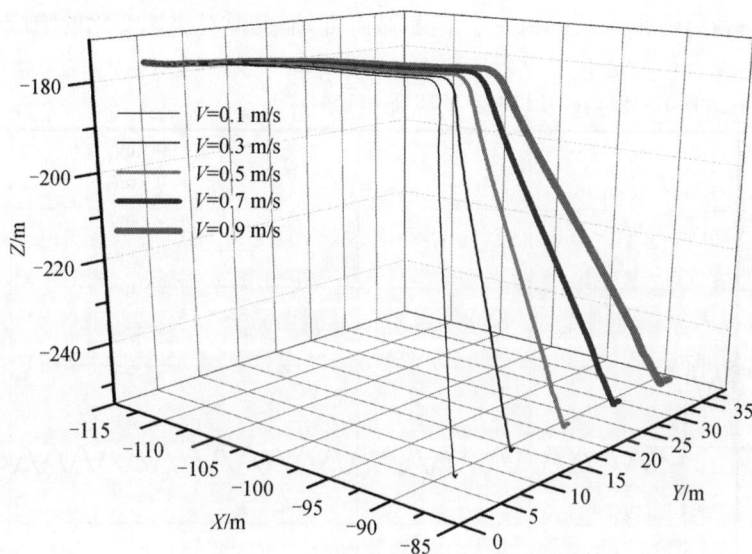

图 11.19　不同流速下锚件定位响应

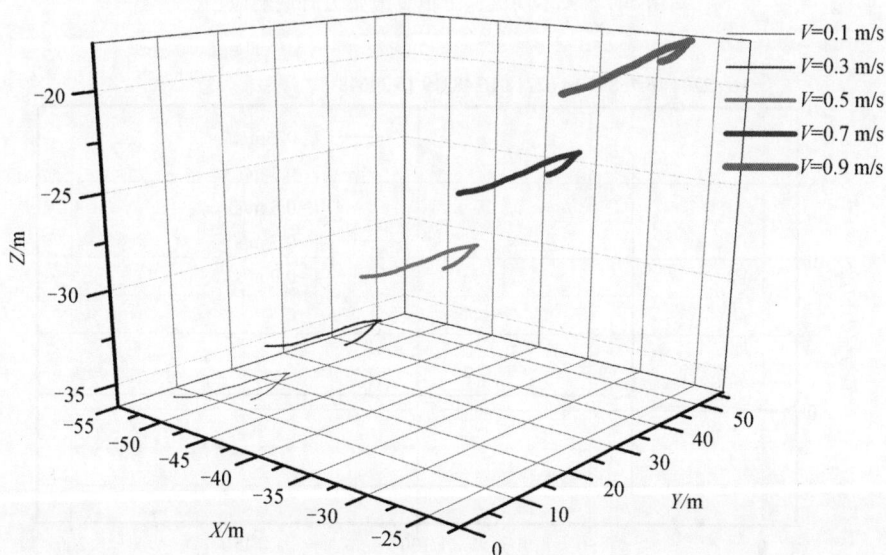

图 11.20　不同流速下系标点姿态响应(Stage 3)

11.2.2.2　缆线的张力波动情况

观察图 11.21 至图 11.24 拖曳缆、系泊缆在不同海流流速时的张力响应情况可知,拖曳缆的张力峰值出现在系统建模初期,张力在组件的释放阶段振荡剧烈;而系泊缆整体时域间张力分布较平稳,这也直接体现了新型布放方式在线缆张力稳定方面的优势,但也要注意在系缆张紧瞬间出现的峰-谷值瞬间交替,虽该现象维持时间较短,但也是较为激烈的。拖曳缆长方向张力最大值分布沿 A 端(拖体端)至 B 端(组件端)递减,而系泊缆的张力最值约出现在近锚端。进一步观察发现,海流流速的增加与拖曳缆张力呈正相关;海流流速的增加与系泊缆张力呈负相关 。但相对而言,拖曳缆对流速变化的响应更加敏感。

F_{max}=12.07574 12.18703 12.44097 12.88244 13.54464

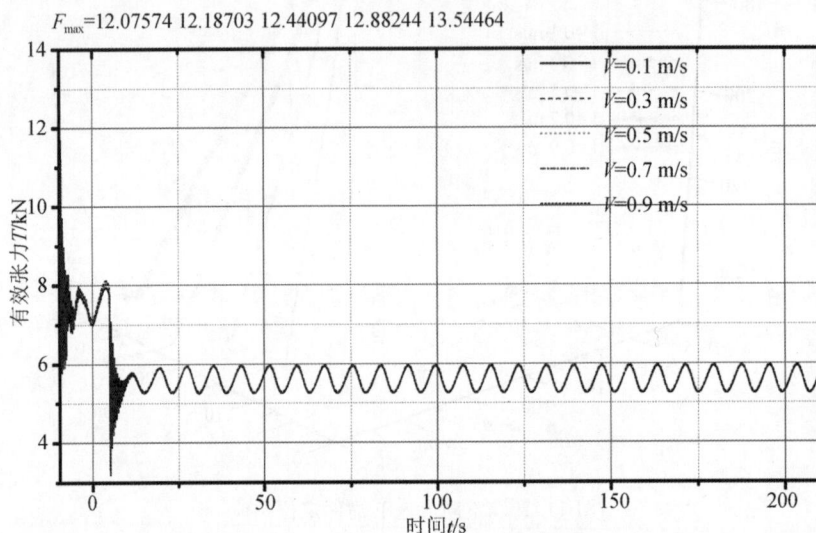

图 11.21 不同流速下拖曳缆张力时域响应

F_{max}=16.82204 16.75854 16.62718 16.48319 16.34648

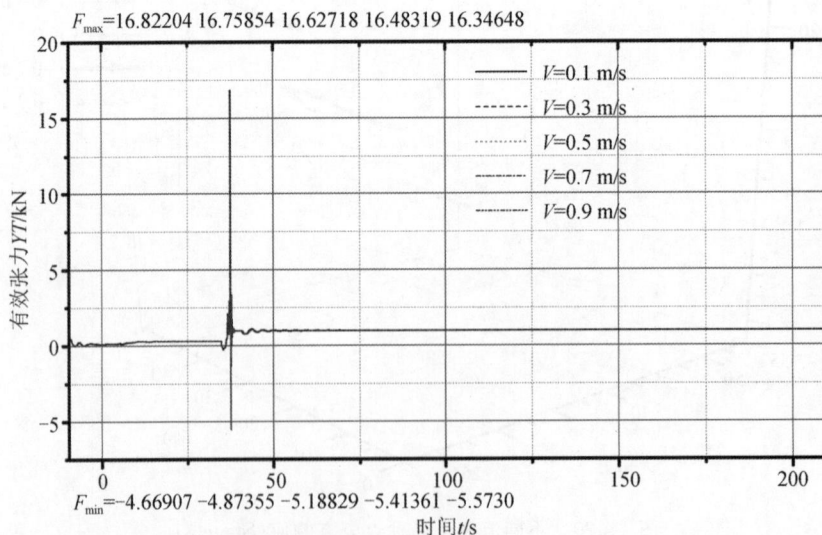

F_{min}=-4.66907 -4.87355 -5.18829 -5.41361 -5.5730

图 11.22 不同流速下系泊缆张力时域响应

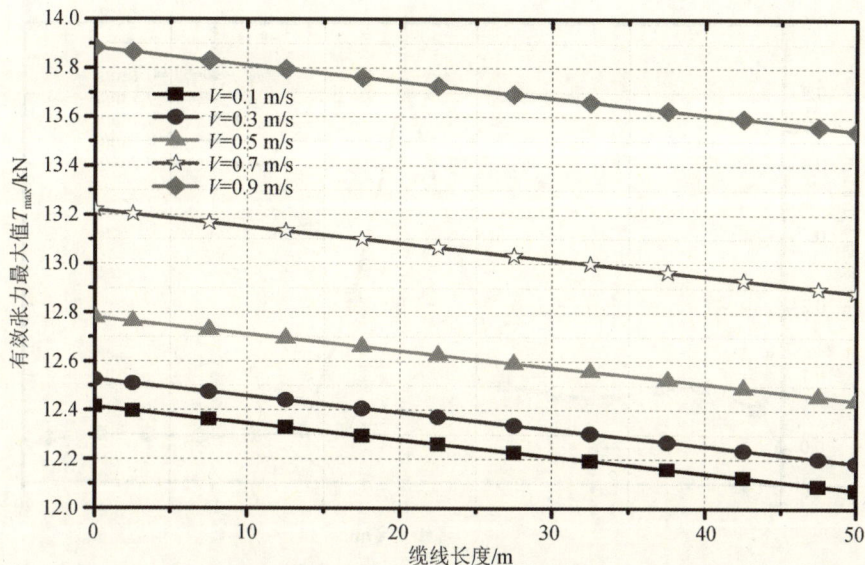

图 11.23 不同流速下拖曳缆沿长度方向的张力最大值响应

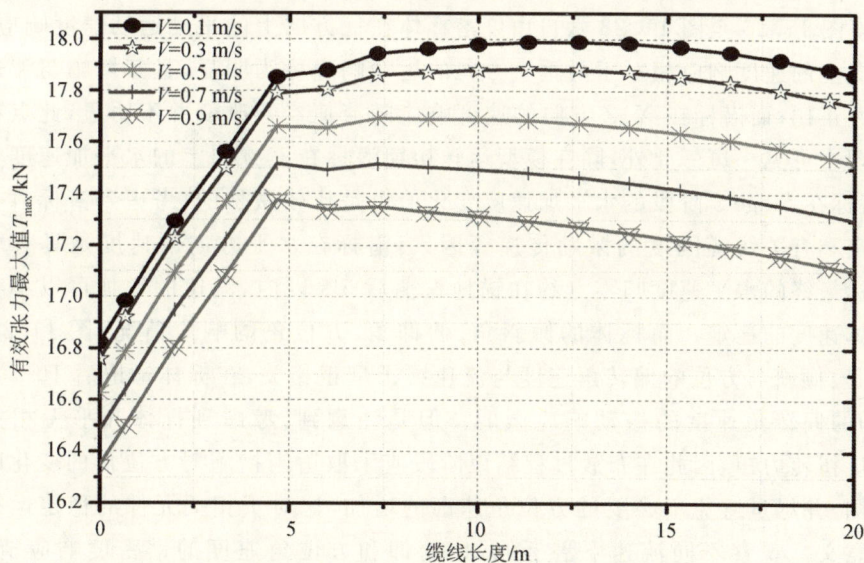

图 11.24 不同流速下系泊缆沿长度方向的张力最大值响应

11.2.2.3 拖缆的曲率变化情况

由图 11.25 不同流速下系泊缆的曲率响应情况可看出,发生较大弯曲的部位依然分布在系泊缆的近标端,且进一步观察发现,柔性线缆的最大曲率分布和大小与流速的变化无关,不同海流流速下的曲率最大值均约 1.95 rad/m;但是相对于线缆其他节段,线缆中段 的曲率标准差最大,这说明这一区域反复弯折较明显。

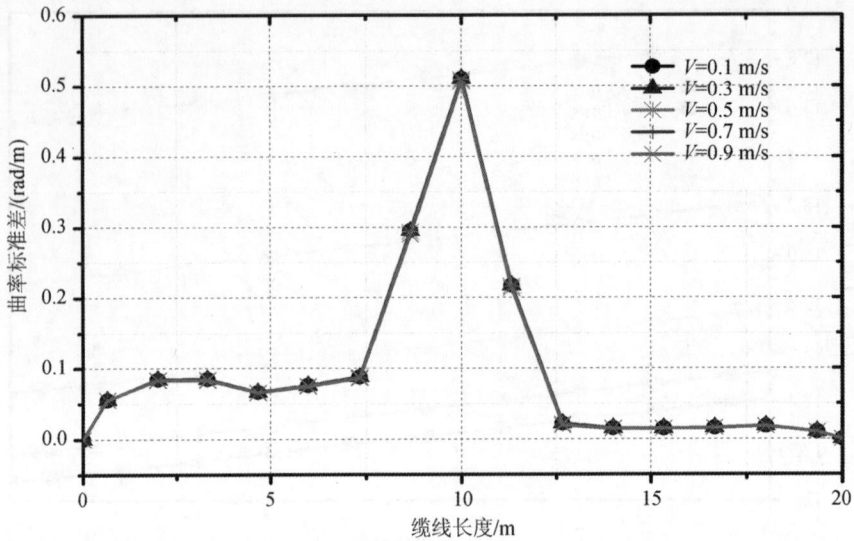

图 11.25　不同流速下系泊缆沿长度长方向上曲率标准差响应情况

11.2.2.4　潜标运动的变化情况

观察图 11.26 至图 11.28 六自由度潜标体在三方向上的平动运动速度响应可知，迎流方向上的速度响应相对于两垂直方向的运动响应更为明显，且其增幅与流速增加量呈线性正比；而潜标在 X、Z 方向的速度响应随流速参数改变并不明显，此点在锚件的定位图中可见一斑。此外，除在模型运转初期潜标在三方向上的水平加速度变化较大外，潜标在 Stage 3 阶段的水平加速度变化值也是比较激烈的，考虑到潜标自身正浮力的设定和有关线缆刚度的激励传递等因素，潜标在水平方向的速度是具有可控性的。潜标最终的水平速度归零点约在锚地振荡后 5 s 以内，流速的增加可以小程度上加快标体速度的稳定。而标体的倾斜角、俯仰角、方位角的响应情况（图 11.29 至图 11.31）是：倾斜与方位的偏转角速度与流速因子呈正相关，在标体锚地后 10 s 左右稳定；俯仰的偏转角速度的振动响应微弱。但是注意到，考虑到标体几乎无相关方位偏转的抗扭转力矩，因此在布放过程结束阶段应采取适当措施对方位角的变化响应值进行监测，并尽量避免不必要的方位角速度的增加，这对于相关元件的稳定运行有着重要的意义。观察不同流速下潜标倾斜、俯仰和方位角速度的谱密度响应情况（图 11.29 至图 11.31）可知，不同海流流速下浅标倾斜的振动频率响应点主要是 0.16 Hz、0.24 Hz、50.27 Hz 及 0.28 Hz，其谱峰值大小与流速呈正相关；浅标俯仰转动的振动频率响应点主要是 0.16 Hz、0.21 Hz 及 0.28 Hz 等，不同海流流速下的各响应峰值差距不大；方位转动频率响应点则为 0.03 Hz、0.06 Hz、0.16 Hz、0.21 Hz 及 0.28 Hz 等，且与倾斜转动的谱峰值分布规律相似，不同海流流速下的方位转动角速度的谱峰值也均与流速呈正相关。

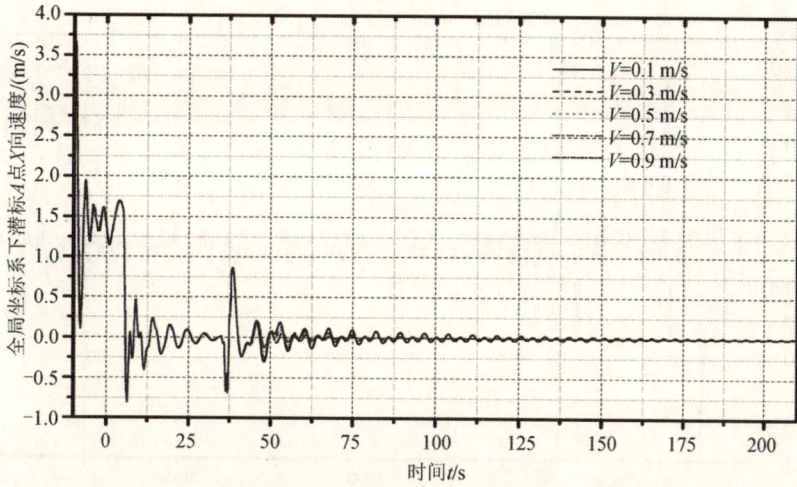

图 11.26　不同流速下全局坐标系 X 方向潜标运动速度响应

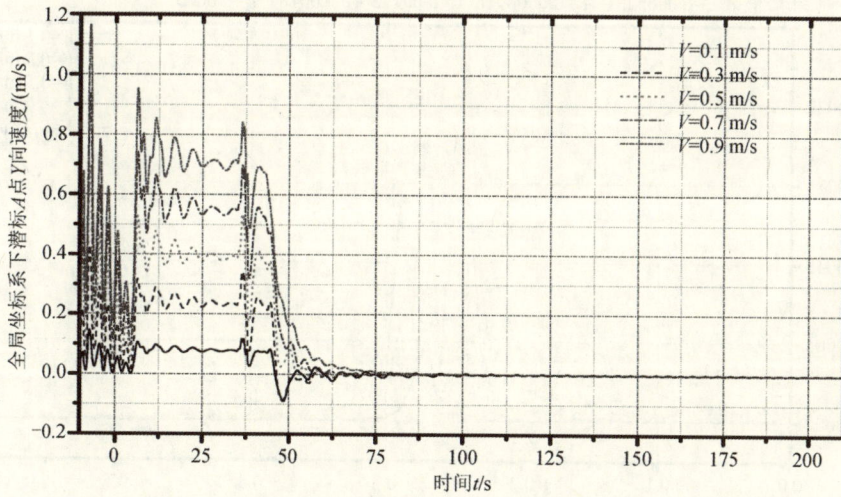

图 11.27　不同流速下全局坐标系 Y 方向潜标运动速度响应

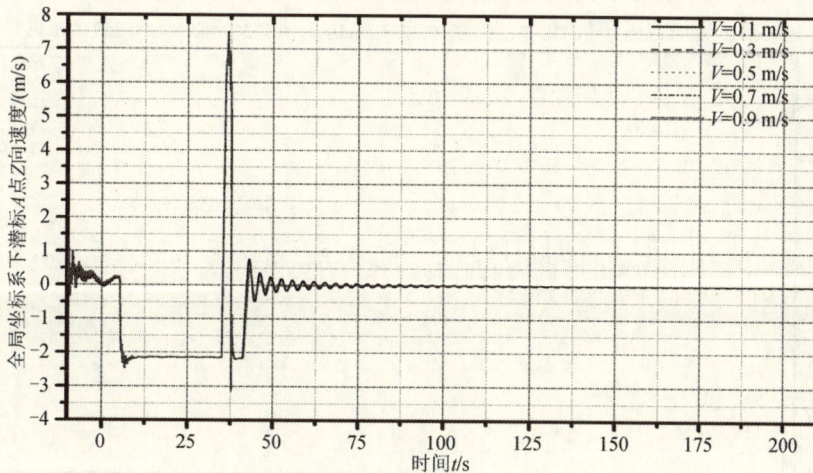

图 11.28　不同流速下全局坐标系 Z 方向潜标运动速度响应

波形A_1=0.01281 rad/s A_2=0.0298 rad/s A_2=0.0421 rad/s A_3=0.05184 rad/s A_4=0.05852 rad/s

单峰值谱A_1=0.0005231 A_2=0.0008918 A_3=0.00172 A_4=0.00187 A_5=0.0023

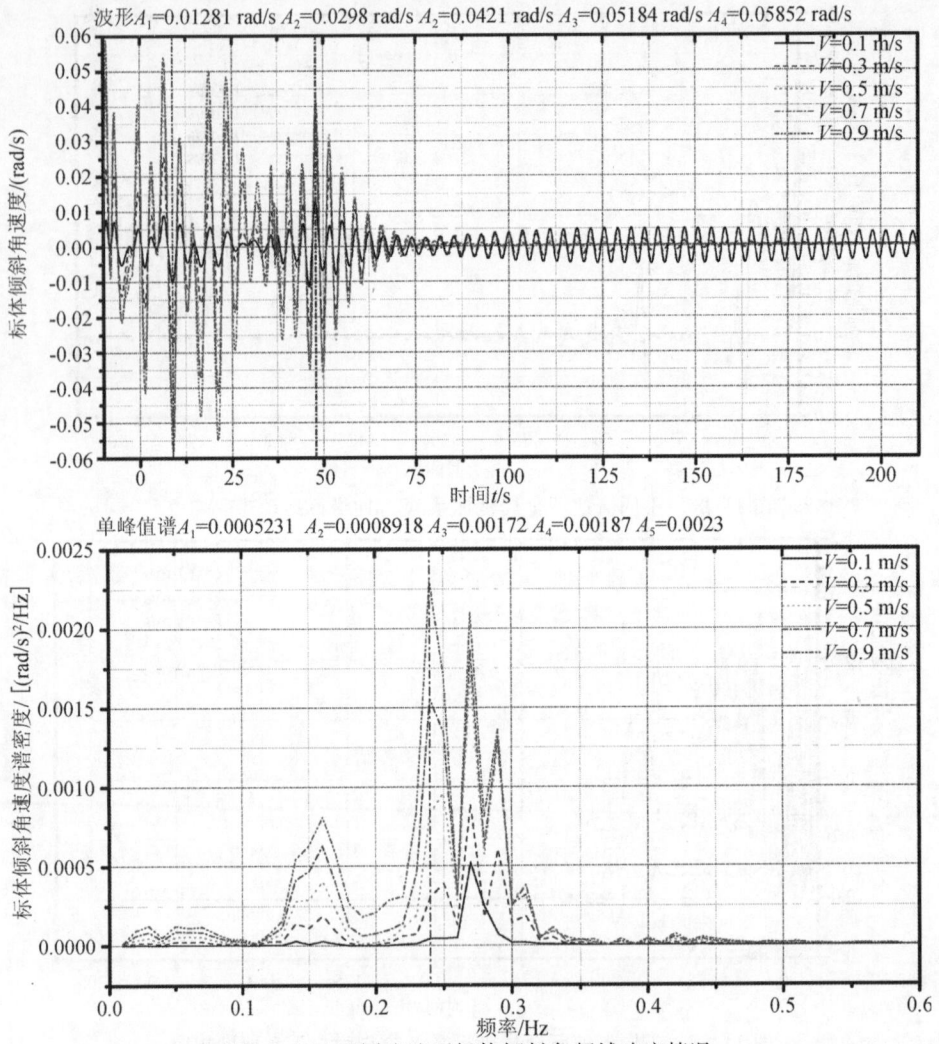

图 11.29　不同流速下标体倾斜角频域响应情况

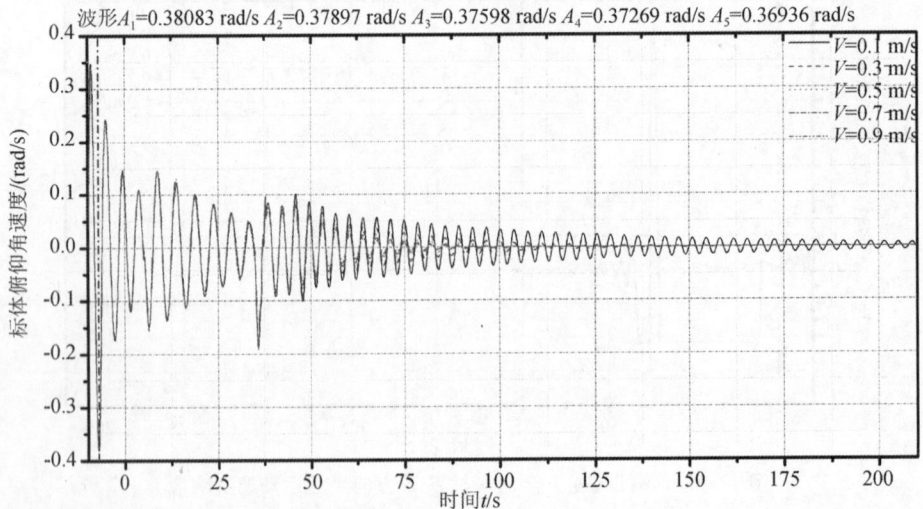

波形A_1=0.38083 rad/s A_2=0.37897 rad/s A_3=0.37598 rad/s A_4=0.37269 rad/s A_5=0.36936 rad/s

单峰值谱A_1=0.06325 A_2=0.06174 A_3=0.06092 A_4=0.06087 A_5=0.05989

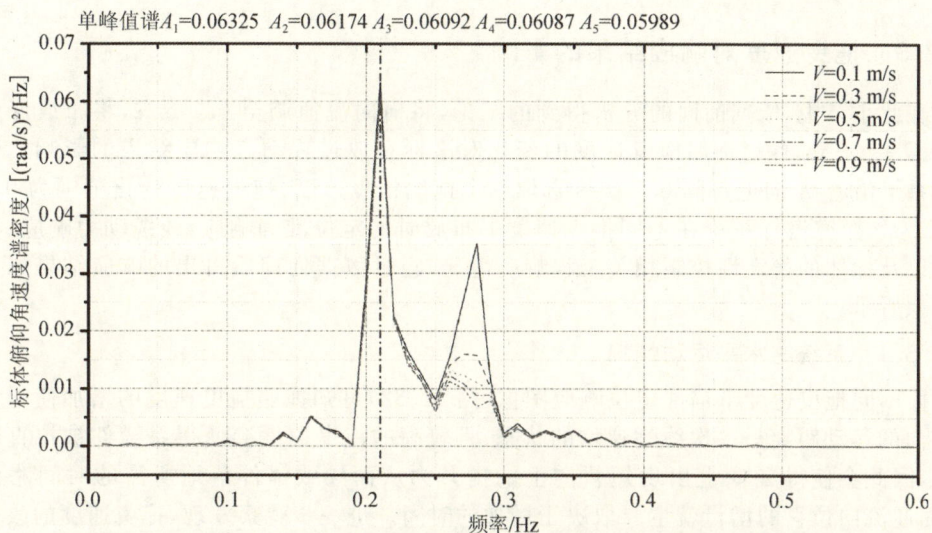

图 11.30 不同流速下标体俯仰角频域响应情况

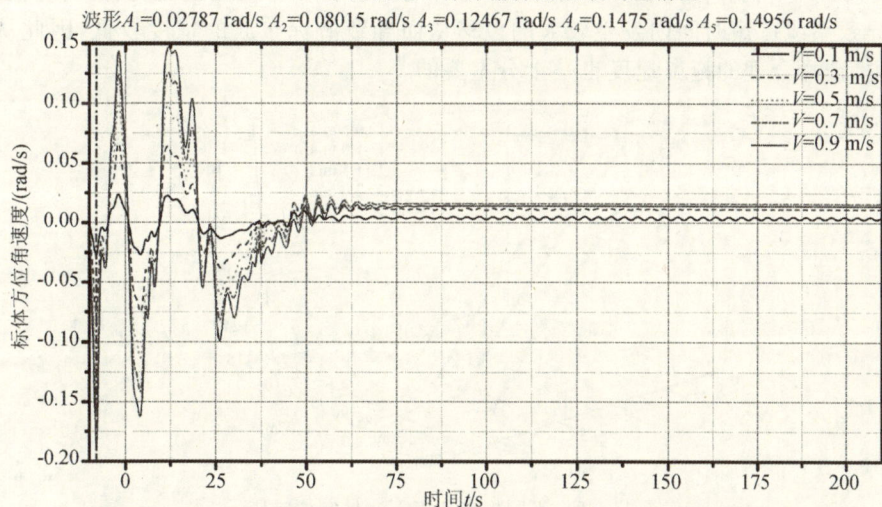

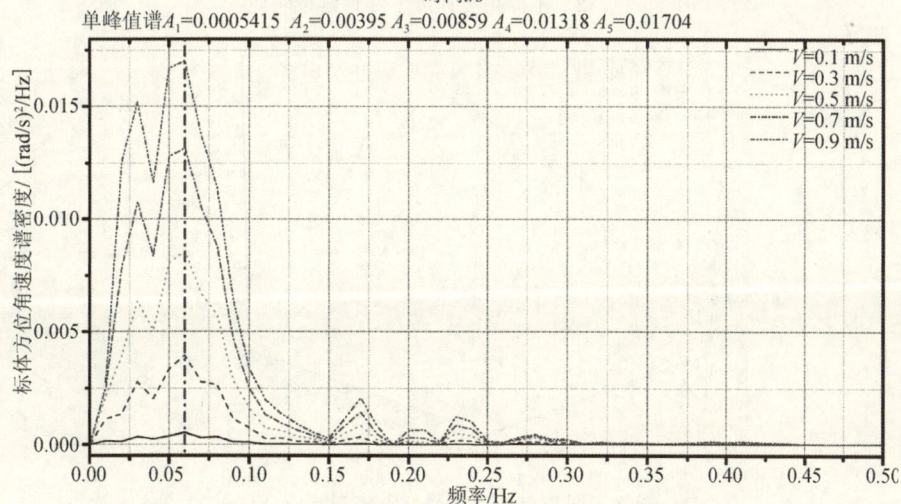

波形A_1=0.02787 rad/s A_2=0.08015 rad/s A_3=0.12467 rad/s A_4=0.1475 rad/s A_5=0.14956 rad/s

单峰值谱A_1=0.0005415 A_2=0.00395 A_3=0.00859 A_4=0.01318 A_5=0.01704

图 11.31 不同流速下标体方位角频域响应情况

11.2.3 拖曳速度对响应结果的影响

在此小节中,依据前面的分析得到的结论,将横向流速调至 0.1 m/s,将布放深度调整为 $D=150$ m,探讨拖船拖曳速度的变化对潜标布放过程动态响应结果的影响。全局坐标系下沿着 X 向上每隔 0.5 m/s 选取一个拖船拖曳速度,拖曳速度变化范围为 0.5~2.5 m/s。探究潜标系统在不同拖曳速度下布放时的定位准确响应、线缆动力响应、姿态变化以及标体的稳定性控制相关工程响应情况,经过数据处理后得出的响应结果如下系列图像所示。

11.2.3.1 系统的水平运动情况

由不同拖曳速度下锚件定位响应图像(图 11.32)可知拖船拖曳速度的增加使得锚件 X 方向的运动距离呈一次线性递增的状态;且较高的拖曳速度会使得系缆件被拉直时间缩短,因此会使得 Z 向上出现短暂向上的提升力从而导致锚件落地所需的时间略微增加,而迎流向位移的增量就主要取决于增加的时间。进一步观察发现,拖曳速度的改变对系缆点在 Stage 3 的作用(图 11.33)是:较高的拖曳速度可以较好地避免标-线的缠绕,但是也会导致系缆点短时间内发生较大的位移从而导致潜标布放的精度较低,因此从这一方面来说,选择合理的拖曳速度也是十分重要的。

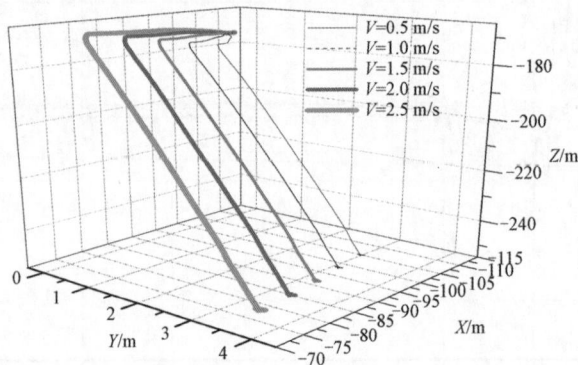

图 11.32　不同拖曳速度下锚件定位响应

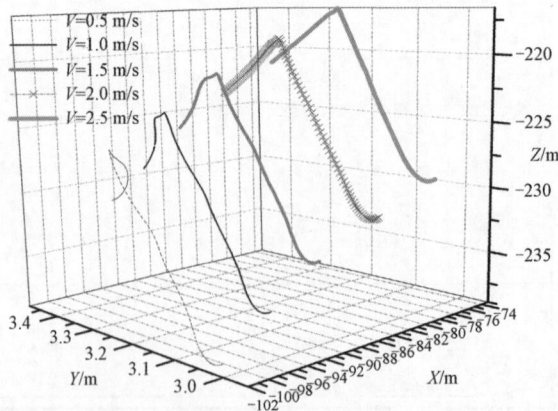

图 11.33　不同拖曳速度下系标点姿态响应(Stage 3)

11.2.3.2　缆线的张力波动情况

观察缆件不同拖曳速度下的张力时域响应情况(图 11.34 和图 11.35)可知,拖曳缆的时域张力波动周期的分布规律不会随着拖速增加而改变,但拖曳缆的张力随拖曳速度的增加而增加,张力增量并不可忽略,其峰值出现在仿真开始初期和释放组件前;系泊缆的最大张力值出现在锚件触地瞬间,在此刻会有较强的正负张力交替,而且要注意缠绕现象的产生;除非拖曳速度极低,一般情况下拖曳速度的改变对系泊缆张力的改变并无显著影响。观察不同拖曳速度下张力在线缆长度方向的分布情况(图 11.36 和图 11.37)可发现,拖曳速度的增加会导致拖曳缆张力最大值的普遍增加;但低速阶段拖曳缆全长度上的张力最大值分布均匀,这减小了全长度方向线缆张力突变和应力集中;而系泊缆则与之相反,较低的拖速会使得系泊缆近标处张力最大值增加。考虑到两根缆在不同拖曳速度下的响应情况以及安全性,应选择合适的拖曳速度,既不能过大又不能过小。

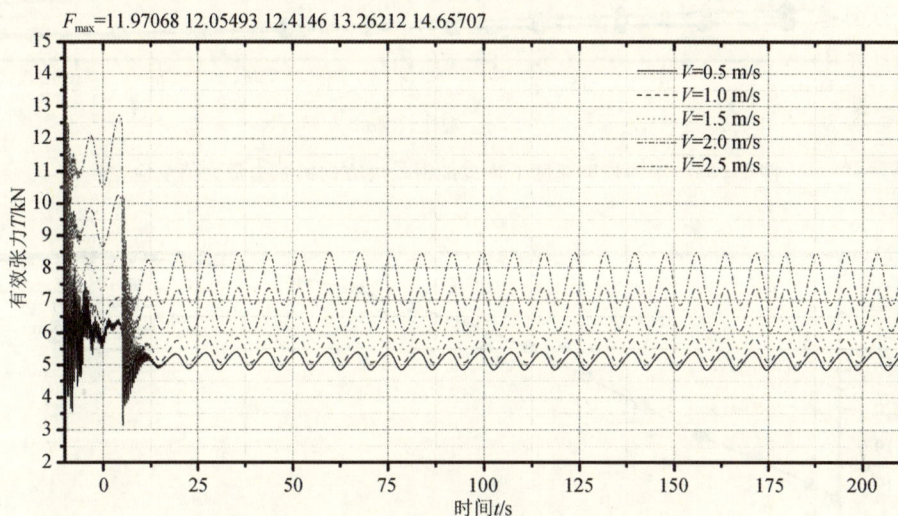

图 11.34　不同拖曳速度下拖曳缆张力时域响应

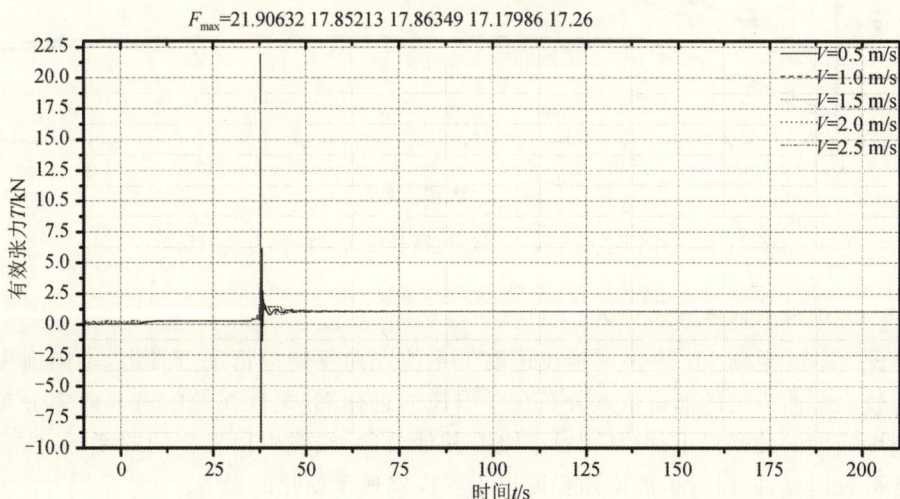

图 11.35　不同拖曳速度下系泊缆张力时域响应

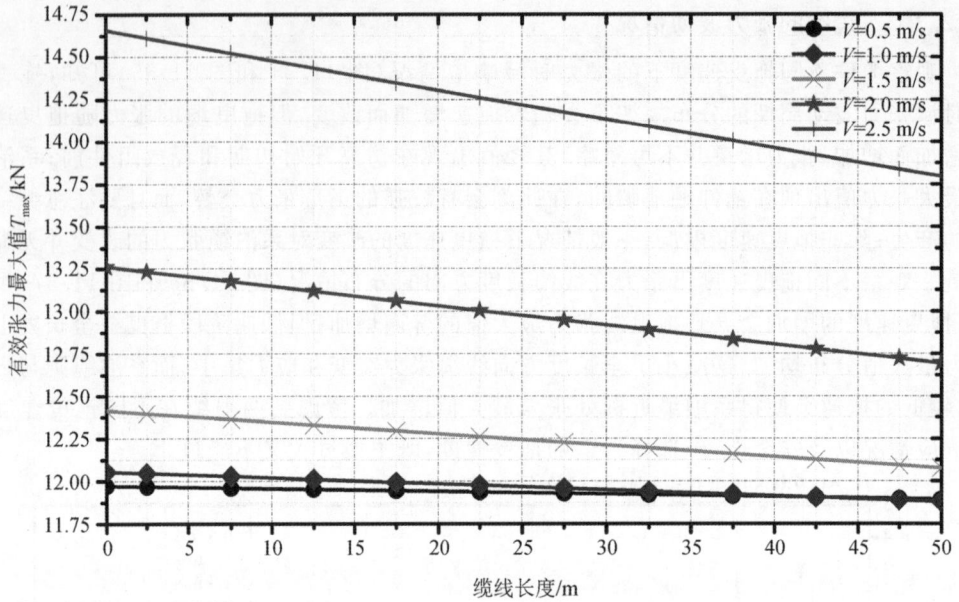

图 11.36　不同拖曳速度下拖曳缆沿长度方向的张力最大值响应

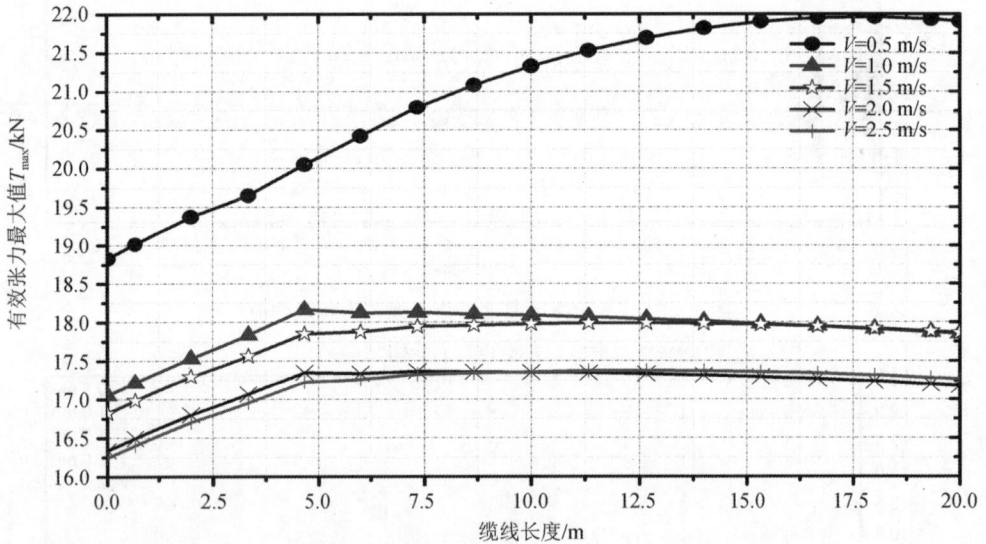

图 11.37　不同拖曳速度下系泊缆沿长度方向的张力最大值响应

11.2.3.3　拖缆的曲率变化情况

由图 11.38 至图 11.39 不同拖曳速度下系泊缆曲率响应情况可看出,不同拖曳速度下发生较大弯曲程度的部位依然分布在系泊缆的近标端,柔性线缆的最大曲率分布和大小与拖曳速度的关联很小;但是相对于线缆其他节段,线缆中段发生的曲率标准差最大,反复弯折较明显,同时弯折的剧烈程度也不受拖曳速度变化的影响。

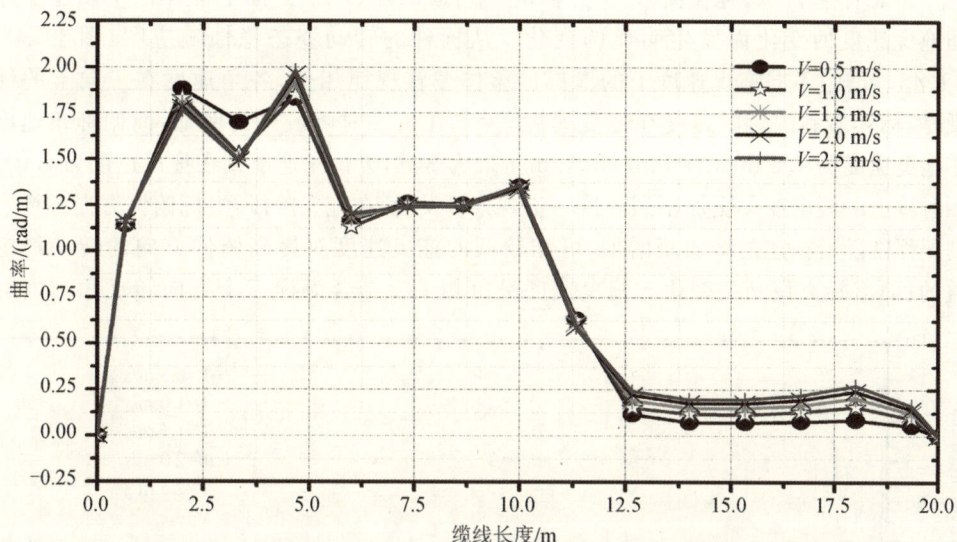

图 11.38　不同拖曳速度下系泊缆全长方向上最大曲率响应情况

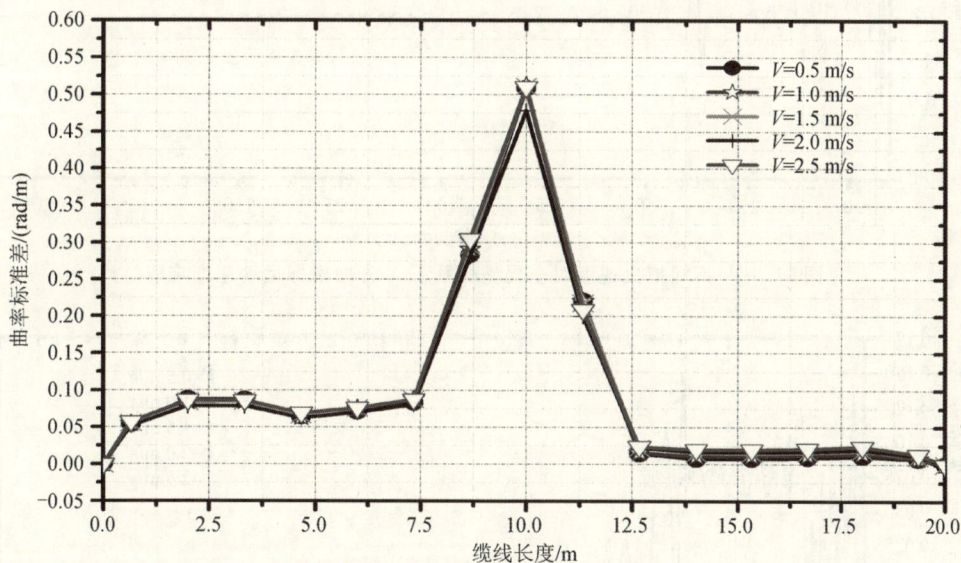

图 11.39　不同拖曳速度下系泊缆全长方向上曲率标准差响应情况

11.2.3.4　潜标运动的变化情况

观察六自由度潜标在布放过程中三个方向上的平动运动速度响应情况(图 11.40 至图 11.42)可知,拖船拖曳速度的递增除了在拖曳阶段会给潜标带来 X 方向的初运动递增及拖曳缆短时间的拉直效应,对于潜标其余两方向上的运动速度没有非常显著的效应。值得注意的是:五组拖曳速度中,锚件定位后的平动速度稳定响应值在较高的拖曳速度时其在时域上的波动幅度反而有所降低,这对于追求短时间内标体位移振动的稳定是有帮助的。但总体来言,除拖曳阶段 X 方向的平动运动外,Y、Z 方向上标体的平动速度并不会随拖曳速度的变化而发生明显的变化。从标件的转动姿态稳性响应图(图 11.43 至图 11.45)可知,不同拖曳速度下的潜标的整体偏转规律相似,各角速度在三向上的优劣体现是,标体倾斜的偏转速度在拖曳速度 $V=2.0$ m/s 时响应最为明显,而俯仰角速度则是在拖曳速度为 0.5 m/s、2.5 m/s、2.0 m/s 最为敏感,方位角速度则在拖曳速度为 2.0 m/s 时在时域上的波动变化更加剧烈。进一步观察可发现,在拖曳阶段,潜标俯仰方向的姿态响应剧烈程度随着拖速的增加而增加,可知较低的拖曳速度对提高俯仰方向的转动稳定是有益的;而潜标方位角的变化与拖曳速度呈负相关。结合潜标三个方向转动角速度的分

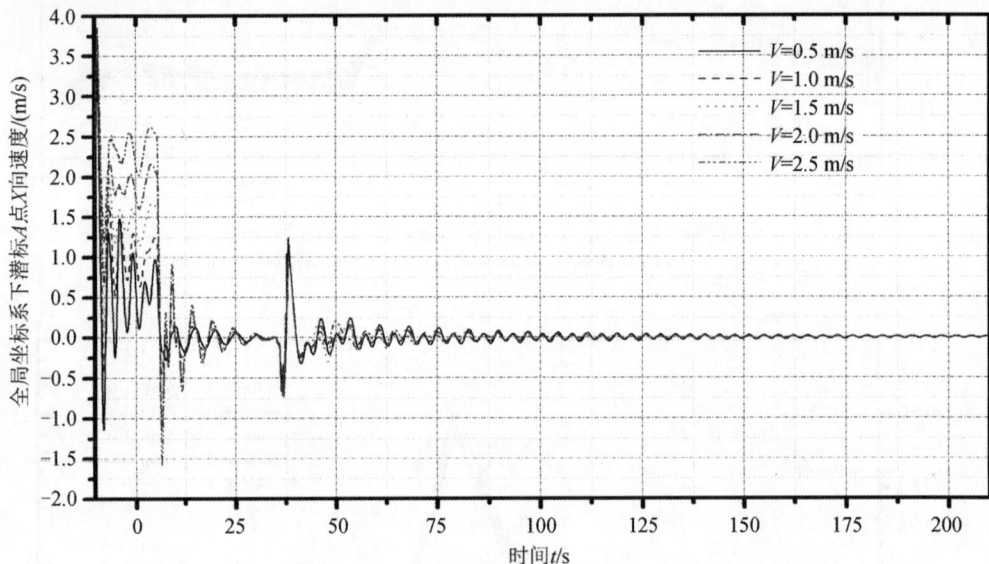

图 11.40　不同拖曳速度时全局坐标系下 X 方向潜标运动速度响应

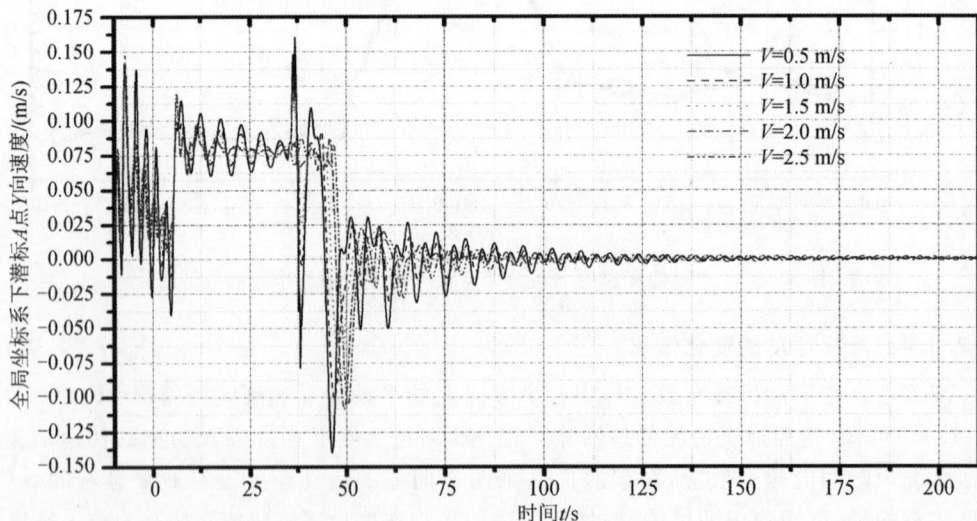

图 11.41　不同拖曳速度时全局坐标系下 Y 方向潜标运动速度响应

析结果可知,应该注意在释放器工作瞬间尽量使潜标在锚地的瞬间能保持较低转速,以维持潜标的旋转调整。从不同拖曳速度下潜标转角的谱密度曲线可知,倾斜的频率响应点主要是 0.21 Hz、0.28 Hz,且在频率为 0.28 Hz 时达到倾斜转动响应的最大峰值,且在同一频率下当拖曳速度为 $V=2.0$ m/s 的峰值最大;俯仰的主要转动频点为 0.21 Hz、0.28 Hz 及 0.16 Hz,除了当拖曳速度 $V=0.5$ m/s 时的频点是 0.28 Hz,其余拖曳速度下的峰值点前移至 0.21 Hz,且在拖曳速度为 0.5 m/s、2.5 m/s、2.0 m/s 时的俯仰角谱密度峰值较高;潜标方位角的转动频点明显前移,且还增加了 0.0455 Hz、0.048 Hz、0.061 Hz 等偏振点,方位角速度的最大峰值点发生前移,且在同样的频率下当拖曳速度为 0.5 m/s、2.5 m/s 时的峰值响应要大于其他拖曳速度下的方位角速度谱密度峰值。

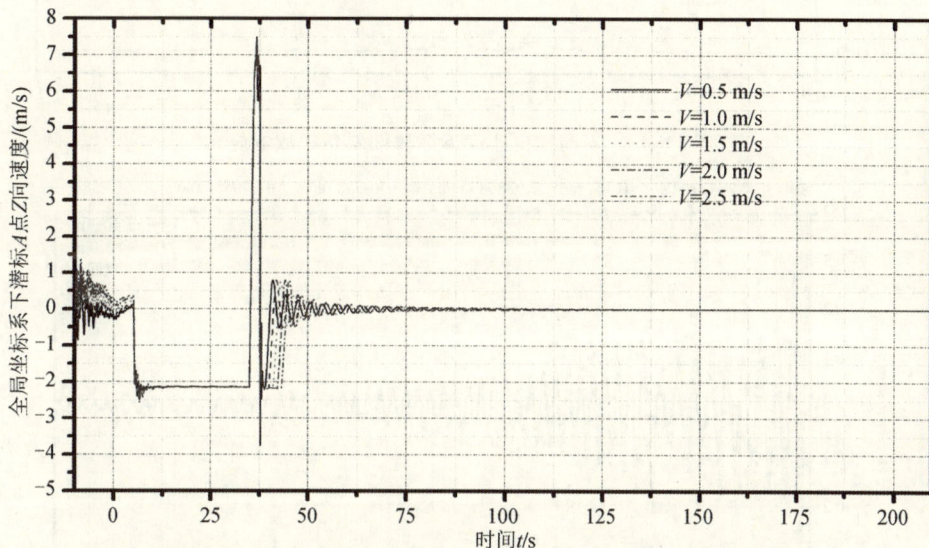

图 11.42 不同拖曳速度时全局坐标系下 Z 方向潜标运动速度响应

波形 $A_1=0.01607$ rad/s $A_2=0.00922$ rad/s $A_3=0.0281$ rad/s $A_4=0.01011$ rad/s $A_5=0.01022$ rad/s

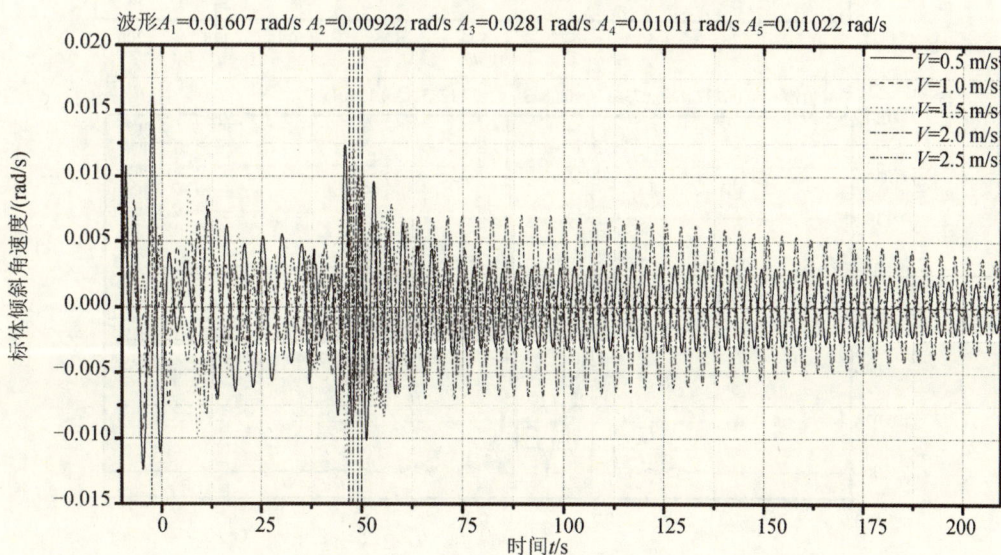

单峰值谱$A_1=0.000557$ $A_2=0.000139$ $A_3=0.000349$ $A_4=0.00176$ $A_5=0.00035$

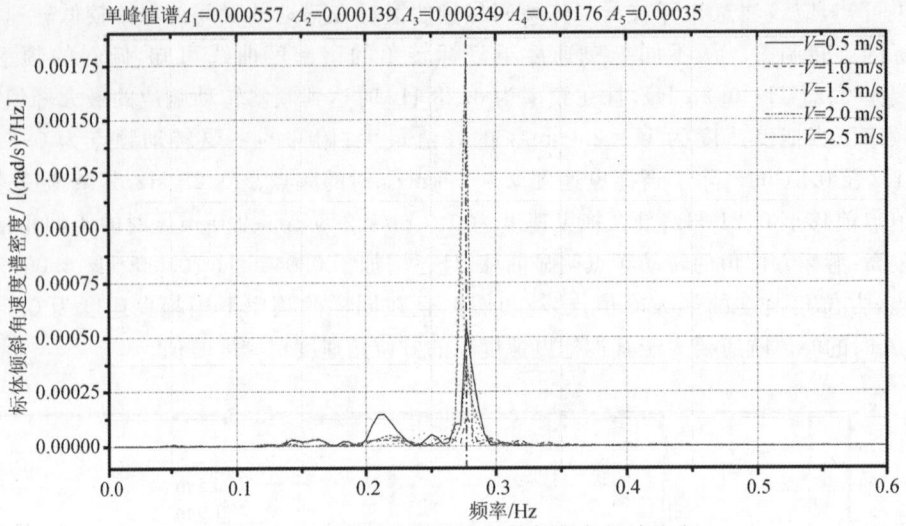

图 11.43　不同拖曳速度下标体倾斜角频域响应

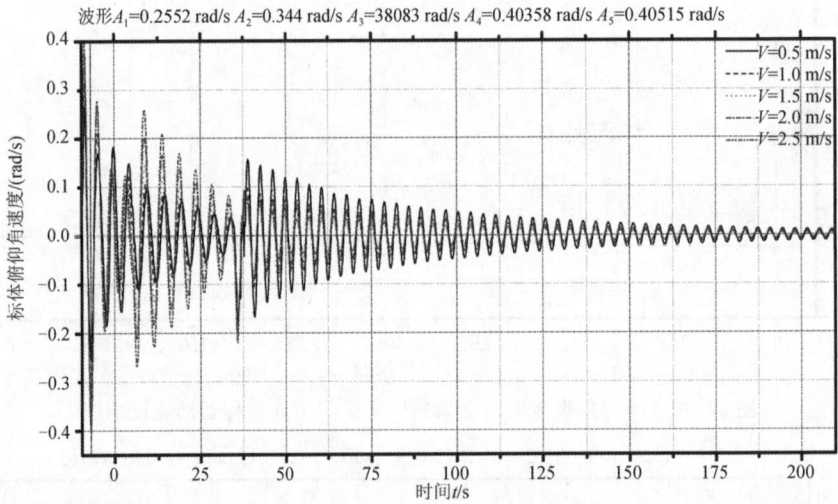

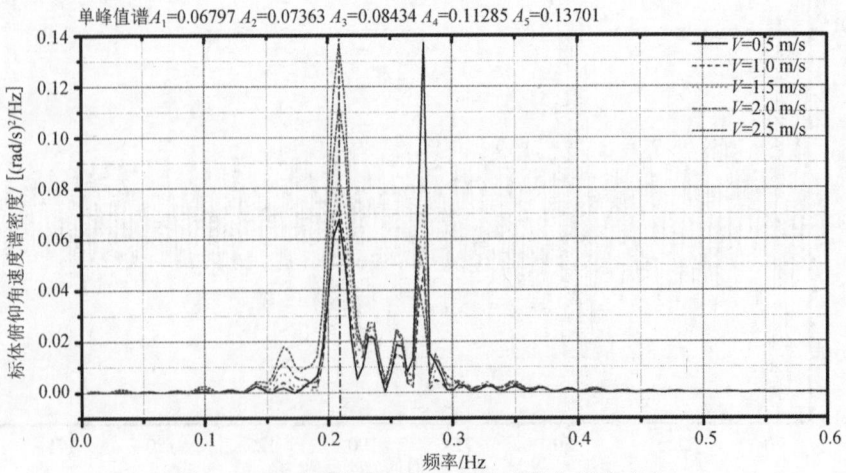

波形$A_1=0.2552$ rad/s $A_2=0.344$ rad/s $A_3=38083$ rad/s $A_4=0.40358$ rad/s $A_5=0.40515$ rad/s

单峰值谱$A_1=0.06797$ $A_2=0.07363$ $A_3=0.08434$ $A_4=0.11285$ $A_5=0.13701$

图 11.44　不同拖曳速度下标体俯仰角频域响应

波形 A_1=0.04064 rad/s A_2=0.035709 rad/s A_3=0.02787 rad/s A_4=0.02104 rad/s A_5=0.01679 rad/s

单峰值谱(E-4) A_1=9.2257 A_2=9.64746 A_3=7.4073 A_4=3.07308 A_5=0.7148

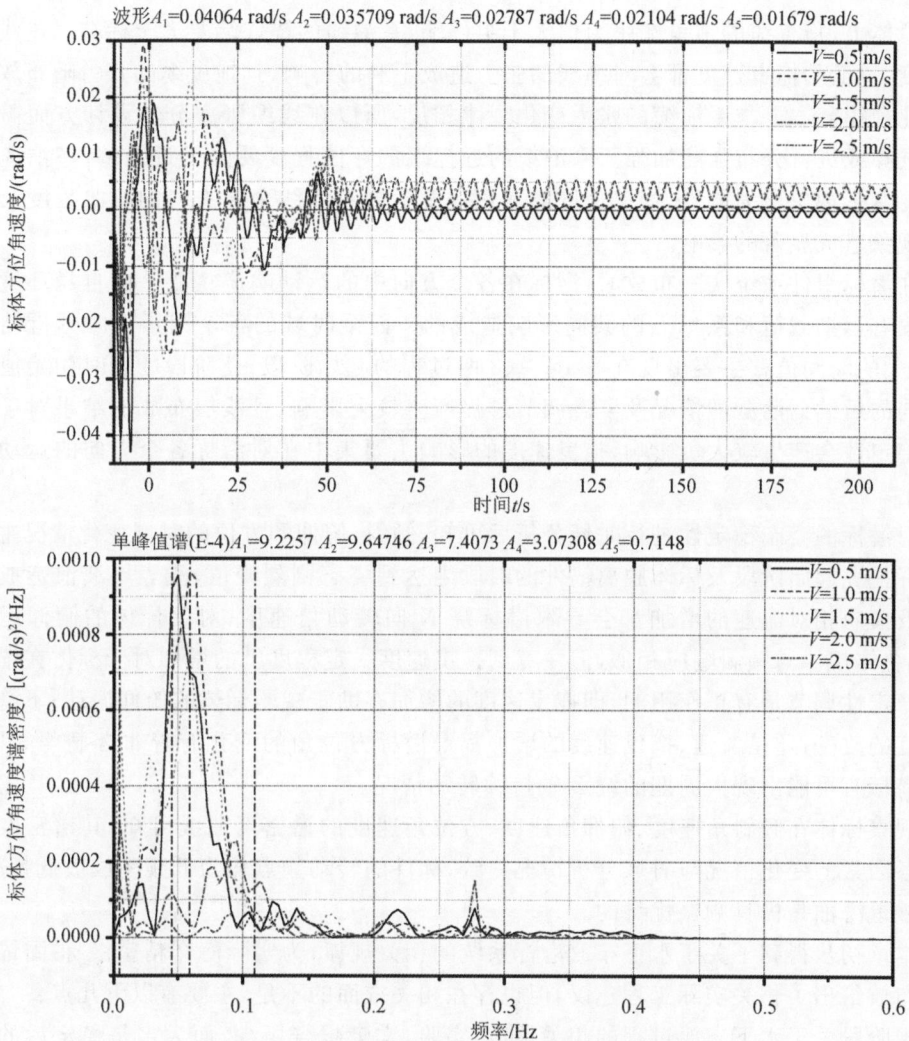

图 11.45　不同拖曳速度下标体方位角频域响应

11.3　本章小结

通过对不同环境参数和拖曳速度下模拟仿真结果的数据分析和归纳总结,初步探讨了潜标水下布放过程的规律,并初步提出了以下工程建议:

对于潜标系统的定位准确性的要求来言,定位的改变值主要受制于滑轮效应及潜标体在拖曳阶段的初始拖曳速度,当流速或拖曳速度增加时,其与横流速的相对迎流方向的法向阻力会增加,此结果即导致 Y 方向的额外偏转;但是对于波浪载荷作用下不同布放深度时,在布放深度较浅时,潜标系统的定位准确性尤为受扰,这是由于布放深度过浅会造成锚件抓地前系缆得不到完全伸直从而会对定位的准确性造成干扰,故考虑到潜标准确定位,应避免出现浅层布放。另外,系缆系标处连接潜标点的位移情况也是潜标稳定姿态的重要原因,这一点也要引起足够的重视。

总体上,拖曳缆的拖曳端张力值大于组件端,系泊缆的锚件端要大于标端。过浅的布放深度、过低的拖曳速度都会对缆线的张力造成不利的影响,且拖曳缆的张力随布放参数的变化规律基本上与系泊缆的张力变化规律相反,所以在线缆张力分步设计方面需具体折中选择或进行分布强度加强。系泊缆的近标端的弯曲程度要强于近锚端,系泊缆中部的反复弯折现象最为剧烈,拖曳速度的变化程度不会对缆线全长方向的弯曲程度及反复折损现象造成显著的影响。

在潜标组件系统实际布放时,潜标在各个方向中的运动响应主要是由自身环境载荷以及固有运动载荷和系标点的共同影响造成的。而全时域的各个因素下的分析结果可知,较大的瞬间位移主要出现在 Stage 1、3 两过程的起始阶段,此阶段的瞬时初始值会对各方向的后续运动激烈情况及姿态调节过程产生较大影响,且浅层布放的结果对于潜标位移稳定性会产生较大负影响,拖曳速度的影响主要集中在对潜标各个方向的运动位移变化上。

对潜标的姿态稳定性进行时域分析后可知,倾斜、俯仰和方位的时域变化情况主要是在潜标拖曳起始阶段及标体脱离锚件的时段内达到姿态剧烈峰值,浅表层波浪造成的扰动以及横向相对流速的增加都会导致潜标绕 X 向转动角速度;对于标体的俯仰运动来说,其总体规律与倾斜响应相似,但注意到拖曳速度一定程度上的增加对于标体在锚定后姿态稳定性调节是有正作用的,即拖曳速度的增加有助于减弱标体的俯仰振动;不管是布放深度的改变,还是流速、拖曳速度的增加都对潜标方位角的变化有着非常显著的影响,并且潜标有可能出现大周期的绕 Z 轴持续转动情况。

观察标体在倾斜角速度、俯仰角速度、方位角速度的谱密度曲线可知,其谱密度单峰值随各因素的变化情况与时域分析情况一致,标件的转动频点均为低频率或极低频率,这相对于近海面是极具频振优势的。

本章初步得到了关于水下布放潜标系统的相关规律,为实际海洋精密潜标-固锚的一体式布放给出了相关实际工程建议,但也存在相关方面的不足,主要有以下几点:

现阶段关于水下布放过程的相关报道、实验、文献报告极少,而大多是稳定后的潜标系统参数响应结果情况,所以本章的相关规律与实际工程结果的对比分析极少,可能会导致本章的一些结论在无法准确验证的情况下而存在一定的缺陷和误差。

本章对潜标系统布放至锚地过程的水动力建模方法进行了详细阐述,探讨了如何对潜标布放系统进行水动力建模,同时对系统组件单元模型的选择方式、布放过程中所受载荷施加过程以及对布放精确定位及张力、标体振荡控制问题进行了初步探究。由于本章侧重探究布放因素对潜标系统的作用,故模拟中需多次改变参数(环境参数、施工参数)从而得出理想状态的布放参数。仿真的初衷是达到精确、安全、稳定的布放目的,使系统频率监测区间与系统自身频率区间相交域尽可能小,从而提高信号采集性能。通过对仿真结果的分析,初步掌握潜标系统间激励传递、振荡响应的规律,并结合模拟结果减小环境频率和系统振荡频率的相交区间、控制标体自身振荡情况,从而达到提高后续监测系统的采集信号性能的目的。

本章并未考虑系泊缆弯曲刚度的变化对水下潜标布放的影响;但事实上,系泊缆的弯曲刚度的变化也对潜标的定位有着一定的影响,而且影响应该不小,尤其是系缆的弯曲刚度,过大的弯曲刚度会使得潜标系统在脱离拖曳缆后发生不可预测的变化。如果说系泊缆弯曲刚度较小时的潜标-系泊缆系统是一个顶端为刚体的挠性鞭子的话,那么此时由系泊缆和潜标组成的系统更像一个有着细长柄的榔头,系统在整个过程中都是一个整体。由于此时系泊缆的弯曲刚度非常大,因此会对潜标下落过程中的姿态变化造成明显影响。横流作用下,刚性线缆几乎始终保持直线状态,且由于刚性线不易弯曲、弯曲变形后产生的力矩会急剧增大,刚性管线对潜标布放过程中的三个运动姿态稳性都会产生剧烈影响,且弯曲刚度越大,标体运动姿态变化越剧烈,也就是标体稳定性和定位性都将变得更加复杂,并且在拖曳时期的姿态变化加剧,这种影响应该是全方位的(既包括了潜标的平动,也包括了潜标的转动)。同时,弯曲刚度的计入会改变原柔性缆线下标体的运动速度响应灵敏度,若潜标件对自由下落时的速度响应要求高,则应在进行弯曲刚度的仿真模拟后结合计算结果合理选取线缆的弯曲刚度。当然,本章节中潜标的布放是在平坦的线性海床模型上进行的,这在某种程度上是进行了一定程度的化简的。如在崎岖非线性的海床模型上进行潜标系统的布放以及改变系泊缆弯曲刚度条件下进行潜标系统的布放,潜标系统在下落过程中的动力学特性将更加复杂,感兴趣的读者可以结合本章节中提出的方法尝试一下。

第十二章 深海渔业拖网系统拖曳过程中的动力学响应

本章导读

深海中拥有大量的鱼类资源,各种鱼类富含大量的蛋白质,且海洋鱼类的鱼肉营养丰富、脂肪含量低、易于摄入与吸收,是人类所需食物的重要补充。人们通过各种设备可以将海洋鱼类从海洋中打捞上来并进行深度加工,而深海渔业网类系统在深海鱼类开发过程中起着无可替代的作用。它一般分两种,一种是渔业拖网系统,一般是随着渔船一起运动,拖网挂在渔船的后方船尾或是渔船的舷侧,渔船发现鱼群所在位置后,通过一系列的机动(包括直航加速和瞬间的转向),去追逐或是拦截鱼群,进而达到通过后方拖带的渔网将鱼群捕获的目的;另一种是单个的深水网箱或是由若干个大型的网箱组成的大型海洋牧场,这种系统一般需要拖船将其拖拉到预定海域,然后在相关海域将系统锚泊固定,再在预定海域将鱼苗放入网箱或是海洋牧场中进行大规模的深海养殖。在拖网系统的拖曳过程中,会发生很多复杂的力学现象,因此有必要对这一过程进行分析。

12.1 拖网系统的结构与拖曳过程

12.1.1 拖网系统的结构

拖网系统依据其拖网结构的不同又可分为刚性桁架支撑的拖网系统与无刚性桁架支撑的完全柔性拖网系统。拖网系统由于其特有的挠性结构,难免会发生变形。其变形导致拖网形态在垂直和水平两个方向发生变化,即水平扩张和垂直扩张、水平收缩和垂直收缩以及部分网衣之间的重叠、三维空间内的相互碰撞与缠结。

12.1.2 拖网系统的拖曳过程

以上两种深海渔业拖网系统的工作模式都存在着一个拖船的拖曳过程,前者是发生在捕鱼过程中,而后者是在到达预定海域之前。这两种系统的工作模式及组成的不同造成了它们的力学特性的不同。拖网系统要防止拖船的拖速过快或是回转过快造成的拖网受力不均、破网和局部网衣变形过大。由于拖网的挠性较强,因此要注意以合适的拖曳速度保持拖网的整体空间形态和较大的展开面积以便捕获更多的鱼类。而对于由网箱组成的深海养殖海洋牧场系统来说,在到达指定海域之前以一定的拖曳速度将其进行拖曳时要保证在这一过程中,网箱不会发生大的倾覆,拖曳绳索不会发生断裂。

　　本章将对这两种拖网系统(图 12.1 和图 12.2)进行动力学分析,以期得到一些对实际工程实践有一定价值的结论,从而在理论与技术上推动我国深海渔业的捕捞与开发,进而获得较好的经济效益。

图 12.1　一种典型的大型海上牧场

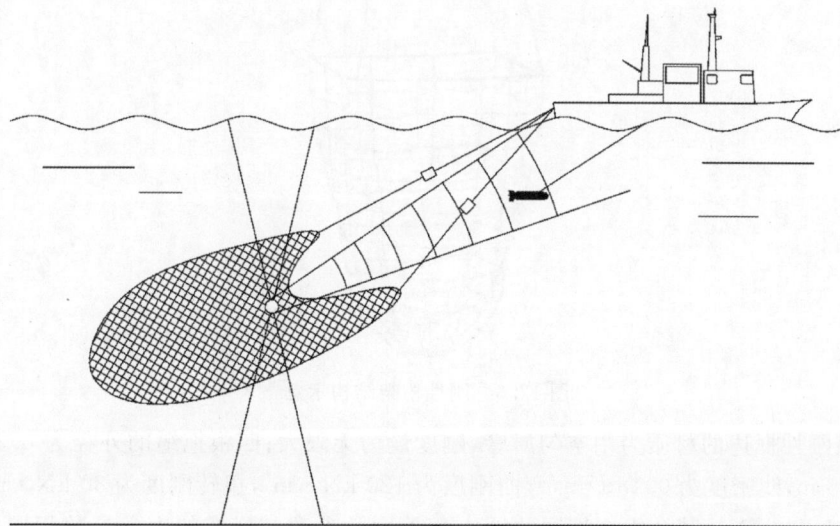

图 12.2　一种典型的海洋拖网系统

12.2　两种拖网系统拖曳过程的仿真算例

12.2.1　拦截、追逐鱼群过程中刚性桁架拖网系统的动力学响应

12.2.1.1　刚性桁架拖网系统的建模

刚性边框组成的拖网系统由于刚性桁架的支撑作用,拖网可以维持较好的形态与展开面积,因此这种拖网系统可以在较恶劣的海况、拖船高速行驶以及机动的条件下使用,并可以用来拦截与追逐鱼群。这种拖网的变形在整个过程中是不大的,需要注意的是其拖缆(在拖网系统中一般被称为曳纲,在本书中为了称谓的一致性统一称为拖缆)的拖曳张力及不同拖速下拖网与垂直方向的夹角的变化,过大的张力会使拖曳缆瞬间崩断,此时拖网坠落,拖缆发生突提现象;拖网与垂直方向的夹角过小,不利于追逐和拦截鱼群,拖网与垂直方向的夹角过大,又容易导致鱼类的逃逸。

如图 12.3 所示,刚性桁架拖网的最上端为四根刚性边框,这四根刚性边框保证了拖网的有效捕鱼面积不会发生变化(这是与柔性拖网系统最大的不同)。该刚性桁架拖网系统通过四根拖缆(曳纲)与船尾相连,这里对四根拖缆进行一下说明与命名,在整个拖网系统静止时关于拖船中线面对称的两根缆分别为 Line Port 和 Line Stbd,其中 Line Port 在右舷一侧,Line Stbd 在左舷一侧;Line Lower 和 Line Upper 都在拖船的中线面上,Line Lower 靠近船尾一侧,Line Upper 远离船尾。

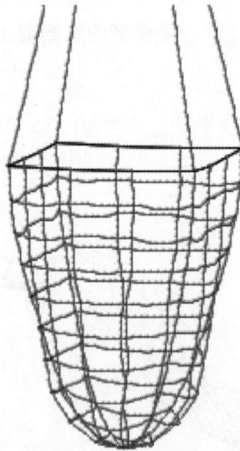

图 12.3　刚性桁架结构示意

四根刚性框边的材质为中空匀质管,刚度设为无限大;四根拖缆的外径为 0.35 m,内径为 0.25 m,线密度为 0.18 t/m,弯曲刚度为 120 kN·m²,扭转刚度为 80 kN·m²,轴向刚度为 700000 kN。其余组成拖网的网衣相关力学参数与拖缆的力学参数相同。因此,由网衣的力学参数也可以看出这种拖网本身是有一定的抗变形能力(抗弯曲与扭转的能力)的。由于其自身较强的抗变形能力,故对于这种拖网系统而言,拖网系统的整体倾角与拖缆张力的波动是其研究的重点。

刚性桁架拖网系统静止状态下的模型示意如图 12.4 所示。

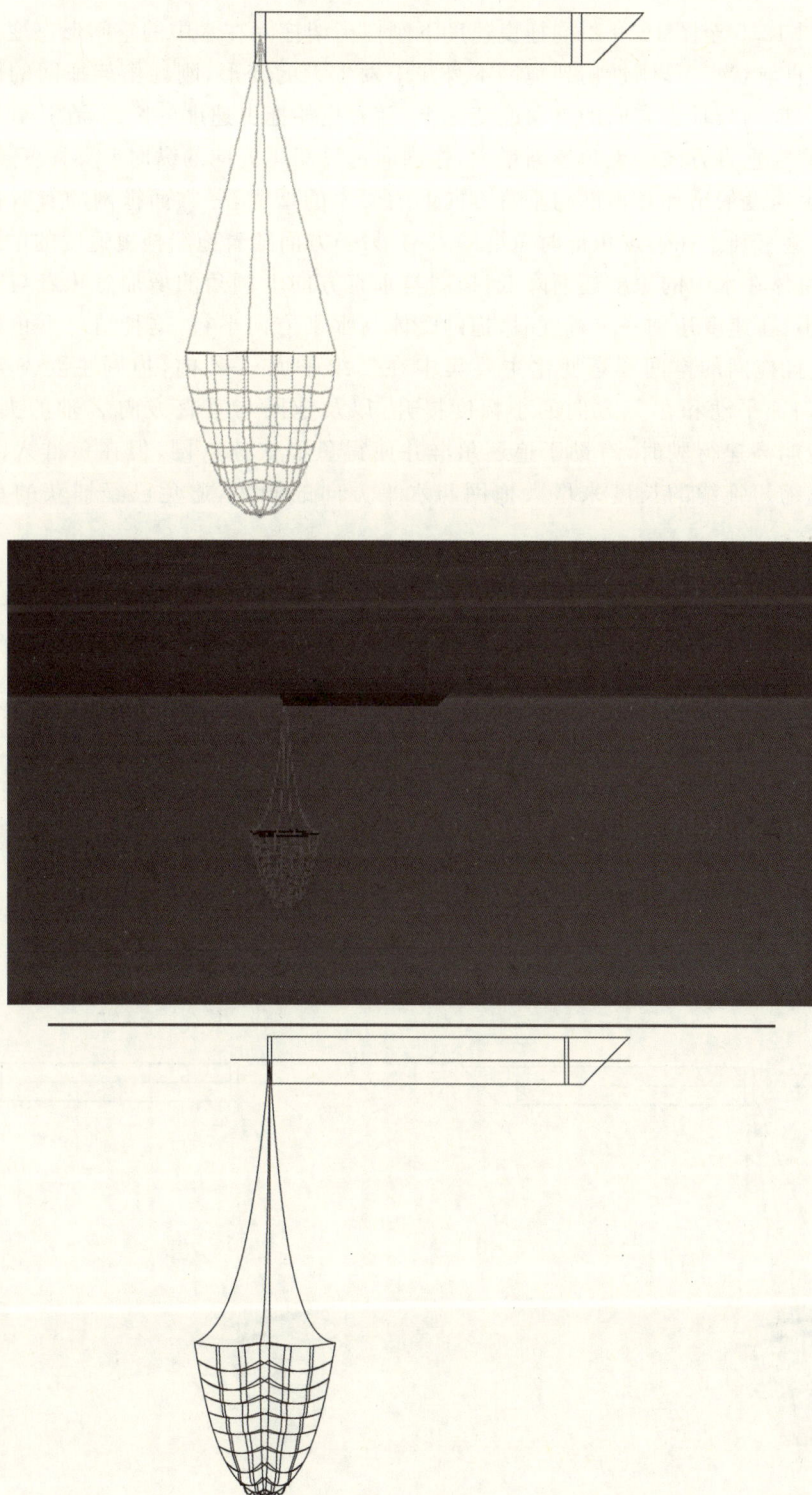

图 12.4　刚性桁架拖网系统静止状态下的模型示意

12. 2. 1. 2　拖船静水中直航时拖曳速度大小的影响

观察图 12.5 至图 12.9 不同拖曳速度下刚性桁架拖网在水中的空间形态变化情况可以发现,在直航状态下,刚性桁架拖网本身并未发生大的变形,刚性桁架拖网的倾角变化主要集中在拖网与垂直方向的夹角的变化上,随着拖船拖曳速度的增加,在达到稳定后刚性桁架拖网与垂直方向的夹角逐渐增大,拖网向远离船尾方向的纵向偏移程度越大,且随着拖船拖曳速度的增加和拖网与垂直方向上的倾角的增大,一方面拖网的有效捕鱼面积有所增加,这有利于在追逐鱼群时鱼群的入网;另一方面随着拖船拖曳速度的增加达到稳定后拖网整体在水中的深度逐渐降低,拖网与垂直方向上倾角的增加意味着与水平方向倾角的减小,在速度达到一定程度时,拖网整体与水平方向平行,这种情况下鱼群也更易脱网逃逸,且拖网的空间姿态变化主要集中在二维平面 X-Z 内,拖网主要发生的是在 X 方向的匀速平动和在 Z 方向的小幅度提升,以及拖网与垂直方向 Z 轴的夹角变化。因此,在拖船高速行驶时,有助于追逐鱼群并使得鱼群快速入网,但在鱼群入网后的瞬间,要快速缩短拖缆的长度来增大拖网与水平方向的倾角,避免已经捕获的鱼群再次逃逸。

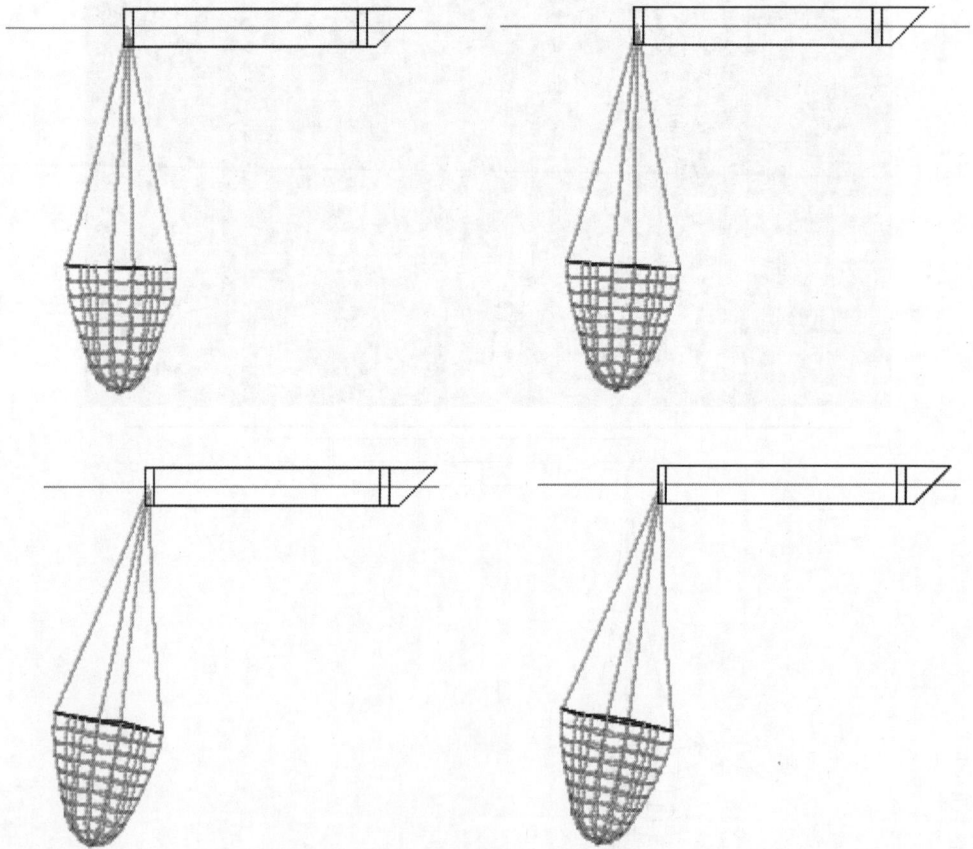

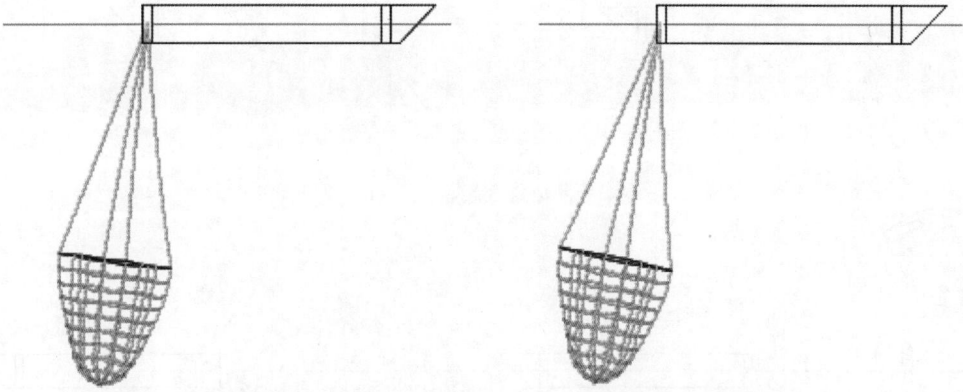

图 12.5　拖船的拖曳速度为 1 m/s 时拖网系统的形态变化

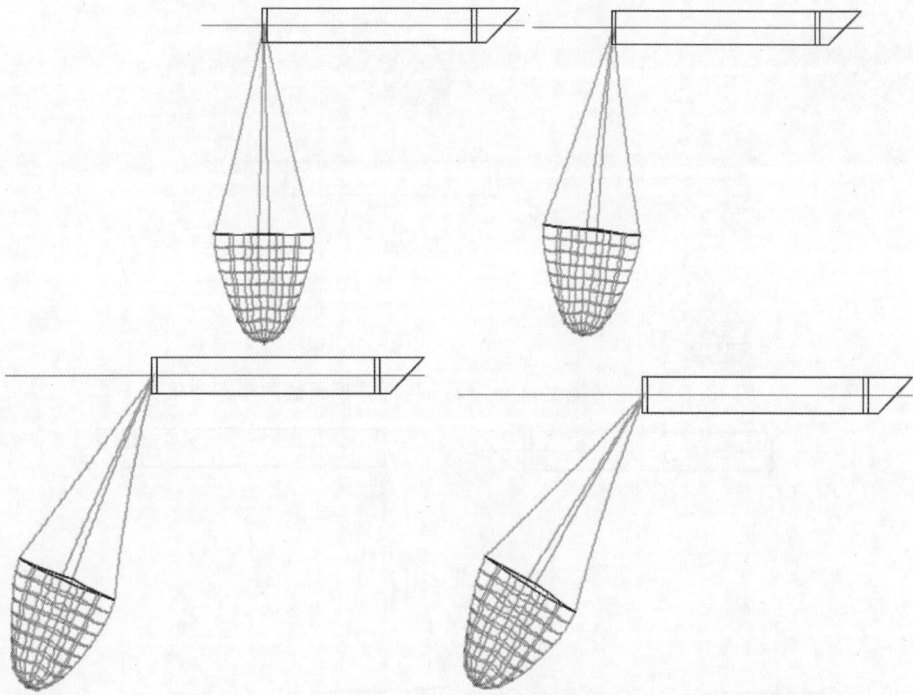

图 12.6　拖船的拖曳速度为 2 m/s 时拖网系统的形态变化

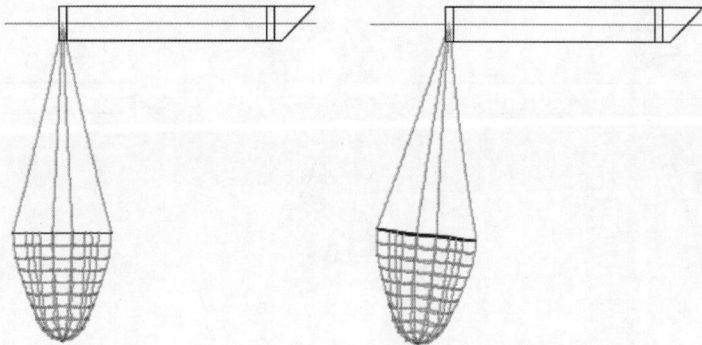

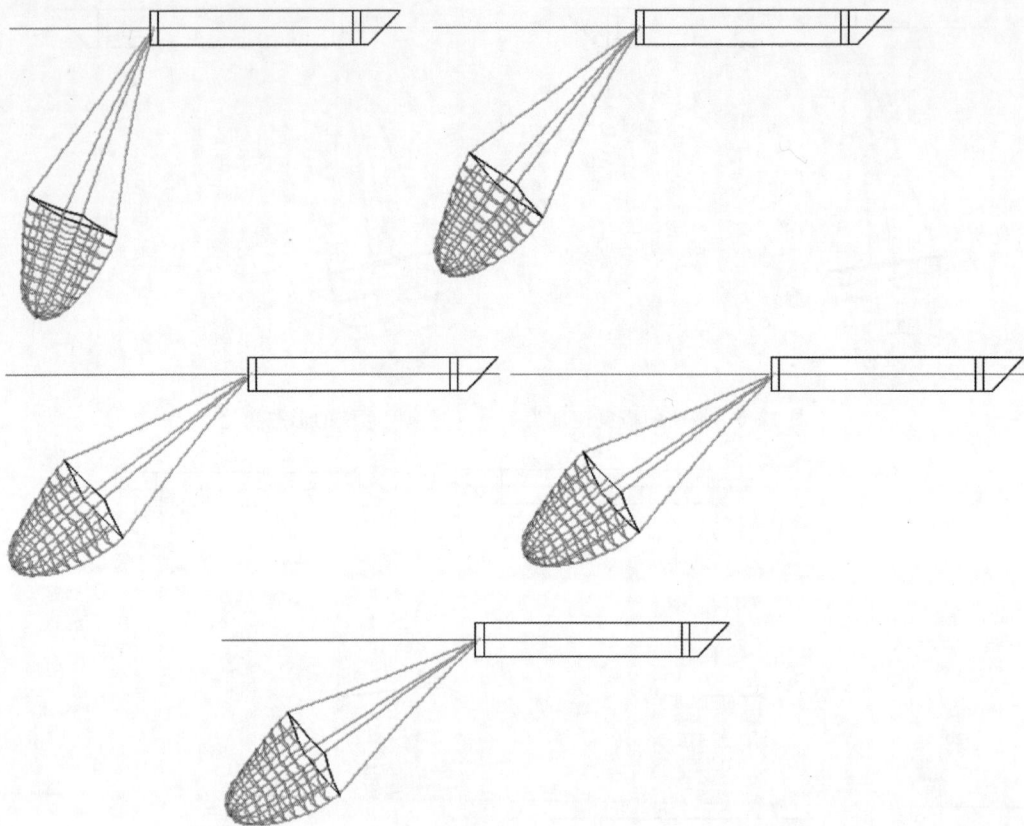

图 12.7　拖船的拖曳速度为 3 m/s 时拖网系统的形态变化

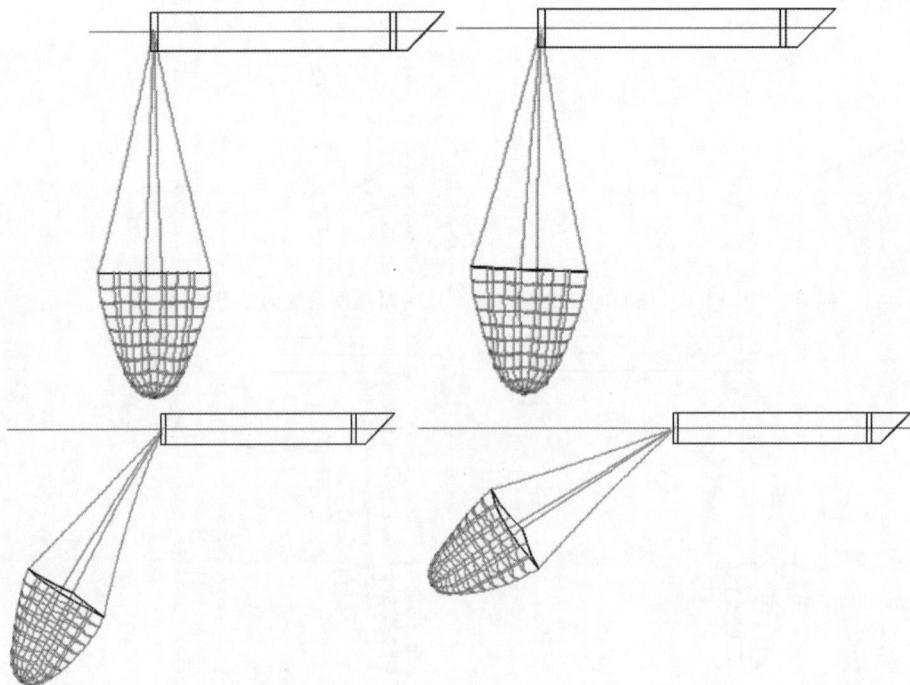

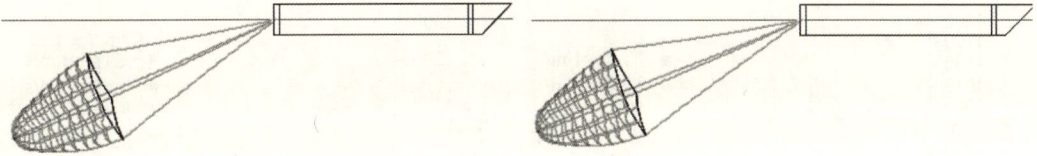

图 12.8 拖船的拖曳速度为 4 m/s 时拖网系统的形态变化

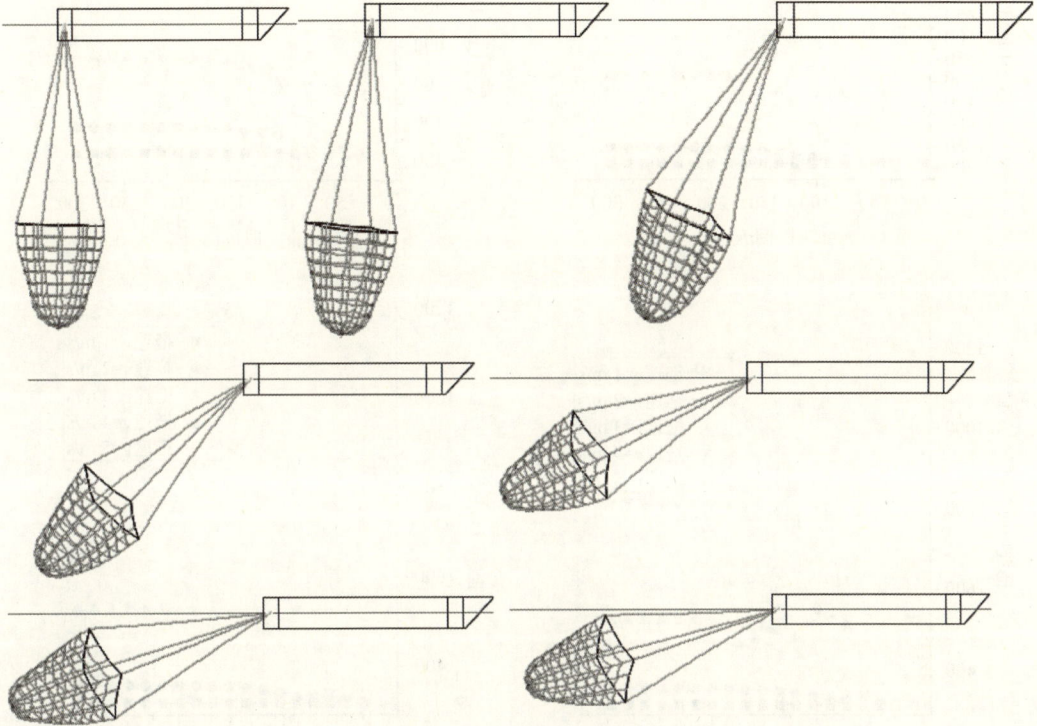

图 12.9 拖船的拖曳速度为 5 m/s 时拖网系统的形态变化

观察拖船直航时不同拖曳速度下四根拖缆的张力时域图像(图 12.10)可以发现,在拖船的拖曳速度较低时,拖缆的张力在整个时域上几乎没有变化;在拖船的拖曳速度较高时,拖缆的张力存在一个由低到高的增加过程,在张力达到稳定后,四根拖缆所承受的张力随着拖船拖曳速度的增加而不断增加,且随着拖曳速度的增加,拖缆张力在时域上开始剧烈增长的时刻不断前移,并在张力开始增长的瞬间张力变化率也随着拖曳速度的增加而增加。由于在这种状态下拖缆承受的主要是拉伸作用,虽然稍有弯曲,但拉伸作用使得拖缆在轴向方向均被伸直,因此在拖船直航的过程中,拖缆发生的弯曲变形是十分微弱的。虽然拖缆发生的弯曲变形几乎可忽略不计,但由于拖缆本身是有弯曲刚度的,且正是这种刚度和拖缆的张紧作用的存在保持了水下拖网在拖曳过程中不会发生变形。因此,虽然弯曲变形非常微弱,但拖缆还是受到了弯矩的作用,最大弯矩发生在各个拖缆与拖船尾端连接端点的 1.5 m 附近。

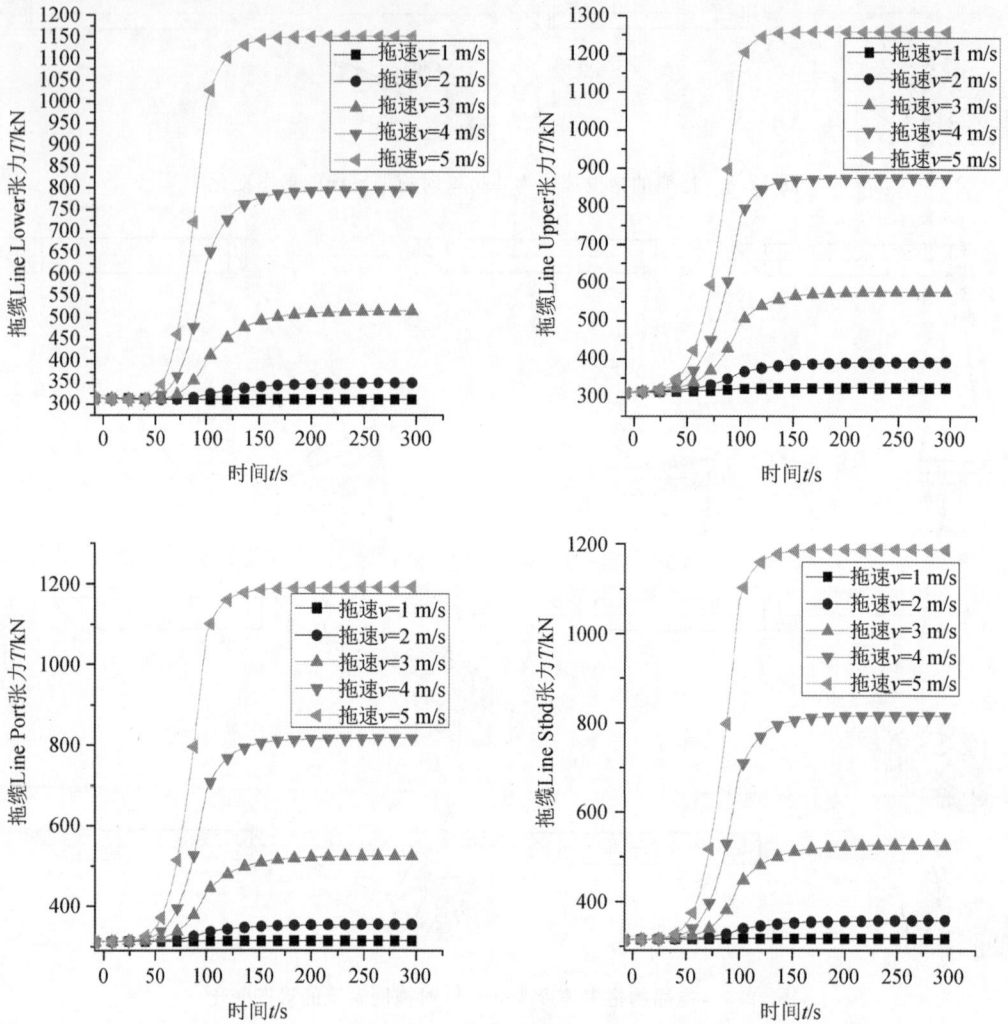

图 12.10 直航时不同拖曳速度下四根拖缆的张力时域图像

12.2.1.3 定回转半径下拖船拖曳速度的增加对刚性桁架拖网系统的影响

在追逐鱼群时,有些情况下需要通过拖船的机动来进行拖网网位的调整与控制,从而进行瞄准捕捞。大部分情况下拖船做的是小半径回转的机动,因此在定半径回转的情况下设定拖船的回转半径为 57.32 m。

观察图 12.11 至图 12.15 可以发现,当拖船在回转状态时,刚性桁架拖网除了会发生与垂直方向的夹角的变化,一个显著的特点是会发生绕其自身中轴的转动和与瞬时回转方向相反的外飘(这种外飘时而偏向拖船左舷,时而偏向拖船右舷,也可以向着背离或是靠近船尾方向运动,在回转角速度增加时,拖船在回转过程中的任意时刻拖网的外飘是这几种运动的复合运动),这种扭转过大时会导致四根拖缆与拖船相连的顶端附近发生相互缠绕,而外飘又会额外增加拖缆受到的张力。也就是说,在拖船回转的情况下,拖缆除了会受到拉伸和弯曲作用,还会受到扭转的作用。而回转状态下拖

网的空间姿态也会发生更复杂的变化：在拖船直航时拖网的空间姿态变化主要集中于
其与垂直方向的夹角的变化上，在整体坐标系的二维 X-Z 平面内就能反映拖网的空间
姿态变化；而在拖船回转时，一方面拖网的外飘会发生在三维坐标系内，另一方面其绕
自身中轴的扭转也需要在垂直方向上进行观察才能得到，因此在拖船回转状态下的拖
网姿态变化将是在三维空间的。粗略观察后发现，拖船直航时拖网整体发生的是两自
由度平动和一个自由度的转动，而在拖船回转时拖网整体发生的是三自由度的平动和
两自由度的转动。

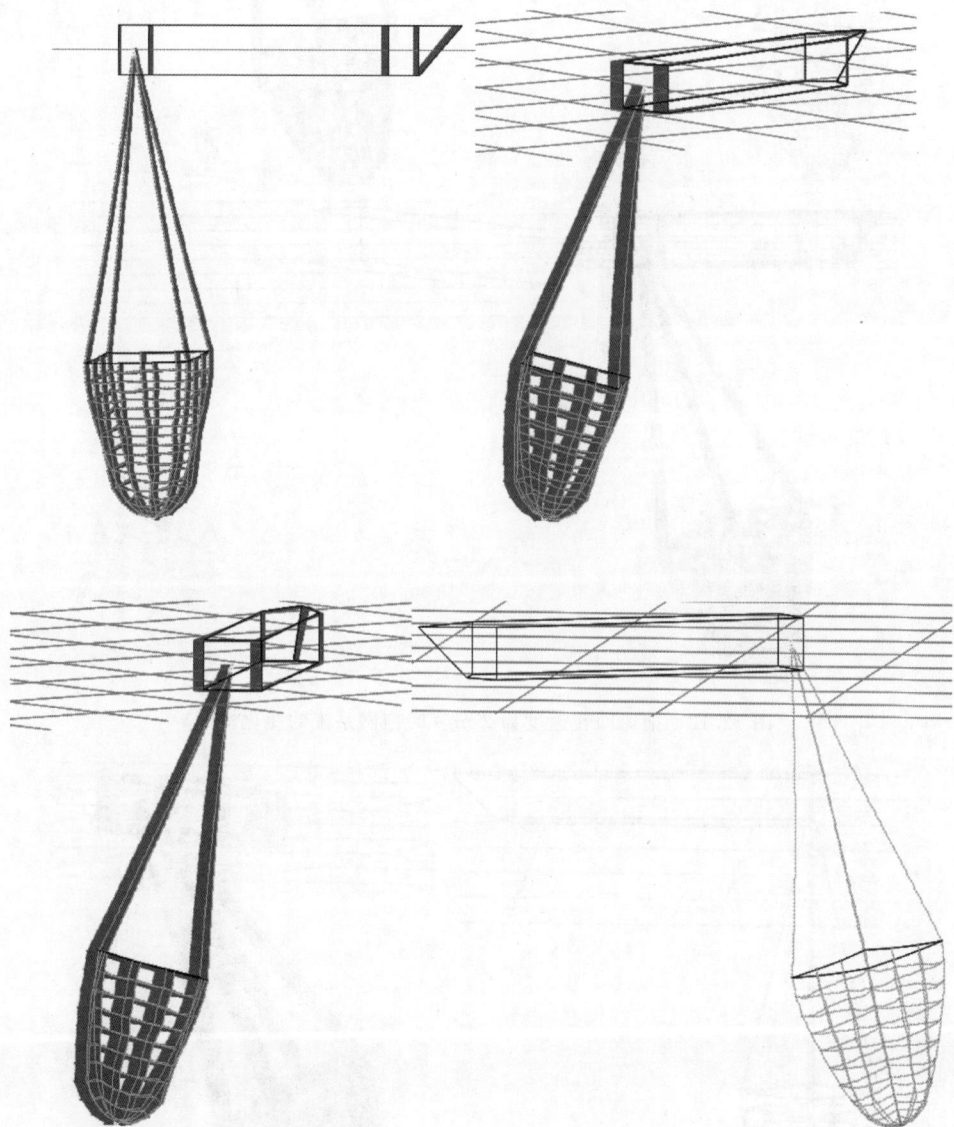

图 12.11　拖船回转速度为 1 m/s 时拖网系统的变化情况

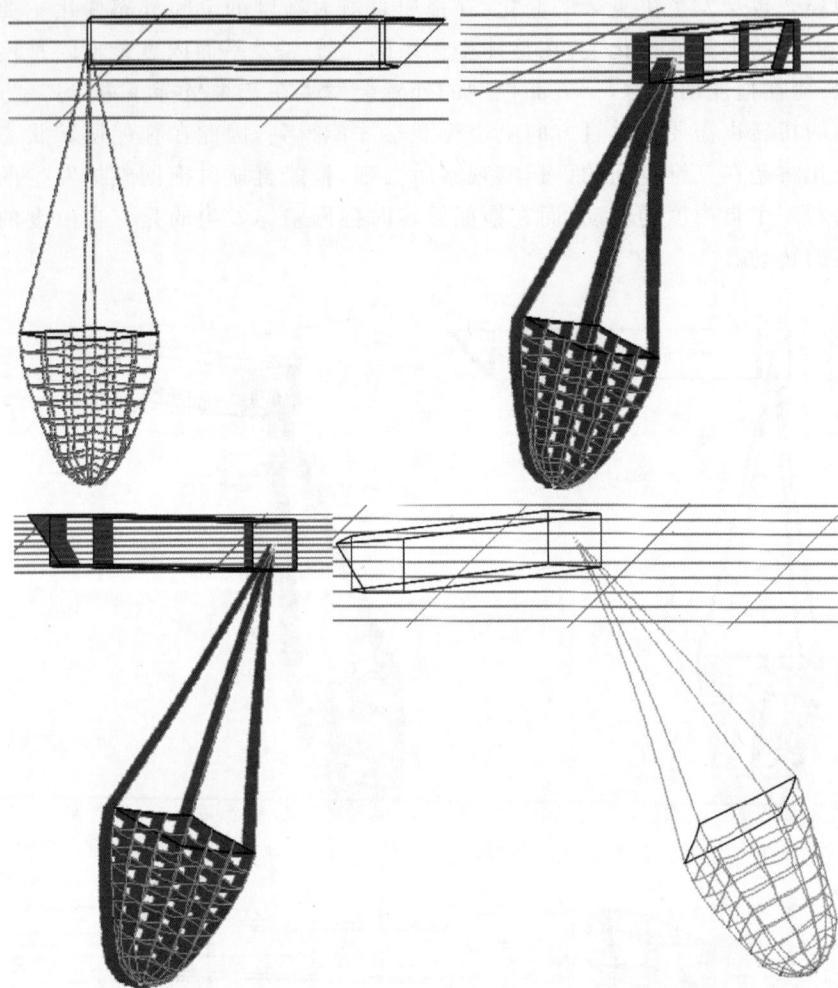

图 12.12　拖船回转速度为 2 m/s 时拖网系统的变化情况

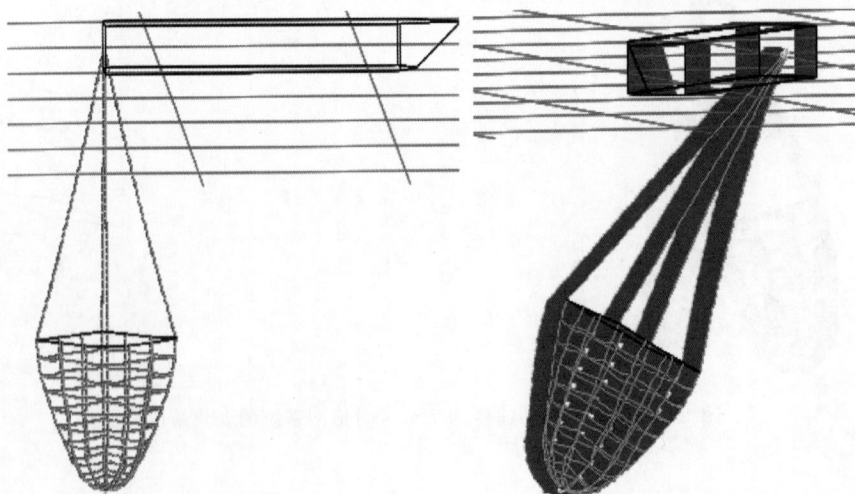

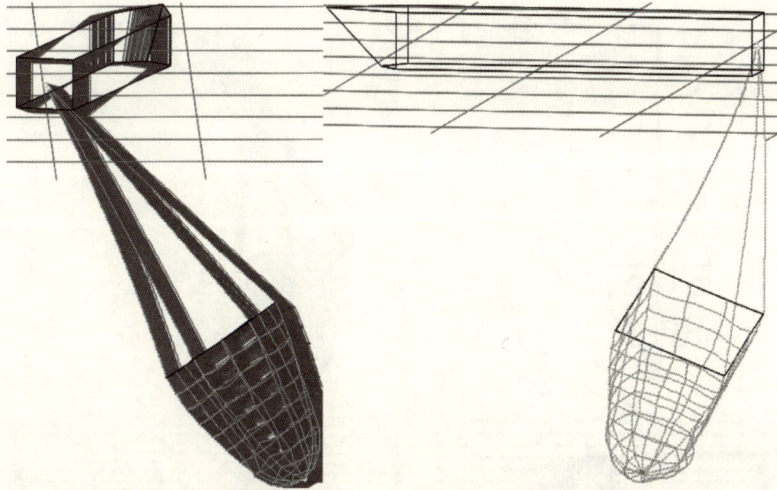

图 12.13 拖船回转速度为 3 m/s 时拖网系统的变化情况

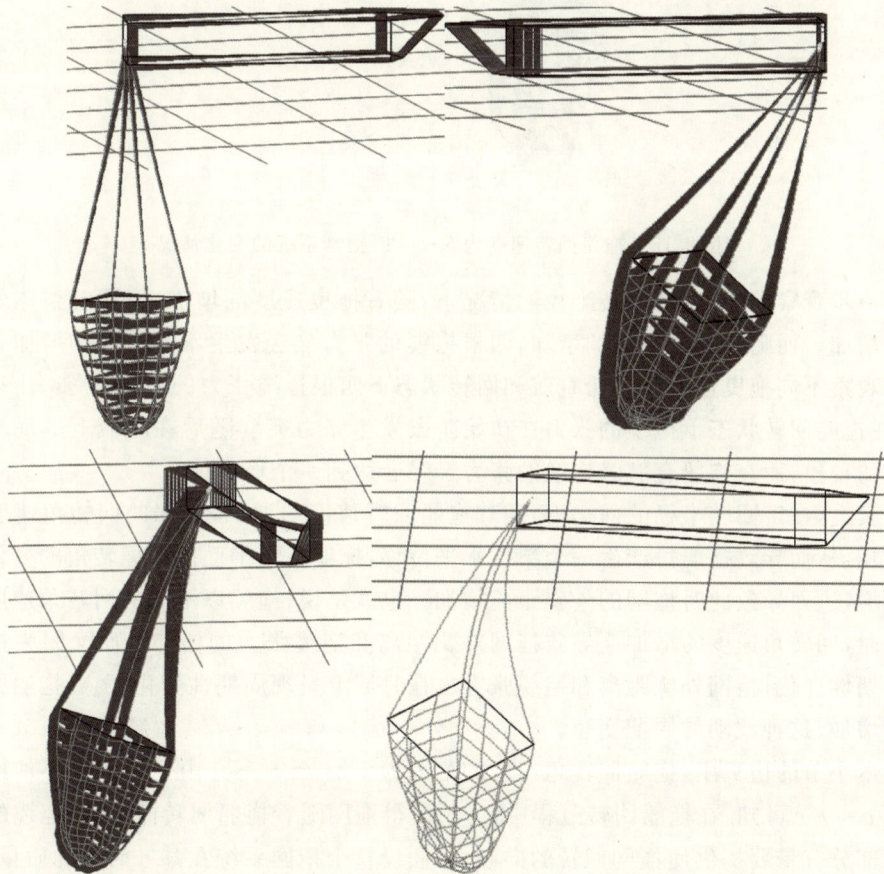

图 12.14 拖船回转速度为 4 m/s 时拖网系统的变化情况

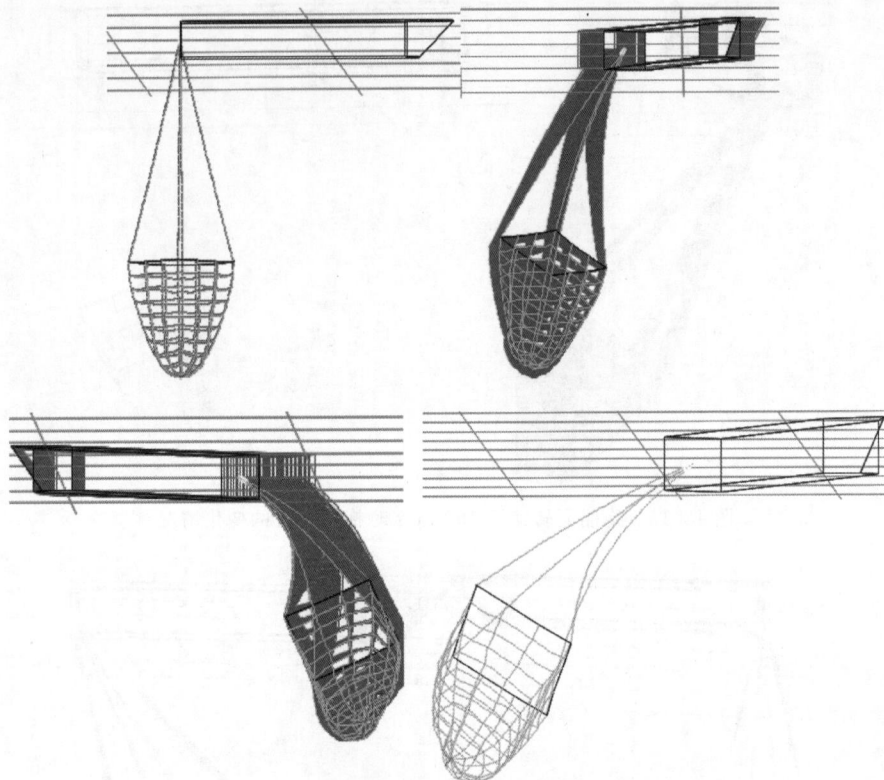

图 12.15　拖船回转速度为 5 m/s 时拖网系统的变化情况

进一步观察发现,在定回转半径的情况下,随着拖曳速度的增加,拖网的整体外飘距离逐渐增加。而随着外飘距离的增加,四根拖缆的张力又会发生不同程度的增加。进一步对比观察不同拖曳速度下拖船直航和回转状态下四根拖缆张力的时域图像(图 12.16)发现,在拖船回转状态下拖缆的张力在初始阶段发生张力突变随后在时域上呈现出周期性波动的现象,而在拖船直航时拖缆的张力最终会达到一个稳定值。

事实上,在定回转半径的前提下,随着拖船回转速度的增加,拖船的回转角速度也在不断增加,从而导致拖船每产生一个单位水平位移,拖船在水平面内的偏转角的变化率也跟着递增,进而导致此时拖网的外飘距离增加。也就是说,拖船以不同的回转角速度做回转机动时,回转角速度的增加会导致拖网外飘距离和拖缆张力的增加。而又因为拖船回转的周期性变化,拖网外飘距离和拖缆张力也在时域上呈现周期性变化,随着拖船回转角速度的增加,这种波动的周期变短。

在本小节的仿真中,拖船回转角速度的范围为 1°/s 至 5°/s。由一般的向心加速度的表达式 $a = \omega^2 r$ 可知,在拖船回转过程中,为了使得拖网随着拖船回转而回转,拖缆的张力中的一部分分量要提供使拖网回转的向心力,假设整个拖网系统在某一时刻的质量为 m,则这部分张力分量的表达式为 $F = m\omega^2 r$。也就是说,随着拖船回转角速度的增加,拖缆的张力维持拖网回转的分量将关于回转角速度平方急剧增加,并非关于回转角速度线性增加。因此,当拖船回转的角速度持续增加达到一定程度时,ω^2 将变得很大,故而会导致拖缆的张力也变得非常大,张力的过大最终会导致维持刚性框边的边界限制条件被强力破坏,在这种情况下拖网将彻底散架。为验证这种假设,在保持拖船的回转速度为 1 m/s 的前提下,特意对本章中的刚性拖网系统进行了拖船极限回转角速度的计算(经过不断调试计算发现,当回转角速度为 20°/s 时,四根刚性框边组成的方形框仍然能保持闭合且形状基本不变,故而拖网的形态仍然能基本保持稳定。随着回转角速度的继续增加,方形框开始发生明显变形且变形将逐渐增大,直至回转角速度增大到一定程度时,框边的变形达到能被约束的极限,方形框彻底失稳),发现当回转角速度为 57.3°/s 时,拖网将彻底散架,具体情形如图 12.17 所示。

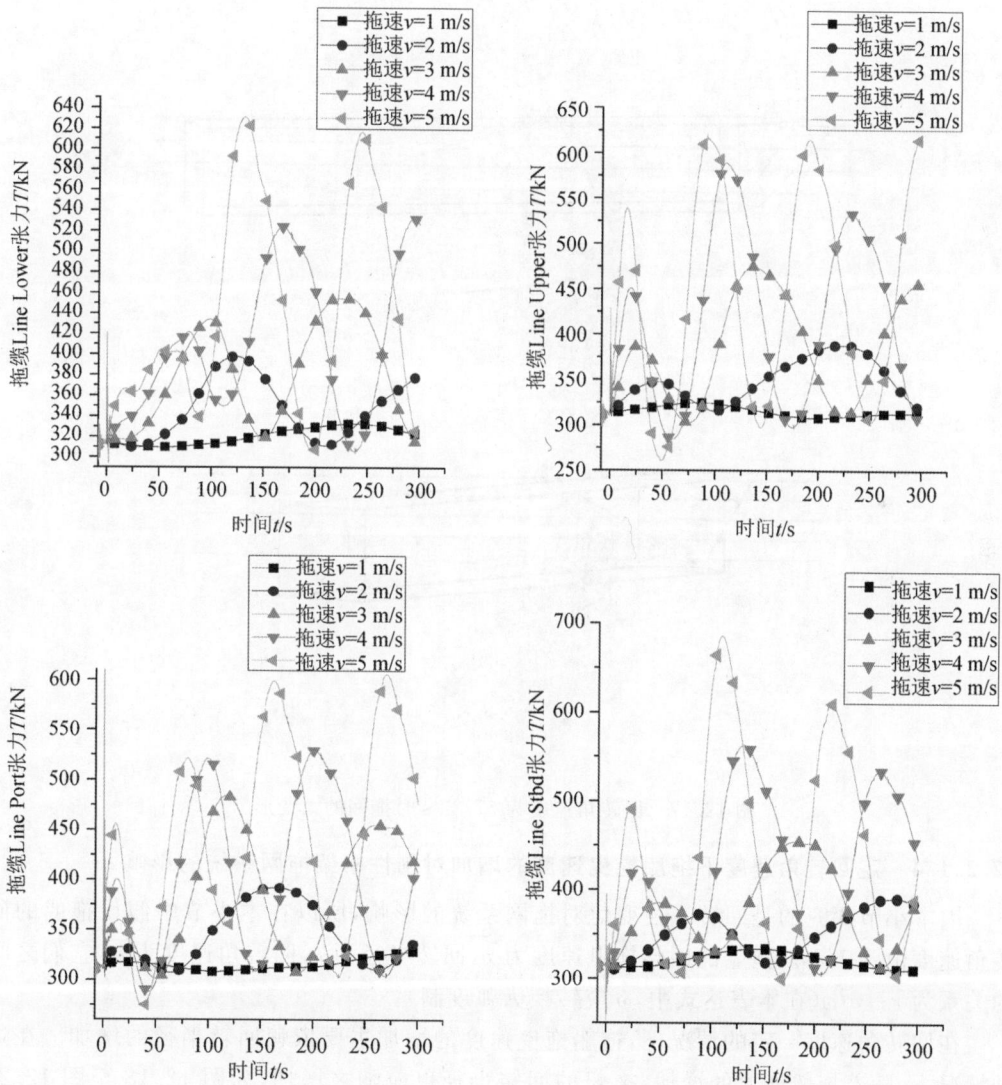

图 12.16　定半径回转时不同拖曳速度下四根拖缆的张力时域图像

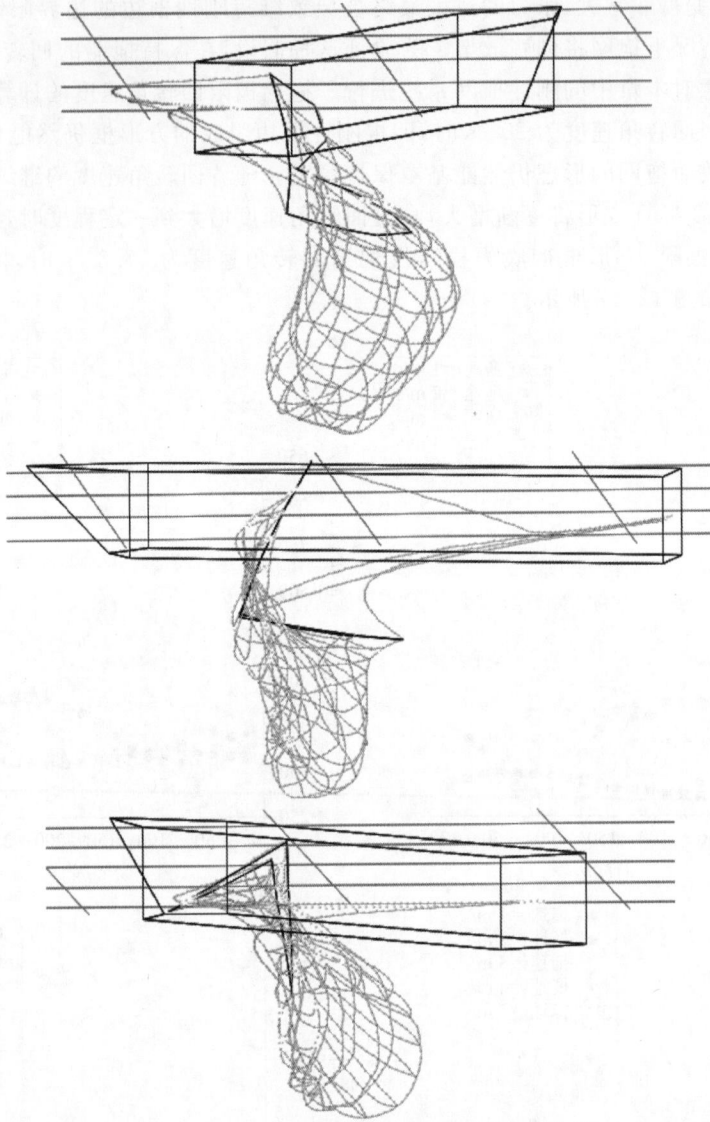

图 12.17 回转角速度为 57.3°/s 时拖网的大变形

12.2.1.4 定回转角速度下拖船拖曳速度的增加对刚性桁架拖网系统的影响

因本小节探究的是回转半径变化对拖网系统的影响,所以在本小节中假设拖船的回转角速度恒为 1°/s。拖船的回转拖曳速度为 v,回转半径为 r,回转角速度为 ω,它们之间的关系为 $r=v/\omega$(在本表达式中,ω 应转换为弧度制)。

在回转角速度一定的情况下,拖船拖曳速度的增加主要依赖回转半径的增加。在这种情况下,随着拖船拖速的增加,拖船的回转半径也应随之增加,如图 12.18 至图 12.22 所示。而随着回转半径的增加,在同一时刻,拖网的外飘距离反而会有所减小。分析产生这种现象的原因:虽然在这种情况下拖船的速度不断增加的实质是拖船做机动转向的回转半径的增加造成的,但随着拖船的回转半径的增大,拖船单位水平位移导致拖船在水平面内的偏转角的变化率反而是逐渐减小的,这种减小间接导致了拖船外飘距离的减小。

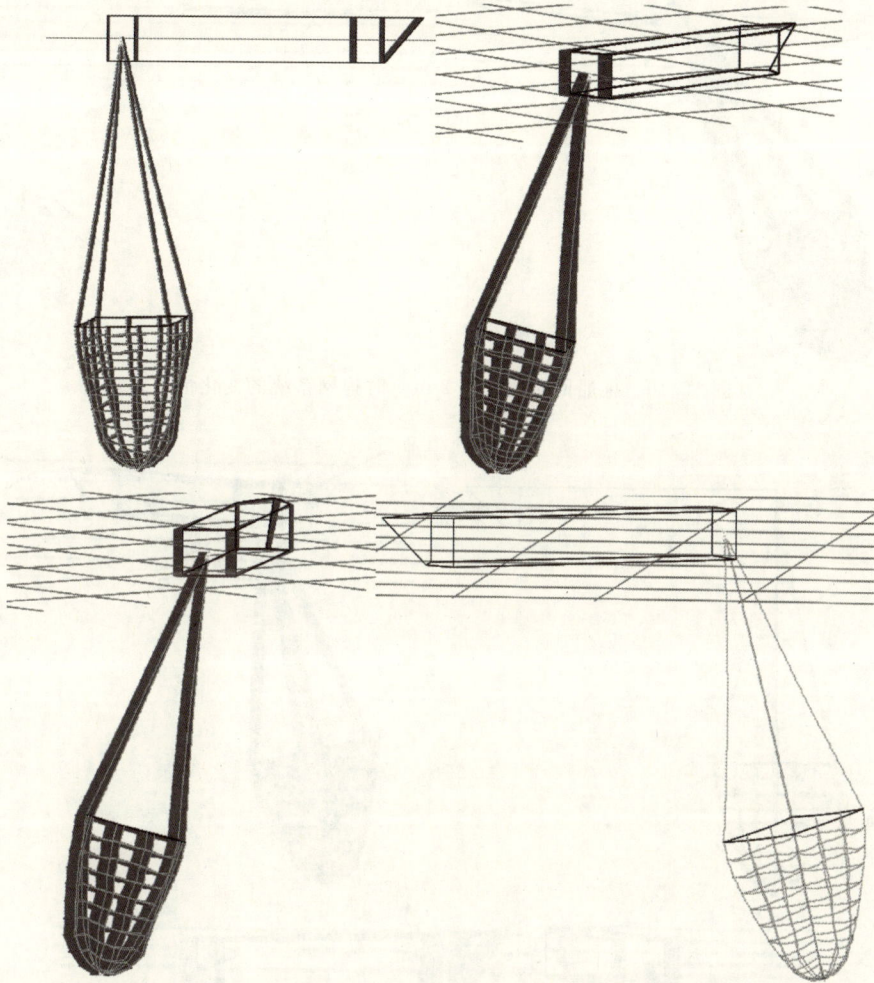

图 12.18 拖船回转速度为 1 m/s 时拖网系统的变化情况

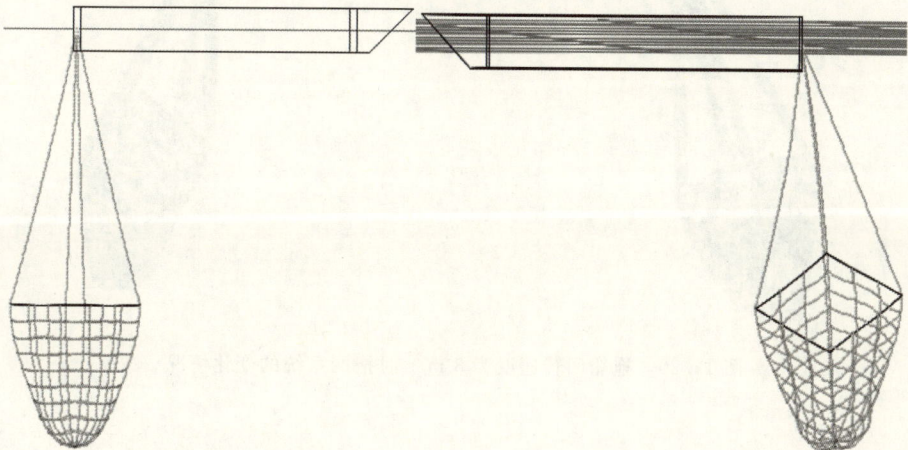

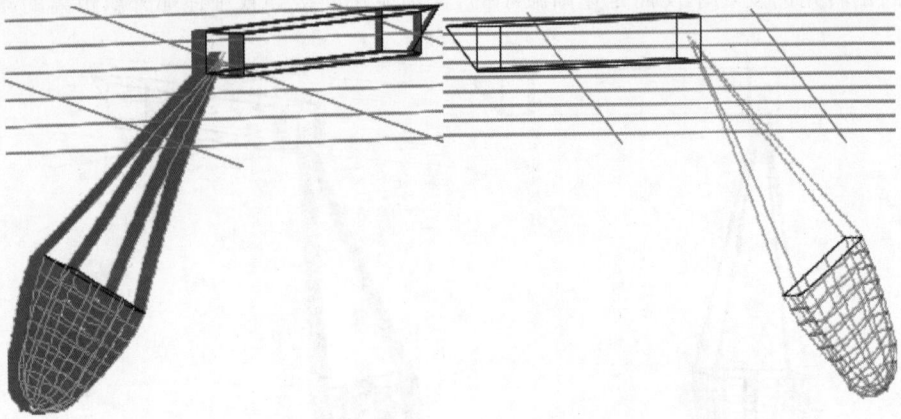

图 12.19 拖船回转速度为 2 m/s 时拖网系统的变化情况

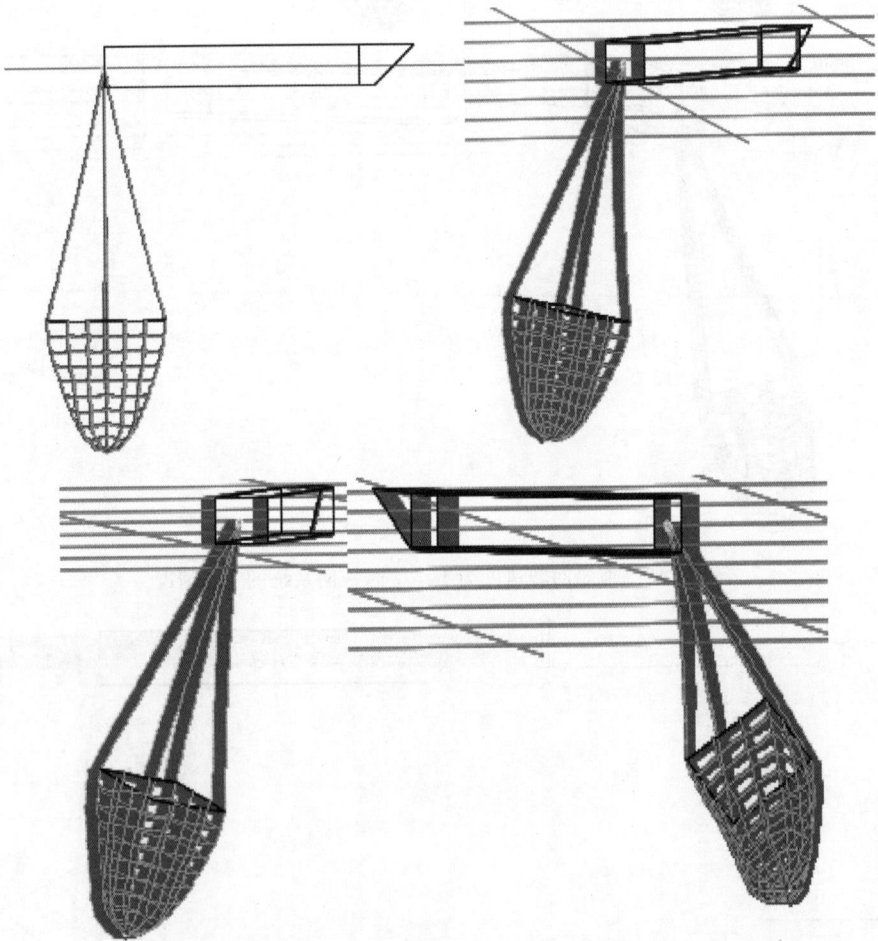

图 12.20 拖船回转速度为 3 m/s 时拖网系统的变化情况

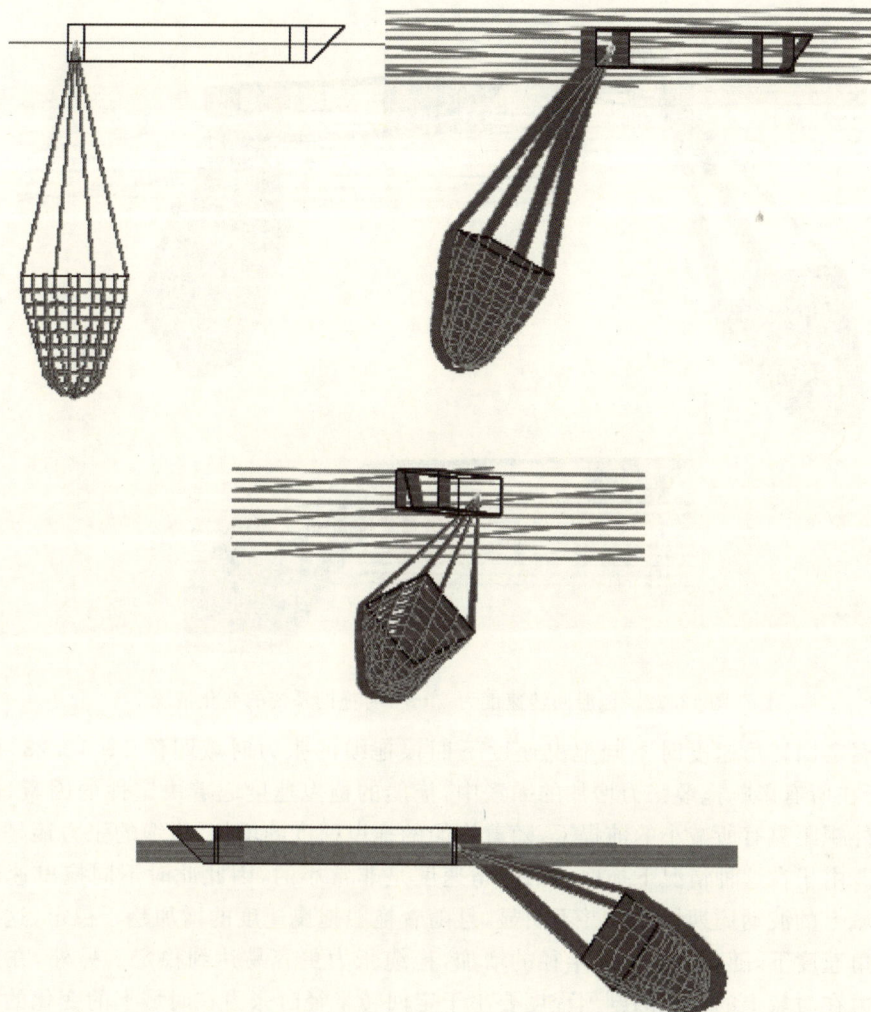

图 12.21　拖船回转速度为 4 m/s 时拖网系统的变化情况

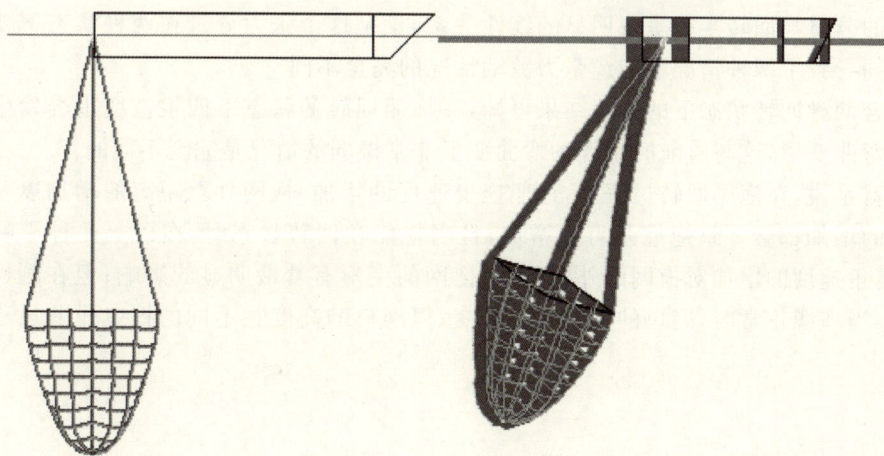

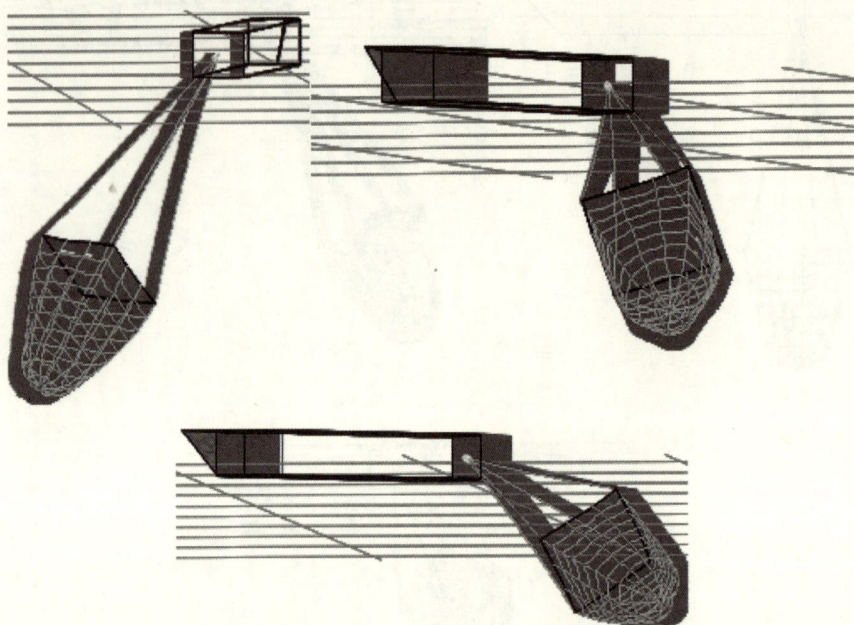

图 12.22　拖船回转速度为 5 m/s 时拖网系统的变化情况

观察定回转角速度时不同拖曳速度下四根拖缆的张力时域图像（图 12.23）可以发现，由于在所有影响拖缆张力增加的因素中，拖船的拖曳速度起着决定性的因素，故而在拖网的外飘距离有所减小的前提下，随着拖船的拖曳速度的增加，拖缆的张力还是会不断增加的。由于在这种情况下拖船的回转角速度是非常小的，因此此时不同拖曳速度下张力在时域上的波动周期性变得并不明显，且随着拖船拖曳速度的增加趋于稳定，这说明在低回转角速度下，随着拖船回转半径的增加，拖缆张力更容易达到稳定。另外，在这种情况下张力在时域上的变化的剧烈程度要小于定回转半径时张力在时域上的变化的剧烈程度，产生这种现象的原因：由一般的向心加速度的表达式 $a = \omega^2 r$ 可知，张力克服向心力的分量在定回转半径时与拖船的回转角速度的平方成正比，而在定回转角速度时张力提供向心力的分量与回转半径呈现明显的线性关系，正是这个张力分量在两种状态下变化规律的不同导致了两种情况下拖缆张力波动情况的完全不同。

综合两种回转状态下的计算结果可知，在拖船回转的状态下四根拖缆也会发生较为明显的弯曲变形，这与直航时拖缆的弯曲变形非常微弱的情况是完全不同的。

也就是说，在拖船回转过程中，拖船拖曳速度的增加、拖网外飘距离的增加以及回转角速度的增加都会导致拖缆张力的增加，且当拖船在回转状态时，在以上几种影响因素中，回转角速度的增加对拖网的外飘距离、拖网的变形有着最明显的影响；但在刚性框边作用下，当拖缆正常时，网口的宽度保持不变，但网口的高度在不同的拖曳作业过程中是不同的。

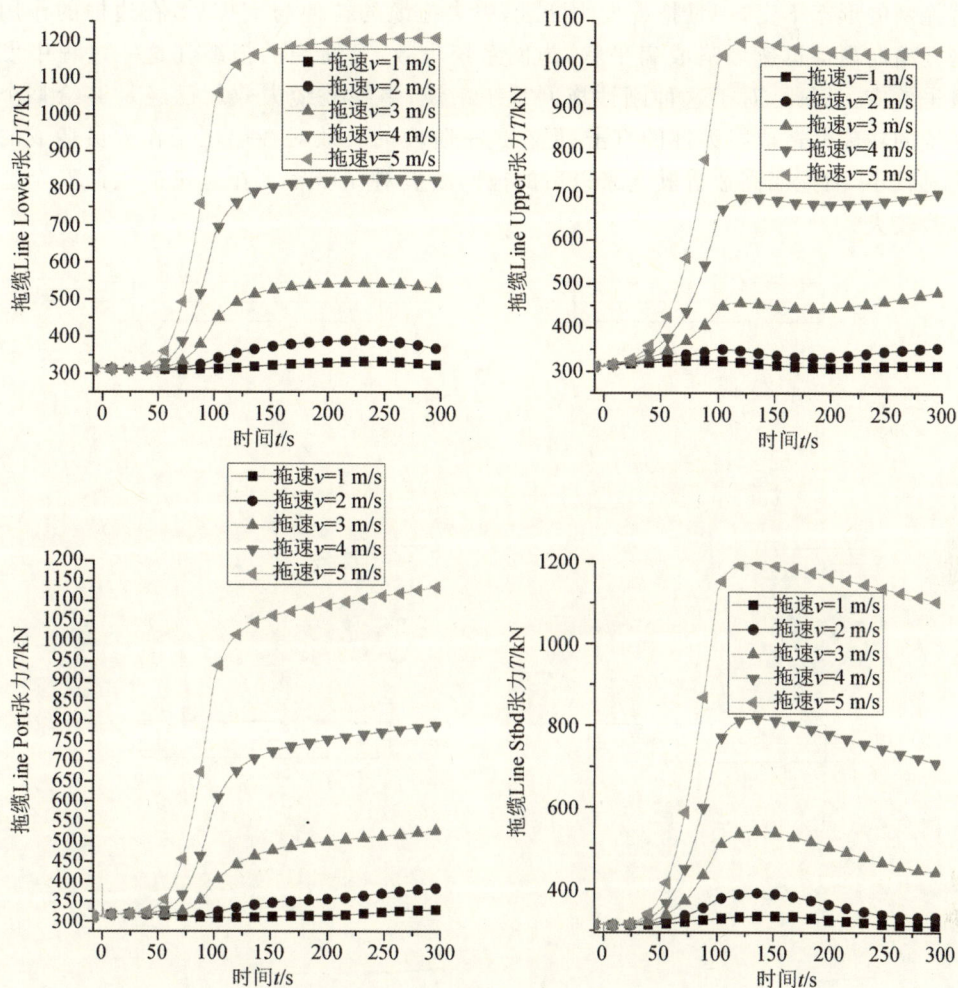

图 12.23　定回转角速度时不同拖曳速度下四根拖缆的张力时域图像

12.2.2　拖船不同运动状态下拖缆忽然断裂时的动力学响应(分为一根、两根、三根、四根断裂)

　　拖缆在不同的阶段断裂,会对拖网系统的变形情况造成影响。因此,本小节分别对拖缆在初始启动时刻、直航匀速时刻和拖船回转时刻断裂进行仿真,以期得到不同阶段拖网系统的动力学响应。拖带渔网单拖作业的渔船一般拖网航速在 4 kn 以上,最高可达到 6 kn,但一般不会超过 5 m/s。在拖船高速拖曳时,拖缆断裂对工程的安全性影响最严重,因此在本小节的仿真中拖船以 5 m/s 的拖曳速度直航行驶。

12.2.2.1　启动阶段(拖船将要开始运动还没运动的状态)拖缆断裂时的动力学响应

　　观察图 12.24 至图 12.27 可以发现,在拖船启动阶段一根缆失效的前提下,不管是哪一根拖缆失效,失去一根缆的拉伸作用,拖网开始迅速变形,这是由于该拖网本身是有着一定的拉伸刚度和抗弯曲刚度的,在拖缆和边框的共同组成的复合刚度作用下维

　　持着拖网的形态不变,一旦拖缆发生断裂,失去拖缆的拉伸与支撑后,在边框的作用下拖网开始向内部迅速塌陷成扁平状,拖网系统失效,且断裂的拖缆在这一过程中发生了鞭击效应。因此,对于这种刚性拖网系统来说,单根拖缆失效就已经足够给整个拖网系统的功能性造成毁灭性的打击;但在这一阶段的失效对在船尾工作人员造成的危险相对较小,而拖船高速行驶起来以后的拖网断裂对在船尾工作人员的生命安全造成的危险较大。

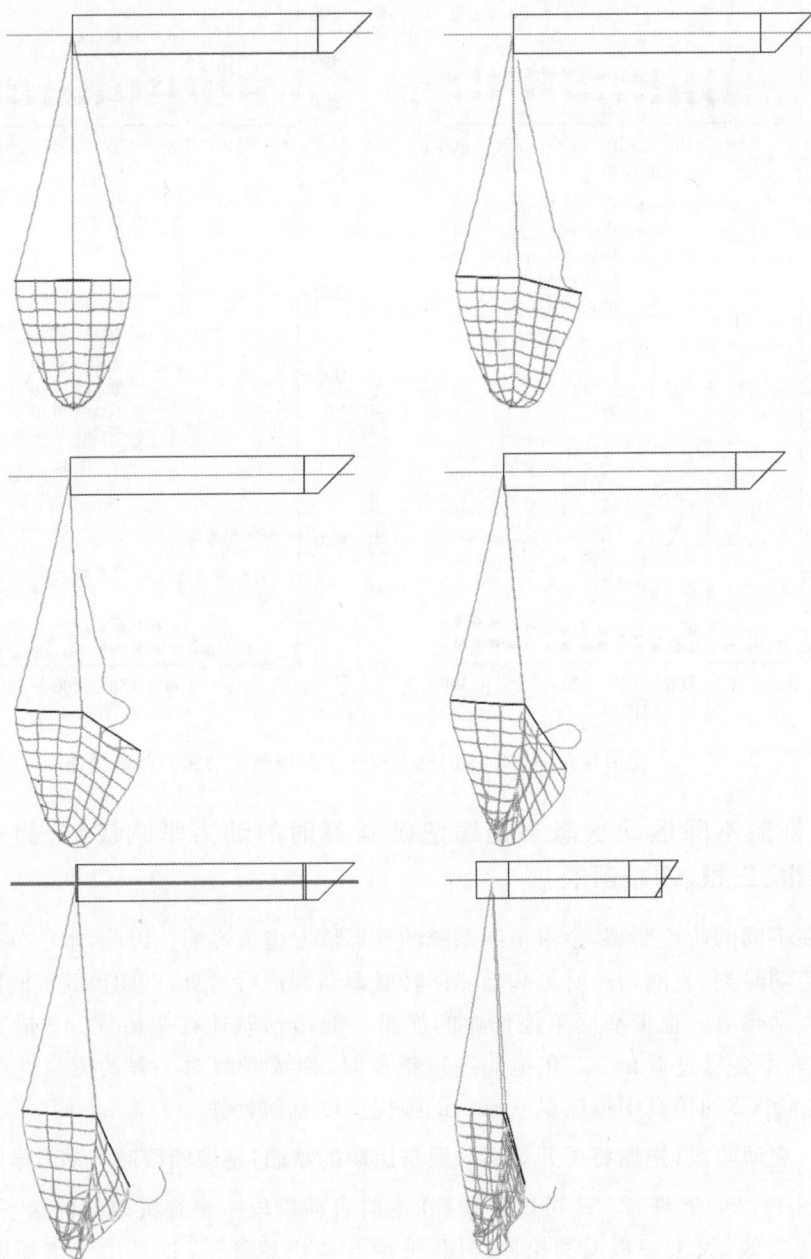

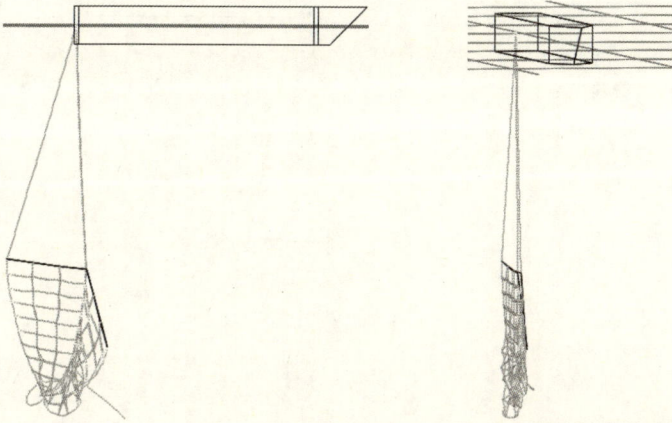

图 12.24　靠近船尾一根缆 Line Lower 失效

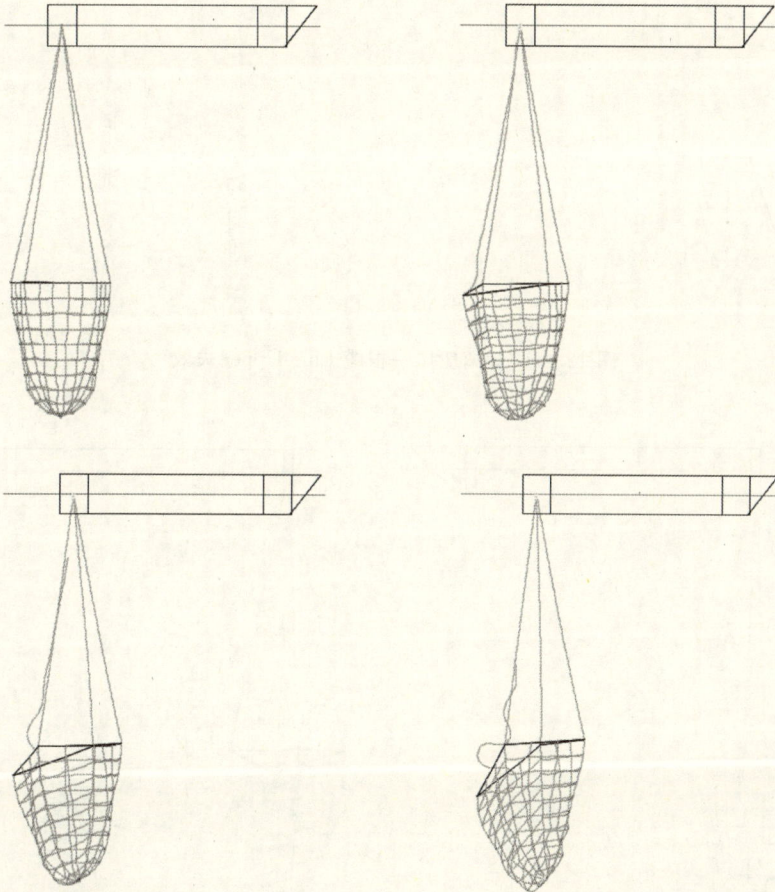

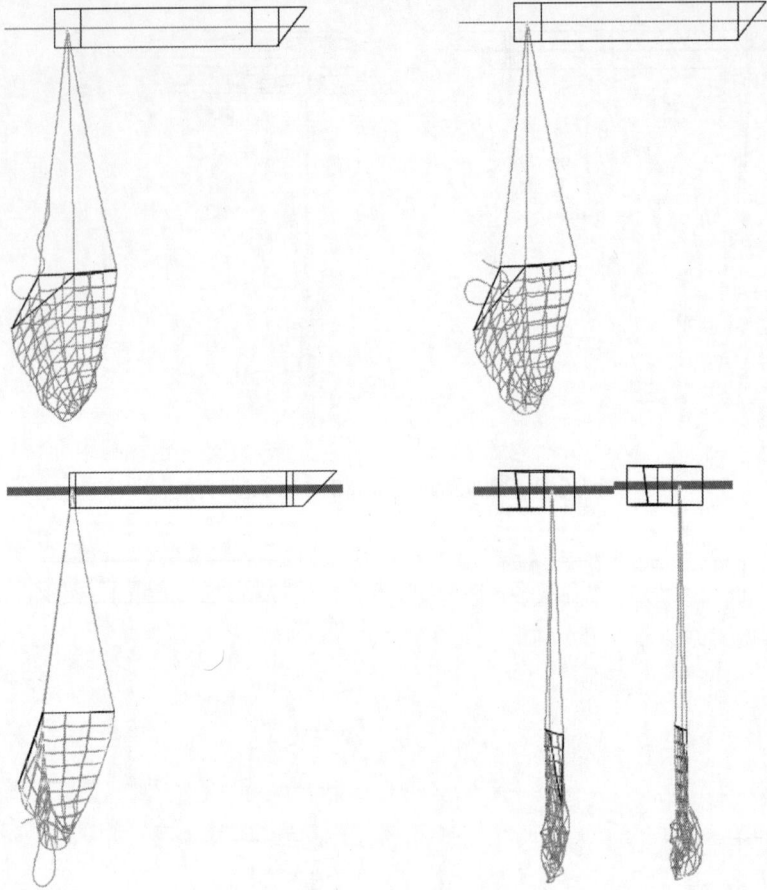

图 12.25　远离船尾一根缆 Line Upper 失效

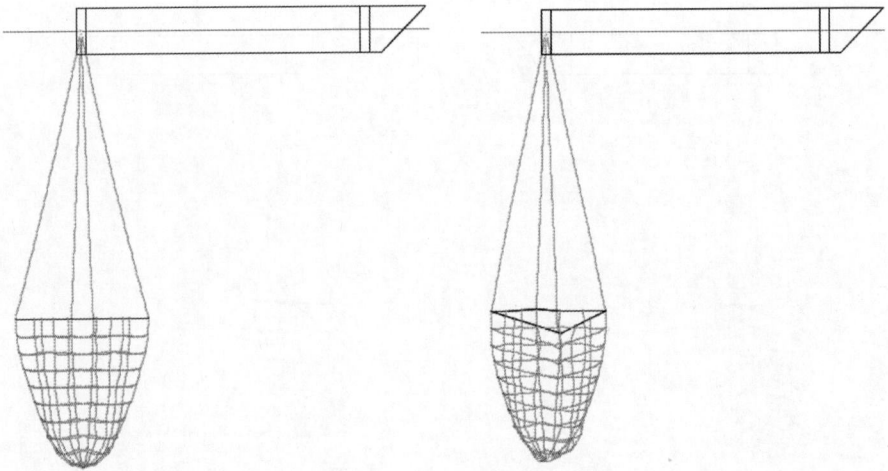

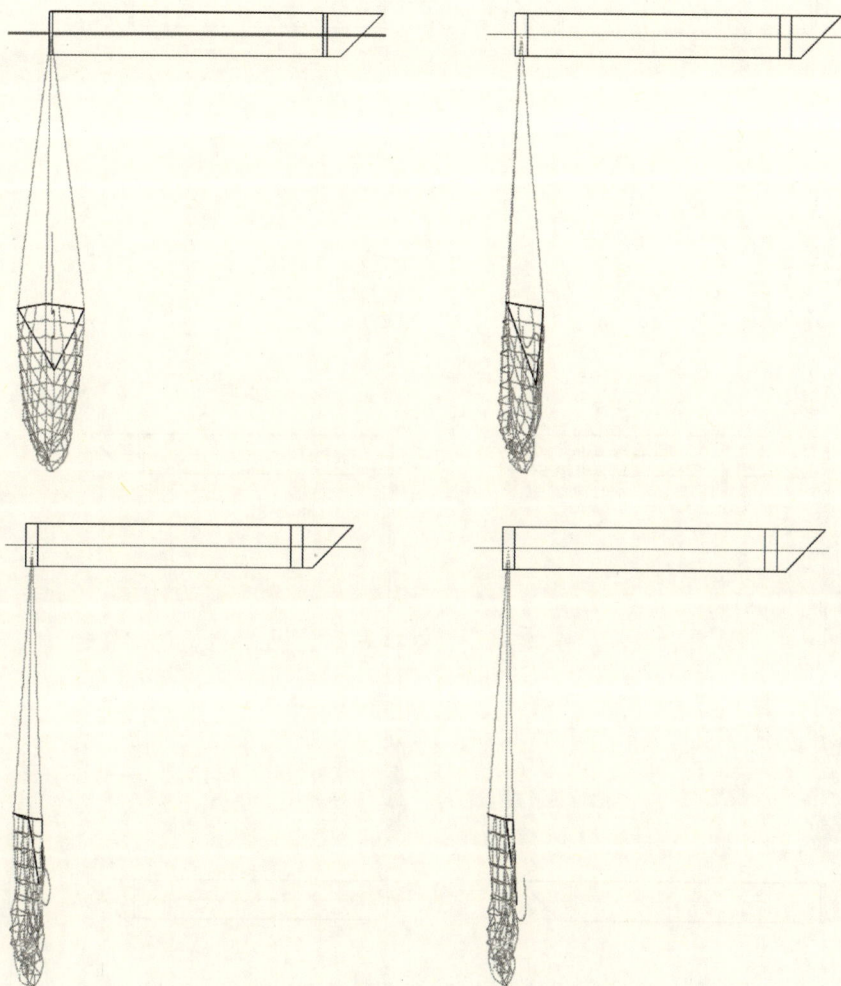

图 12.26　靠近右舷一根缆 Line Port 失效

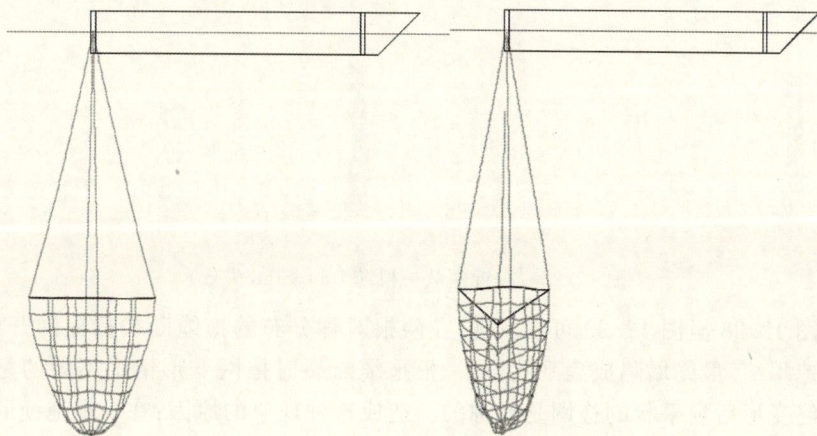

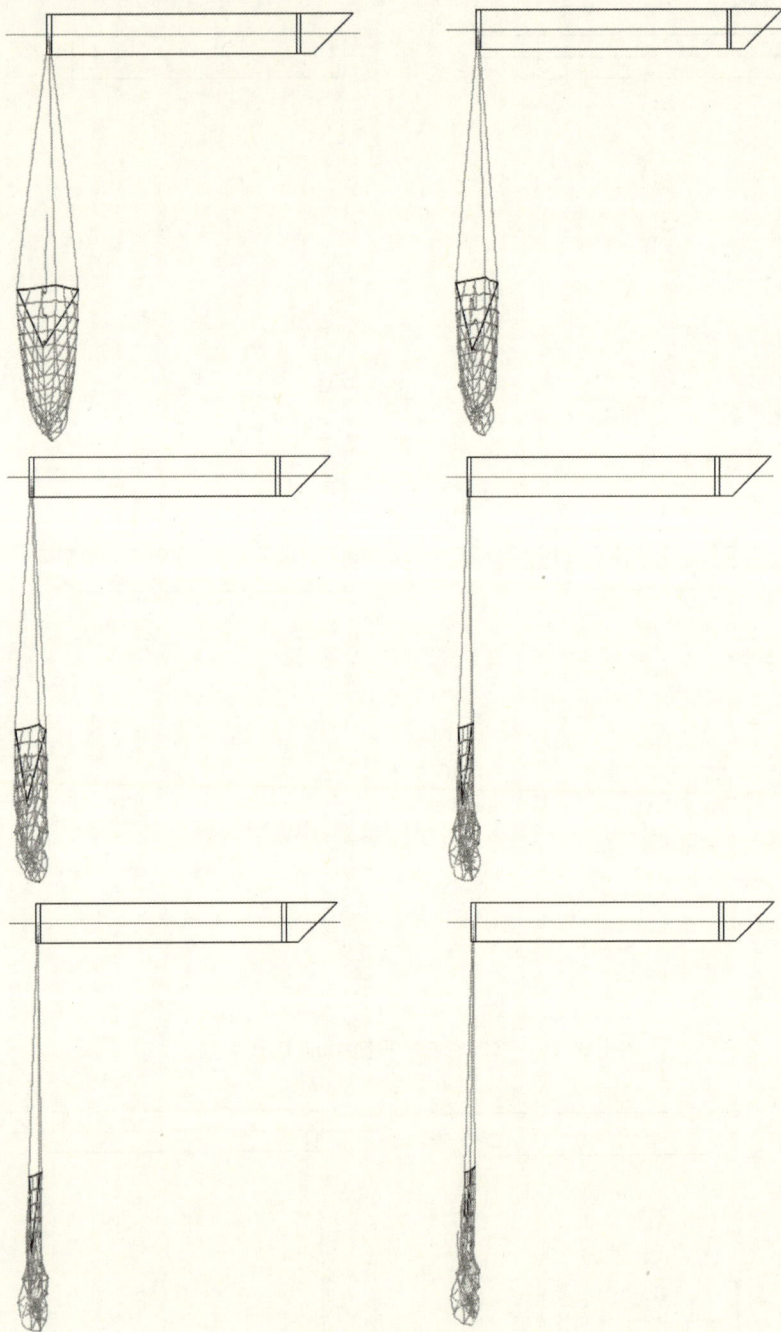

图 12.27 靠近左舷一根缆 Line Stbd 失效

观察图 12.28 至图 12.29 可以发现,在两根对称分布的拖缆断裂后拖网开始从两侧向内部迅速塌缩,最终塌陷成扁平状,与一根拖缆断裂时拖网变形情况不同的是,在这种情况下最终变形后扁平状的拖网是对称的。造成这种现象的原因:在一根拖缆断裂后,维持拖网稳定的边界限制条件不再对称,因此这种情况下的最终变形也不对称;而在两根对称布置的拖缆失效断裂后,虽然维持拖网形态的边界限制条件发生了改变,但改变后的边界限制条件仍然是对称的,因此在这种情况下拖网最终变形后虽然是扁平状,但是对称的。

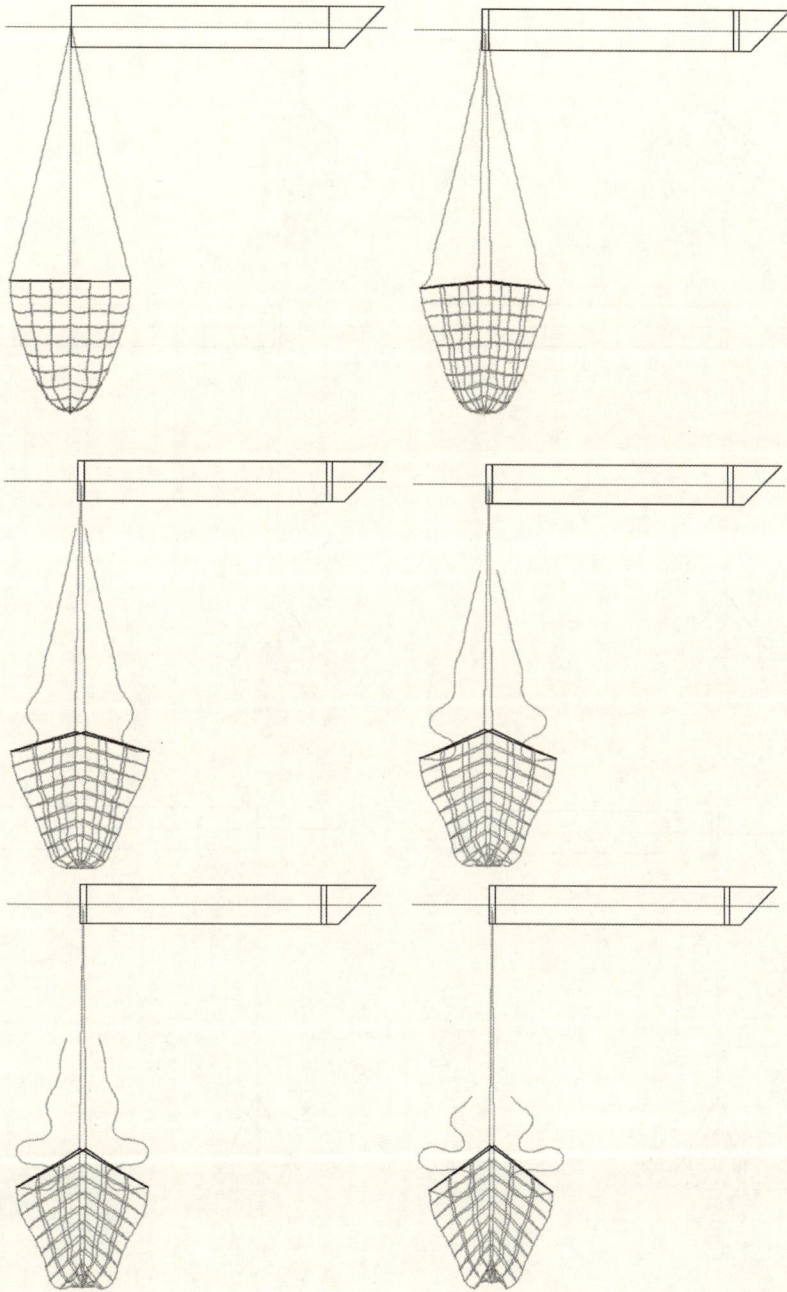

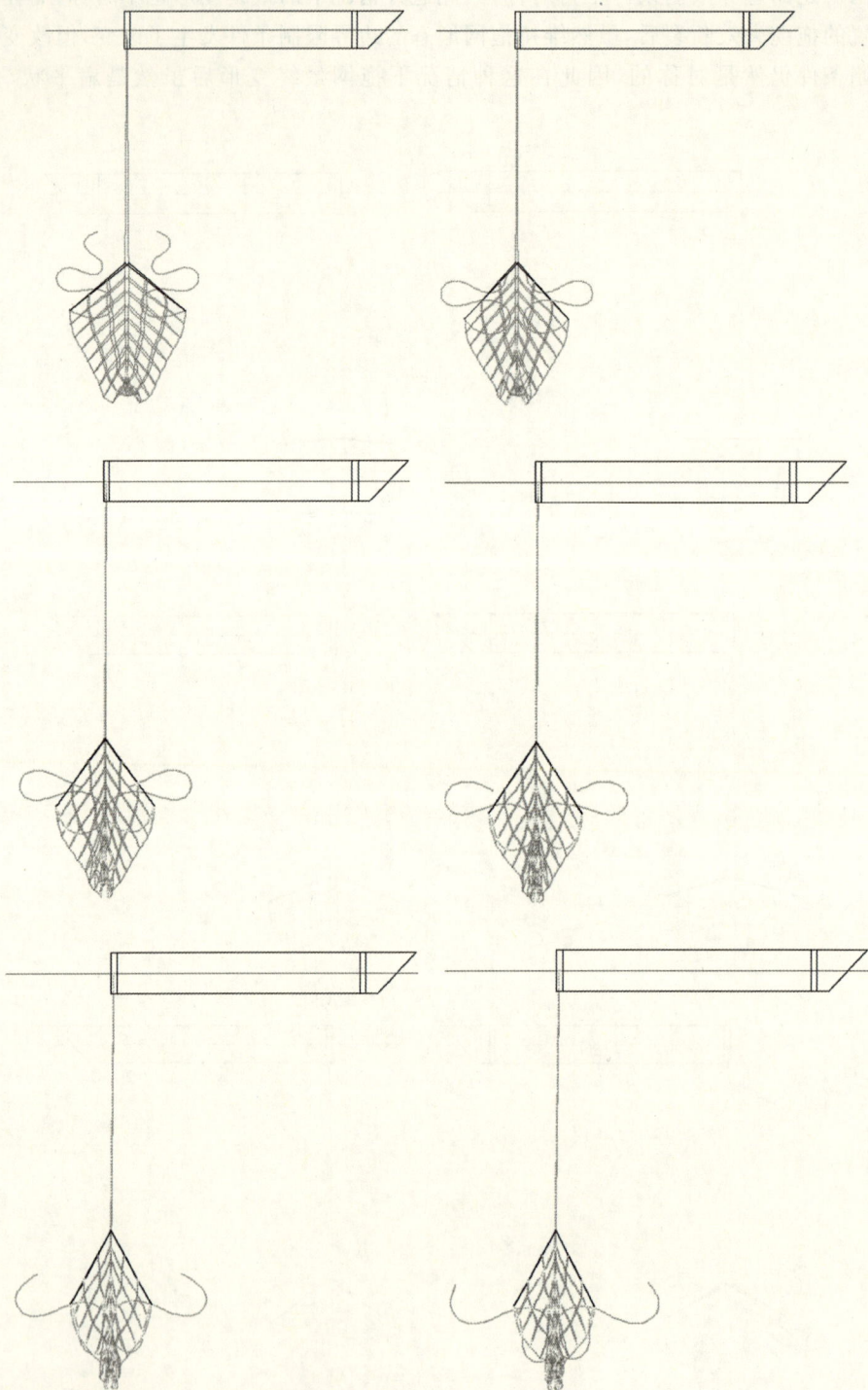

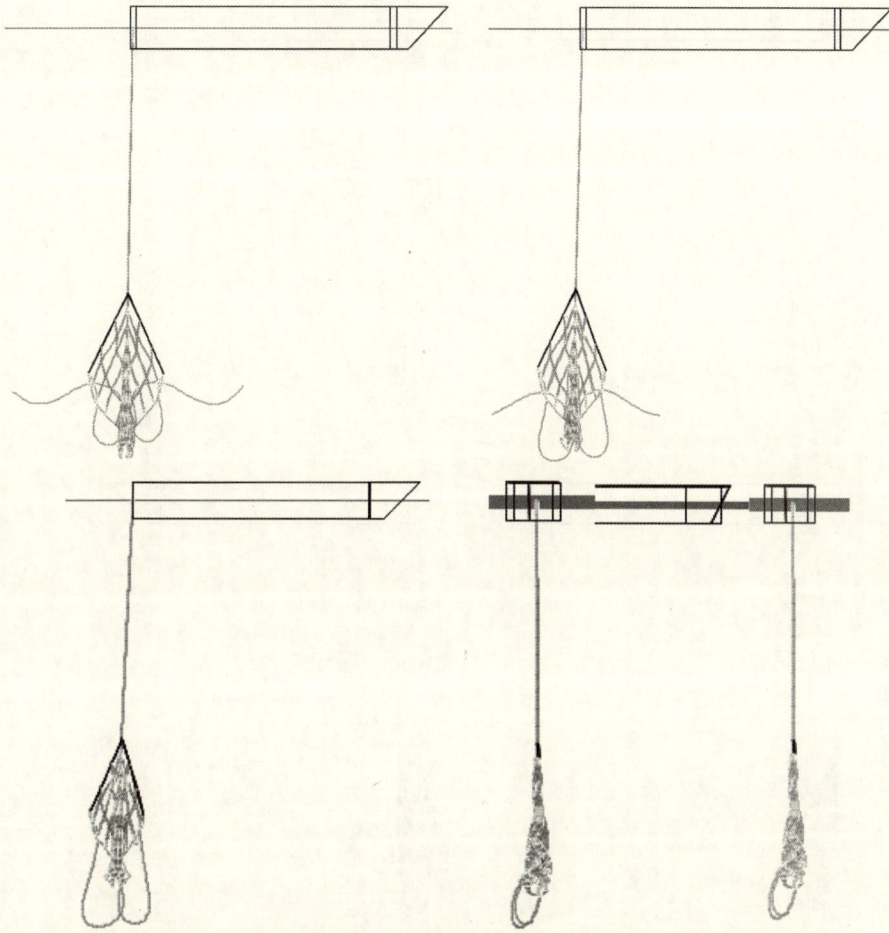

图 12.28 两根对称分布的缆断裂(Line Lower 和 Line Upper)

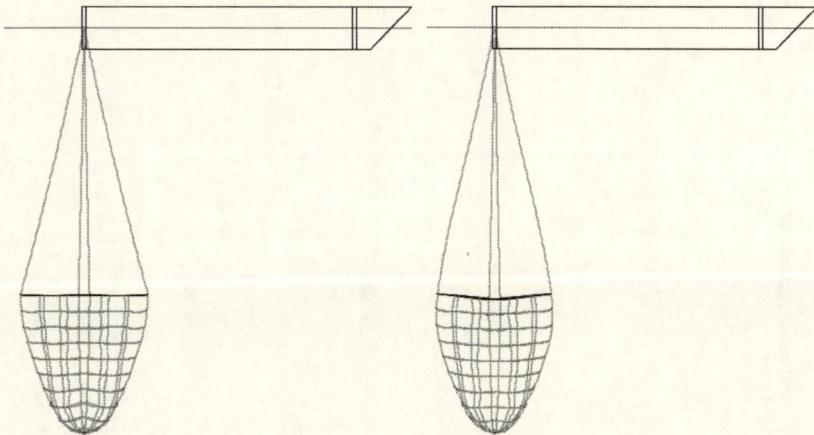

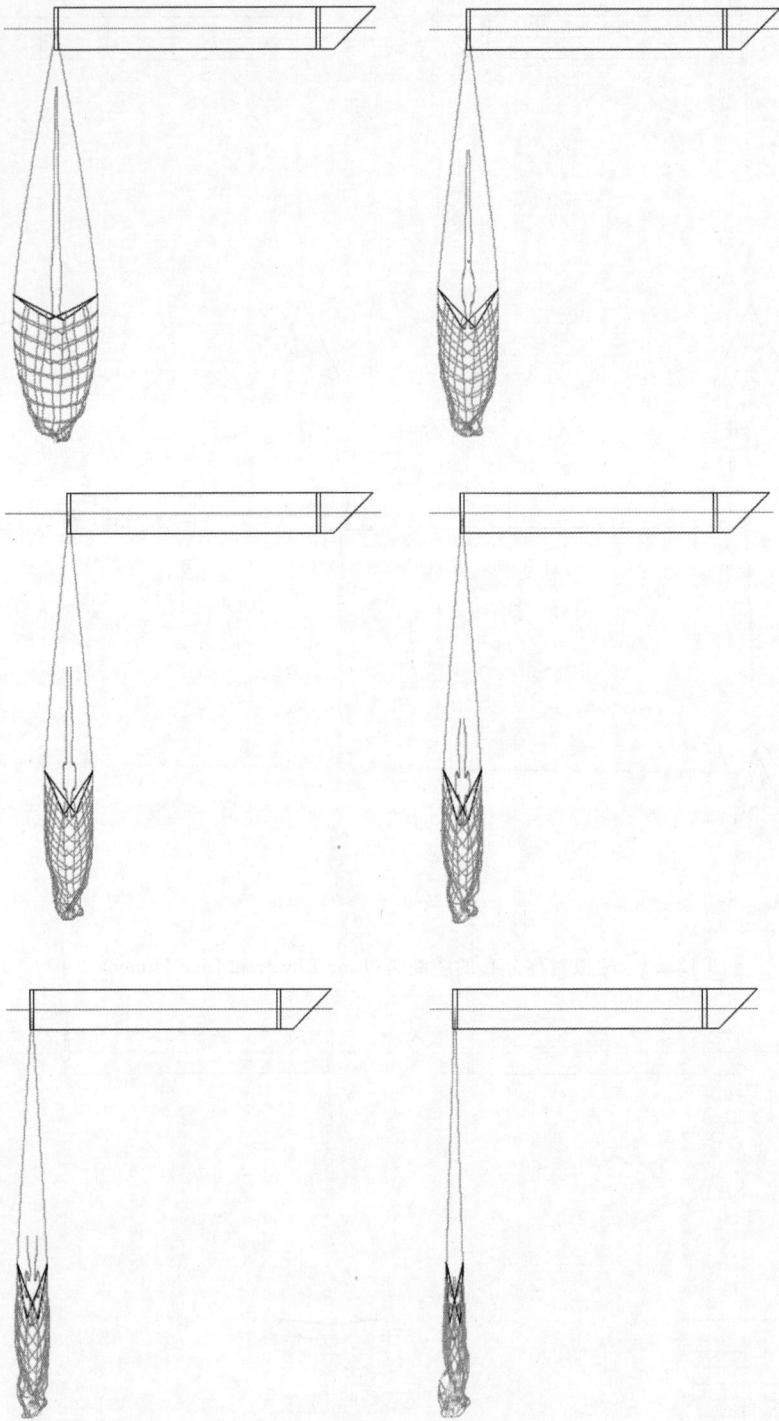

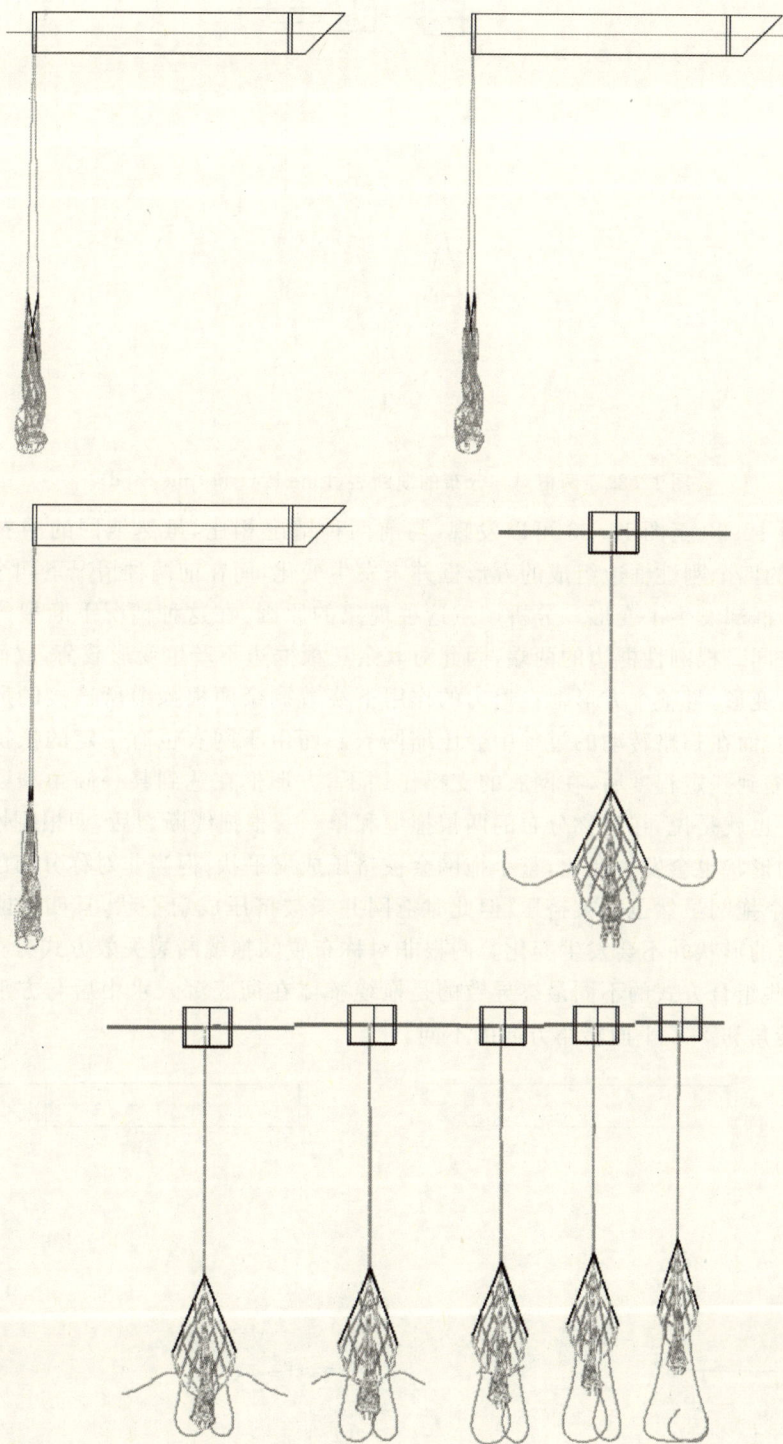

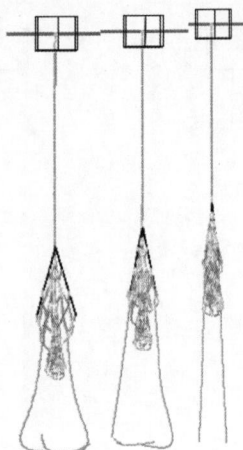

图 12.29　两根对称分布的缆断裂(Line Port 和 Line Stbd)

　　观察图 12.30 至图 12.33 可以发现,与前两种情况相比,虽然拖网的网衣发生了变形,但拖网的四个刚性框边组成的方形框并未发生变化,而在前两种情况下四个刚性框边组成的方形框却发生了变形。分析产生这种现象的原因:在这种情况下断裂的两根拖缆恰好作用在同一根刚性框边的两端,因此对其余三根框边不产生变形载荷,故而方形框最终并未发生变形,且整个方形框在重力的作用下绕着剩余两根拖缆所连接的那根刚性框边扫略转动,而在扫略转动的过程中会压缩网衣。而由于网衣也有一定的抵抗变形的能力,在被压缩到一定程度后,在网衣的支撑作用下,方形框在达到某一倾角和姿态后不再发生变化。也就是说,在对称分布的两根拖缆和单一一根拖缆断裂后,四根刚性框边组成的方形框的形状也会发生变化,整个拖网会被挤压成扁平状;但当非对称分布的两根拖缆断裂后,整个拖网虽然也会被挤压,但此时拖网并未被挤压成扁平状,且四根刚性框边组成的方形框的形状并不会发生变化。两根非对称布置的拖缆断裂失效方式有很多种组合方式,但这些组合方式的不同最终导致的是拖缆整体在彻底沉入水中后与方形框整体在 X-Z 平面转角和 Y-Z 平面转角方向的不同。

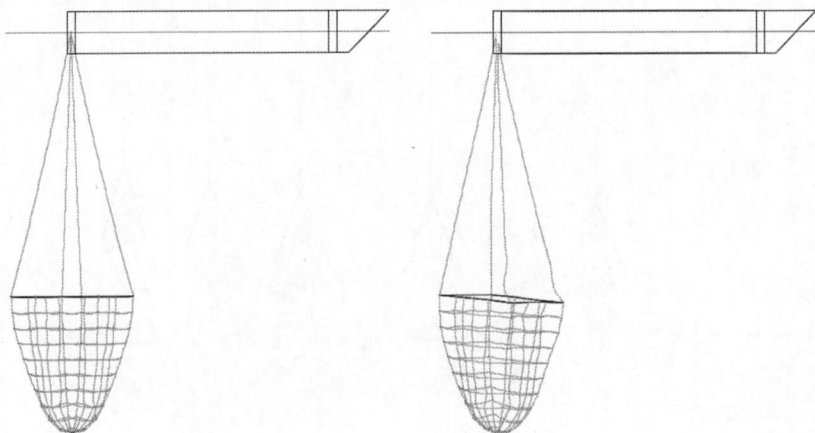

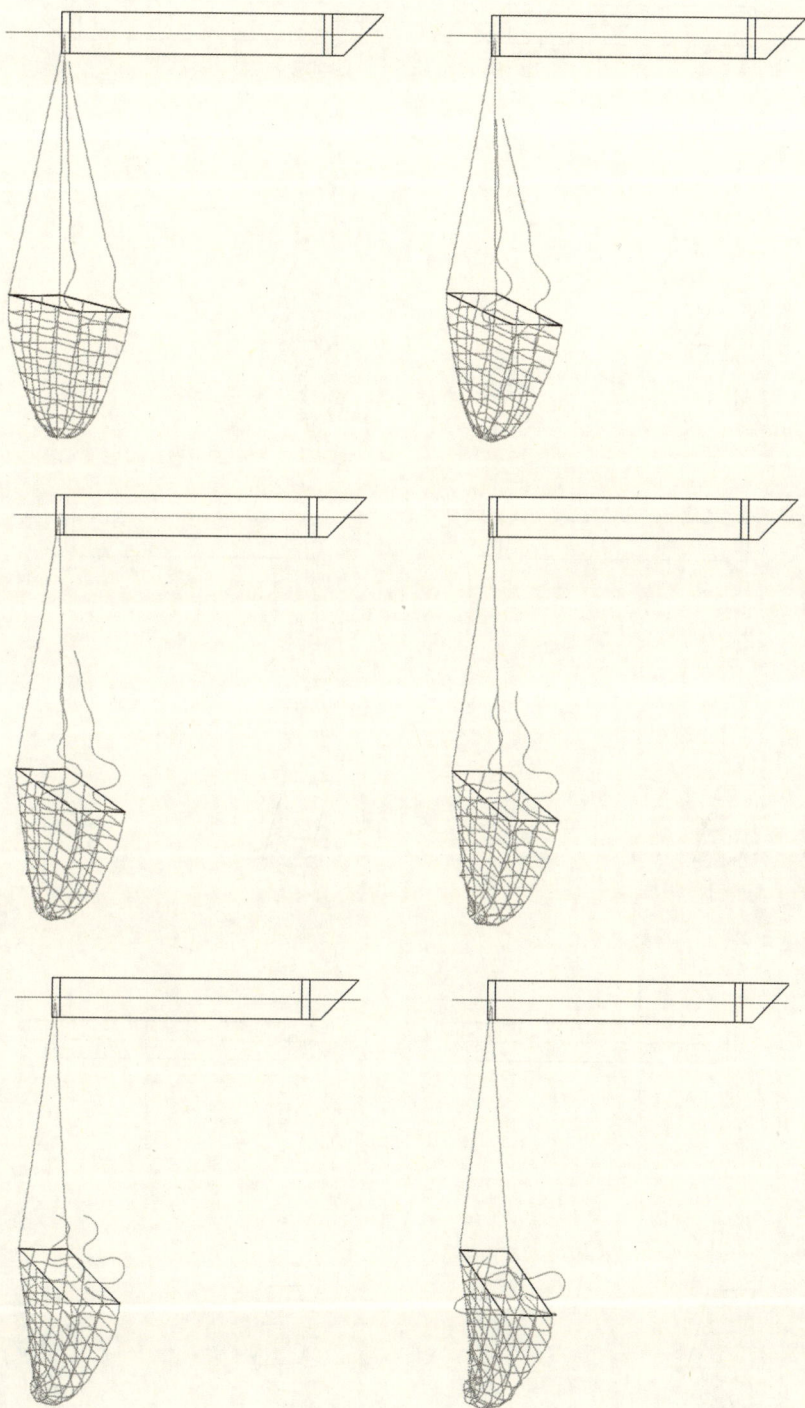

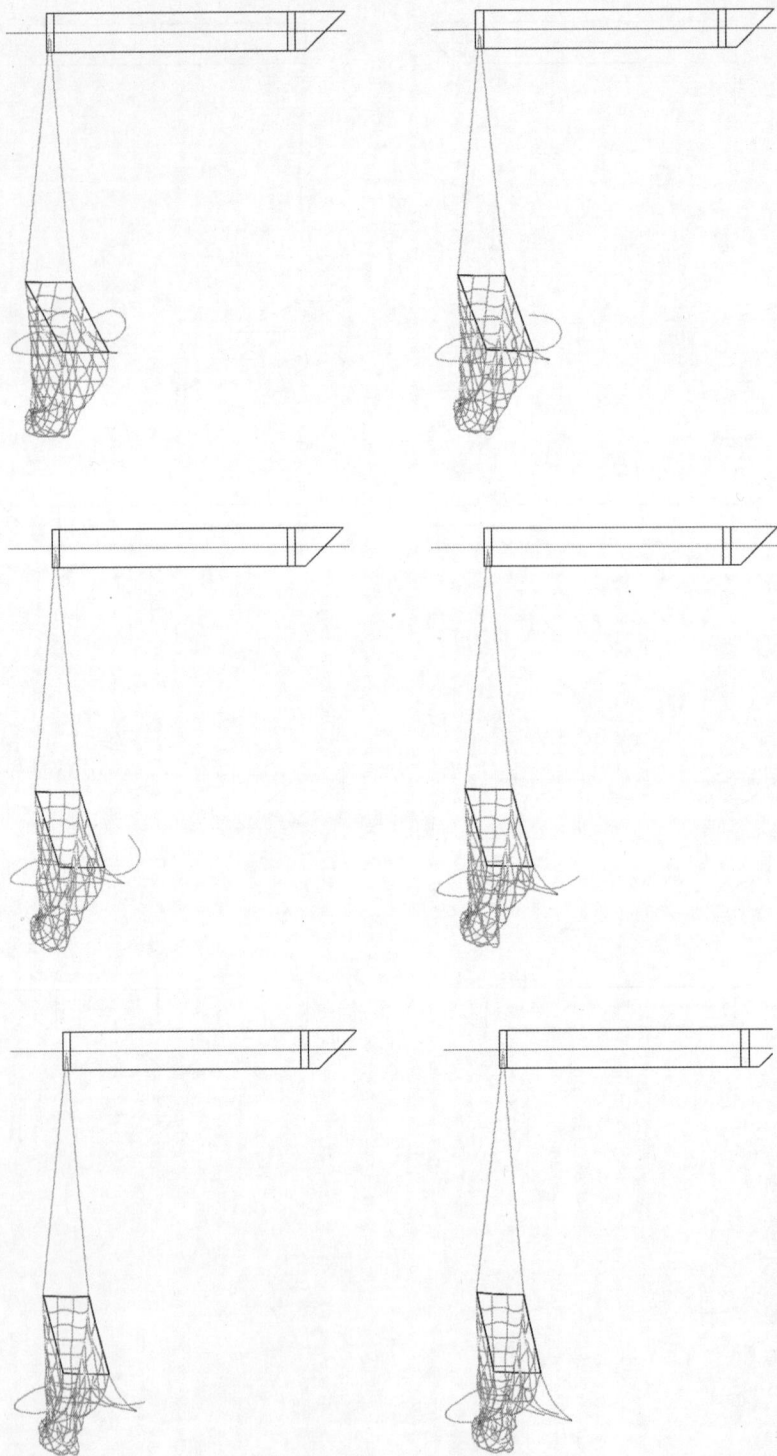

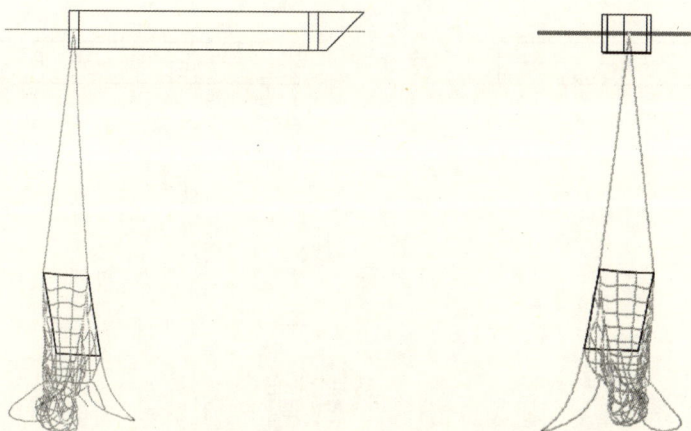

图 12.30　两根非对称分布的缆断裂(Line Port 和 Line Lower)

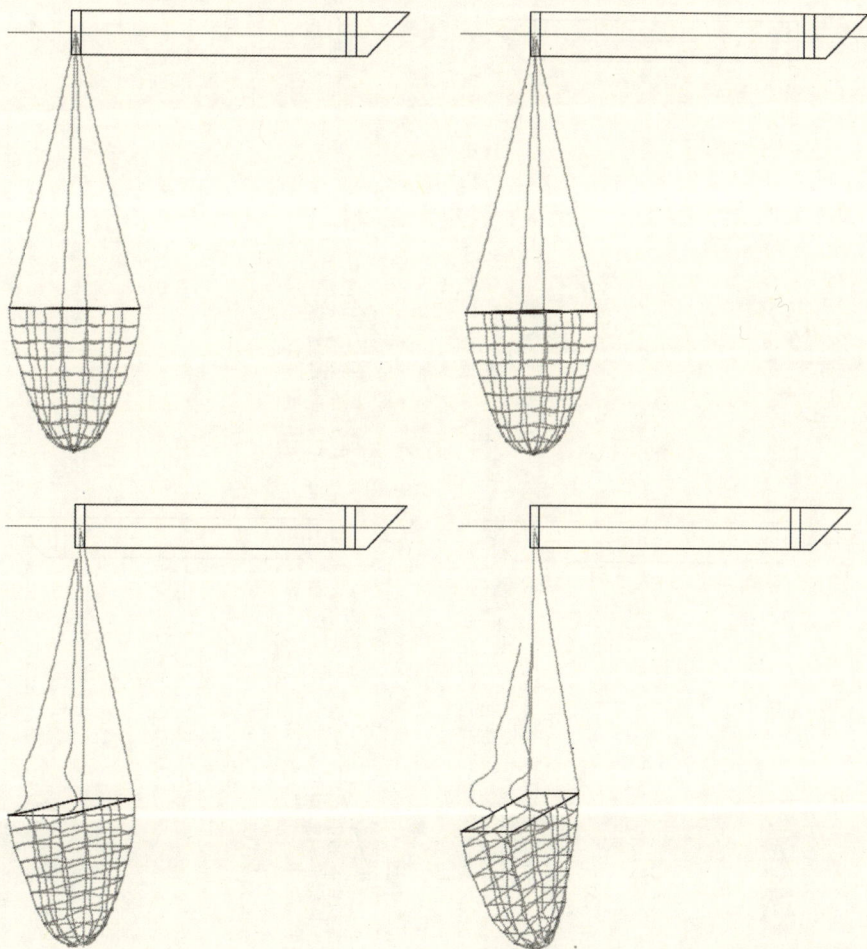

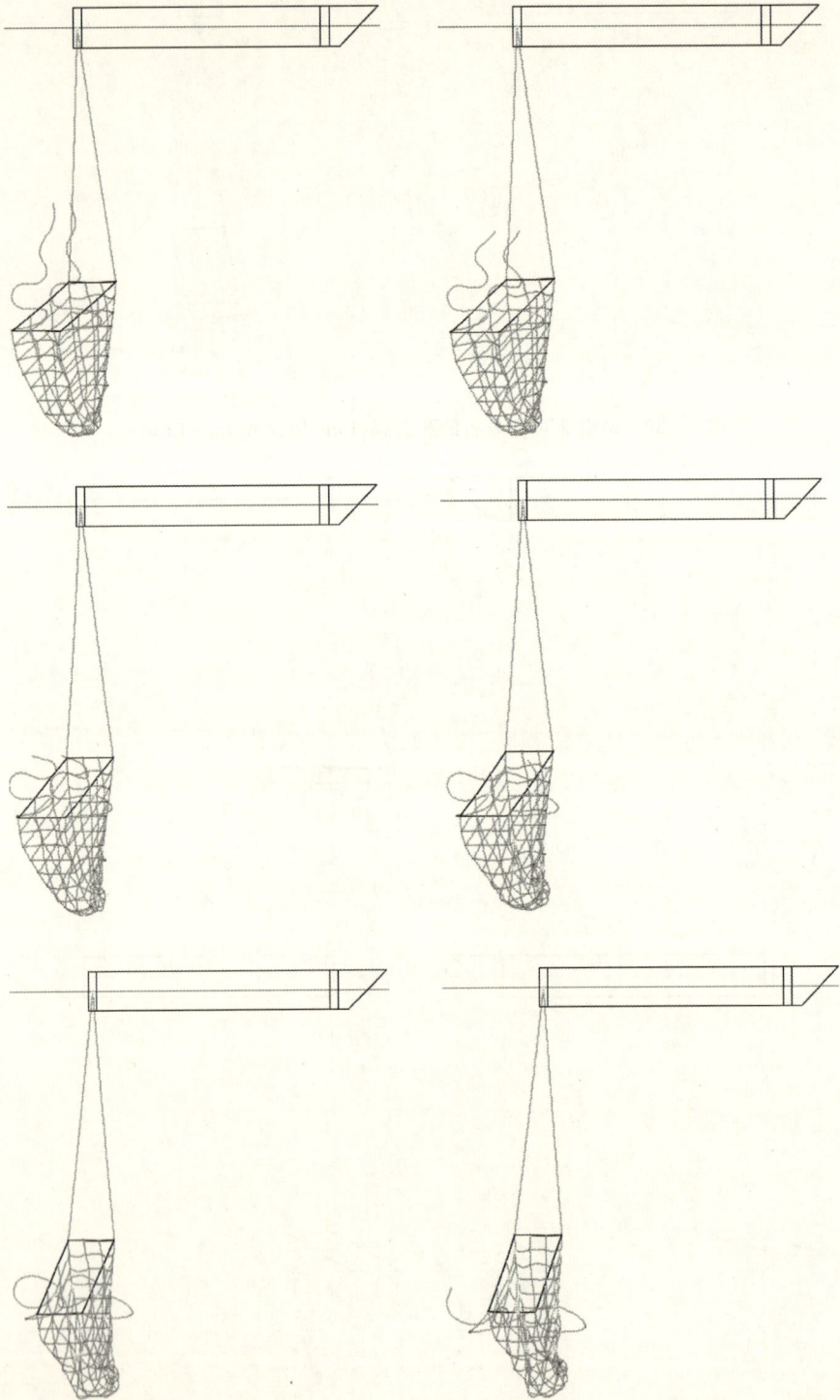

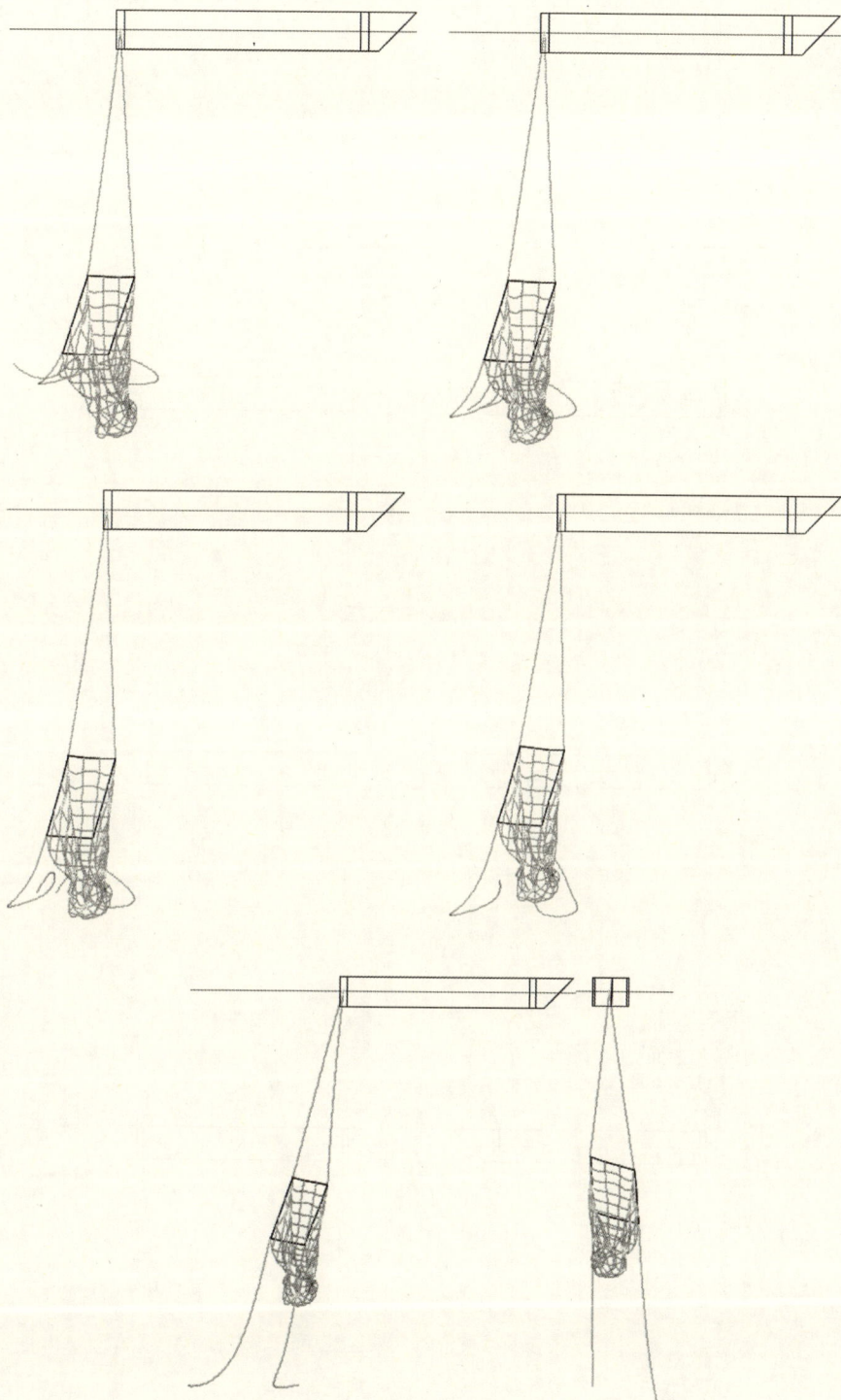

图 12.31　两根非对称分布的缆断裂(Line Port 和 Line Upper)

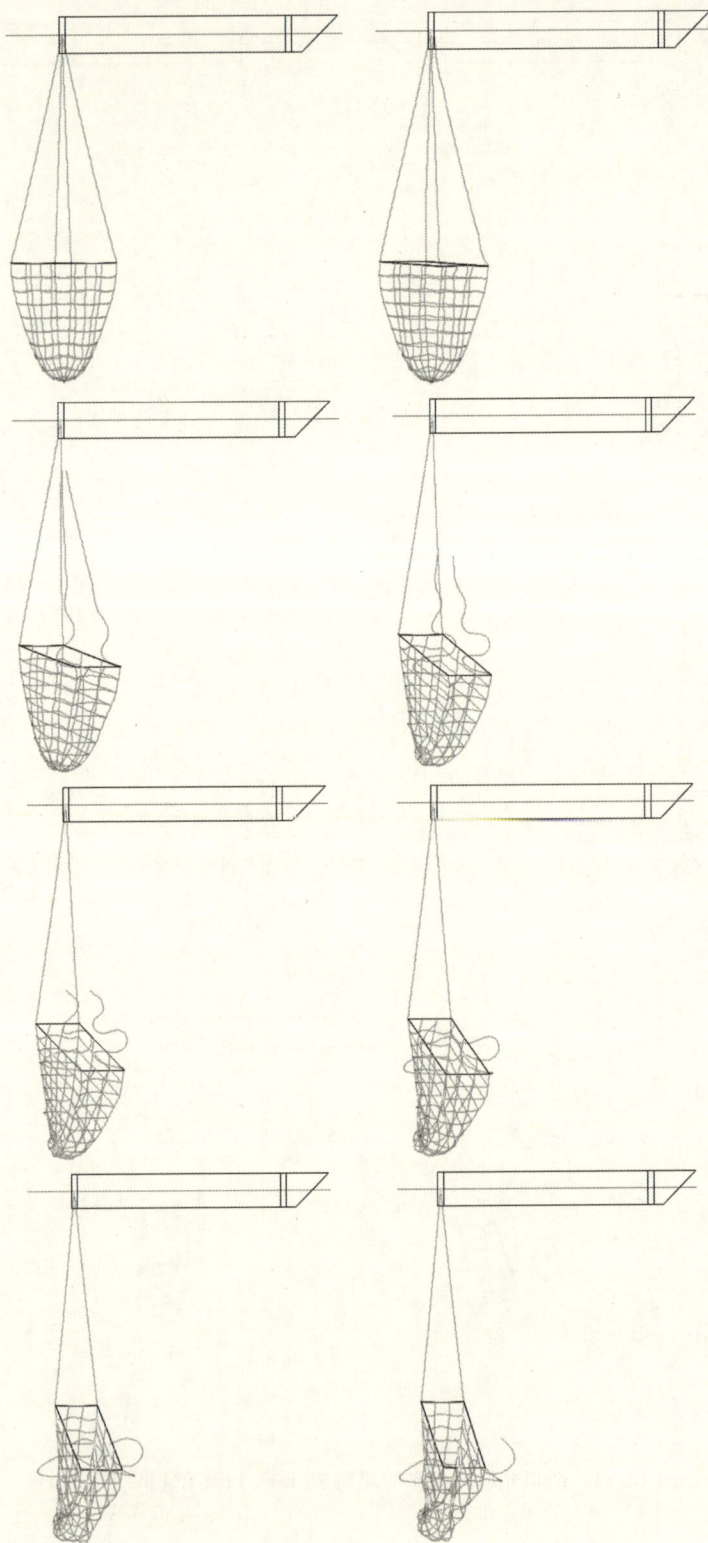

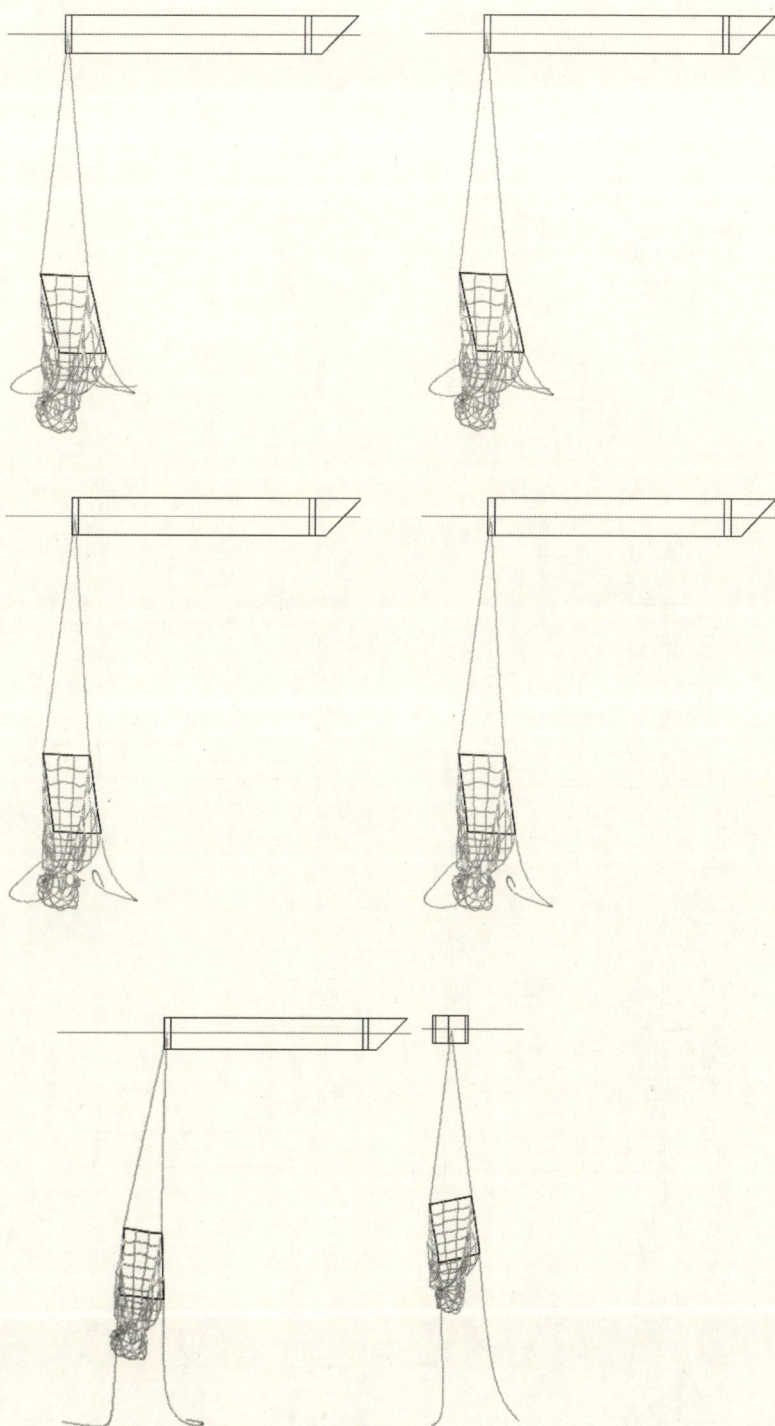

图 12.32　两根非对称分布的缆断裂(Line Stbd 和 Line Lower)

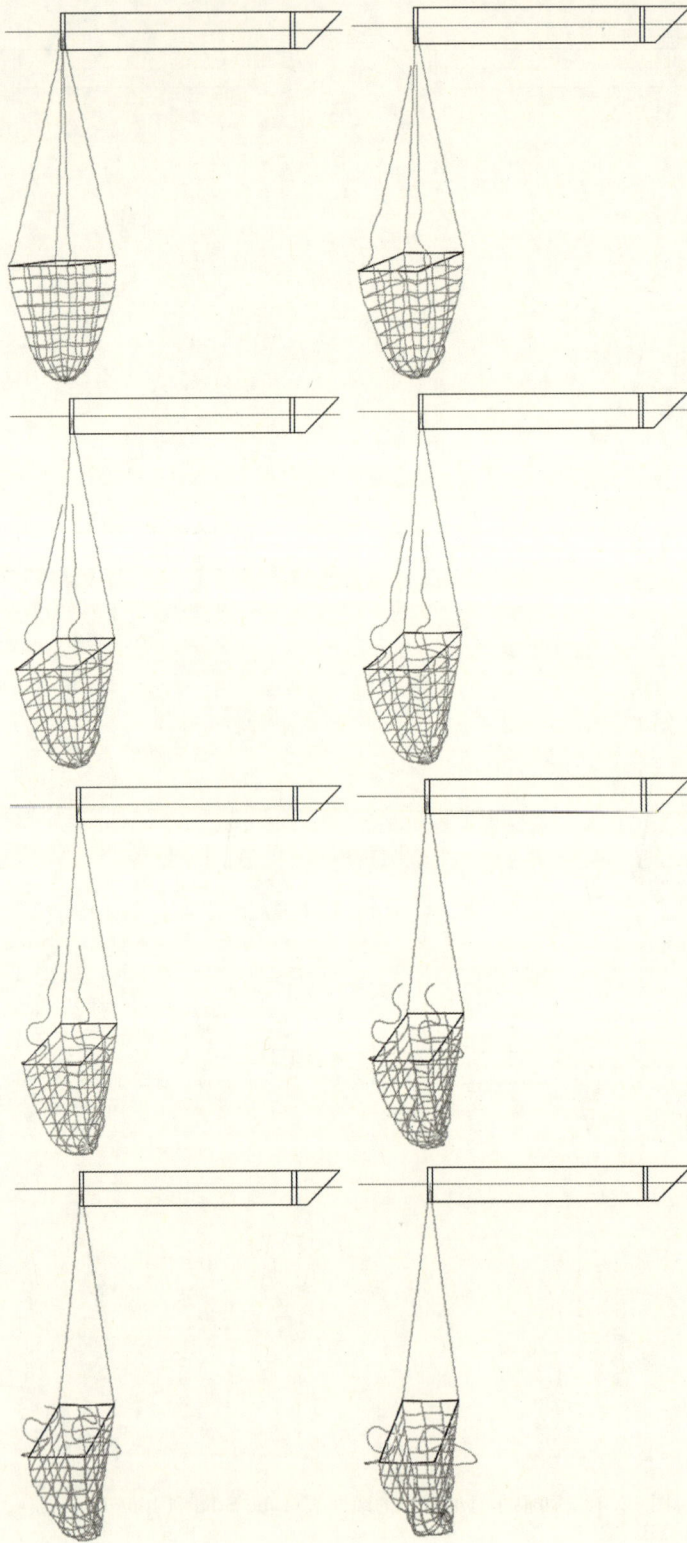

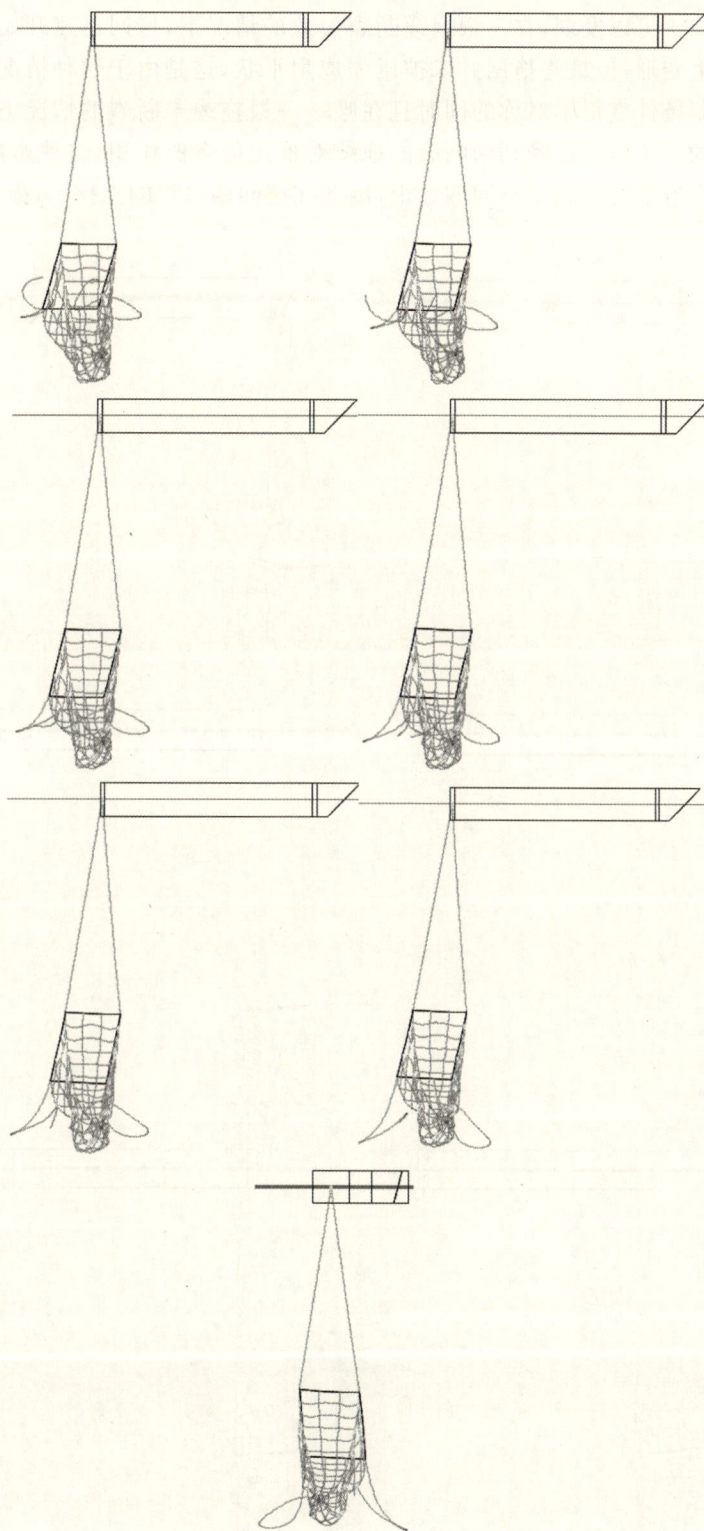

图 12.33　两根非对称分布的缆断裂（Line Stbd 和 Line Upper）

　　观察图 12.34 可以发现,在三根拖缆断裂失效的情况下,拖网迅速开始向内塌缩,方形框也迅速发生变形;但最终拖网并未被压缩成扁平状,这是由于这种情况下,维持拖网稳定的边界限制条件变得不对称的同时且在唯一一根拖缆未断裂的情况下,原来的方形框在最后剩下的一个拖曳点受到未断裂的拖缆对框边的弯曲作用,这种弯曲作用使得原本在平面内的方形框变形成了空间四边形,因此在空间四边形的支撑下,拖网最终并未完全变成扁平状。

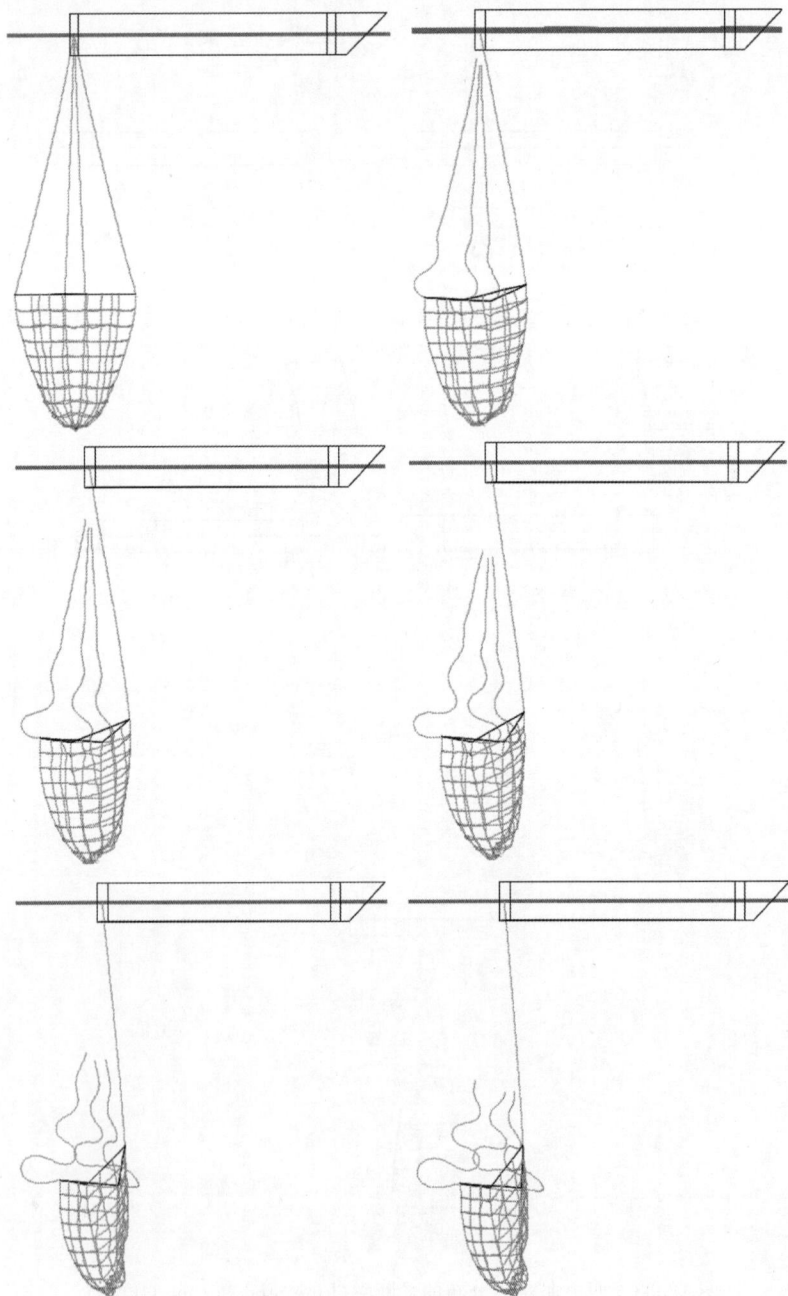

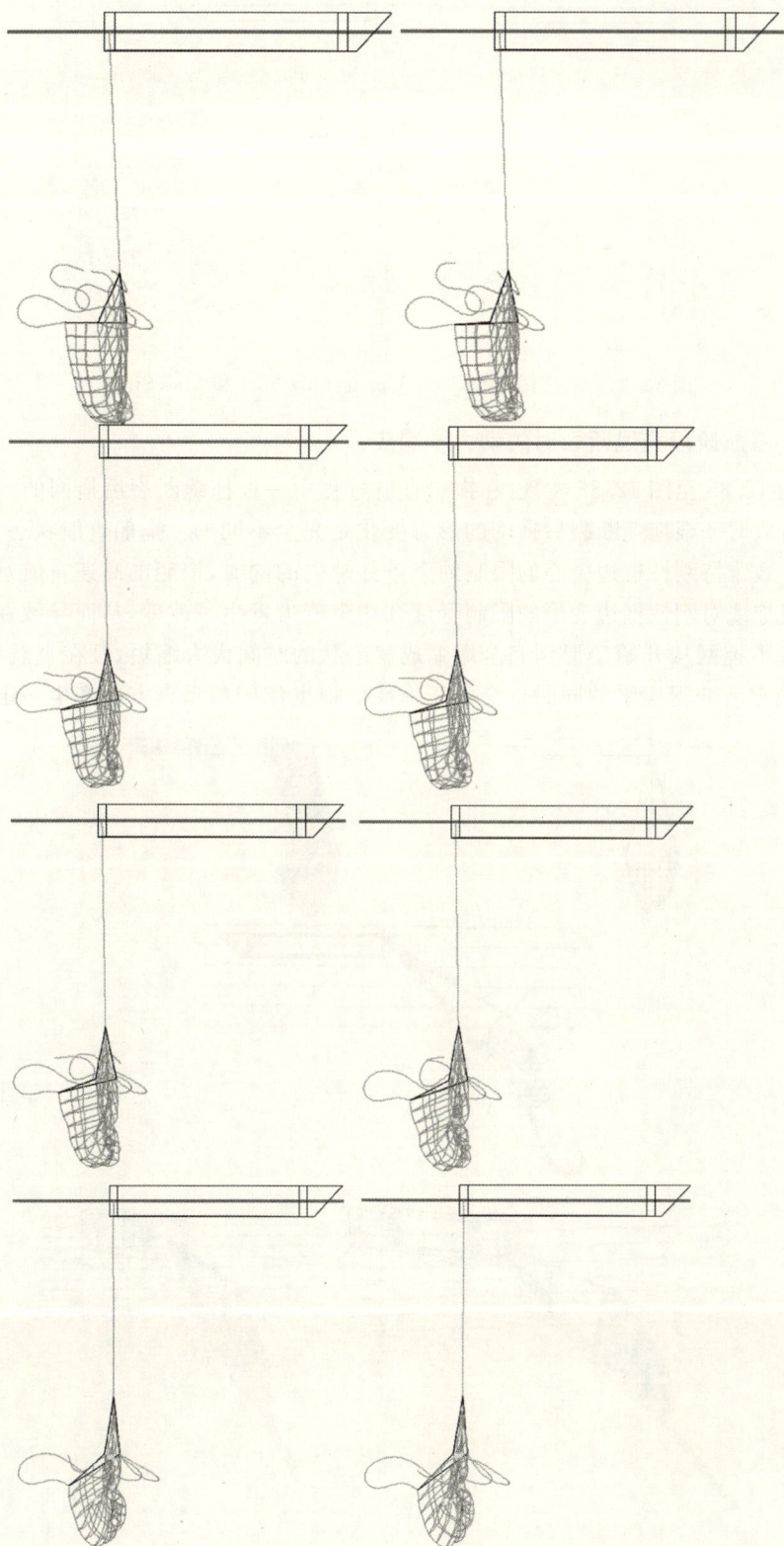

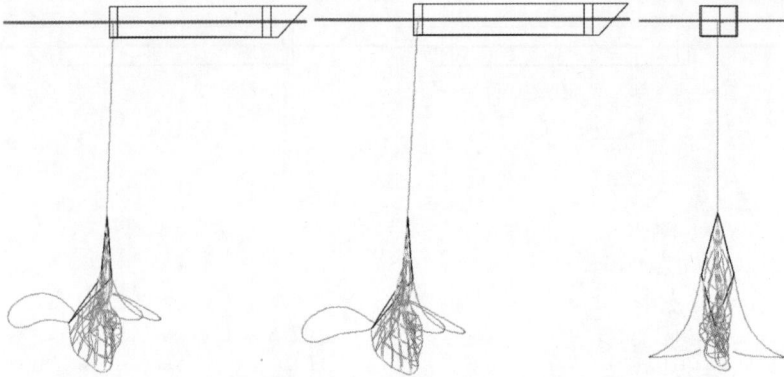

图 12.34 三根缆断裂(Line Upper、Line Port 和 Line Stbd)

12.2.2.2 直航阶段拖缆断裂时的动力学响应

观察图 12.35 至图 12.36 发现,在拖船直航过程中一根拖缆断裂后拖网的形态变化与拖船启动阶段时一根拖缆断裂后拖网的形态变化是完全不同的。拖船直航状态下,一根拖缆断裂后导致维持刚性框边中心的限制约束条件缺失的同时,拖船的高速直航运动也导致剩余的三根拖缆对刚性框边变形的限制程度和约束能力发生了改变,从而导致在拖船高速直航的前提下拖网从开始变形到完全塌缩成扁平状的时间大大缩短,且在直航状态下,整个拖网在稳定后变得扁平的同时也会由于拖船的拖曳作用与垂直方向产生一定的倾角。

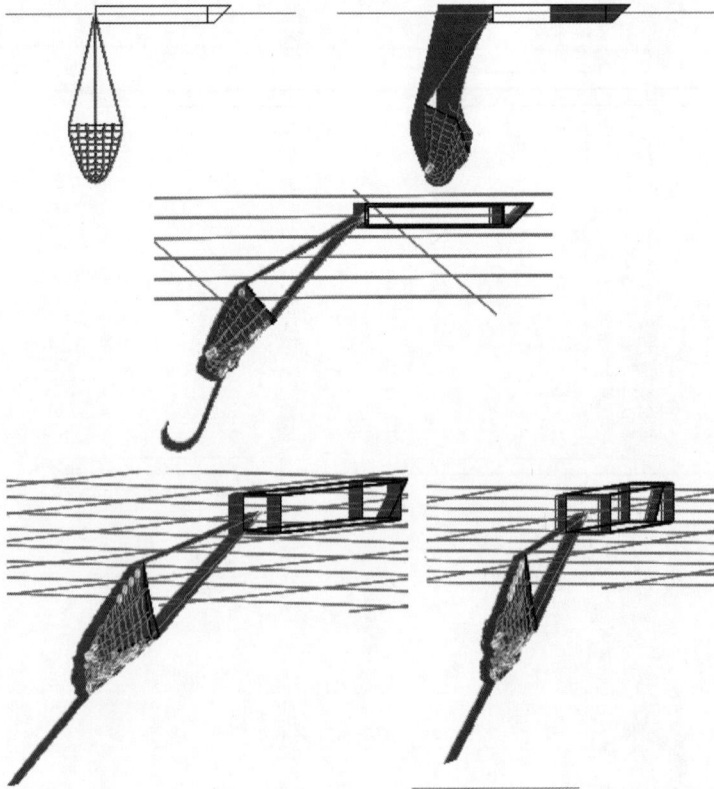

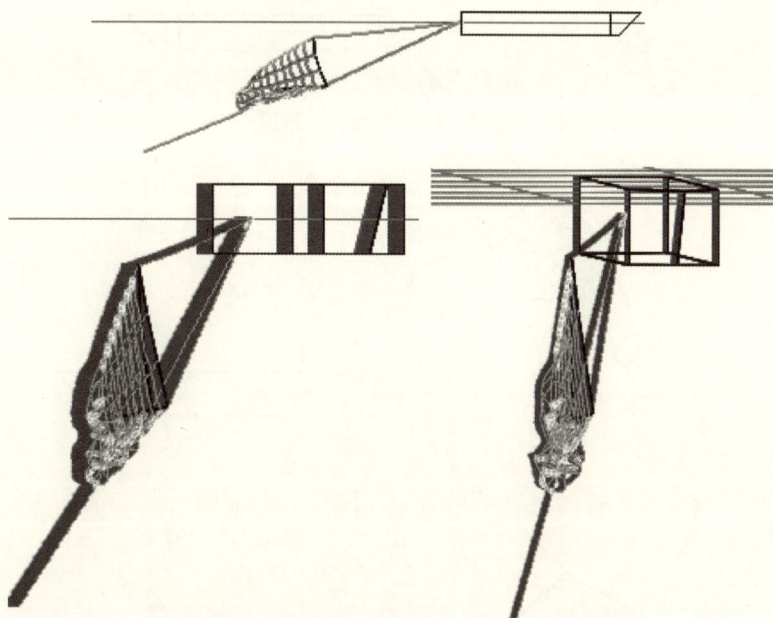

图 12.35　靠近船尾一根缆 Line Lower 失效

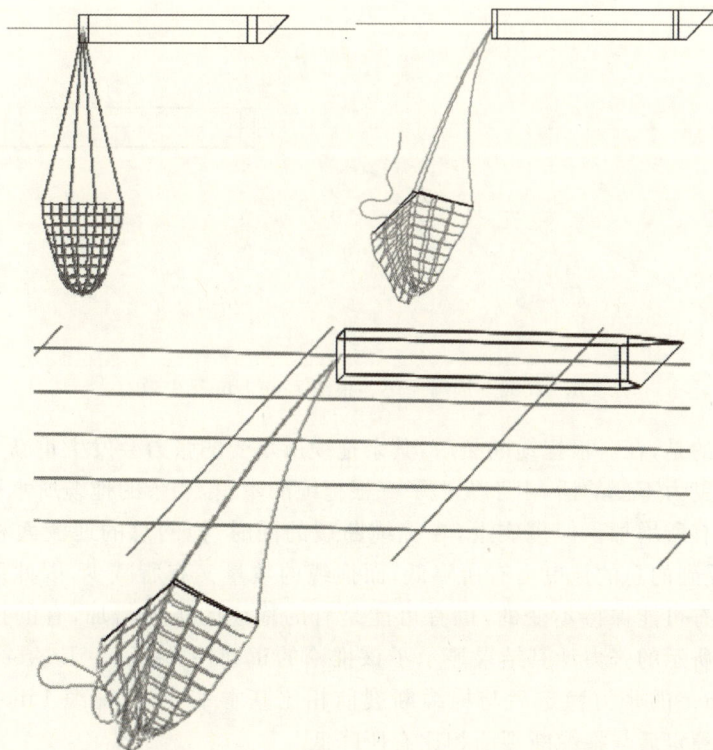

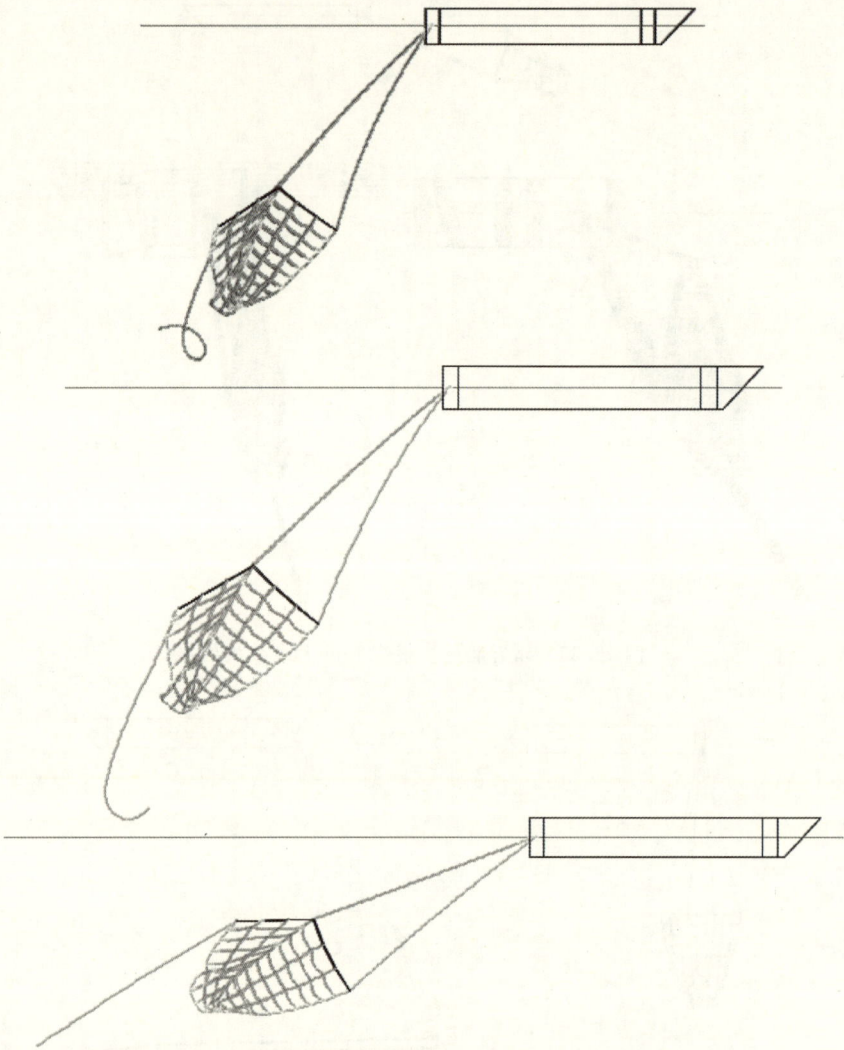

图 12.36　远离船尾一根缆 Line Upper 失效

　　可以预测的是,在一根拖缆断裂后,其余拖缆所承受的张力会发生重新分布。如果拖缆承受的总拖曳力不变的话,由于失去了一根拖缆的牵引,剩余的拖缆所承受的张力的大小在稳定后会有所增加。但事实上,在拖缆断裂的同时,拖网总的迎流面积也会发生减小,因此拖网受到的总的拖曳力有所降低,而拖缆的数量又有所减少,因此剩余的拖缆所承受的张力是有可能保持不变的,也有可能是有的拖缆的张力增加,有的拖缆的张力降低。图 12.37 所示的张力计算结果显示了该推论的正确性:在 Line Lower 断裂失效后,拖缆 Line Upper 的张力稳定后与拖缆断裂前相比基本不变,而拖缆 Line Port 和 Line Stbd的张力在稳定后与拖缆断裂前相比有所降低。

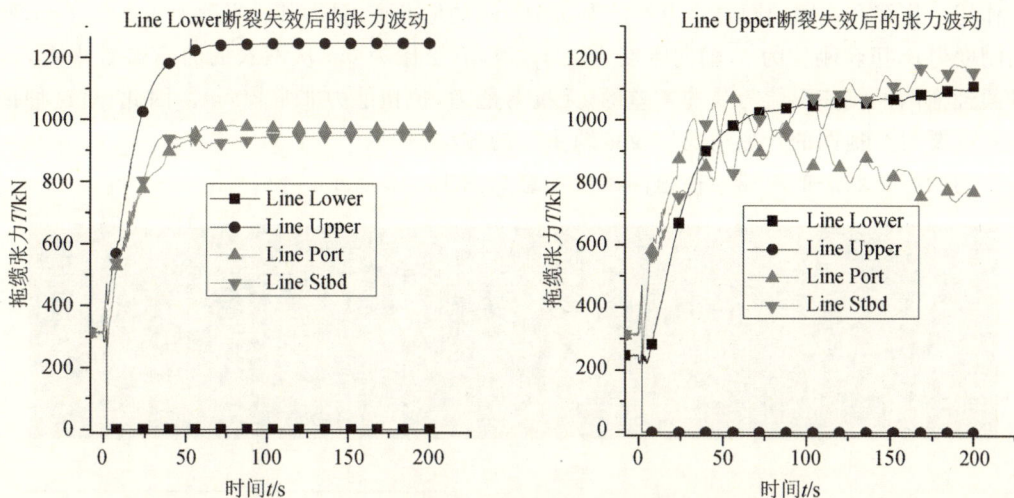

图 12.37 一根缆断裂后拖缆张力在时域上的波动情况

综上所述,发生断裂失效的拖缆的相对布局形式、拖缆断裂失效发生的阶段都会对拖网系统的变形和拖缆的张力变化产生影响。而在这几种影响中,发生断裂失效的拖缆的相对布局形式对系统的影响最大。

限于篇幅,对于回转状态下拖网的变形情况及直航状态下多根拖缆失效时拖网系统的变形情况这里不再进行仿真;但通过对比直航状态下与启动阶段一根拖缆失效时拖网系统所呈现的不同的动力学特性可知,拖船的运动情况直接对拖网的变形和空间姿态变化情况产生影响。感兴趣的读者可自行建模得到在拖船回转状态下拖缆失效时拖网的变化情况。

12.2.3 单船柔性拖网系统的动力学响应

12.2.3.1 柔性拖网系统的建模

由于纯柔性拖网无任何刚性框边支撑,在受到拖船牵拉时极易发生较大的变形,有效捕鱼面积会急剧减少,因此在长距离追逐或是拖船高速机动拦截鱼群的过程中并不适用。该类拖网系统适合在短距离、较好海况下的直航拖曳捕鱼。而对于这种拖网系统来说,拖船的拖曳速度变得非常重要,不同的拖曳速度下拖网的形态是完全不同的。因此,有必要就不同拖曳速度下对单船柔性拖网系统中的拖网变形进行仿真模拟,以便求得合适的拖曳速度,保证一定的有效捕鱼面积。在下面的仿真中,假设该拖网系统所处海域为静水海域。

初始阶段,通过 8 个 Link 组件将水下拖网完全展开并固定,在仿真达到静平衡后释放 Link,拖网随着拖船的前进其形态开始不断变化。由于拖网自身的属性,各个网线之间连接的节点用 3D 浮标来表示(由于网衣为强柔性构件,真实网衣上的节点并不会传递扭矩和弯矩;而 3D 浮标的一个属性就是有平动无转动,不会传递扭矩和弯矩)。每个 3D 浮标在此模型中仅仅起着连接网衣的作用,但 3D 浮标必须要设一个质量才能进行计算,因此设其质量设为 0.0001 t,体积设为 0.001 m³,弹性模量设为无限大,不考虑海流对它的作用。拖缆和拖网的网衣均为外径为 0.042 m 的尼龙缆组成,其线密度为 0.0016 t/m,弯曲刚度为 0,扭转刚度为 0,轴向刚度为 295 kN,泊松比为 0。从网衣的力学参数来看,这种柔性拖网的抗变形能力是非常差的(无抗弯能力,抗扭能力非常较弱)。因此,对这种拖网系统要研究拖网的变形情况以及拖缆张力的波动情况。

初始静止状态的单船柔性拖网系统示意如图 12.38 所示。

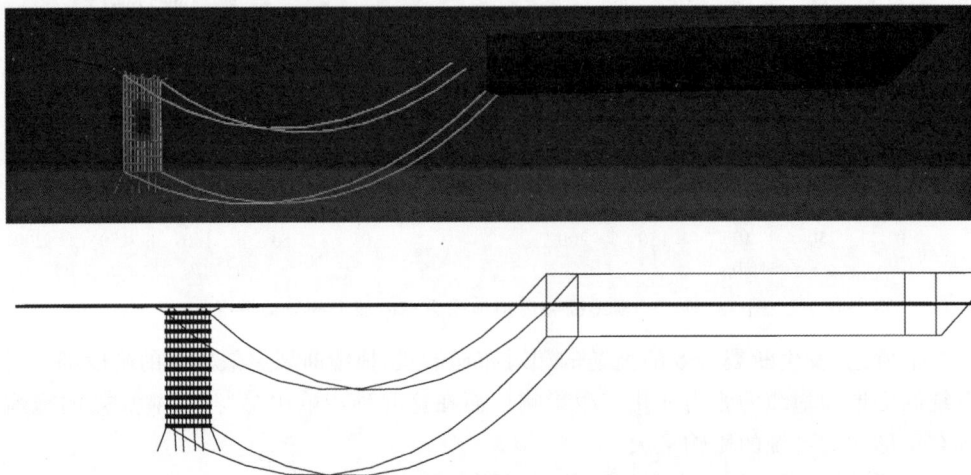

图 12.38　初始静止状态的单船柔性拖网系统示意

12.2.3.2　不同拖曳速度下柔性拖网系统的变化情况

观察图 12.39 至图 12.43 不同拖船拖曳速度时柔性拖网的形态变化过程可以发现,柔性拖网在整个拖曳过程中首先在其完全张开后在自身重力作用下下沉直至完全浸没入水,随着拖船的前行,柔性拖网在垂直方向上受到拖缆的牵拉而发生整体提升且其有效捕鱼面积开始不断缩小,拖网的网口宽度也不断变小,在拖船的持续牵拉作用下柔性拖网最上方靠近两根拖缆的部分已经被牵拉至海平面以上。进一步观察不同拖曳速度时拖网的形态变化可以发现,不同拖船拖速下均存在一个能使得拖网完全水平且有效捕鱼面积最大的一个拖网形态,在拖网彻底舒展开后其整体形态如同倒扣的口罩;过了这一个形态以后,在拖缆的作用下拖网在有效捕鱼面积继续缩小的同时开始整体发生俯仰倾斜;而随着拖网有效捕鱼面积的持续缩小,拖网的俯仰倾斜会逐渐消失;由于柔性拖网完全无抗弯能力,在拖缆长度较长、拖船航行距离较大的情况下,拖网最后被压缩成上下两层,这两层将围绕上下两层交汇处的一行网目反复折叠,其有效捕鱼面积变得极小。不同拖船拖速对柔性网箱变形的变化的影响主要体现在柔性网箱达到某一形态的时间以及拖缆的张力不同上。仿真中发现,拖船的拖曳速度越快,柔性拖网达到某一形态所需的时间越少,拖船的航行距离越短;拖船的拖曳速度越慢,柔性拖网达到某一形态所需的时间越长,拖船的航行距离越长。也就是说,如果拖曳距离足够大,在低速和高速情况下柔性拖网的最终形态应该是相同的。这也再次验证了对于这种纯柔性拖网来说,其更适用于短距离内的拖曳捕鱼这一结论。因此,对于这种柔性拖网系统应该找出其不同拖曳速度下最适合的拖船航行距离范围,根据实际鱼群的路径和与鱼群相距的距离以及当地海况来选择合适的拖船拖曳速度,以期达到最佳的捕鱼效果。

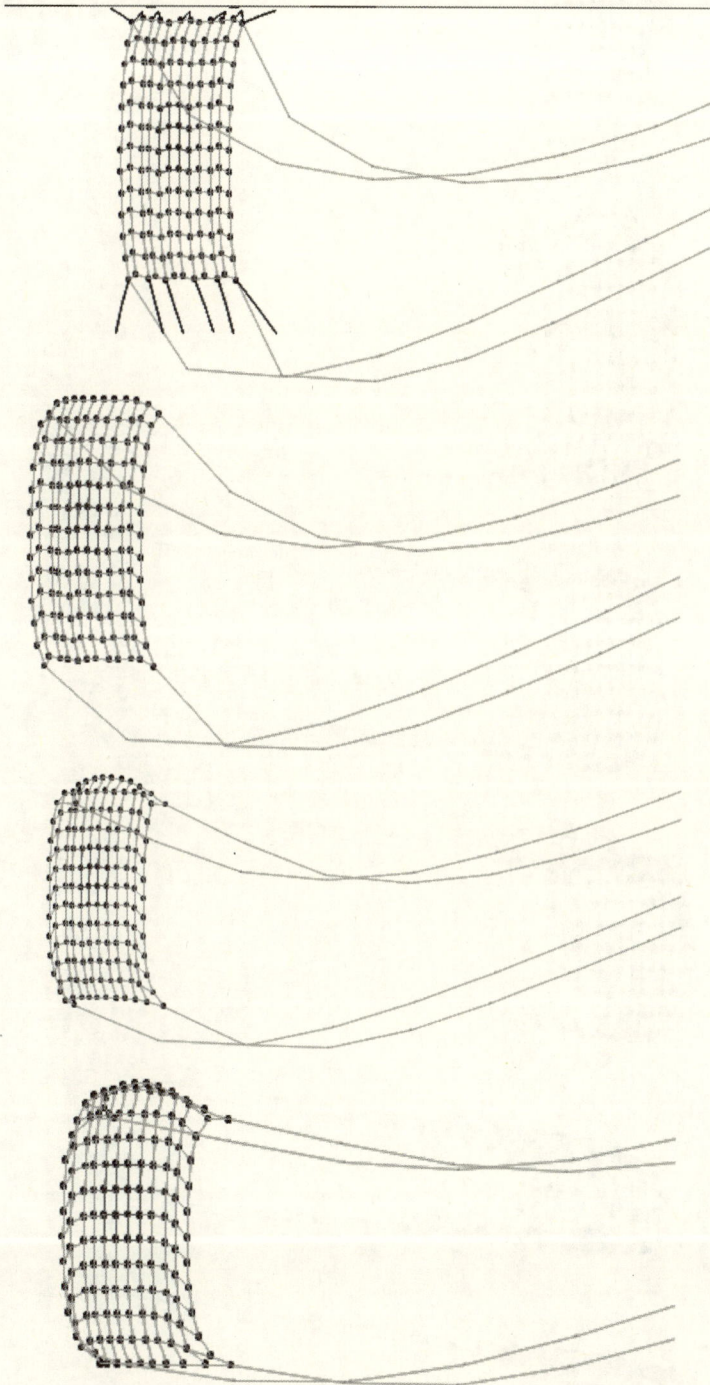

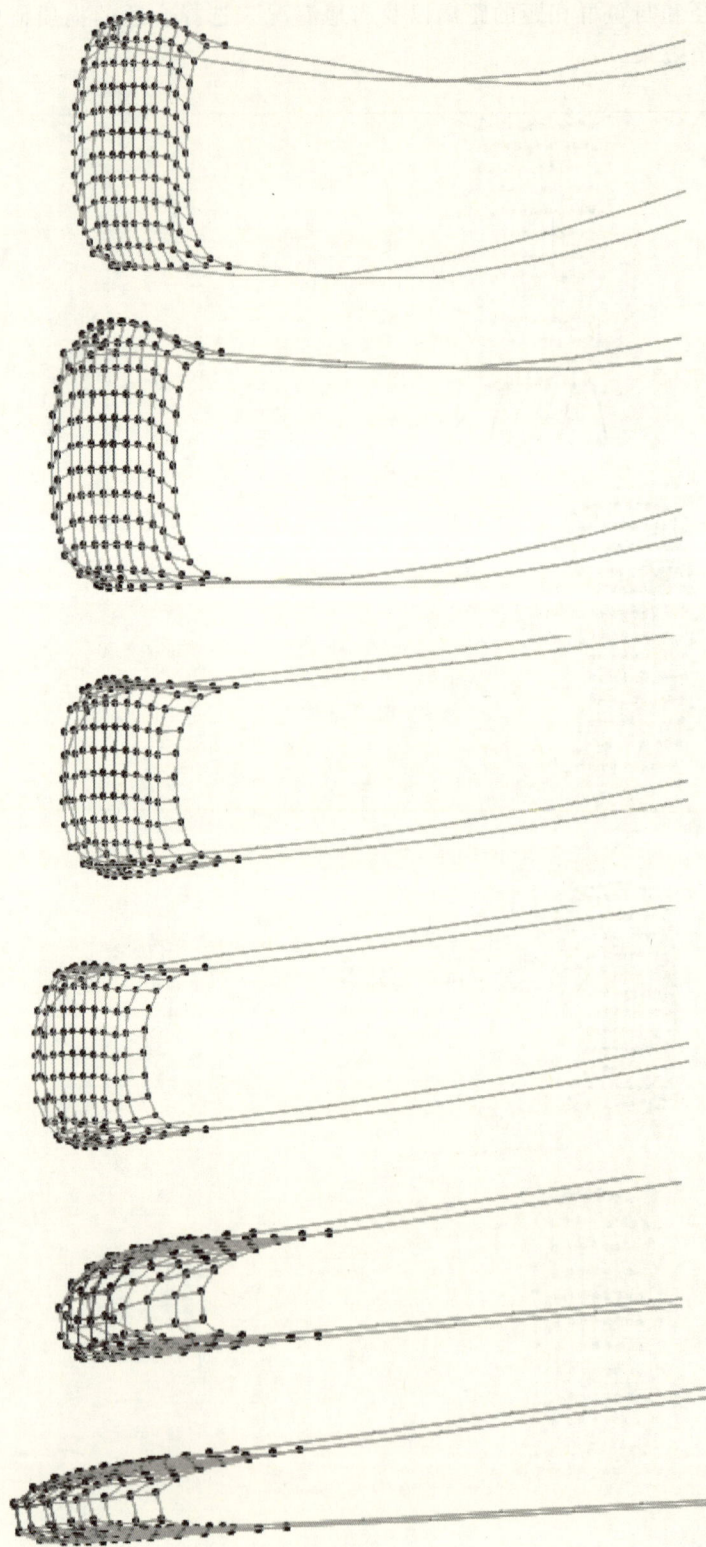

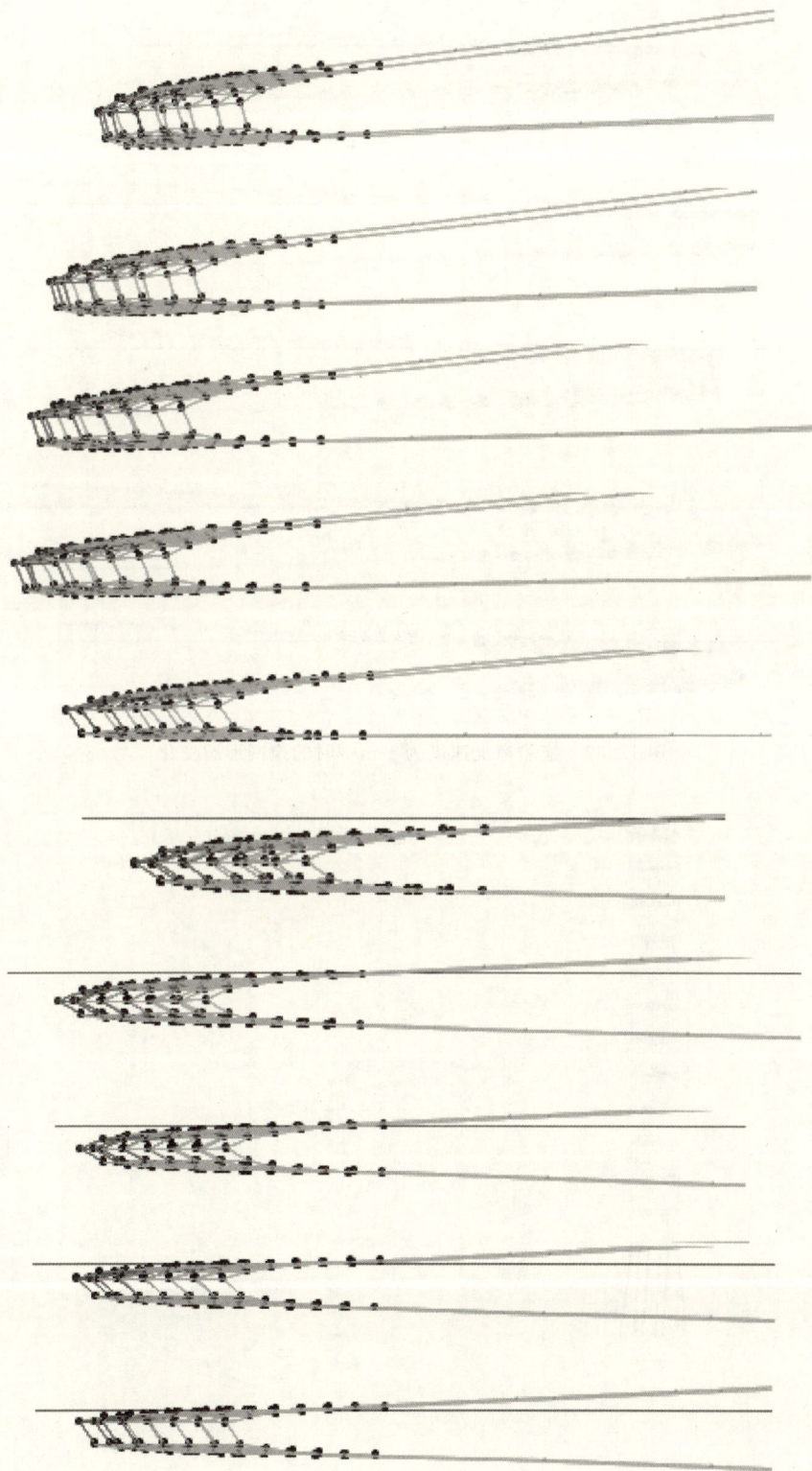

海洋空间挠性拖曳系统动力学特性研究

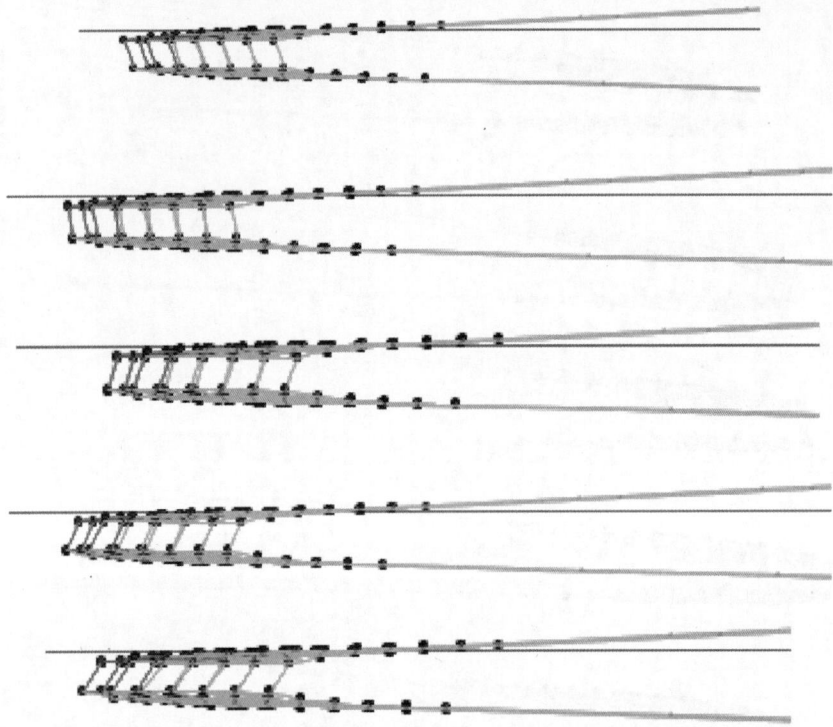

图 12.39　拖船拖曳速度为 1 m/s 时的拖网形态变化

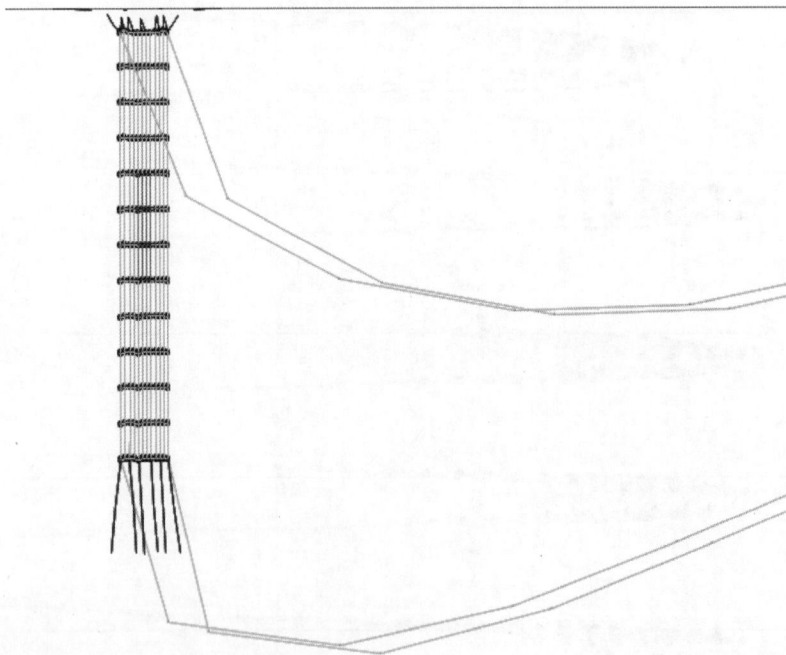

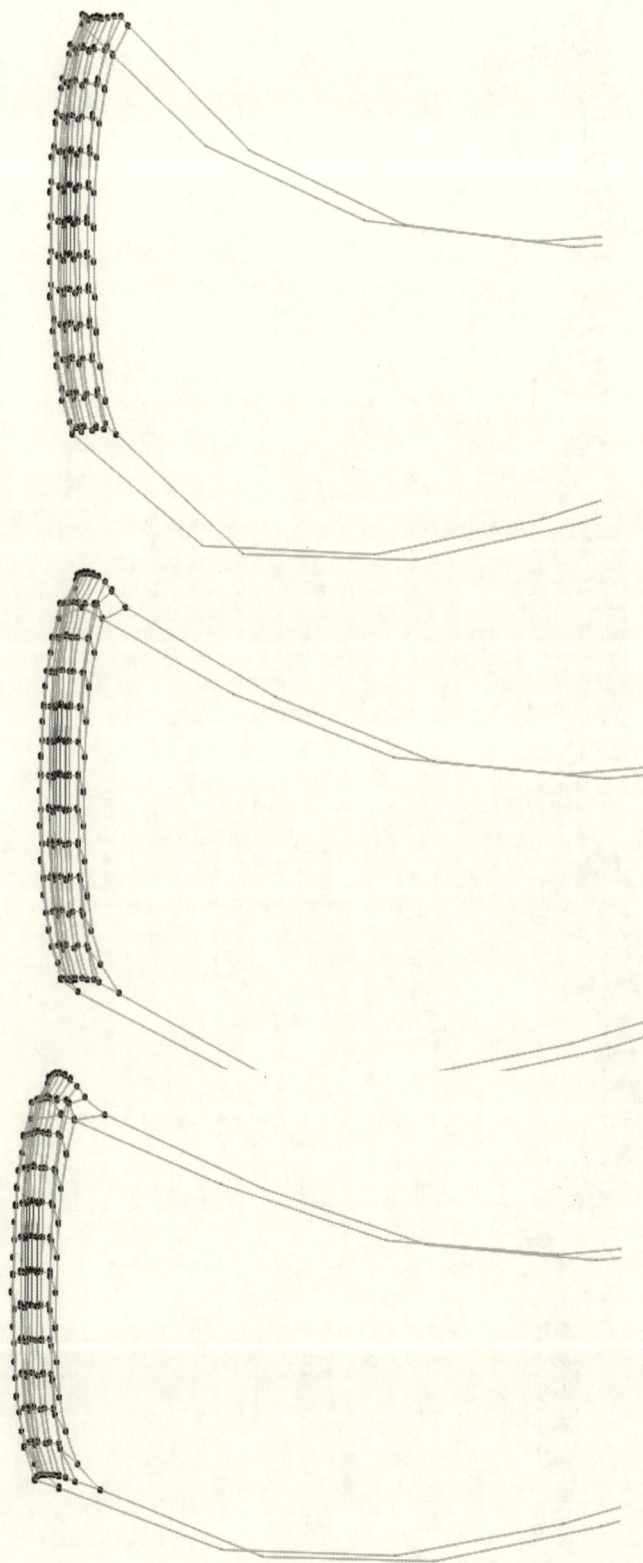

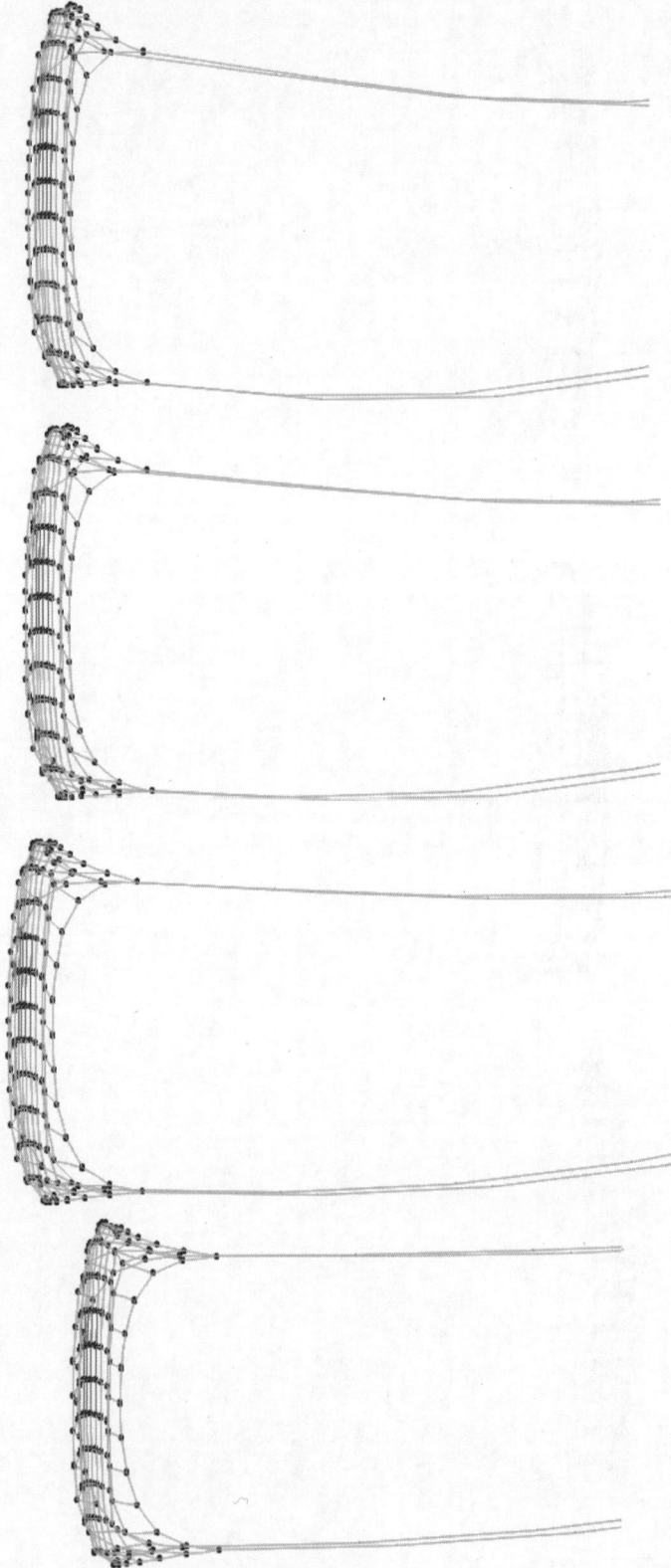

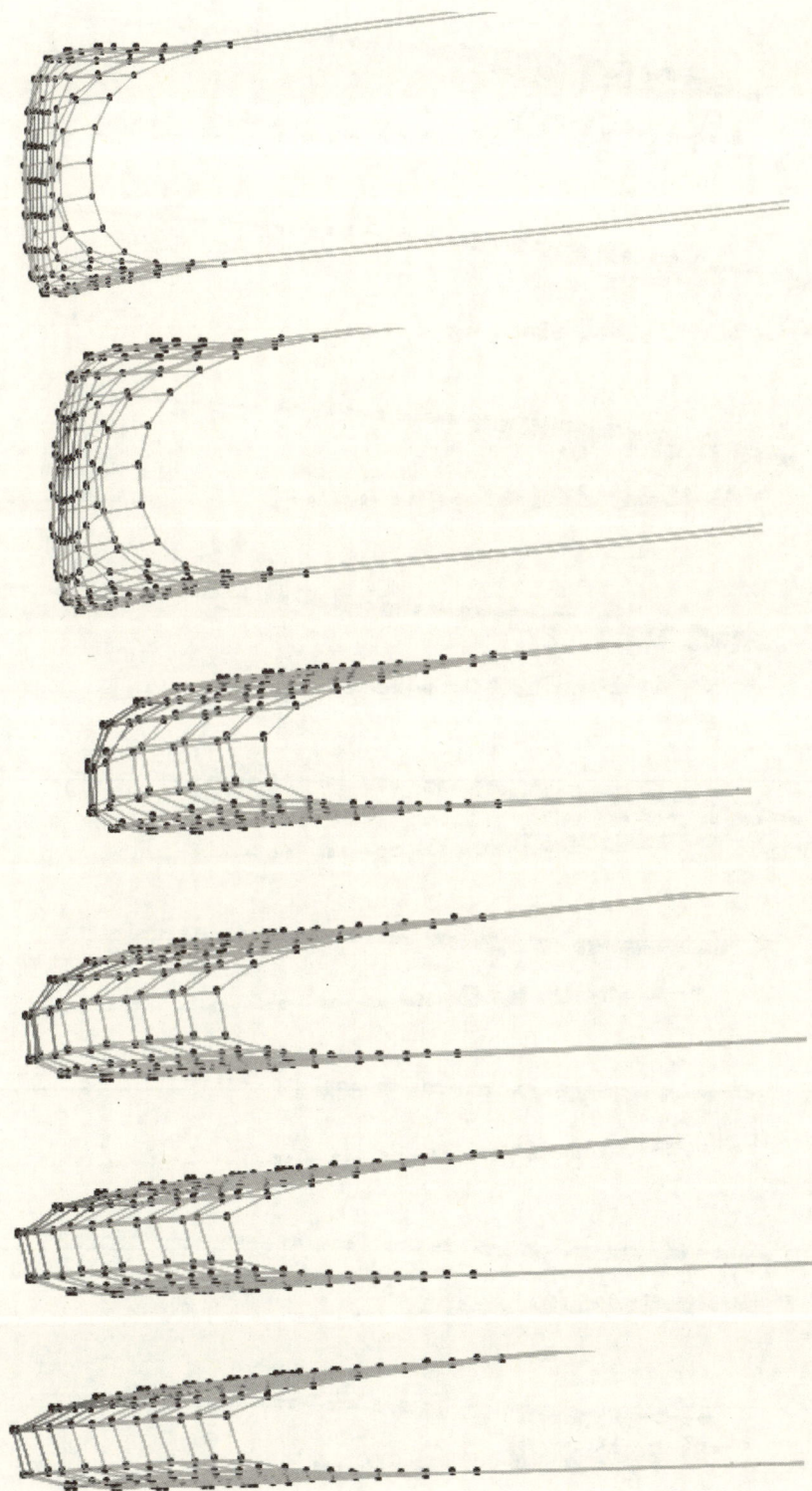

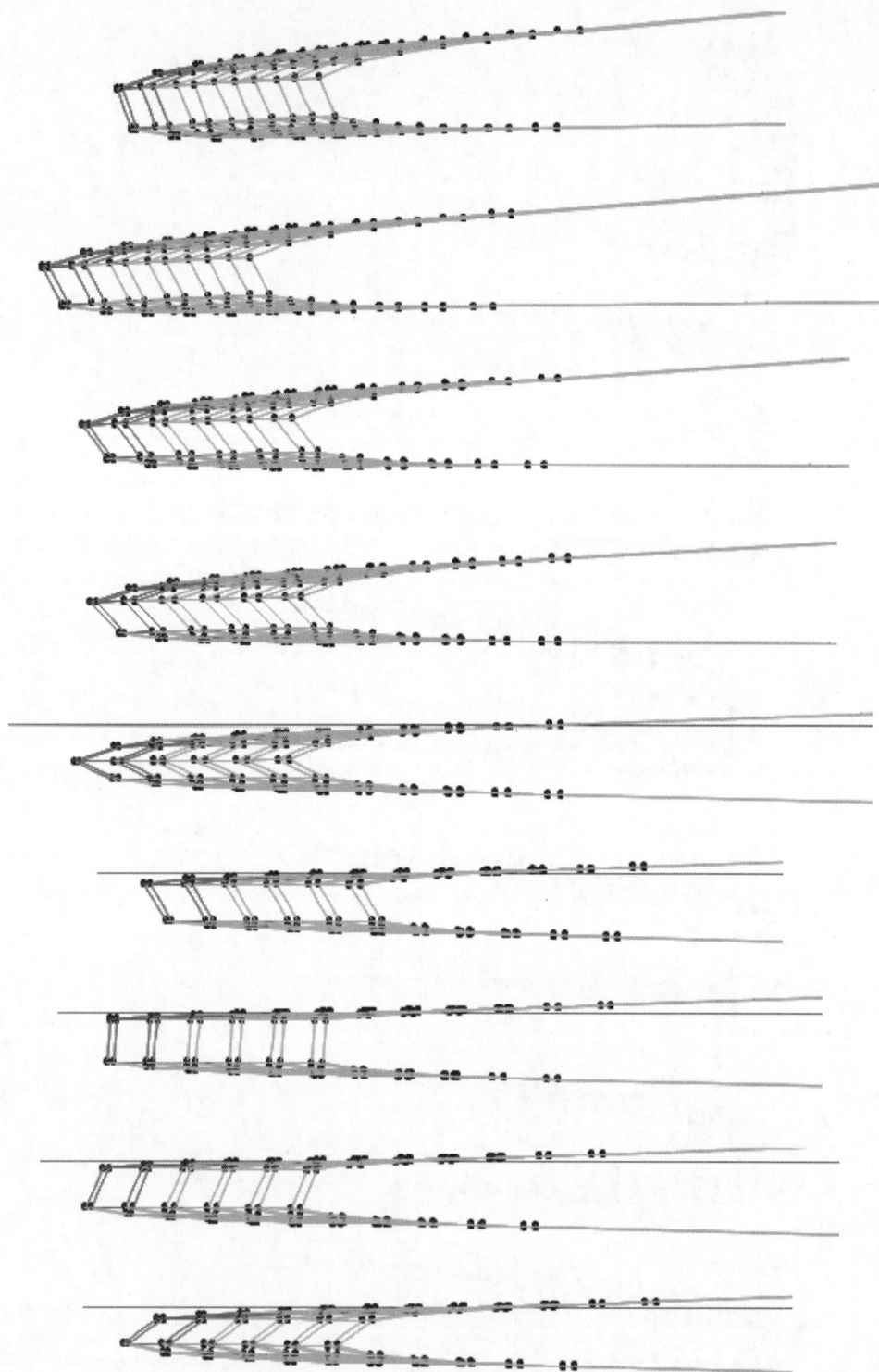

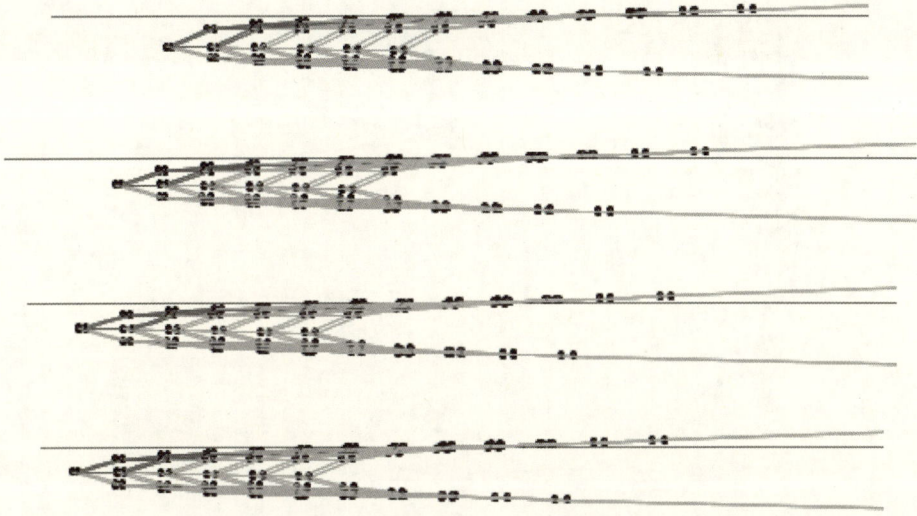

图 12.40　拖船拖曳速度为 2 m/s 时的拖网形态变化

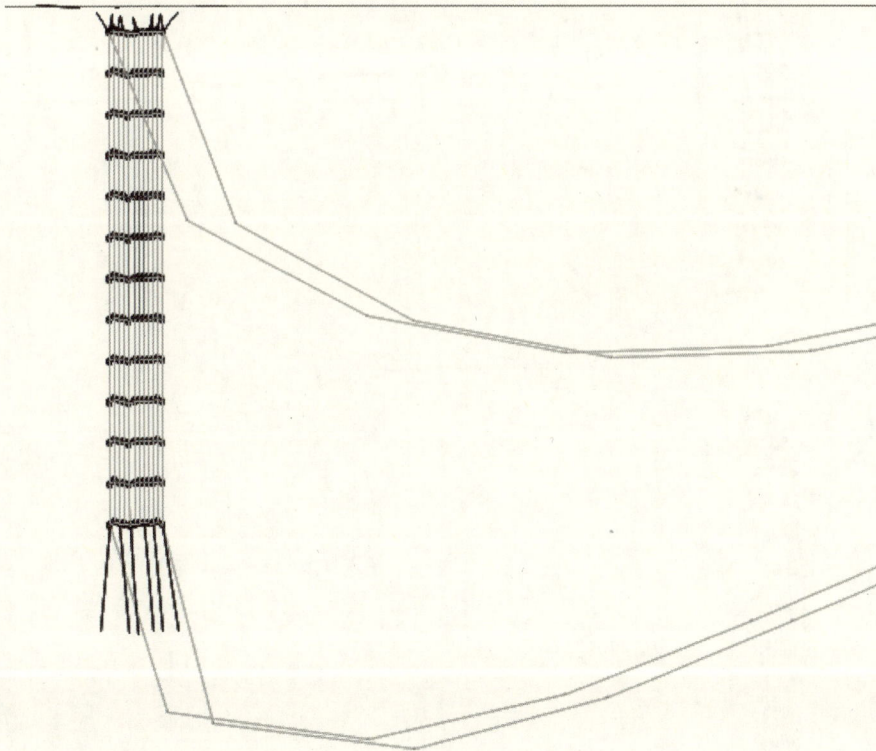

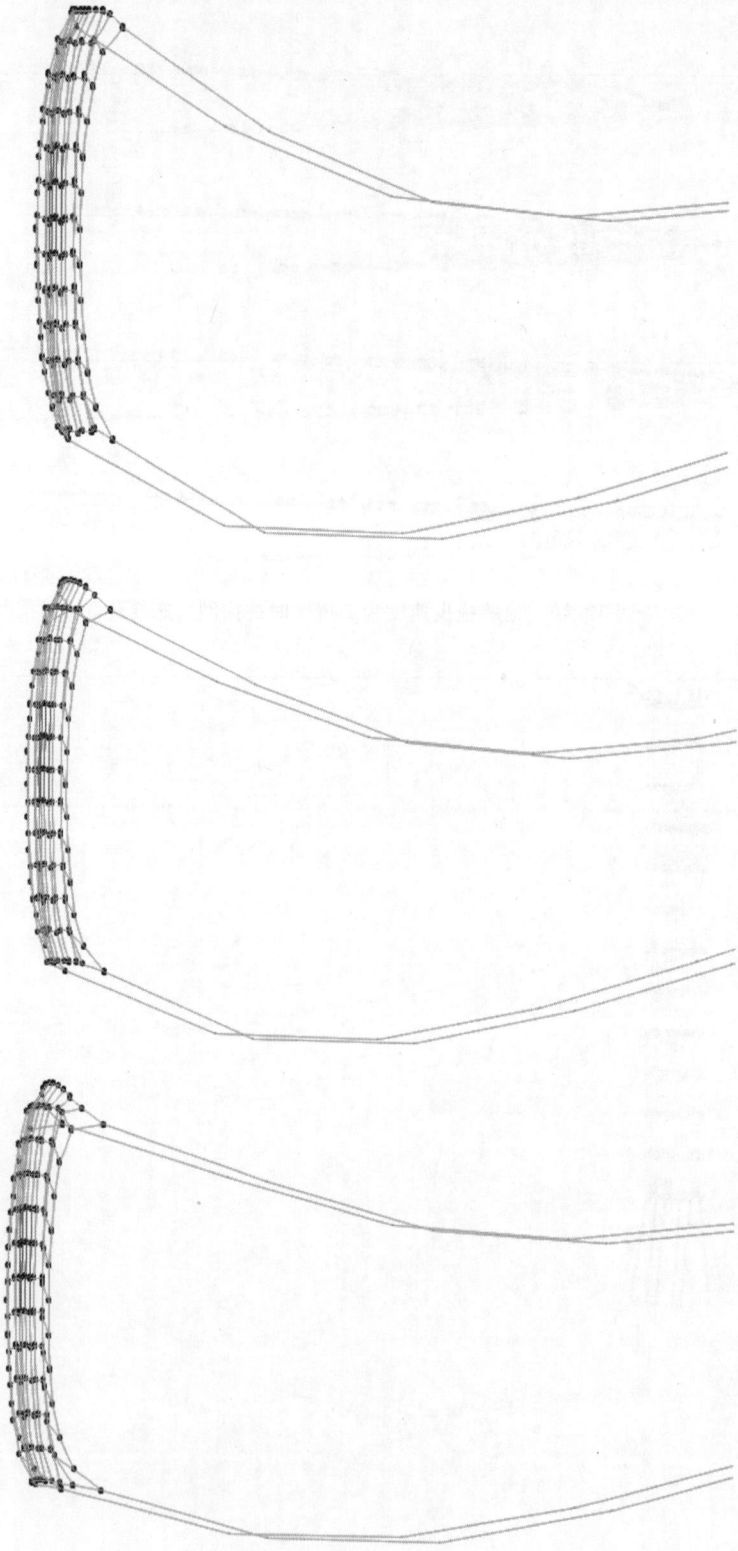

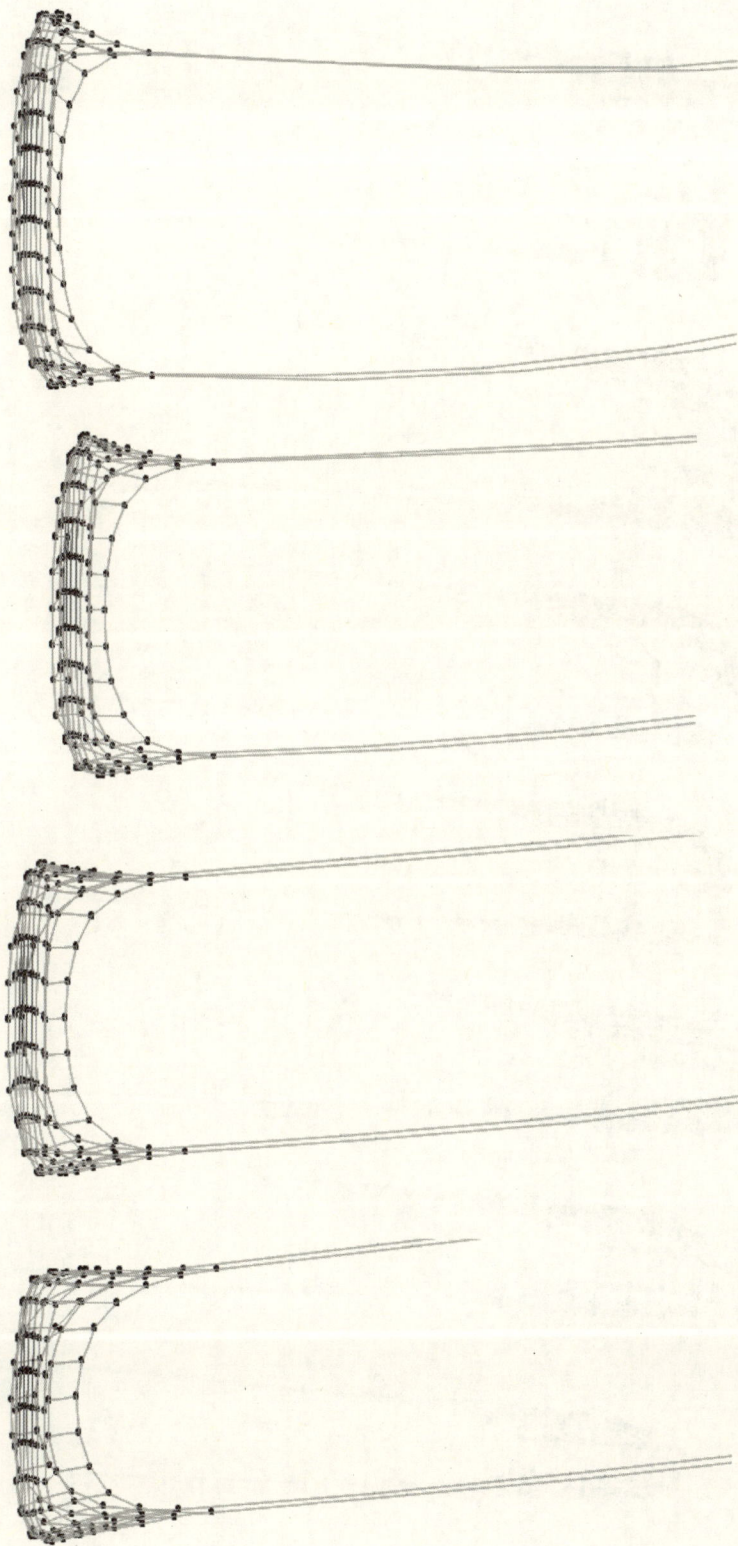

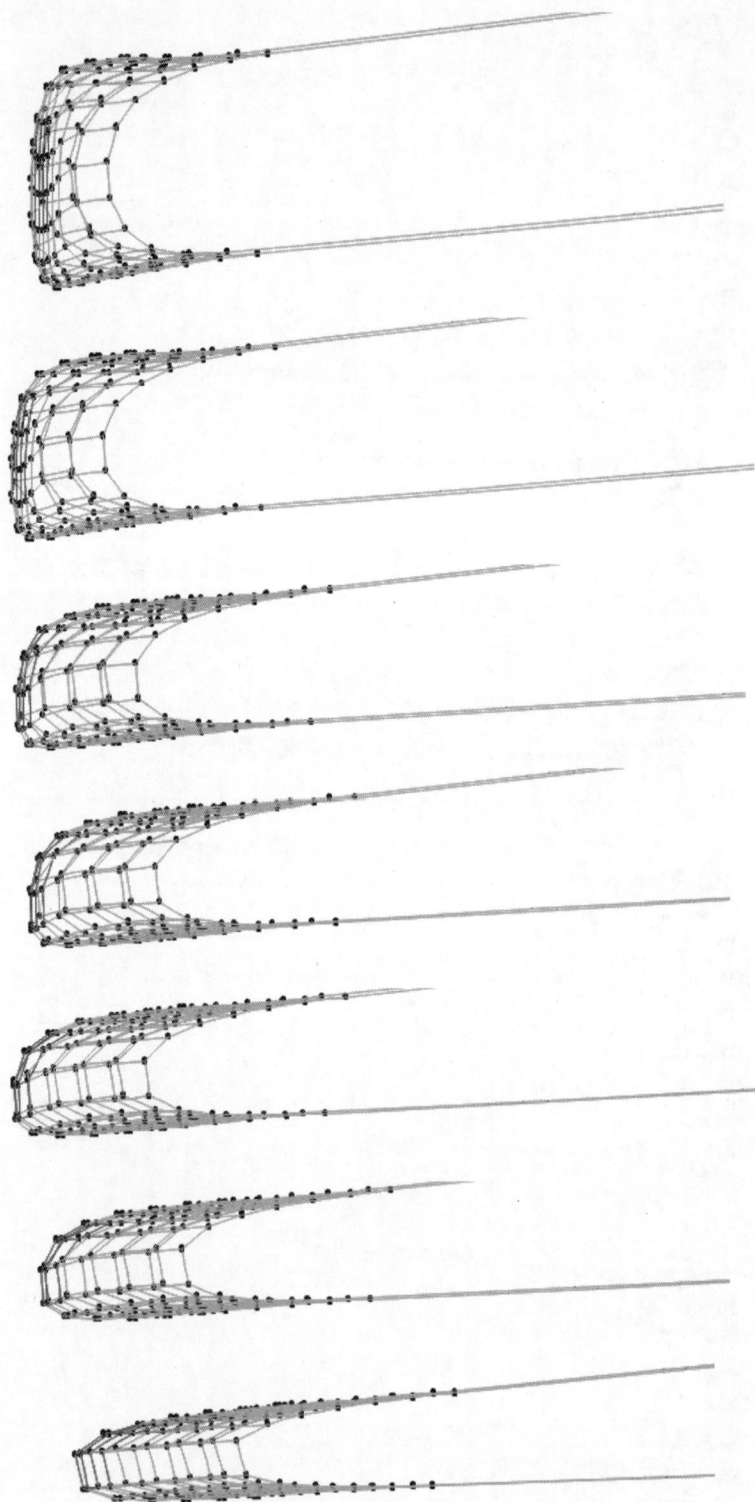

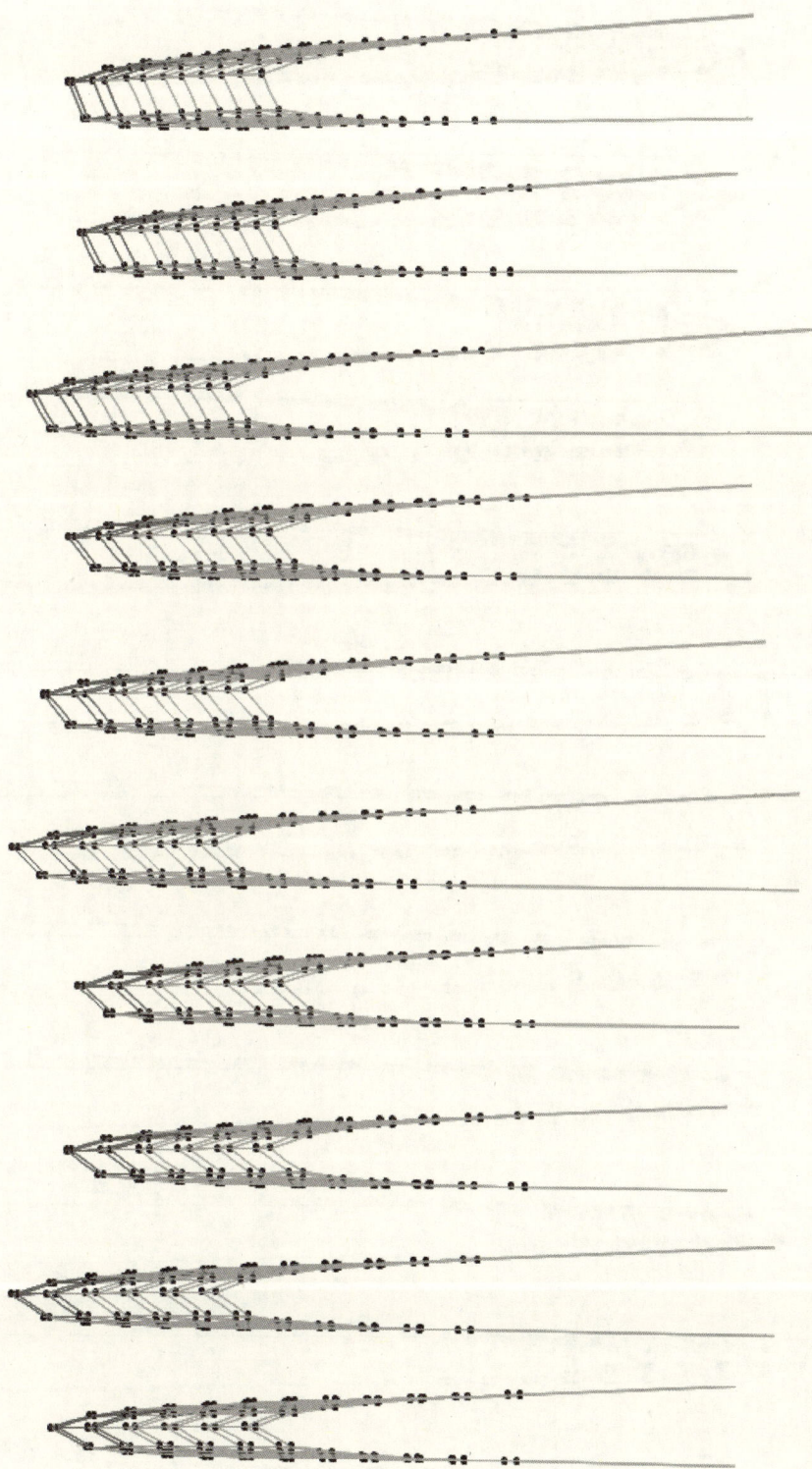

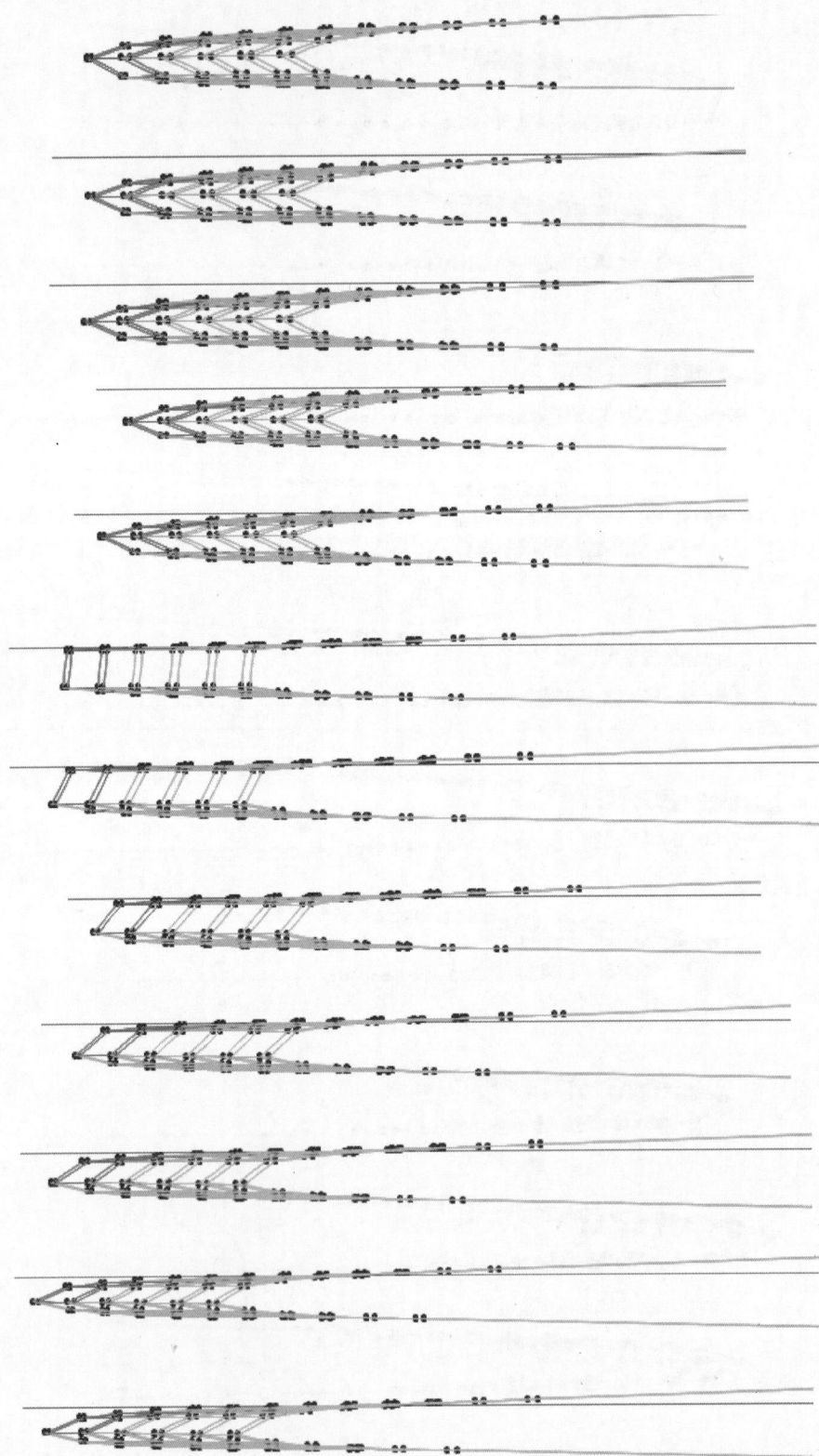

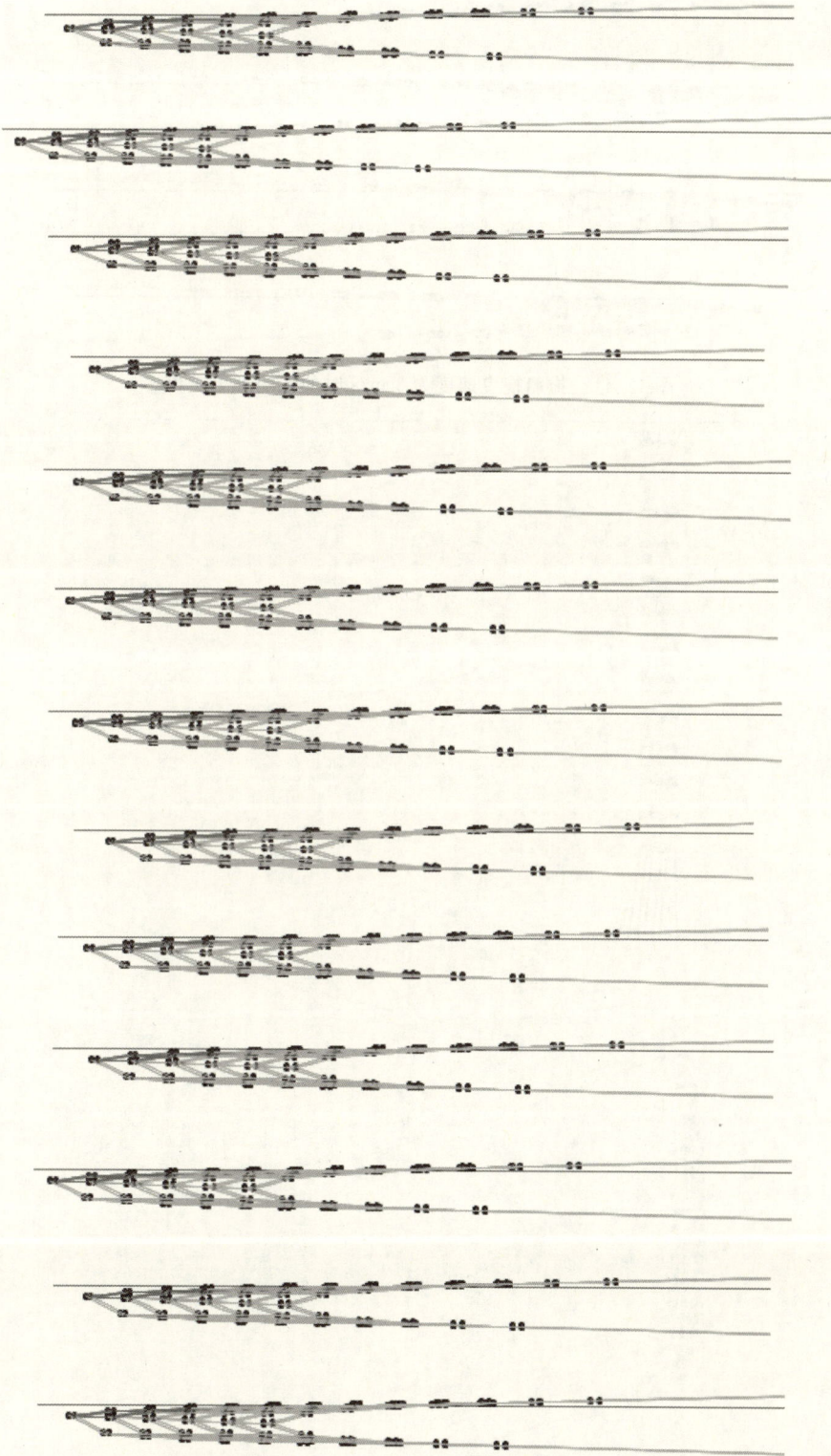

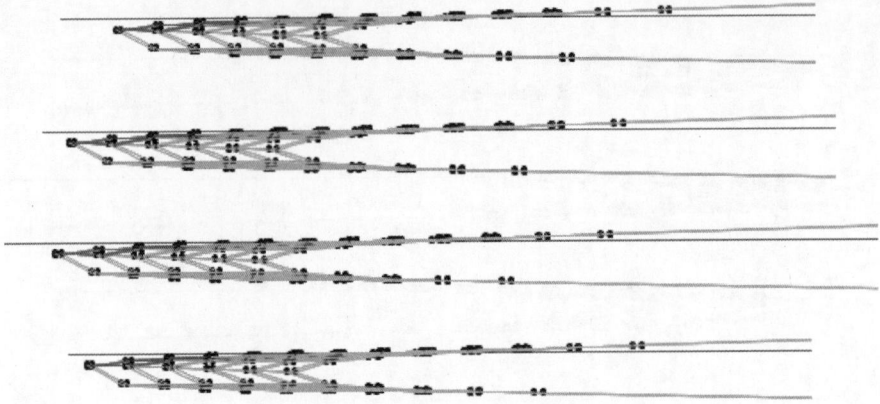

图 12.41 拖船拖曳速度为 3 m/s 时的拖网形态变化

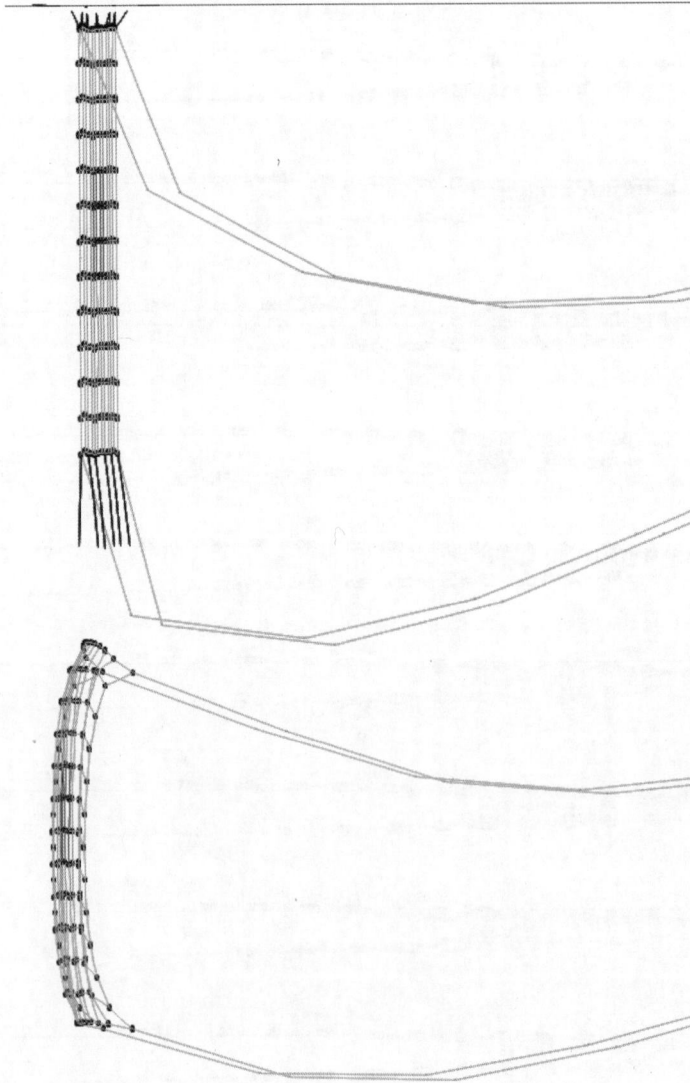

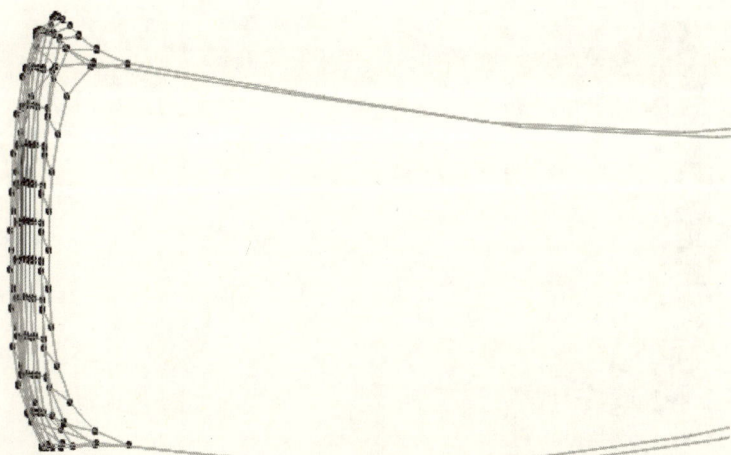

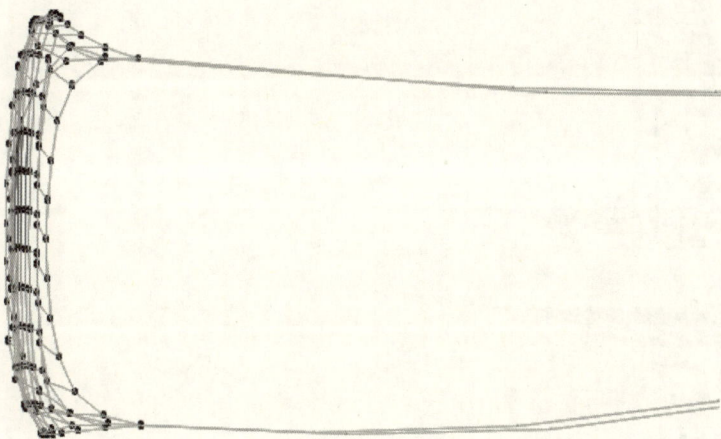

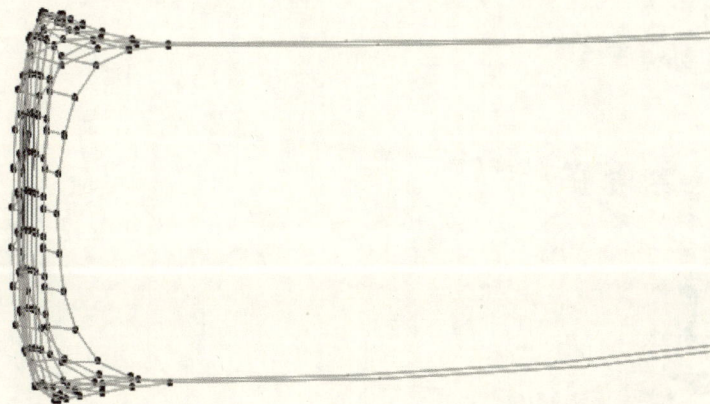

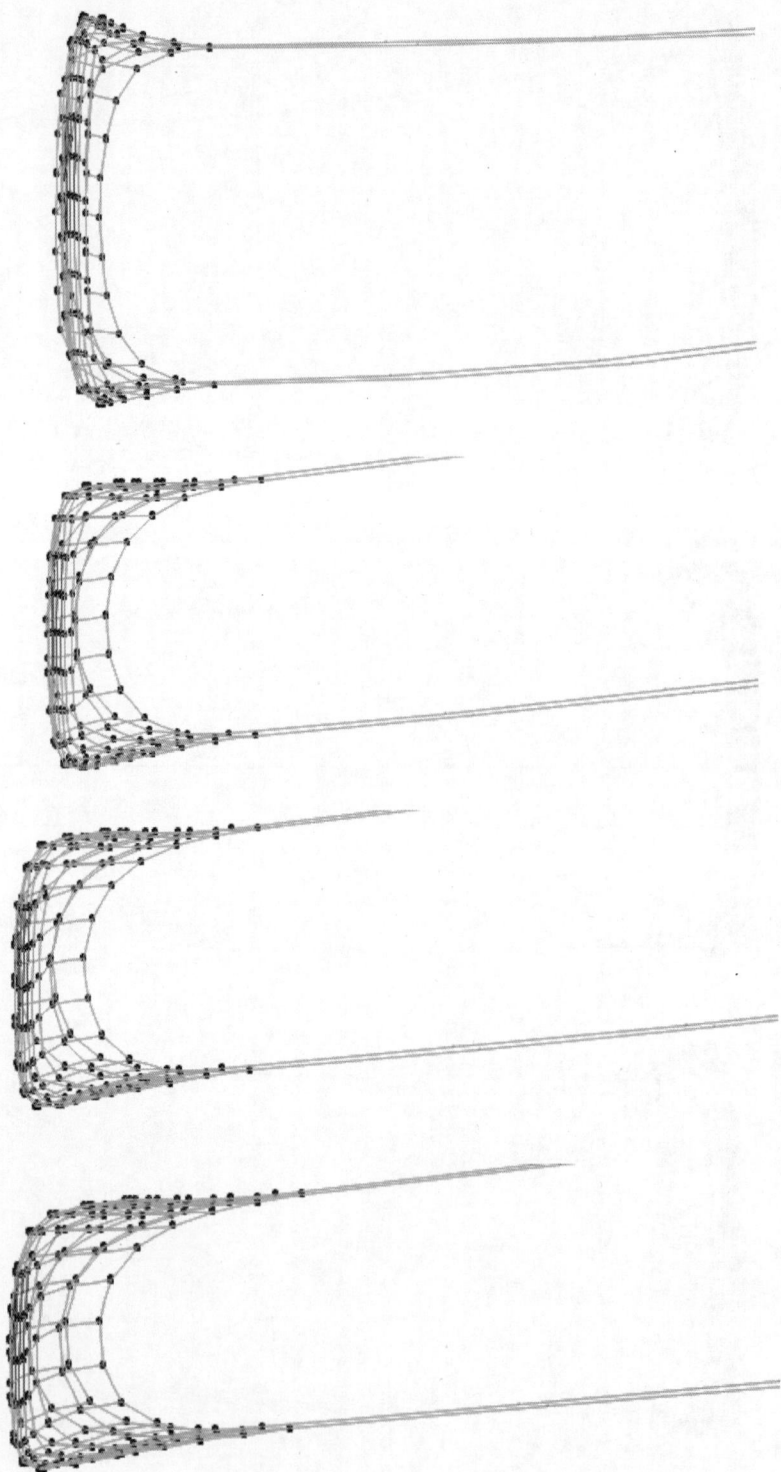

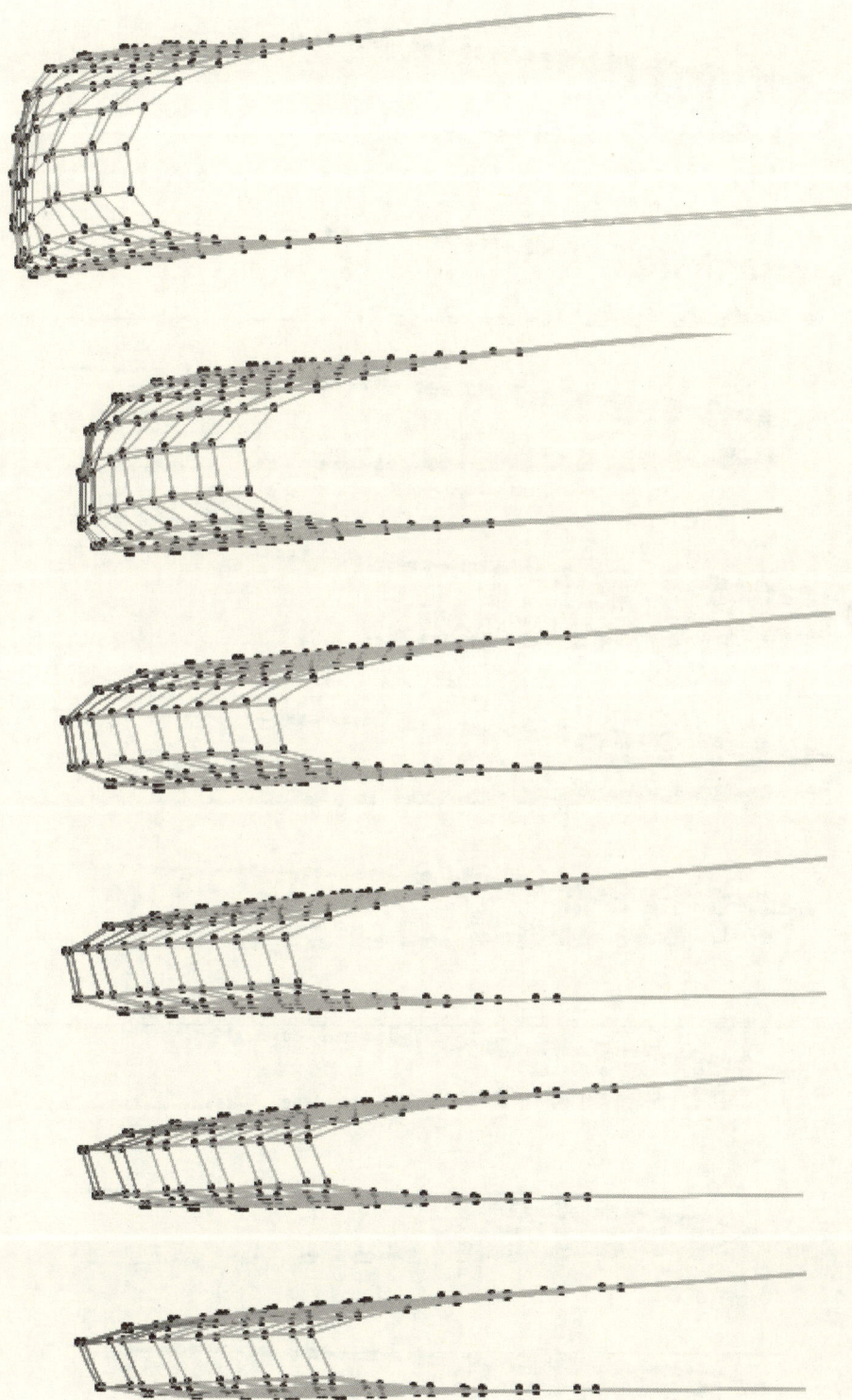

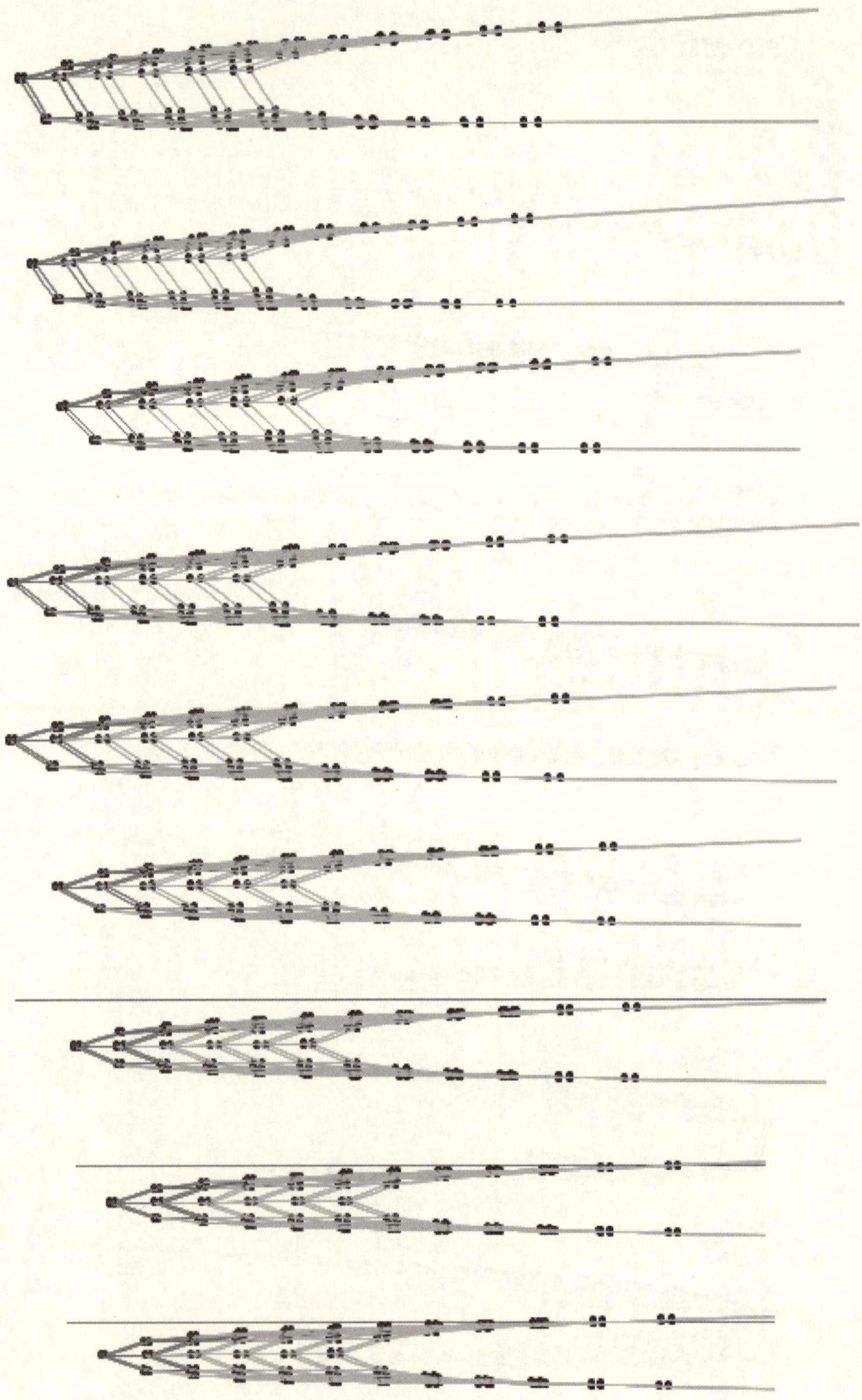

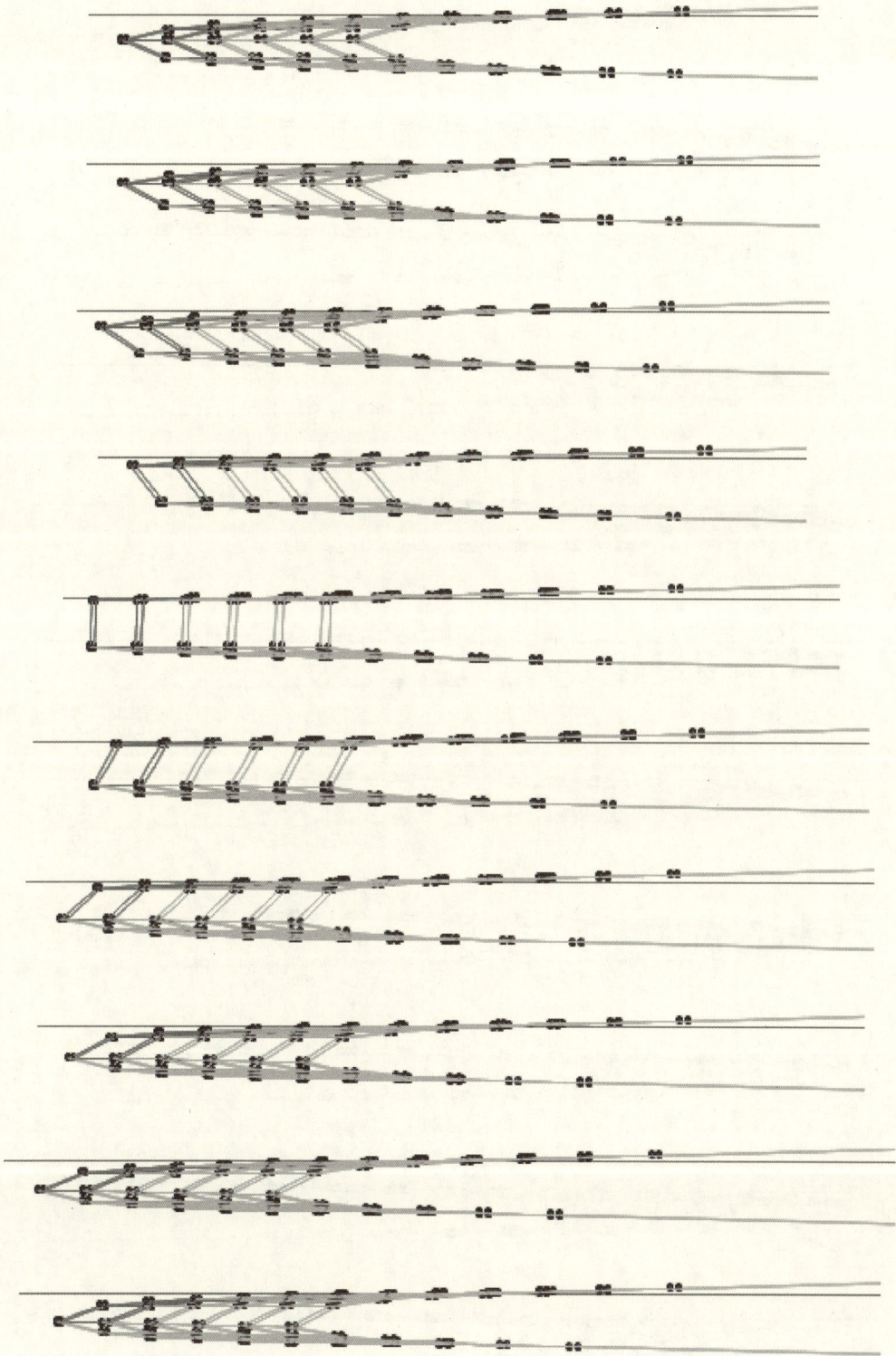

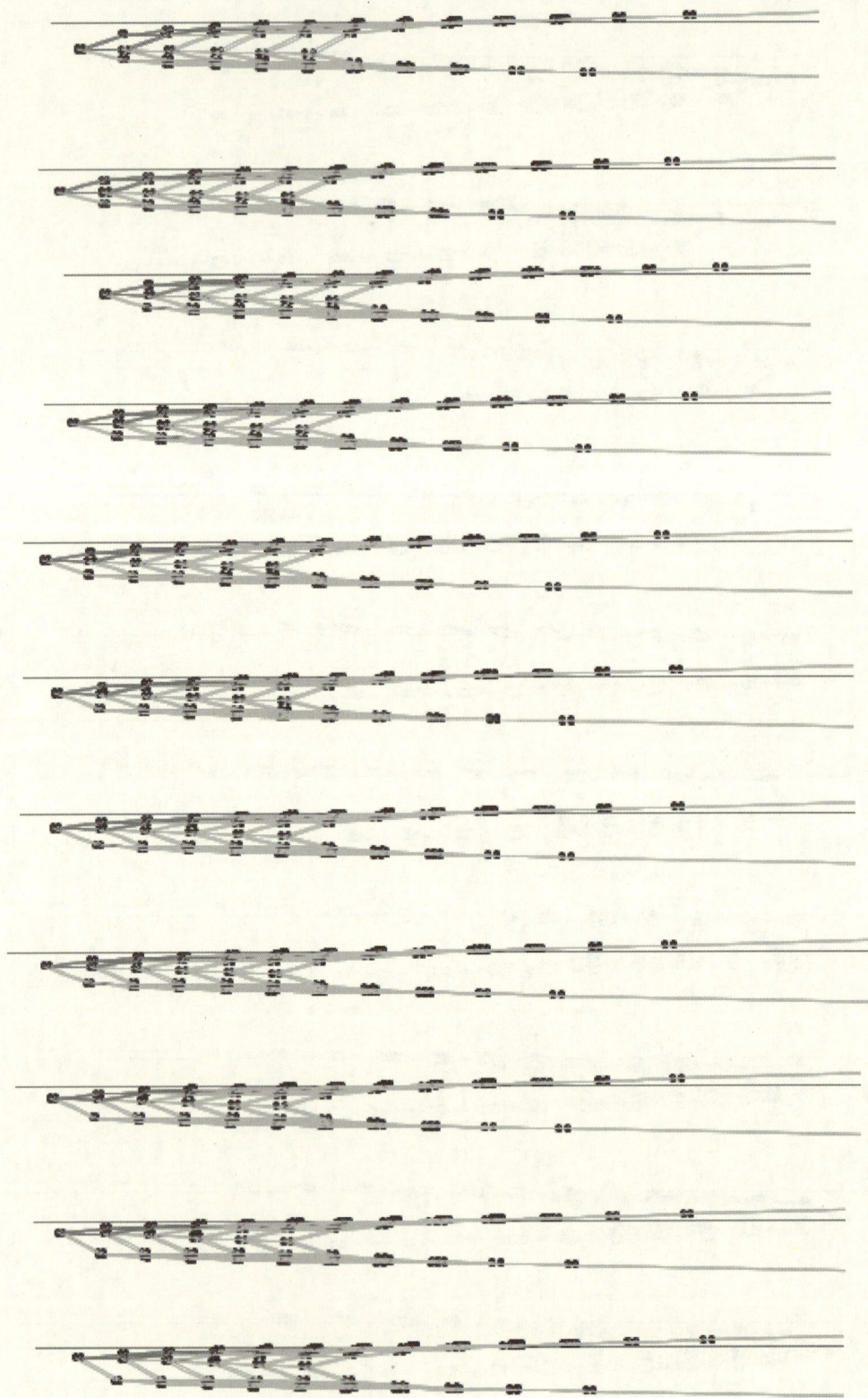

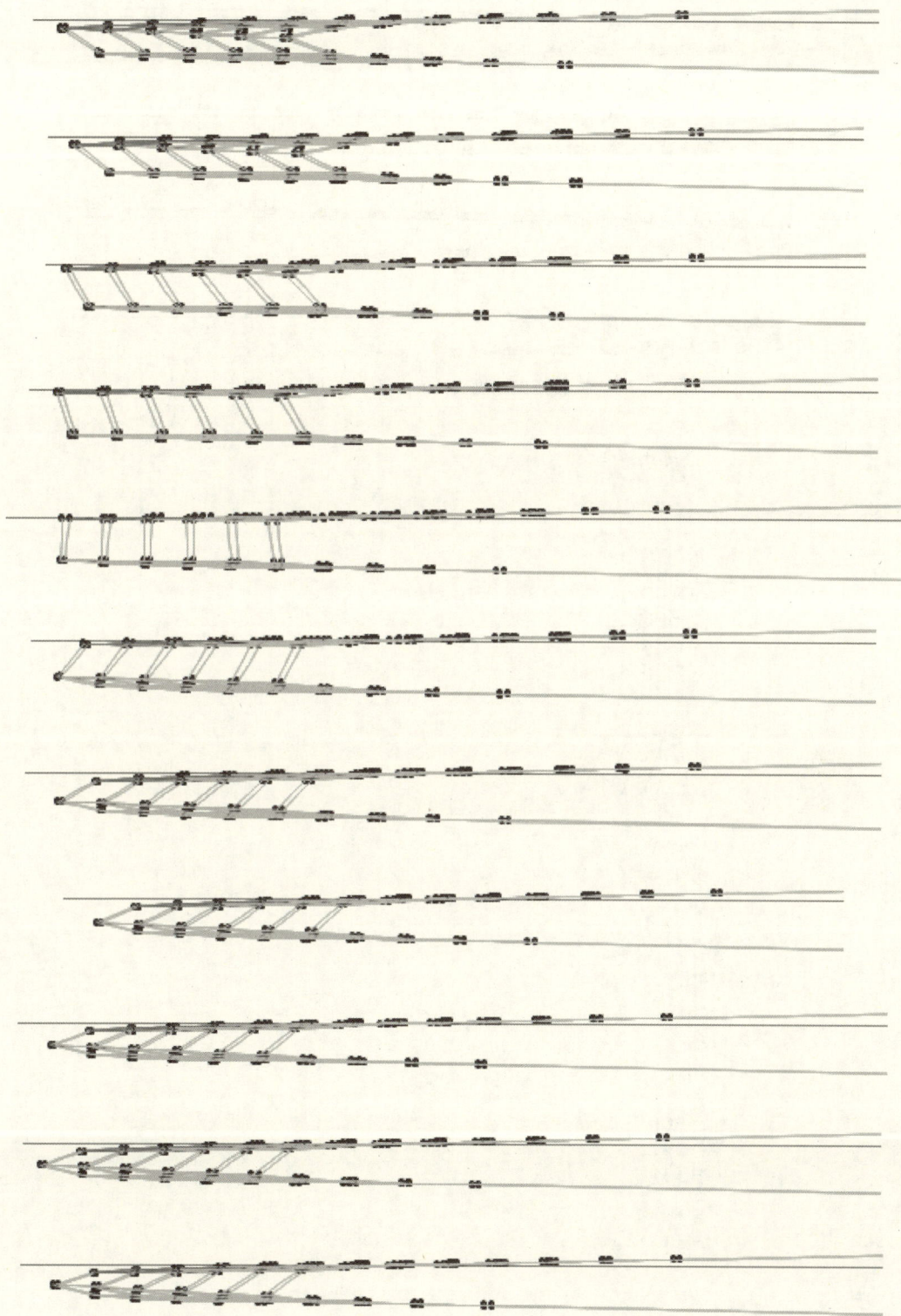

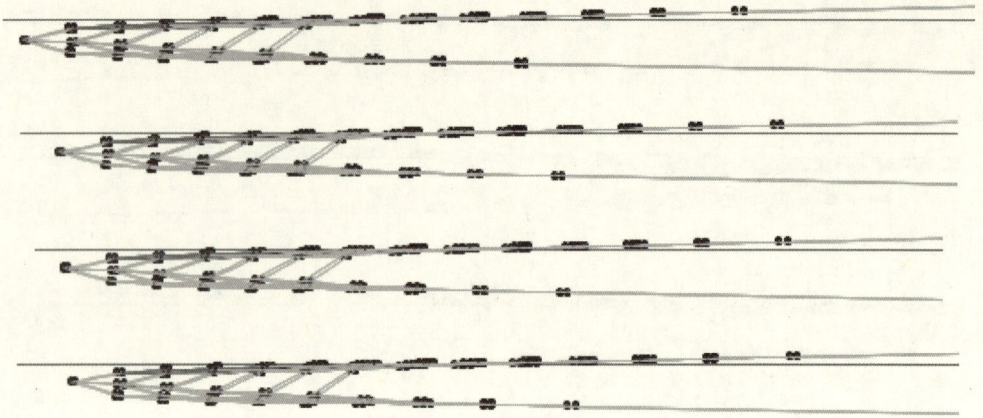

图 12.42　拖船拖曳速度为 4 m/s 时的拖网形态变化

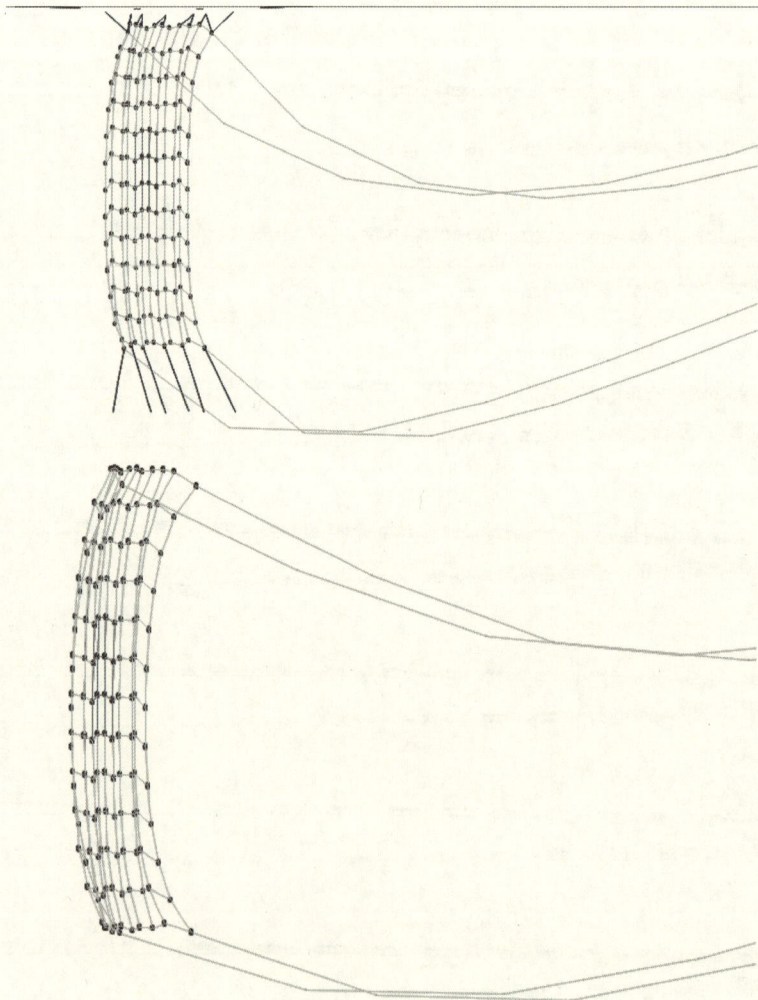

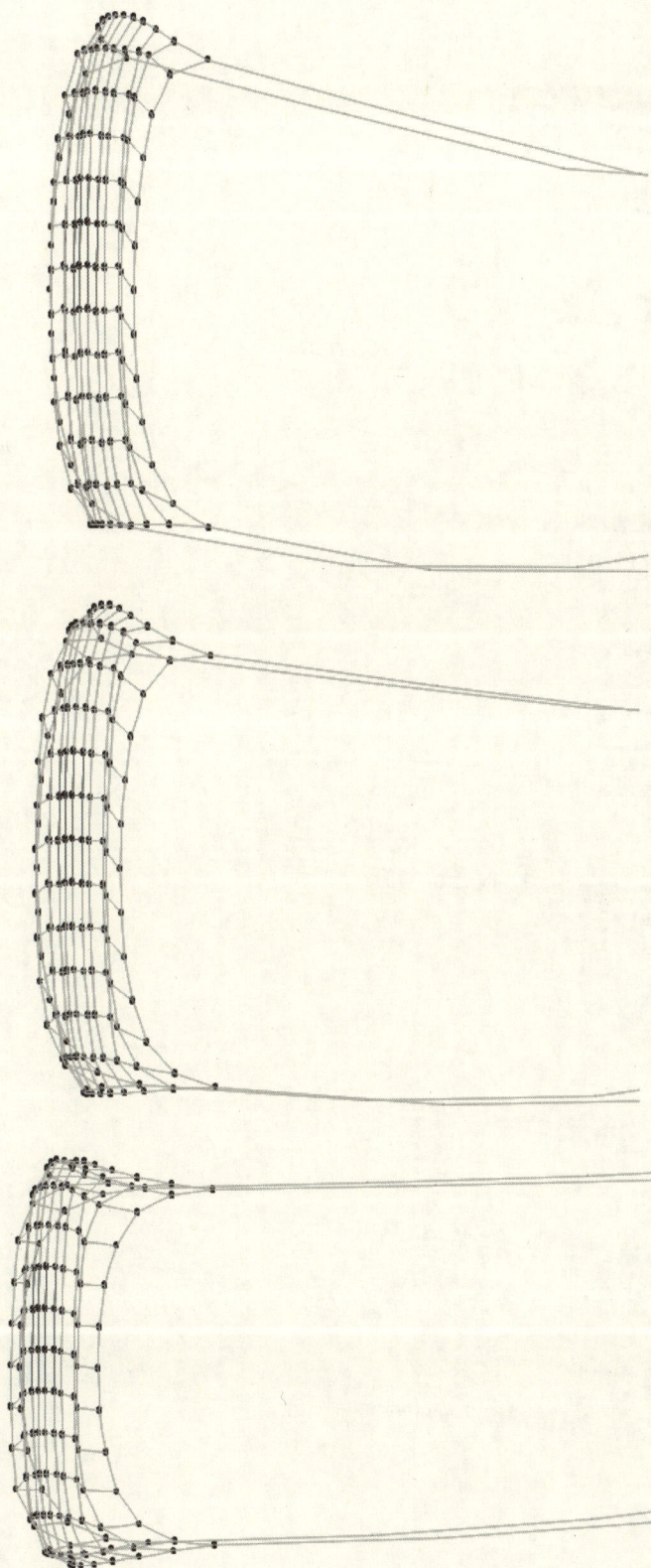

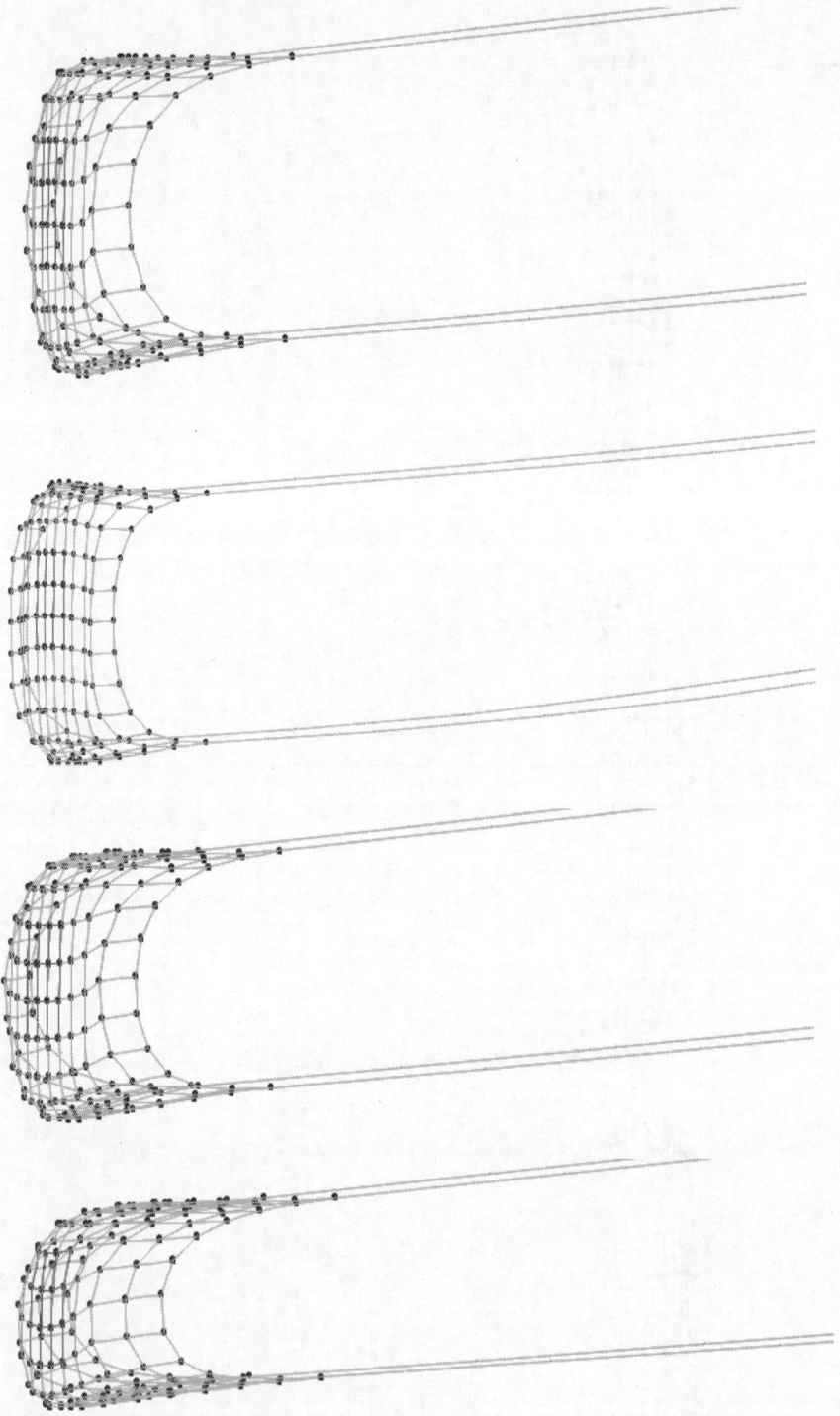

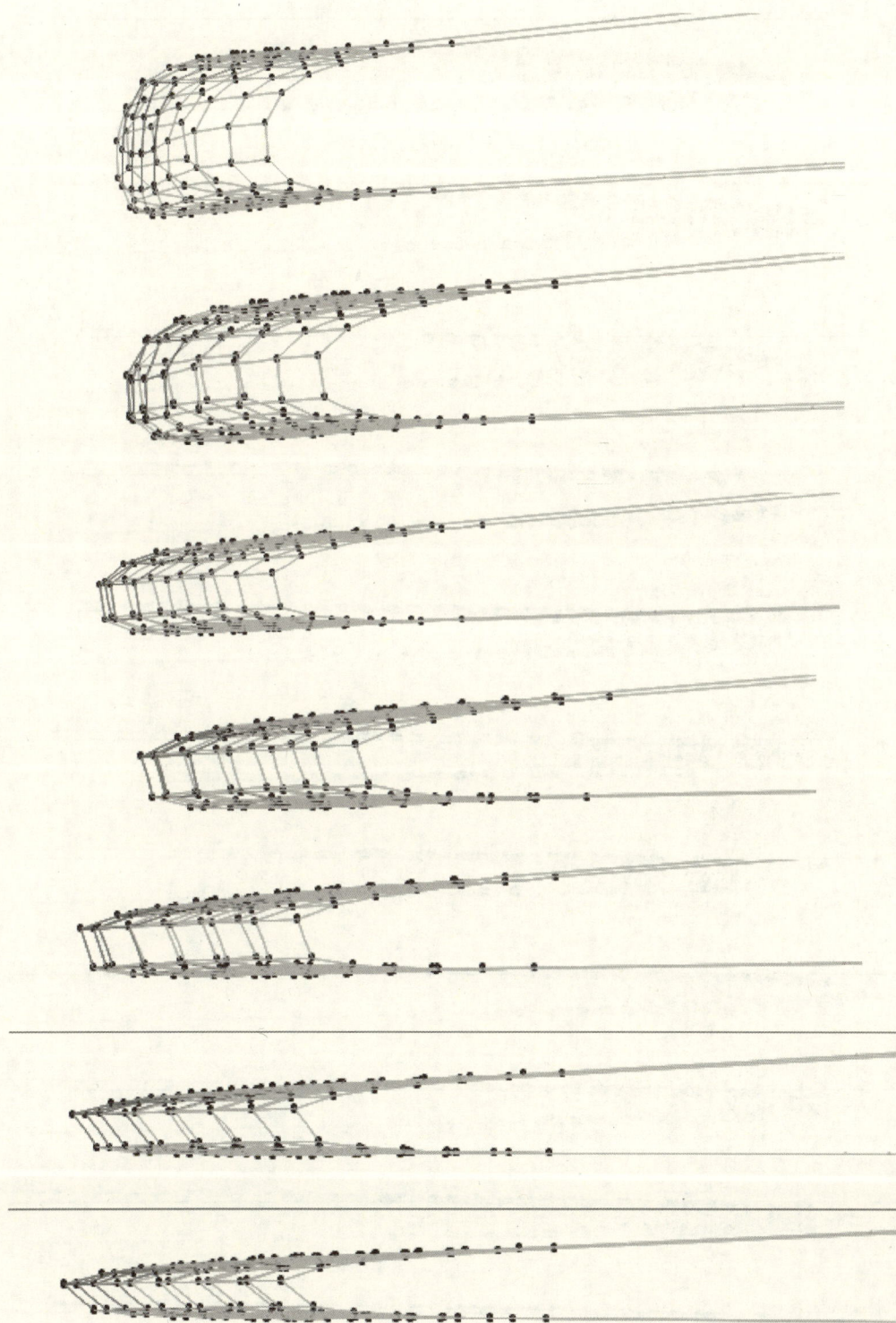

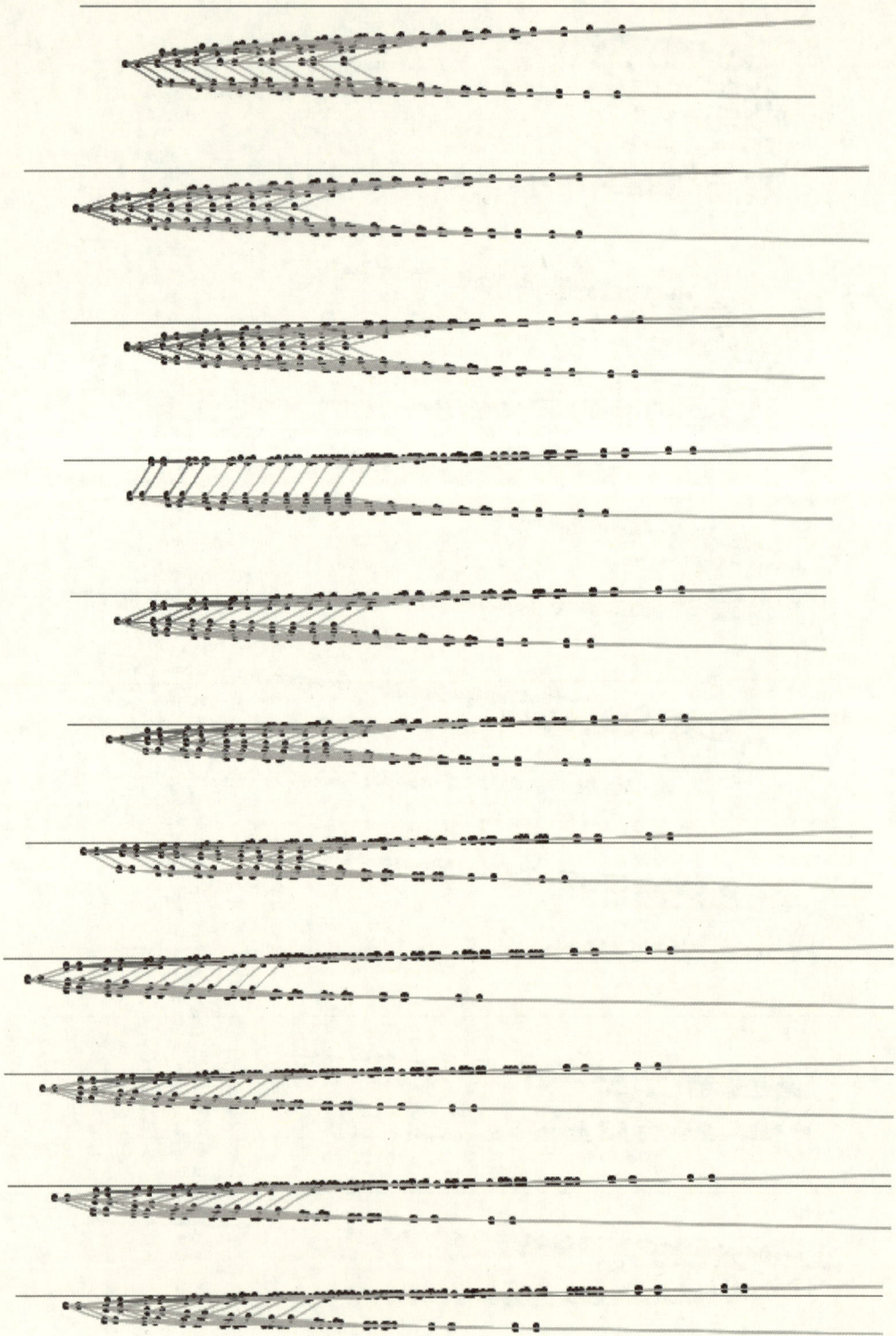

图 12.43　拖船拖曳速度为 5 m/s 时的拖网形态变化

拖缆的命名顺序按照面向船艏从下到上、先右舷后左舷的顺序分别命名为 Line 1、
Line 2、Line 3 和 Line 4。

观察图 12.44 可发现,对于单一一根拖缆来说,随着拖船拖曳速度的增加,其拖曳张
力不断增加;在某一具体的拖船拖曳速度下,随着时间的递增,拖缆张力的增长趋势放缓,
且随着拖船拖曳速度的增加,同一时刻拖缆的张力不断增大。对于四根拖缆来说,分别观
察四根拖缆在时域上的波动情况来看,整个拖网系统中的四根拖缆的伸缩变化具有较好
的同步性和协调性,且同一拖曳速度下四根拖缆的张力时域波动曲线相差不大。进一步
观察可以发现,在拖船的拖速较低时,拖缆的拖曳张力在较短的时间内已经达到了稳定
(本算例中的 1 m/s),随着拖船拖曳速度的增加,拖缆的拖曳张力达到稳定所需要的时间
大大增加。就本算例而言,在拖船的拖曳速度大于等于 3 m/s 时,在本算例设置的时间范
围内拖缆的张力始终处于增长之中,并未达到稳定。

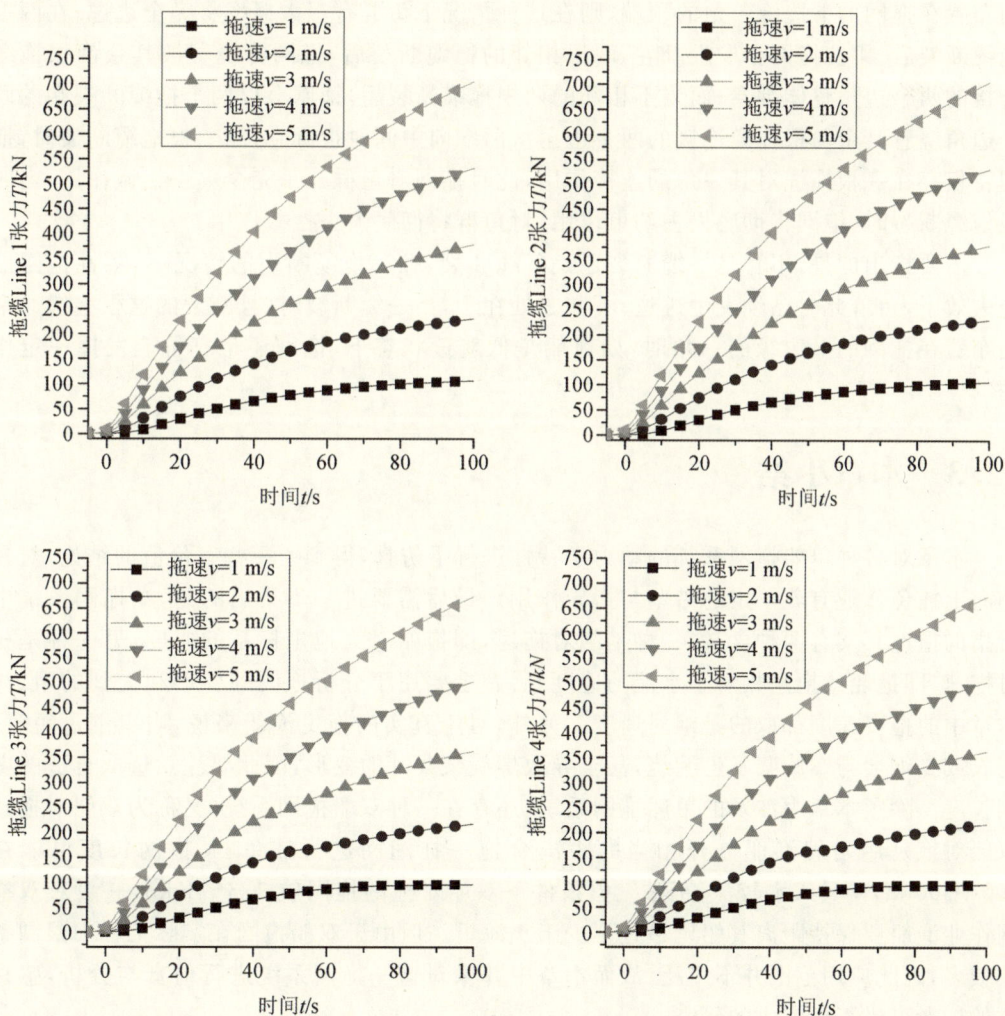

图 12.44　根拖缆张力的时域变化

综上所述,对于柔性拖网系统来说,拖船拖速的变化并不会影响拖网在海水中的最终形态,但会影响拖缆张力的稳定性,低拖速下拖缆张力更容易达到稳定。因此,如果单一从提高拖缆张力的稳定性来说,应尽量降低拖船的拖曳速度。另外,急剧增长状态的拖缆一旦断裂将发生高速回弹(回弹的迅猛程度会远远大于张力稳定阶段拖缆忽然断裂所导致的回弹),这种高速回弹对拖船尾部的装备所带来的损害是难以估量的,而且也会对在拖船尾部等待回收拖网的工作人员的生命安全带来严重的威胁。

柔性拖网系统在拖船高速的拖曳过程中其拖缆有可能发生突然断裂,而除了拖缆本身可能发生回弹,在拖缆断裂后柔性拖网的形态也会发生变化。在这里,笔者依据经验与柔性拖网的特性对于不同数目的拖缆断裂后的拖网的形态变化进行一定的推测:在一根拖缆断裂后,拖网会在断缆端所在的拖网一角发生局部外摆,且拖船的拖曳速度越快,拖网的一角发生外摆的幅度和面积越大,可能逃逸的鱼类的数目就越大,且如单根断裂的拖网布置在拖网的下边缘一角的顶端,则在这种情况下鱼群有很大概率将完全逃逸;在两根拖缆断裂后,柔性拖网会发生翻卷,两根相邻的拖缆断裂后,拖网将绕着被其余两根拖缆连接的两个边角整体翻卷;而当不相邻的两根拖缆断裂后,拖网会以两个拖缆断裂端的两个边角绕着其余两根拖缆连接的两个边角从两端向中间对折翻卷;当三根拖缆断裂时,拖网将仅存在一根拖缆对其一角的连接作用,此时拖网对鱼群几乎完全失去拦截作用;当四根拖缆断裂时,拖网将彻底失去约束作用,对鱼群将彻底失去拦截作用。

需要指出的是,不管是一缆断裂还是三缆断裂,在有拖缆断裂的情况下,柔性拖网已经失效了,鱼群此时已经发生逃逸;不同之处在于,当一缆断裂时,且断裂的这根拖缆原来是布置在拖网的上边缘的一角时,如拖船是低航速状态下,拖网还是有可能发挥一定作用的。

12.3　本章小结

本章对各种单船拖网系统的动力学特性进行了仿真,得到了一些有价值的结论,对具体海上捕鱼作业有着一定的借鉴与指导作用。最后需要进一步指出的是,在拖网系统中所指的拖速其实有两种含义:一种是绝对拖速,即拖船对大地坐标系的速度;另一种是相对拖速,即拖船或拖网相对于水流的速度,后者主要用于分析拖网的变形和受到的阻力。本章中的拖曳速度都取的是绝对速度。另外,对于真实的拖曳渔船来说,当曳纲过短时,网衣或曳纲会与螺旋桨发生缠绕,甚至导致螺旋桨桨叶的变形,因此要注意选取合适的曳纲长度。除了本章中涉及的单船拖网系统,还存在一种双船拖网系统(又称为双船对拖)。双船对拖是用两艘渔船分开相当的距离合拖一挂渔网进行捕鱼,其拖网长度可能在400~500 m,网具入水较深;正常气象条件下双船对拖的拖网航速3~4 kn,一般对双拖网作业渔船要保持距离其船尾最近不少于1海里。但由于双船拖网在实际工程中限制条件较多,因此应用范围并不广泛,故而本章中并未对这一拖网系统进行仿真与分析,感兴趣的读者可进行更深入的研究。

参考文献

[1] DE ZOYSA A P K. Steady-state analysis of undersea cables[J]. Ocean engineering, 1978, 5(3): 209-223.

[2] 连琏, 郭春辉. 三维空间水下缆索性状计算初值问题的解[J]. 海洋工程, 1992(2):88-94.

[3] HOPLAND S. Investigation of cable behaviour in water during laying of fiberoptic submarine cables [C]. Proceedings of the International Wire and Cable Symposium, 1993: 734-739.

[4] VAZ M A, PATEL M H. Transient behaviour of towed marine cables in two dimensions[J]. Applied ocean research, 1995, 17(3):143-153.

[5] PATEL M H, VAZ M A. The transient behaviour of marine cables being laid—the two-dimensional problem[J]. Applied ocean research, 1995, 17(4):245-258.

[6] VAZ M A, WITZ J A, PATEL M H. Three dimensional transient analysis of the installation of marine cables[J]. Acta mechanica, 1997, 124(1):1-26.

[7] SUN Y, LEONARD J W. Dynamics of ocean cables with local low-tension regions[J]. Ocean engineering, 1998, 25(6):443-463.

[8] ABLOW C M, SCHECHTER S. Numerical simulation of undersea cable dynamics[J]. Ocean engineering, 1983, 10(6):443-457.

[9] SRIVASTAVE S K, GANAPATHY C. Analytical investigations on loop-manoeuvre of underwater towed cable-array system[J]. Applied ocean research, 1996, 18: 353-360.

[10] SRIVASTAVA S K, GANAPATHY C. Experimental investigations on loop manoeuvre of underwater towed cable-array system[J]. Ocean engineering, 1998, 25(1):85-102.

[11] 邓德衡, 黄国樑, 楼连根. 拖曳线列阵阵型与姿态数值计算[J]. 海洋工程, 1999(1):18-27.

[12] 刘军, 林超友, 朱军. 舰船回转运动时拖曳声纳阵位预报研究[J]. 海军工程大学学报, 2002(2): 82-86.

[13] 朱军, 熊鹰, 王志国, 等. 拖缆系统直线定常运动仿真计算[J]. 海军工程大学学报, 2001, 13(2): 17-20.

[14] 李英辉, 李喜斌, 戴杰, 等. 拖曳系统计算中拖缆与拖体的耦合计算[J]. 海洋工程, 2002(4): 37-42.

[15] 罗薇, 张攀. 水下拖曳系统运动预报[J]. 武汉理工大学学报, 2007(2):139-142.

[16] MILINAZZO F, WILKIE M, LATCHMAN S A. An efficient algorithm for simulating the dynamics of towed cable systems[J]. Ocean engineering, 1987, 14(6):513-526.

[17] FENG Z, ALLEN R. Evaluation of the effects of the communication cable on the dynamics of an underwater flight vehicle[J]. Ocean engineering, 2004, 31(8-9):1019-1035.

[18] Park H I, JUNG D H, KOTERAYAMA W. A numerical and experimental study on dynamics of a towed low tension cable[J]. Applied ocean research, 2003, 25: 289-299.

[19] GOBAT J I, GROSENBAUGH M A. Time-domain numerical simulation of ocean cable structures

［J］. Ocean engineering，2006，33(10):1373-1400.

［20］GROSENBAUGH M A. Transient behavior of towed cable systems during ship turning maneuvers ［J］. Ocean engineering，2007，34(11-12):1532-1542.

［21］YUAN Z J, JIN L A. A dynamic model to maintain the depth of underwater towed system［C］// IEEE 2012 International Conference on System Science and Engineering (ICSSE) Dalian,Liaoning, China，2012-06-30—07-02.

［22］张大朋，白勇，章浩燕，等. 海洋缆索对水下航行器的动态响应［J］.水道港口，2019，40(5): 600-605.

［23］CHOO Y, CASARELLA M J. Configuration of a towline attached to a vehicle moving in a circular path ［J］. Journal of hydronautics，1972，6(1): 51-57.

［24］CHAPMAN D A. Towed cable behavior during ship turning maneuvers ［J］. Ocean engineering, 1984，11(4): 327-361.

［25］KISHORE S S, GANAPATHY C. Analytical investigations on loop maneuver of underwater towed cable-array system ［J］. Applied ocean research，1996，18: 353-360.

［26］POLACHEK W H. Calculation of transient motion of submerged cables［J］. Mathematics of computation，1960，14(69):27-46.

［27］LI B, LI Y H YING X G. Dynamic modeling and simulation of flexible cable with large sag［J］. Applied mathematics and mechanics，2012，21(6):707-714.

［28］WU J M, ChWANG A T. Investigation on a two-part underwater manoeuvrable towed system［J］. Ocean engineering，2001，28:1079-1096.

［29］朱克强，李维扬. 带缆遥控潜水器空间运动仿真［J］. 中国造船，1996，134(3): 96-104.

［30］陆肇康，朱克强. 海洋非定长缆索系统三维动态仿真［J］. 江苏科技大学学报(自然科学版)， 2003，17(2):11-14.

［31］李晓平，王树新，何漫丽，等. 水下缆索动力学理论模型［J］. 天津大学学报(自然科学与工程技术版)，2004，37(1):69-73.

［32］冯甦，朱克强. 拖船回转操纵中的缆-体系统动力响应计算［J］. 江苏科技大学学报(自然科学版)， 2005，19(2):5-9.

［33］王飞，黄国樑，邓德衡. 水下拖缆接触海底时的数值模拟［J］. 上海交通大学学报，2006(6):184-187，192.

［34］朱克强，郑道昌，周江华，等.采用凝集参数法对海洋缆索系统进行动态分析［J］.中国航海，2007 (3):10-12，21.

［35］杜晓旭，宋保维，胡海豹，等. AUV拖曳GPS浮标系统仿真研究［J］. 西北工业大学学报，2008， 26(1): 88-93.

［36］马利斌，王志博，顾华，等. 拖曳系统运动传递计算［C］//全国水动力学研讨会并周培源诞辰110周年纪念大会，2012.

［37］WANG F, HUANG G, DENG D H. Dynamic response analysis of towed cable during deployment/ retrieval［J］. Journal of Shanghai Jiaotong University(Science)，2008(2):245-251.

［38］张大朋，朱克强，李园园，等. 不同Munk矩系数作用下海洋拖曳系统水动力响应分析［J］. 船舶工程，2016，38(4):90-94.

［39］张大朋，白勇，赵望奇，等. 二体水下拖曳中的管道振动及水动力分析［J］. 石油工程建设，2018， 44(5):23-27.

［40］张大朋，白勇，朱克强. 不同模式下拖缆对水下拖体运动姿态的影响研究［J］. 船舶力学，2018,

178(8):55-64.

[41] ZHANG D P, BAI Y, JING B, et al. Motion simulation analysis of the cable-body of the deep underwater towed system: V07BT06A035.10.1115/OMAE2018-77128[P]. 2018.

[42] 张大朋，白勇，姬芬芬，等. 采用数值计算和 OrcaFlex 软件对缆索张力函数的分析[J]. 石油工程建设，2019，45(2):19-23.

[43] 张大朋，朱克强，李园园，等. 波流联合作用下多分支拖曳线列阵回转过程的动力学分析[J]. 船舶工程，2015，37(11):86-92.

[44] GARRETT D L. Dynamic analysis of slender rods[J]. Journal of energy resources technology, 1982, 104(4):302.

[45] 汪鸿振，汪开军. 水下拖缆稳态平衡位形的确定计算[J]. 船舶工程，1996(5):21-24.

[46] DOMBROWSKI S V. Analysis of large flexible body deformation in multibody systems using absolute coordinates[J]. Multibody system dynamics, 2002, 8(4):409-432.

[47] PRESTON J R, ELLIS D D. Extracting bottom information from towed-array reverberation data: Part I: Measurement methodology[J]. Journal of marine systems, 2009, 78(S):322-331.

[48] SUN F J, ZHU Z H, LAROSA M. Dynamic modeling of cable towed body using nodal position finite element method[J]. Ocean engineering, 2011, 38(4):529-540.

[49] RAND R H, RAMANI D V, KEITH W L, et al. The quadratically damped Mathieu equation and its application to submarine dynamics[J]. Noise and vibration control, 2000, 61:39-50.

[50] BESSONNEAU J S, MARICHAL D. Study of the dynamics of submerged supple nets (applications to trawls) [J]. Ocean engineering, 1998, 25(7):563-583.

[51] PRIOUR D. Calculation of net shapes by the finite element method with triangular elements[J]. Communications in numerical methods in engineering, 1999, 15: 757-765.

[52] NISHIYAMA S, MIURA T, NAKAMURA H, et al. Dynamic characteristic of mid water trawl nets[J]. Nippon suisan gakkaishi, 1982, 48(8):1101-1105.

[53] LEE C W, LEE J H, CHA B J, et al. Physical modeling for underwater flexible systems dynamic simulation[J]. Ocean engineering, 2005, 32: 331-347.

[54] LEE C W, KIM Y B, LEE G H, et al. Dynamic simulation of a fish cage System subjected to currents and waves[J]. Ocean engineering, 2008, 35: 1521-1532.

[55] TSUKROV I, EROSHKIN O, FREDRIKSSON D, et al. Finite element modeling of net panels using a consistent net element[J]. Ocean engineering, 2003, 30(2):251-270.

[56] PRAT J, ANTONIJUAN J, FOLCH A, et al. A simplified model of the interaction of the trawl warps, the other boards and netting drag[J]. Fisheries research, 2008, 94(1):109-117.

[57] DYMARSKI C, NAKIELSKI J. Calculation of motion trajectory and geometric parameters of the trawl during pelagic fishing[J]. Polish maritime research, 2009, 16(4):50-55.

[58] SATORU INOUEL K O, NAGAMATSU K, KAJIKAWA Y. Verification of the catenary—application to the warp ofa towing net[J]. Journal of National Fisheries University, 2009, 57(4):255-262.

[59] WAN R, HU F, TOKAI T. A static analysis of the tension and configuration of submerged plane nets[J]. Fisheries science, 2002, 68(4): 815-823.

[60] 万荣，宋协法，唐衍力. 养殖网箱耐流特性的计算机数值模拟[C]// 863 海洋生物技术专题研讨会论文集. 舟山:203, 361-365.

[61] WAN R, HUANG W Q, SONG X F, et al. Statics of a gillnet placed in a uniform current[J]. Ocean engineering, 2004, 31:1725-1740.

[62] 万荣，朱文斌，何鑫，等. 双船中层拖网网位控制的静力学解析[J].中国海洋大学学报，2007，37(1)：61-64.

[63] 李玉成，赵云鹏，桂福坤，等.水流作用下网衣的水动力特性数值分析[C]//第七届全国水动力学学术会议暨第十九届全国水动力学研讨会论文集(上册).2005：41-47.

[64] 黄小华，郭根喜，陶启友，等.平面网衣在水流作用下的受力和变形特性数值模拟研究[J].南方水产，2009(3)：23-29.

[65] 陈英龙，赵勇刚，周华，等.大型中层拖网网具系统的仿真研究[J].浙江大学学报工学版，2014，48(4)：625-632.

[66] 高帅. 渔船模拟器中拖网和围网作业的仿真研究[D].大连：大连海事大学，2016.

[67] 崔勇，关长涛，万荣，等.基于有限元方法对波流场中养殖网箱的系统动力分析[J].工程力学，2010，27(5)：250-256.

[68] 赵云鹏，李玉成，董国海，等.水流作用下重力式网箱网衣张力分布[J].渔业现代化，2008，35(6)：5-8.

[69] 赵云鹏，李玉成，董国海，等.深水抗风浪网箱水动力学特性研究[J].渔业现代化，2011,38(2)：10-15.

[70] 李晶，杨立，李健.海洋观测装备标准化建设现状、分析及思考[J].中国标准化，2015(9)：88-92.

[71] 蒋平，喻剑.深海垂直剖面实时监测潜标系统[J].海峡科技与产业，2017(2)：82-83.

[72] 张继明，范秀涛，张树刚，等.海洋资料浮标锚泊系统的系泊力计算[J].山东科学，2014，27(2)：19-24.

[73] 杨坤汉，王明午.绷紧型单点锚定潜标系统布放回收操作方法[J].海洋技术学报，1989(1)：51-69.

[74] 张志平，顾秋青.西太平洋6000米深海潜标的布放准备与实施[J].中国水运(下半月)，2011，11(8)：12-13,15.

[75] CHANG Z Y, TANG Y G, LI H J, et al. Analysis for the deployment of single-point mooring buoy system based on multi-body dynamics method[J]. China ocean engineering, 2012, 26(3): 495-506.

[76] ZHENG Z Q, DAI Y, GAO D X, et al. Dynamics of deployment for mooring buoy system based on ADAMS environment[J]. Advanced materials research, 2013, 819: 328-333.

[77] CHOO Y I, CASARELLA M J. Hydrodynamic resistance of towed cables[J]. Journal of hydronautics, 1971, 5(4): 126-131.

[78] 王科俊. 海洋运动体控制原理[M]. 哈尔滨：哈尔滨工程大学出版社，2007.

[79] HOERNER S F. Fluid-dynamic drag: practical information on aerodynamic drag and hydrodynamic resistance[Z]. Bakersfield: Hoerner Fluid Dynamics, 1965.

[80] JAGADEESH P, MURALI K. Experimental investigation of hydrodynamic force coefficients over AUV hull form [J]. Ocean engineering, 2009,36:113-118.

[81] KRISTIANSEN D, FALTINSEN O M. Non-linear wave-induced motions of cylindrical-shaped floaters of fish farms[J]. Proceedings of the Institution of Mechanical Engineers Part M Journal of engineering for the maritime environment, 2009, 223(3):361-375.